KB136795

국가와 윤리

문화의 안과 밖

고대로부터 현대까지

국가와 윤리

김우창 박성우 주경철 이상익 최장집

글항아리

시작하며

'바른 사회와 의미 있는 삶을 위한 성찰'은 네이버 문화재단이 지원하는 '문화의 안과 밖' 강연 기획 중 세 번째 시리즈다. 첫 번째 기획인 '오늘의 시대에 대한 문화적 성찰'은 지금 우리 삶의 기본 질서를 이루고 있는 정치·사회·경제 제도를 고찰했다. 이들 제도를 어떻게 바르게 세울 수 있는가와 이를 위한 공공 공간의 마련이 시급하다는 데 뜻을 같이해 논의를 진전시켰던 것이다. 두 번째 기획 '오늘을 성찰하는 고전 읽기'는 고전의 의미를 탐색하고 해석하는 시간들이었다. 고전을 이해하려면 먼저 그 시대 배경을 알아야 함과 동시에 오늘날의 시대가 어떠한가, 그 의미를 푸는 게 전제되어야 한다. 고전의 의의를 밝히려면 그 배경을 널리 살펴야 하는 것이다. 그리하여 강좌 시작점에서는 문화 전통 전반에 대해 훑어보는 자리도 있었다.

정치·사회·경제·문화 양식은 사람의 삶을 큰 관점에서 규정하는 조건들이다. 이들은 일정한 질서를 이루어야 한다. 그렇게 해야만 갈등이 불러일으키는 삶의 낭비에서 비껴나고 더불어 사는 생을 확보할 수 있다. 이 질서의 가장자리를 틀 지우는 것이 법이다. 그러나 우리 삶에는 제도나 제도화된 법보다 더 직접적인 의미에서의, 더 포괄적인 의미에서의 질서를 가져다주는 규범이 필요하다. 전통적으로 이런 점에서 행동의 규범이 되어온 것이 윤리 도덕이다. 두 요소는 가장 본질적인 의미에서 사회와 삶의 질서에 있어 근본이 된다. '바른 사회와 의미 있는 삶을 위한 성찰'은 이에 관련된 문제들을 다루게 될 것이다.

우리 전통에서 윤리와 도덕은 예의범절로 표현되었다. 동방예의지국東方禮儀之國이라는 말은 한국을 그 문화적 업적으로 일컫는 것이다. 그러나 의례儀禮로 나타내지는 윤리가 공허한 형식에 갇히고 개인의 자유를 억압하는 결과를 가져올 수 있는 것도 사실이다. 이에 반해 자유는 민주주의의 근본을 이루는 이념이다. 그것은 다시 자본주의 속으로 들어가면서 이익의 자유로운 추구와 맞아떨어지기도 한다. 그러나 그것이 이익 추구를 위한 것이든 아니든, 무제한의 자유는 만인 전쟁의 원인이 될 수 있다. 그리하여 타협과 사회계약이 필요해진다.

그러나 이런 점을 고려해서 나온 규범을 윤리 도덕이라고 부를 수 있을지는 확실치 않다. 윤리 도덕의 뿌리는 이해타산보다는 인간 됨의 요청에 있다고 할 것이다. 삶의 모든 상황은 실존적 결단을 요구한다. 윤리 도덕의 규범은 이 결단이 한가지로 꿰어지도록 하고 개인에게 일관된 정체성을 부여한다. 사회적 윤리 규범으로 하여금 적극적인 의미를 갖게 하는 것도 심성의 깊은 내면으로부터 나오는 결단 또는 결정이다. 한편 사회적 관습으로서의 윤리 규범은 이러한 윤리의 내면과정의 매개체가 될 수 있다.

이번 '바른 사회와 의미 있는 삶을 위한 성찰' 시리즈에도 정치와 사회에서 윤리 도덕이 어떻게 작용하는가를 숙고하는 강연들이 있다. 거기서 관료의 청렴이나 정치의 투명성이 문제될 것이다. 정치의 목표와 전략에 있어서 윤리 도덕의 가치가 어떤 의미를 지닐 수 있는지도 중요하게 생각해볼 과제다. 정치의 참된 의미가 권력 투쟁의 전략으로 환원되는 것이 좋은 일인가도 생각해보게 될 것이다.

이외에도 사회의 여러 관행은 어떤 것이어야 하는가라는 문제를 짚어볼 것이다. 생로병사 그리고 다른 삶과 죽음의 좋고 나쁜 일에 관계된 여러 의식儀式은 삶의 사실을 여러 사람이 함께 확인하는 일이면서, 또 그것에 엄숙성을 부여하거나 혹은 그것을 승화된 기쁨과 슬픔의 기회로 끌어올리는 일이라고 할 수 있다. 오늘날의 상황에서 이러한 의식은 어떻게 참된 의미를 유지할 수 있는가? 삶의 많은 부분은 사람과 사람이 서로 만나는 공간에 존재한다. 막말과 막된 행동이 인간적인 상호작용의 틀을 유지하는 데 도움이 되는가? 야망과 욕망과 충동에 삶을 맡기는 것이 사회적으로나 개인적으로도 좋은 인생을 사는 일이라 할 수 있을까? 이번 강연들은 이러한 물음을 던질 것이다.

인간적으로 보람 있는 삶을 살기 위한 훈련으로서 교양과 교육은 어떤 것이어야 하는가? 그것을 위해 예술과 학문, 학교 제도는 어떤 일을 할 수 있을까? 학문과 기술은 공리적 목적이나 삶의 윤리적 의의에 대하여 어떤 관계를 갖는가? 학문과 과학은 어떤 목적을 위해 존재하는가? 의술이나 법의 적용에 있어서 윤리는 어떤 역할을 하는가? 학문 연구나 기술 개발에 있어서 연구자의 윤리적 태도는 어떤 것이어야 하는가?

이는 심각한 윤리 도덕과 결부되는 동시에 나날의 삶에서 부딪히는 문제들이다. '바른 사회와 의미 있는 삶을 위한 성찰'이 그러한 모든 문제에 답을 제공하진 못할 것이다. 그러나 그러한 문제들에 대해 심각하고 냉철한 고려를 계속하는 것이, 적어도 바른 사회와 의미 있는 삶을 위하여 필요한 일임에는 틀림없다.

문화의 안과 밖 자문위원회

국가와 윤리

머리말

    '바른 사회와 의미 있는 삶을 위한 성찰' 강연 시리즈를 소개하는 데에는 먼저 윤리의 측면에서 오늘날 우리가 갖고 있는 문제, 인간이 갖게 되는 문제를 반성적으로 분석해보는 일이 필요하다고 할 수 있다. 이에 입각해 '바른 사회와 의미 있는 삶을 위한 성찰' 강연을 설명하자면, 그것은 주로 그 의미에 대한 부연이 될 터인데, 이는 프로그램을 보면서 외부 관찰자의 느낌을 표현한 것일 뿐, 실제 강연자들의 의도를 전하는 것은 아님을 미리 밝혀둔다.

    강연의 첫째 부분은 '국가와 윤리', 둘째 부분은 '정치의 목표와 전략'이다. 국가는 흔히 단순히 힘의 정치학의 관점에서 생각된다. 그러나 그것이 인간의 개인적·사회적 삶에 깊이 관계되어 있고 또 윤리적 전제들을 가지고 있다는 점 또한 사실이다. 역사적으로 유교는 전적으로 국가 윤리라고 하겠지만, 윤리 이념의 중요성은 여러 국가의 이념을 살펴봐도 알 수 있고, 또 예로부터 사람들이 생각했던 이상향에 대한 상상―자연의 이상화인 무릉도원이든, 합리적 계획의 유토피아든―속에도 들어 있다. 모든 사람이 행복할 수 있는 사회를 생각한다는 것은 꿈의 규범화, 제도화, 법제화를 고려하는 일이다. 국가와 개인의 관계에서 윤리는 불가결의 연결점이다. 물론 윤리는 근본적으로 개인의 삶의 영역에 속한다고 할 수 있다. 그러면서 그것은 개인적 실존의 타자에 대한 관계 그리고 사회적 관계에 매개되어 본격적으로 규범이 되고, 이성의 영역으로 들어간다.

따라서 강연의 세 번째 부분 '정치 공간의 구성'에 대한 고찰은 필수적이다. 민주주의 사회에서 또는 어떤 정치 체제하에서도, 공론은 정치 공간 구성의 기본적 요건이다. 정치 체제의 민주주의적 기반은 공론과 합리성에의 열림에 있다. 여기에 더하여 정치에는 여러 요인, 즉 서로 긴장 상태에 있을 수 있는 요인이 작용한다. 공론과 합리적 합의는 현실적으로 상박相搏하는 세력들의 투쟁이 된다. 그리고 정부의 합리적 운영에서 빼놓을 수 없는 것이 관료 기구다. 그러나 비윤리적 법술法術과 부패는 이러한 정치의 장치들을 부식해 들어간다. 그렇다고 해서 그것이 반드시 부정적인 요소가 되는 것은 아니다. 정치 투쟁은 그 나름으로 인간 본성의 표현이면서, 공공 공간에서 공공의식을 만들어내는 한 방법이다. 근년에 독일의 사회철학자들이 유명하게 만든 '인정을 위한 투쟁'도 비슷한 기능을 한다. 그것은 명예로운 헌신을 요구하며 공공성을 드높인다. 관료 기구는 그 경직성으로 유명하다. 그러나 그것은 제도의 일관성과 지속성을 유지한다는 의미도 갖는다. 어느 경우에나 이러한 사회 기구, 특히 관료 기구의 투명성은 거의 그 존재 이유라 할 만하다. 그것 없이 어떻게 공공 기능의 수행을 확인할 수 있겠는가? 그것은 공공성을 확고히 하고, 효율과 윤리를 촉구한다. 그리고 그것이 사회제도의 윤리성을 믿을 수 있게 한다. 이에 더하여 필요한 것은 책임과 봉사의 기준이다. 이러한 정신적 동기 없이는 정치 체제가 그 인간적 의미를 상실할 것이다. 부패 없는 투명성, 그리고 엄격성은 말할 필요도 없이 법의 기준이어야 하지만, 그에 대비하여 넓은 의미에서의 인간적 고려는 법의 집행을 인간적 수준으로 유지하는 데 필수적인 사항이다. 민주주의는 인간의 자유권을 확보하려는 체제다. 그러나 그 자유는 규범과 규칙 속에서만 정치적·사회적 가치로 존재할 수 있다. 그것은 규범과 법 속에서 구성된 자유가 되어야 한다. 영어의 'constitution'이나 독일어의 'Verfassung'에는 헌법이라는 뜻과 함께 구성이라는 뜻도 있다. 자유를 비롯한 모든 인간적 가치는 법으로 보호되어야 하고 또 법의 한계 안에 존재한다. 그것은 정치 체제 속에 존재한다. 그러나 인간의 삶은 다른 한편으로 생물학적·지질학적 조건 속에 있다. 토지와 삶에 대한 우리의 느낌은, 토지와 환경에 대한 규범적 인식의 정서적 기초가 된다.

되풀이하건대, 인간의 삶을 테두리 짓는 정치적·사회적 제도의 영감은 일상적인 삶, 그것의 구체적인 관계에서 생기는 느낌으로부터 온다. 그러면서 이 느낌은 물질적·생물학적 환경에 대한 느낌을 포함한다. 물론 이러한 것들은 결국 지식으로 객관화되고 제도화된다. 강연의 네 번째 부분인 '사회와 윤리'는 이러한 삶의 구체적인 느낌이면서 사실인 동시에 그 포괄적 테두리가 되는 사항의 문제들을 논의한다. 가족과 가족관계가 어떤 것이어야 하는가, 또 인간의 삶을 시간 속의 역정으로 볼 때, 결혼이나 생로병사에 대한 인간적인 그리고 사회적인 대처 방안은 어떠해야 하는가 하는 점이 고찰의 대상이 될 수밖에 없다. 그리고 거기에 어떤 윤리적 감정이 저절로 들어 있다고 한다면, 다시 오늘날 삶의 테두리가 되어 있는 보다 넓은 국가나 세계 그리고 인간의 이념에서 이러한 감정과 윤리는 어떻게 작용하는가? 지역적 충성은 보편주의의 윤리와 어떤 관련이 있는가? 또 경제가 인간 삶의 기본이라고 할 때, 그 경제의 운영은 인간 삶의 전체에 대하여 어떤 윤리적 의무과 책임을 지니는가? 경제가 삶의 모든 것을 결정하는 것으로 보이는 오늘날, 경제와 윤리적 책임의 관계는 인류가 직면한 가장 핵심적인 문제다. 어떤 경우에나 윤리적 규범이 없는 체제는 인간적으로 견디기 어려운 체제다. 제일 단순하면서도 중요한 의미에서 사람이 서로 신뢰하지 않는다면, 인간의 삶은 모든 심각한 가치 추구를 포기하는 게 될 것이다. 이것은 모든 인간관계, 인간제도의 인간적 의미를 확보하는 데 핵심적인 결정 요인이 될 것이다. 그러한 신뢰 없이 사람은 언제나 의심과 경계의 비상사태에 있고 삶의 은혜와 가능성에 주의를 돌릴 마음을 갖지 못하는 것이다. 생명과 이익의 보존에 갇혀 있는 삶은 삶의 기회에 스스로를 열어놓을 수 없을 것이다. 체제의 바깥 테두리를 지키는 것은 법이다. 그것은 참으로 윤리적 내용을 가진 것이 될 수 있는가? 이것도 체제 문제의 핵심적 주제다. 그런데 윤리는 단순히 큰 문제에서만 드러나는 게 아니다. 동양에서—물론 다른 전통들에서도—예의는 사람과 사람 사이의 일상적 교환 또는 공식적 의식에 규범의식을 심미적으로 표현한 것이다. 예의는 구체적인 의미에서의 감정관계, 그 관계에서의 친소親疏를 넘

국가와 윤리

어서 삶의 여러 가지 일을 원활하게 한다. 그것은 아무래도 굳은 느낌을 줄 수 있는 규범을 아름다운 것이 되게 할 수 있다. 이러한 인간화하는 심미성이 사라져가는 것이 오늘날 삶의 현실이다. 이번 강연에서는 이러한 문제들도 생각해볼 것이다.

여기까지의 강연들은 주로 체제나 제도라는 외면적 관점에서 윤리의 문제를 살펴본다고 할 수 있는데, 다섯 번째 강연 주제 '윤리와 인간성'은 윤리의 내면적 자원 그리고 그 변용變容을 살펴보려는 것이다. 변용이란 주어진 대로의 자질을 상황에 맞게 바꾸는 것이 삶의 필요이기 때문에 생각하게 되는 말이다. 욕망은 삶의 커다란 에너지의 근원이면서 제련되어야 하는 거친 원광原鑛이다. 경제 생산품의 소비에서 필요와 과시의 균형도 이와 함께 조정되어야 할 관심사다. 앞서 네 번째 강연 프로그램에서 사회적 신뢰를 말했지만, 이것은 개개인의 정직성에 의하여 뒷받침되어야 한다. 그런데 정직성은 도덕적 덕성이면서 동시에 인간의 자기 존재감과 관계있다. 정직 없이 인간은 자기 동일성을 지닐 수 없다. 사회적으로 그것을 보강하는 것은 명예심이다. 명예를 이렇게 말하는 것은 얼마간 그것의 서양적 의미를 빌려 온 것이다. 우리에게 명예는 외부로부터 주어지는 것으로 생각된다. 그러나 여러 나라의 용법에서 명예란, 즉 "명예롭게 행동한다는 것은 진실 되게 행동하여 타인에게나 자신에게나 떳떳할 수 있도록 행동하는 것"을 말한다. 명예는 주어지는 것이라기보다 스스로 얻는 것이다. 사람의 필요와 욕망이 균형을 얻고 단련되어야 한다고 할 때, 그 단련은 외면으로부터 온 압력의 결과일 수도 있고 자율적인 자기 수련, 즉 교양과 수신의 소득일 수도 있다. 이 양편의 긴장을 완화할 수 있는 것이 심미적 또는 예술적 형식화다. 쾌락은 미적 형식화를 통해 향수, 즉 삶의 아름다움을 향수하는 것이 된다. 그러나 심미적 감각도 그저 주어지는 것이라기보다는 수련을 통해 세련될 수 있다. 시서화詩書畫는 전통적으로 선비의 여가활동이면서 자기 수련의 수단이었다. 미적인 향수와 함께 삶의 숭고한 엄숙성을 느낄 수 있게 하는 것이 자연이다. 전통적으로 자연의 심원한 숭고미도 탐방과 예술적 재현의 대상이었다. 칸트에게 숭고미는 인간의 상상력이나 판단력을 넘어서는 아름다움의 현형이다. 삶과 세계와 우주에는 어떻게 접근해도 완전히 습득될 수 없고 소유될 수도 없는 것이 존재한다. 그러면서 사람은 알 수 없는 신비 또는 그것에 이르는 어둠을 감지한다. 그것은 모든 것을 인간의 잔재주로 제어할 수 있다고 여기는 인간에게 겸허를 가르쳐준다. 그러나 이 어둠은 어둠대로 삶의 의미를 심화시킬 수 있다. 그것이 인간의 삶, 또 모든 삶을 가능케 하는 배경이자 바탕이라고 할 수도 있기 때문에, 이는 존재의 명암이라는 말로 가리킬 수도 있다. 이것은 궁극적으로 각자가 스스로 깨닫는 도리밖에 없지만, 그 깨달음에 이르게 하는 데 도움을 주는 스승이 있을 수도 있다. 이 스승은 현존하는 사람일 수도 있고 문화적 전통을 통해 알게 되는 과거의 인간일 수도 있다. 학교는 이것을 좀더 세속화하고 대중화할 수 있다. 물론 그것이 학교의 전부는 아니다. 시민을 길러내고, 기술을 가르치며 직업인을 양성하는 것이 학교의 더 중요한 기능이기는 하다.

　　강좌의 여섯 번째 부분인 '학문, 과학기술, 윤리'가 의도하는 것은 자명하다. 학문의 연구는 전통적으로 그 자체로서 의미를 지닌다고 여겨져왔다. 그러면서 궁극적으로는 인간의 복지 그리고 자기 이해에 기여해야 한다. 그런데 많은 경우 자체의 독자적인 목적, 즉 진리 탐구에 충실한 것이 결국은 인간 복지에 기여하는 것이다. 그런데 오늘날과 같이 공리적 가치가 지배하는 세상에서는 학문도 당장에 경제적 이익을 가져오거나, 아니면 적어도 국가적인 또는 개인적인 명예를 증대시키는 역할을 해야 한다고 생각된다. 그것이 학문의 보상이 되어야 한다는 것이다. 많은 사람, 특히 정책 담당자의 기대는 당연히 과학과 기술이 연구와 개발에 투자되는 예산에 대하여 경제 이익이나 국제 경쟁에서 몇 배의 잉여 가치를 생산해야 한다는 것이다. 이러한 기대는 특히 인공지능, 디지털 기술 분야에 대해서 매우 크다. 특이한 것은 의학 분야다. 그것은 본래부터 환자를 우선으로 하여 모든 사람에게 봉사하는 분야다. 그러나 이것마저 수익이 그에 우선하는 경우가 많다. 쥘 로맹의 풍자 연극 「크노크: 의학의 승리Knock ou Le Triomphe de la Médicine」(1923)에는 크노크 박사가 말하는 다음과 같은 구절이 나온다. "환자의 이해利害와 의사의 이해 위에 의학의 이해가 있다(Simone Weil, "The Power of Words", *The Simone Weil Reader*, ed. by Goerge Panichas, p. 282)." 이것은 학문의 귀중함을 강조하는 말로 들린다. 그러나 연극 안에서는 수입을 늘리는 일에 사로잡힌 의사 크노크가 하는 말이다. 위 구절은 추상적 개념의 독재가 구체적 인간을 넘어서는 경우의 불합리를 지적하려는 시몬 베유의 글에 나온다. 의학의 경우 윤리적 의무의 관점에서 1순위는 환자일 것이다. 그리고 2순위가 의학의 발전, 3순위가 재정일 것이다. (물론 의학의 발달은 다시 더 넓은 관점에서 환자로 돌아온다. 그리고 세 가지 지표의 균형은 현실적으로 학문 연구의 조건이 된다. 그러나 어느 하나를 선택하지 않으면 안 되는 경우, 순위는 위에서 말한 대로여야 마땅하다.) 다른 학문의 경우, 실용에 앞서 학문 자체의 추구가 학문의 발전이 된다. 나중에 명예가 되거나 이익이 될 수도 있지만, 학문에서의 자연 이해理解, 자연과 인간의 관계에 대한 이해는 그 자체로 깊은 정신적 의미를 갖는다. 이렇게 학문의 객관적 존재 이유의 인정은 가치중립적인 것이라고 할 수도 있지만, 그러한 인정 자체가 윤리적 신념과 인간의 정신적 추구의 의미를 인정하는 것이 된다. 그러나 정신적 추구는 이론의 탐구에만 있는 게 아니다. 인간이 수행하는 대부분의 작업에는 그 나름의 정신적 가치가 스며 있다. 장인의 장인적 작업은 사람의 미적 감각의 만족과 작업의 기쁨을 준다. 신체와 일체가 된 심미감과 작업의 기쁨은 일상적으로 얻을 수 있는 삶의 보람이다. 그것에는 그 나름의 정신적 의의가 있다. 이것을 존중하는 것은 그 자체로서 윤리적 행위다.

마지막 일곱 번째 강연 주제인 '윤리의 정신적 차원'은 위에서 말한 모든 작업과 추구의 정신적 의미를 생각하고자 하는 강연들로 구성되어 있다. 인간의 일들에 작용하는 윤리적 관심과 의지는 정신적 자기 초월의 한 표현이라고 할 수 있다. 윤리는 감정의 상태이면서 이성 또는 정신의 수련으로 인해 가능해지는 인간의 존재 양식이다. 정신은 그 자체로 수련 대상이 된다. 그리고 그에 따라 새로운 존재 방식이 현시될 수 있다. 동서양을 막론하고 금욕은 중요한 수련의 방법으로 생각되었다. 세속화된 오늘날 이에 동의하기는 어려울 것이다. 그러나 사람의 정신에는 그러한 자기 훈련에 대한 의지가 있었다는 것을 새삼스럽게 알고 그 고전을 살피는 것은 오늘의 삶에도 무의

국가와 윤리

미한 일이 아닐 것이다. 따지고 보면 어떤 작업에 필요한 훈련은 윤리적 수련에 연결되고, 다시 윤리는 다소간 금욕을 포함한 정신과 신체의 자기 형성 훈련에 연결된다. 가령 수련을 필요로 하는 모든 작업에는 주의 집중이 있어야 한다. 그것은 많은 경우 신체적 억제—근신의 예행을 요구한다. 좌선坐禪, 정좌靜坐 같은 것이 그러한 예행일 것이다. 성리유학性理儒學에서는 이러한 집중 상태가 특히 외면과 내면 양편으로 향할 때, 그것을 경敬이란 말로 표현했다. 진실한 일에는 경의 상태가 유지되어야 한다고 생각했다. 이것은 서양식으로 말하면, 슈바이처의 유명한 문구를 빌려 "생명 앞에서의 외경심Ehrfurcht vor dem Leben"으로 이어진다. 이것은 E. O. 윌슨의 문구로는 "생명에 대한 사랑biophilia"이 될 것이다. 보편적 인간애人間愛는 새삼스럽게 말할 필요도 없다. 그러나 이것도 다시 한번 상기할 필요가 있다. 오늘의 세계적 상황이 그것을 요구한다. 세계가 하나 되고 다양한 문화와 인종이 합쳐지는 오늘과 미래에 있어서, 이러한 보편적 사랑의 이념은 더욱 수련되어야 할 도덕적 심성이 될 것이다. 그리고 덧붙여 필요한 것은 관용의 덕이다. 신념은 불관용을 낳기 쉽다. 이에 대하여 세계화는 관용을 포함하는 보편적 인간애를 더욱더 필요로 하게 된다.

김우창
고려대학교 명예교수

머리말

차
례

윤리와 인간의 삶

감정, 이성, 초월적 이성

김우창 고려대학교 명예교수

1

이 글은 네이버 '문화의 안과 밖' 프로그램의 세 번째 시리즈인 '바른 사회와 의미 있는 삶을 위한 성찰'을 소개하기 위한 것이다. 우선 이 주제와 관련된 근본 문제를 고찰하는 데서 이야기를 시작해보려 한다.

오늘날 사람의 삶을 움직이는 것은 흔히 경제와 정치라고 한다. 그것은 맞는 말이다. 그러나 사람의 삶을 물질적 조건과 집단 조직의 외면적 조건—그것도 일정한 관점에서 추상화된 외면적 조건에 한정하여 생각하는 것은 삶의 많은 측면을 간과하게 만든다. 이때 놓치는 것 중 하나가 윤리 문제다. 인간 존재를 보는 눈이 물질적인 것에 집중됨에 따라, 윤리나 도덕은 물론 의식 또는 마음이 오로지 그에 뒤따르는 종속 변수가 된다. 물론 인간 의식의 많은 부분이 외면적 조건에

윤리와 인간의 삶: 감정, 이성, 초월적 이성

의해 결정된다는 것을 부정할 수는 없다. 그렇지 않고서야 의식은 삶의 기구로서의 의미를 갖지 못할 것이다. 그렇지만 의식이 그러한 수동적 상태에 머무를 수만은 없다. 변화를 위한 행동을 기획할 때, 의식은 수동적인 상태에서 벗어나야 한다. 그렇다고 그것을 지나치게 강조할 바는 아니다. 의식의 오류는 수동 상태만이 아니라 그 능동 상태에서도 연유한다. 의식은 대체로 스스로의 관점에서 사물을 파악하려는 경향을 지닌다. 그것은 오류를 더 크게 만드는 계기가 될 수 있다. 뿐만 아니라 의식은 자유로운 듯하면서도 사회적 조건이 조성하는 생각의 물결 속에 스스로도 자각하지 못한 채 표류하기 쉽다. 근년에 많이 듣는 것이 창의성, 창조성의 구호와 담론이다. 많은 경우 이는 경제 발전이나 개인적·국가적 명성이라는 시대적 담론의 틀 속에서 생겨난다. 의식과 사고의 자율화는 실로 성취하기 어려운 과업이다. 그렇긴 하나 능동적·자율적 의식이 사람의 사람됨을 확인해주는 주요 원리인 것도 사실이다.

그러나 거기에 이르는 길은 시대의 현실, 즉 주어진 현실로부터 출발해서 찾아야 하는 잃어버린 길이다. 그것이 오히려 의식을 해방시키는 방법이고, 윤리가 상실된 것이 문제라면, 그것을 향해 나아가는 방법일 수도 있다. 반성적 사고는 언제나 현실로부터 출발한다. 물질적 관점에서 인간을 되돌아볼 경우, 한정된 개념을 넘어서 삶의 현실을 세밀하고도 확대된 바탕 위에서 보는 것은 현실의 새로운 측면들을 의식하게 한다. 가령 경제 현실을 확대하면, 인간 삶의 기본이 생물학적 사실에 있다는 것을 다시 확인하게 된다. 그 점에서, 생명 보존은 삶의 다른 측면에 앞서 가장 먼저 고려해야 할 사항이다. 그리고 그것은 물질적 환경의 여러 조건과 원만한 상호작용을 이루지 않고서는 가능할 수 없다는 것을 상기시킨다. 경제 문제를 두고 성장이나 침체를 이야기하지만, 그것이 단순히 투자의 문제가 아니라 적어도 가장 기초적인 의미에서 생명 유지에 관계된다는 것을 상기하면, 경제 정책이나 사회 정책에서 모든 사람을 위한 삶의 조건의 확보가 기본적인 고려 대상임을 알게 된다. 나아가 다른 생명체에 대한 고려와 경제활동의 궁극적인 결과로서 그 환경에 대한 영향력을 관심 밖으로 밀어낼 수 없다. 환경은 물질적 자원의 제공자일 뿐만 아니라 그 전체적 형태로서 감동과 경외심을 불러일으키는 동인動因이다. 이와 관련하여 인간을 비롯한 모든 생명체는 그 신비의 일부를 구성한다. 인간은 이러한 환경적 조건에 능동적으로 반응한다. 물질적 차원에서 이 반응의 총체—그리고 다시 그 자체가 대응의 대상이 되는 것이 경제다. 이러한 물질적 조건하에서 인간 행동을 집단화하는 것이 정치다. 정치는 경제 전반 그리고 인간의 집단적 삶의 구조와 관리에 관계되는 인간 활동이다. 이 활동이 적절한 상태에 있어야 하는 것은 삶의 필수 조건이다. 세계화가 인류를 하나로 묶어놓듯이, 사회가 전반적으로 하나가 되어가는 오늘날에 있어서는 특히 그러하다. 정치적 관심이 높아지는 것도 이러한 사실과 관련 있다. 다시 말해, 인간의 삶은 그 어느 때보다도 경제와 정치 그리고 사회의 일정한 구조적 질서 속에 있고, 그것을 이루는 착잡한 관계망에 묶여 있다.

그러나 다른 한편으로 이 큰 틀이 모든 것을 결정하진 않는다. 삶은 이 큰 틀 안에서 일어나는 시시각각의 현실이다. 그것은 사건적 특징을 지니고 있다. 사건으로서의 인간의 삶과 움직임은 끊임없이 이뤄진다. 그리하여 이 움직임을 더 세부적으로 조정하는 일이 필요하다. 여기에 관계되는 것이 윤리다. 윤리는 삶 전체를 다스리는 틀이다. 그것은 삶의 규범이다. 작은 일들에도 스며드는 규범이다. 그때 그것은 단순히 자연스러운 느낌일 수도 있다. 그 둘 사이의 균형에서 삶의 질서는 좀더 인간적인 것이 된다.

윤리에 있어서 핵심적인 사실 하나는, 그것이 사람의 삶에 자연스럽게 작용하는 것이면서도 의식화되고 규범이 되며 인간 행동의 원리가 될 수 있다는 것이다. 이 의식화는 경험적 사실에서 시작하여 일반화, 더 나아가 이론화가 된다. 이 과정은 최종적으로 경험을 초월하는 선험적 구조와 형식에 이른다. 이 초월의 근원이 어디에 있는지는 불분명하다. 어쨌든 윤리는 경험 속에 있으면서도 그 나름의 문법을 갖는다. 이것을 밝히는 일은 사고의 작업이다. 그리고 윤리는 이 작업을 통해 명증한 것이 되고 일관성을 얻는다. 이 사고 또는 의식화가 인간으로 하여금 외면적 조건들에서 벗어나 주체적 존재가 되게 한다. 그러나 그것은 동시에 제 사고의 쇠사슬에 묶이는 결과를 초래하기도 한다. 이 주체성은 또 하나의 패러독스를 포함한다. 주체란 자유로운 존재를 의미한다. 그러면서 동시에 주체는 나름의 규범과 법에 따를 것을 선택한다. 윤리적 행동은 이에 따르는 행동이다.

칸트의 윤리 사상—가령 『실천이성비판』—에서 인간 존재의 가장 기본적인 특성은 자유로 정의된다. 자유는 인간이 주체적인 존재로서 스스로를 의식하는 데에 따르는 행동적 조건이다. 그러나 칸트에게 있어 이 자유는 다시 도덕적 의무의 필연성 속에 스스로를 위임한다. 이러한 자유와 규범의 필연적인 연결은 유교 윤리에서도 핵심적인 이해다. (그러나 그것은 너무 자주 잊힌다. 뒤에서 다시 살펴보겠지만, 그것은 윤리의 구성과정의 차이와 관련된다고 할 수 있다.) 퇴계의 윤리 이념을 요약하면 다음과 같다. "인간은 여기서 〔즉, 인의예지의 윤리 규범에서〕 객체적 도덕 이념에 의해 강요되거나 주물鑄物되는 존재가 아니라 도덕의 명실상부한 주체로서 스스로 존엄한 위상을 세운다."[1] 이것이 퇴계의 인간 이해의 중심에 있다고 한다면, 윤리의 인간적 의미 또는 인간의 자기완성에 대하여 그가 가진 생각은 위에서 말한 칸트의 생각과 같다고 할 수 있다. 어느 쪽이나, 자유의지와 실천적 필연성이 윤리에서 하나가 될 수 있음을 말한 것이다.

2

인간의 삶에서 윤리가 갖는 의미는 이처럼 거창한 철학적 인간론만이 아니라 일상생활에서도 느낄 수 있다. 삶의 현장에서 그것은 문법이 아니라 자연스럽게 활용되는 언어이며 감정의 흐름이다. 말할 것도 없이 집단적 삶의 질서를 유지하는 데 궁극적으로 작용하는 것은 법, 즉 법의 강제력이다. 그러나 어찌 사람의 모든 움직임이 그것으로만 통제되겠는가? 그럴 수 없다는 것은 크고 작은 일에서 두루 확인된다. 법은 삶의 여러 작은 일들에 자연스럽게 들어 있는 느낌이 제도적 한계로서 표현된 것이다. 그보다 조금 더 유연한 표현이 윤리 규범이다. 그러나 보통의 삶에서 인간 행위는 더 작은 모습으로 굴절되어 나타난다. 그러면서 그 뒤에 있는 것이 윤리 또는 윤리로 명증화될 수도 있는 인간적 감성이다.

가령 버스나 지하철을 타면서 줄을 서는 것은 오늘날의 삶의 원활한 운영에 필수적인 일이지만, 그것은 쉽게 법으로 강요될 수 없다. 그것은 한편으로는 자신을 포함하여 여러 사람의 편의를 위해 필요하고, 한발 더 나아가 집단의 삶의 공동 원리에 동조하는 것이다. 그리고 그것은 궁극적으로는 인간의 상호 관계에서 존중되어야 하는 윤리 원칙에 대한 의식에서 나오는 행동이라고 할 수 있다.

이왕에 교통과 관련된 이야기가 나왔으니, 그것을 예로 들어 사람의 작은 행동도 단순한 강제력이나 편의를 넘어서 좀더 깊은 층위에서 성립된다는 것을 생각해보자. 자동차는 사람의 이동에서 빼놓을 수 없는 도구가 됐고, 그것은 크게 볼 때 산업 및 에너지 자원과 인간의 수요, 그리고 그것을 전체적으로 아우르는 경제와 정치 체제의 틀 안에 존재한다. 한편 자동차의 운행은 연속되는 시간 속의 사건이다. 그것이 일정한 질서 속에서 움직이게 하는 것은 일단 교통 규칙이고 법규다. 그리하여 그 조정의 수단으로 가장 단적으로 눈에 띄는 것이 법이다. 교통 규칙을 지키게 하는 것이 궁극적으로 법의 제재라 하더라도, 법이 준수되는 것은 반드시 법이 가할 수 있는 제재나 형벌에 대한 두려움 때문만은 아니다. 그것을 지키게 하는 동기 중 하나는 안전에 대한 이해관계에서 비롯되는 합리적 계산이고 타협이다. 그러나 그 계산 밑에는 생명 보존의 필요에 대한 느낌이 있다. 더 나아가 생명의 보편성에 대한 인식이 따른다고도 할 수 있다. 다른 사람과 다른 생명체에 대한 의식은 본질적으로 우리 자신의 생명의식 밑에 깔려 있다. 이것이 좀더 의식화되면 생명의 귀중함에 대한 의식이 되고, 내 삶의 은혜에 대한 느낌이 된다. 나의 생명 그리고 다른 사람의 생명은 우리의 이해를 초월하는 거대한 현상의 일부다. 다른 사람의 생명에 대한 공감empathy도 절로 이 바탕에 기초한다고 할 수 있다. 또 한 가지 주의할 것은 타자성他者性이 생명을 가진 개체의 한 속성이라는 사실이다. 이것은 여러 의미로 풀이될 수 있다. 그것은 내 생명이 나의 것이 아니고 큰 생명 현상의 일부이며, 그런 만큼 다른 사람의 생명도 같은 차원에 있다는 것, 그리하여 공감은 자연스러운 것이면서 동시에 다른 사람은 어디까지나 타자로서의 독자성을 지니고 있다는 말로 풀이할 수 있다. 첫째 뜻과 관련해서 유교의 고사성어를 생각해볼 수 있다. 유교의 가르침에 "신체발부 수지부모 불감훼상身體髮膚 受之父母 不敢毀傷"이라는 말이 있다. 내 신체는 부모에게서 받은 것이므로 손상해서는 안 된다는 이 말은 『효경孝經』에 나오는 공자의 말이어서, 유교의 가르침이 그렇게 되기 쉽듯이, 신체라는 생명 현상을 삼강오륜의 틀 안에 한정하는 말이라 할 수 있다. 그러나 이 공자의 말을 조금 확대해서 생각하면, 내 신체의 타자적 근원을 지적한 것이라고 할 수 있다. 생명의 타자성은 우리에게 외포감畏怖感을 불러일으키며, 이 느낌은 우리의 행동을 신중한 것이 되게 한다. 다만 그것이 쉽게 의식 위로 떠오르지 않을 뿐이다.

이러한 착잡한 관계는 법이나 규칙의 집행에도 스며들게 마련이다. 또다시 교통관계의 일상적 사례를 가지고 생각해본다. 가령 자동차를 운전해 가고 있을 때 교통 신호가 푸른색에서 빨간색으로 바뀌었는데, 걸음이 늦은 행인이 아직도 건널목을 건너고 있다면 어떻게할 것인가? 규칙만을 따라 행동한다면 보행자를 들이받아도 된다. 그

윤리와 인간의 삶: 감정, 이성, 초월적 이성

러나 규칙 준수 못지않게 핵심적인 것은 그것에 따르는 인간적인 판단이다. 그리하여 신호가 어떻게 되었든 건널목에 사람이 있다면 차를 세우는 것이 도리다. (최근의 신문에서 바로 이런 사건이 보도되었다. 사람을 치어 죽게 한 운전자에 대한 판결이 있었다. 운전자는 사면되었다. 그것은 법의 판결이다. 그러나 판결 전에 운전자는 더 조심했어야 했는데, 이 내심의 배려가 법의 심판 대상은 되지 못한다. 법과 윤리적 요구는 별개로 작용한다.) 나는 외국에서 새벽에 택시를 타고 공항으로 간 일이 있다. 길에는 다른 차들이 없었다. 한 교차로에서 운전사가 켜져 있는 빨간 신호를 가로질러 직행했다. 마침 어디에선가 감시하고 있던 경찰관이 차를 세우고 신호 위반에 대한 조처를 취하려 했다. 운전사는 자신이 신호를 위반한 것은 뒤에 타고 있는 승객이 급히 공항에 가야 하기 때문이라고 변명했다. 단속하던 경찰관은 뒤로 돌아와 내게 공항에 급히 가야 한다는 것이 맞는 말인가 하고 물었다. 그렇다는 대답을 듣고 경찰관은 운전사에게 면허증을 돌려주면서 앞으로 나갈 것을 허용했다. 간단한 사건이었지만, 여기서 경찰관의 태도는 사려와 판단을 보여주는 행동이었다. 이것은 작은 삽화에 불과하지만, 더 큰일에 있어서도 규칙 못지않게 중요한 것이 사려와 판단이라는 것을 새삼스럽게 생각하게 하는 일이었다.

3

위에서 든 예는 잡담 수준의 것이지만, 그것을 확대하면 보이게 되는 복합적 의식, 쉽게 말해 윤리의식은 보다 크게 사회적 존재 그리고 환경 속의 인간 존재로서의 인간의 삶에 두루 작용한다 또는 작용해야 한다고 할 수 있다. 앞에서 말한 바와 같이, 그것은 공중 교통수단을 이용할 때, 줄을 서거나 교통 규칙을 지키거나 또는 그 규칙을 집행하려 할 때만이 아니라, 사회와 여러 인간 공동체를 보다 인간적 진실에 충실하게 하려 할 때 움직이고 있어야 할 원리다. 법 집행에서 위에서 말한 바와 같은 큰 윤리적 의식이 없다면, 그 결과가 반드시 인간 복지에 기여하는 것이 되지 않을 경우도 적지 않을 것이다. 또는 오늘날 우리 사회에서 그리고 다른 나라에서도 큰 관심의 대상이 되어 있는 것이 불평등 문제인데, 그것을 해결하는 데에 관계되는 것도 공동체적 삶의 윤리성에 대한 의식이다. 그런데 이러한 의식이 사라진 것이 오늘날의 현실이다. 그것은 인간이 근본적으로 이기심의 존재라는 생각이 오늘날의 인간 인식이고, 그 인식에 입각해서 만들어지는 것이 정치 제도이며 사회 제도라는 점에 관계된다. 새로 묻지 않으면 안 되는 질문은—오늘과 같은 물질주의 시대, 공리주의 시대에서는 참으로 비현실적인 접근으로 보이긴 하지만, 이러한 인간 이해가 완전히 사라지고도 참으로 인간적인 사회가 실현될 수 있을까 하는 것이다. 위에서 든 간단한 예들은 일상적인 삶에서도 윤리 인식이 개입된다는 것이었는데, 넓은 의미에서 존재론적 공동의식을 어떻게 의식화하고 행동 원칙이 되게 하느냐는 것은 우리에게 주어진 커다란 과제다.

　우선 확인해야 할 것은 윤리의식의 근본이 어디에 있는가 하는 것이다. 여러 문화 전통에는 인간 심성의 기초에 그러한 의식이 있다는 생각이 있고 그것을 함양하기 위한 다양한 방책이 제시되어 있다. 단순화하여 말한다면, 한편으로 윤리를 자연스러운 것이 되게 하는 것은 감정의 자율적인 작용이고 다른 한편으로 이성적 기율이 그것을 보강한다고 생각된다. 감정의 자연스러운 움직임에 이미 윤리적인 것이 들어 있는데, 이성으로 이것을 강화할 수 있다는 말이다. 많은 경우 감정과 이성은 일체적으로 작용한다. 정상적인 상태에서 사람의 마음은 일체성 속에서 움직이기 때문이다. 참으로 오늘날의 사회에서 윤리의식의 보강이 필요하다면, 어느 쪽이 되었든 간에 착함을 키우는 마음의 근본적 성향을 강화해야 할 것이다.

그러나 그것이 간단히 이뤄질 수 없는 것임은 말할 필요도 없다. 그것을 위해 동원될 수 있는 힘이 불분명할 뿐만 아니라, 그러한 심성의 존재 방식도 간단하게 파악할 수 없기 때문이다. 심성이 무엇인가 하는 것은 간단히 설명할 수 없지만, 그것은 일단 착한 마음씨라고 할 수 있으며, 인간 심리 가운데 감정적인 요소로서 그러한 경향이 있다는 것을 말한다. 물론 감정에는 나쁜 것들—증오, 시새움, 분노, 원한과 같은 것도 있기 때문에 착한 마음씨는 감정 중에도 좋은 감정을 말한다. 그것이 여러 감정 상태 가운데 하나라는 것은, 착한 마음씨도 절로 작용하는 것은 아니라는 말이 된다. 마음의 작용에 중요한 것은 그것을 마주하고 있는 사회적 환경이다. 좋은 사회에서는 착한 마음씨, 좋은 마음씨가 절로 발휘된다고 할 수 있다. 그렇다면 좋은 마음씨를 위해서는 사회를 좋게 만들어야 한다. 다른 한편으로 좋은 마음씨는 일정한 수련을 거쳐서 이뤄진다고도 할 수 있다. 이 경우 어떤 원칙에 대한 일관된 신념이 그것을 뒷받침한다. 이 신념은 물론 맹목적인 것이 아니라 인간에 대한 이성적 이해를 통해 이뤄진다. 이것은 다시 개인의 심성 속에 내면화되어야 한다. 이 글의 나머지 부분에서 생각해보려는 것은 착한 심성의 습관화 또는 자기 규범화가 어떻게 이루어지는가 하는 문제다. 그러나 이미 언급한 바와 같이, 착한 마음은 감정적인 바탕을 강하게 가진 심성 또는 심정이기 때문에 감정과 윤리적 행동의 관계를 우선 살펴본다.

4

동양의 전통에서 윤리적 행동의 기초가 되는 것은 대체로 사람 마음에 있는 착한 성품이라고 여겨져왔다. 법치法治보다는 덕치德治가 정치의 귀감이 되어야 한다는 생각에도 이러한 전제가 들어 있다. 그러한 정치를 위해서는 자연스러운 심성 그리고 그 심성에 입각한 덕성들에 호소하는 것이 통치의 요체다. 맹자의 성선설性善說도 대체로 그것이 가능하다는 점을 조금 더 이론적으로 설명한 것이다. 그 입장에서 보면, 사람에게는 본능적으로 착하게 행동하게 하는 충동이 있다. 그것을 일단 소극적으로 정의한 말이 '차마 하지 못하는 마음', 즉 '불인지심不忍之心'이다. 우물에 빠지려는 아이에게 손을 내밀어 구하려는 것은 보상을 생각해서 그러는 것이 아니고, 그대로 보고만 있을 수 없는 본능이 작동하기 때문이라고 한다. 한발 더 나아가 세계와 사람에 대한 자연스러운 심성의 반응은 좀더 적극적으로 측은지심惻隱之心, 수오지심羞惡之心, 사양지심辭讓之心, 시비지심是非之心으로, 인의예지

윤리와 인간의 삶: 감정, 이성, 초월적 이성

仁義禮智라는 윤리 개념의 밑에 들어 있는 심성의 상태에도 표현된다. (『맹자』「공손추장구 상公孫丑章句上」에 나오는 이런 주장은 「고자장구 상告子章句上」에서 되풀이되는데, 두 번째에서 강조되는 것은 이러한 것들이 심성의 내부에서 나오는 자율적 생각이고 행동이라는 것이다.) 이러한 덕德들은 개인의 인격에 관계되는 것이지만, 동시에 더 중요한 것은 그것의 사회적·정치적 의의다. 그리하여 통치자가 지니고 있는 '불인지심'은 '불인지정不忍之政'—차마 하지 못하는 일을 하지 않는 정치로 이어지고 그것으로써 천하가 바르게 다스려질 수 있다고 한다.

앞서 말한 심성의 특징들은, 처음의 예에서 보듯이 충동적이라는 것이다. 그 충동은 이성적이기보다는 감정적인 것이다. 그런데 착한 감정, 이를테면 박애의 마음이나 자비심, benevolence가 윤리와 도덕의 기초가 되는 심성이라는 것은 서양 사상사에서도 두루 볼 수 있다. 도덕과 윤리의 기초로서의 '선의 의지'—앞서 말한 영어 benevolence를 직역하면 '선의 의지'가 된다. 그리고 이것을 조금 약한 의미로 번역하면 '선의'가 된다—를 주로 말한 것은 18세기 영국, 특히 스코틀랜드의 도덕철학자들Scottish Moralists이라 불리는 이들이다. 이들 주장의 핵심은 사람에게는 선의 의지가 있으며 그것이 윤리와 도덕의 기초가 된다는 것이다. 그것들은 윤리를 옹호하자는 것이기보다는 그것에 대한 경험주의적 관찰들을 진술한 것이다. 그러나 윤리의 중요성을 확인하려고 할 때 경험적 관찰을 떠나 생각할 수는 없다.

스코틀랜드의 철학자 프랜시스 허치슨은 도덕적 선의 의지, 감각이나 동정심, 자비심 등이 윤리적 행동의 기본이고 그것이 인간 본성 안에 존재하는 심리적 경향이라는 것을 뚜렷하게 주장한 사람이

국가와 윤리

다. 그러나 18세기 스코틀랜드의 가장 뛰어난 철학자는 데이비드 흄이라고 할 터인데, 그도 허치슨의 생각을 물려받아 인간 심리의 감정적인 측면이 도덕적·윤리적 태도의 기본이 된다고 했다. 그의 주장은 허치슨보다 훨씬 더 면밀한 논리로 전개된 것이다.[2] 윤리적 규범에 대한 그의 생각의 기초에 놓인 것은 이성보다는 감정이 행동을 유발한다는 것이다. "도덕적 판단은 이성의 판단일 수 없다. 도덕적 판단의 목적은 우리 행동에 지침을 주자는 것인데, 〔거기에 들어가는〕 이성은 우리를 결코 행동으로 이끌어갈 수가 없다." 이러한 흄의 생각에 대하여, 그의 『인성론 A Treatise of Human Nature』(1739)에서 이것을 해설하고 있는 매킨타이어 교수가 뽑아낸 재미있는 가상假想의 예와 그에 대한 설명을 들어본다. 순수한 이성의 관점에서 생각할 때, "내 손가락에 상처를 입는 것과 세계의 파멸 중 어느 쪽을 택하겠느냐 할 때, 손가락이 다치지 않는 것을 택한다 해도 그것은 이성에 위배되는 것이 아니다." 이에 대하여 어떤 행동적 선택은 감정의 움직임이 있어서 일어난다. 다른 한편으로 감정은 이성의 도움을 받아 비로소 행동적 표현을 얻게 된다. 흄은 이것을 풀이하여 이렇게 설명한다. "이성은 격정의 노예이고 노예여야 한다. 그것은 격정의 심부름을 하고 그에 복종하는 것 외에는 다른 맡은 바 기능이 없다."

　　물론 개념들의 논리적 관계를 밝히는 것은 이성의 기능이다. 그 중 대표적인 것이 수학이다. 그러나 사실에 대한 판단으로부터 사실에 대한 가치 판단으로 옮겨가는 직통의 길은 없다. 행동에서 이성에 우선하는 것이 감정이다. 따라서 윤리도 감정에 의지할 수밖에 없다. 흄의 생각에 감정은 윤리적 심성의 기반으로서 극히 취약한 기초가

윤리와 인간의 삶: 감정, 이성, 초월적 이성

될 수 있을 뿐이다. 행동으로 옮겨가는 데에는 참으로 다시 이성의 도움이 필요하다. 그리하여 인간의 행동적 선택에서 감정과 이성은 교차하면서 하나로 결합하게 된다.

그의 회의주의에도 불구하고, 흄은 도덕적 선택에 있어서의 가치 판단 그리고 사실적 판단을 완전히 버리지 않았다. 도덕적 판단을 내리는 것은 '그렇다 is'로부터 '그래야 한다 ought'로 옮겨가는 것인데, '그래야 한다'고 말할 때에는 그에 대한 이유를 밝혀야 한다. 그러니까 이성의 뒷받침을 받아야 하는 것이다. "이러이러한 것을 원한다면, 이러이러한 일을 해야 한다" 또는 "이러이러한 직책을 가지고 있으면, 이러이러한 일을 해야 한다"라고, 합리적 이유 또는 이성으로 정당화되는 이유를 내세워야 한다는 사실에 그는 주목했다. 그리고 이러한 판단은 한 사람의 한 가지 일에만이 아니라 일련의 일—일정하게 분류될 수 있는 집체集體에 적용되는 것이다. 이렇게 하여 이성적 일반화가 일어난다. 그리하여 도덕적 규범 또는 규칙이 생긴다. 그러나 이러한 규범적 명령은, 매킨타이어가 붙이는 주석으로는, 현대에 와서 점점 더 도덕의 진공眞空 속에서 발해지는 명령이 되었다. 그리하여 "왜 그래야 하지요?"라는 반문이 제기되면 할 말이 없을 때가 많다. 그리고 "그냥 그렇게 해"라는 명령이 합리적 설명을 대치한다. 윤리적 행동은 단순한 이성적 선택이 아니라 사회가 뒷받침하는 선택이라는 말이다. 다시 한번 사실에서 도덕이나 윤리로 옮겨가는 방법이 없거나 쉽지 않다는 점이 확인되는 것이다. 그러나 흄 자신의 철학에서는 사실에서 윤리 규범에로의 이행이 빈번히 발견된다. 결국 흄은 윤리에 있어서 감정과 이성의 연결은 불가피한 것임을 인정한다.

그리고 그렇게 인정하는 데 있어서 이기심과 이타심 또는 사회적 성품과의 연결이 삽입된다.

도덕적 행동에는 선의 감정 이외의 감정도 작용할 수 있다. 사람의 행동이 도덕적이라고 말할 때, 거기에는 순수한 선의 감정 외에 순수하게 선한 것이라고만 할 수 없는 감정이 관계될 수 있다. 흄에 따르면, 선한 행동 뒤에는 두 가지 심리—'실용성과 동정'의 심리가 있을 수 있다. 실용성이란, 내가 정의와 공정성을 존중하지 않는다면 '재산의 안정성' 또는 '재산'이라는 것이 있을 수 없다는 고려와 같은 것이 도덕적·윤리적 행동에 들어간다는 것을 말한다. 그리하여 인위적인 규범적 덕성이 만들어진다. (물론 이러한 일이 반드시 의식적 사고로 진행되는 일이라는 것은 아니다.) 그러면 좀더 이타적인 감정이라고 할 수 있는 '동정심'은 어떻게 설명해야 하는가? 흄은 일단 순수한 동정심의 가능성에 대하여 회의를 품고 있었다. 그는 "개인의 성품, 협조관계, 나 자신과의 관계를 떠나서 인간에 대한 보편적 사랑이란 존재하지 않는다"고 한다. 그러나 다른 한편으로—이것은 그의 나이 스물셋에 쓴 『인성론』이 아니라 12년 후의 다른 저서 『윤리 원칙에 대한 연구 An Enquiry Concerning the Principles of Morals』(1751)에서 주장하는 것인데—그는 인간의 사회적인 관심이 개인적인 이해타산보다는 더 넓고 보편적인 심성의 한 부분을 이룬다는 것을 말하기도 한다. "사람의 품성을 살피거나 행동 방식을 평가함에 있어서 공공선public good 그리고 평화와 조화와 질서를 향하는 경향이 있음으로 인해, 그러한 것들이 우리 몸의 선의의 원리에 영향을 미쳐 우리를 사회적인 덕성의 편에 서게 한다."

윤리와 인간의 삶: 감정, 이성, 초월적 이성

논지의 전개에 요긴한 것은 아니지만, 흄의 생각에 더하여 애덤 스미스의 비슷한 생각을 첨부하는 것이 무의미한 일은 아닐 것이다. 매킨타이어 교수가 설명하는 것이지만, 애덤 스미스는 도덕의 기초로서 '동정심'을 중요시했다. 그에게 윤리의식의 기초는 '유용성'이 아니었다. 그에게 인간 행동의 기초에 있는 것은 일단 '적절성propriety'이었다. (이 말은 달리 번역하면, 예의범절의 기준에서 인정할 수 있는 적절성을 말한다.) 이것은 사람이 '옳은 행동'을 선택하는 데 기준이 된다. 그럼으로써 사람은 '자기애自己愛, self-love'를 극복한다.[3] 이에 대하여 애덤 스미스는 경제적 이기심으로 움직이는 '경제 인간homo economicus'의 발견자로 간주된다. 그것은 스미스에게는, 보다 진정한 도덕적·윤리적 가치를 추구하는 데 있어서 거쳐야 하는 한 경로로 여겨졌다고 할 수 있다. 그리고 흥미로운 것은 이러한 추구가 '예의범절의 적절성'이라는 윤리 도덕의 행동적 표현을 포함하는 것으로 생각되었다는 것이다. 이것은 한편으로는 행동의 외면적 형식을 중요시하는 것으로서 그 공동화空洞化를 의미할 수도 있지만, 다른 한편으로 내외 어느 쪽에서나 필요한 자기완성의 이상을 가리킨다. 이런 생각들은 유교적 인간 수련의 이념과 비슷한 것이라고 할 수 있다. (글래스고대학에서 애덤 스미스의 지위는 '도덕철학 교수Professor of Moral Philosophy'였고, 그의 주요 저서로는 『국부론』 외에 『도덕 심성의 이론The Theory of Moral Sentiments』이 있다.)

　　대체적으로 말해 스코틀랜드의 철학자들은, 애덤 스미스를 포함해 결국 인간 심성의 사회성과 윤리적 경향을 인정한 것인데, 매킨타이어 교수의 의견으로는 흄이 보수적으로 당시의 사회적 관습을—그러니까 인간의 감정을 일정한 방향으로 이미 형성해놓은 관습을 그대

　　　　　　　　　　　　　　　　　　　　　　국가와 윤리

로 받아들인 것이고 그것을 좀더 철저하게 검토한 것은 아니라고 한다. 그러나 사회성은 불변의 인간 존재의 특성이라고 하는 게 옳을 것이다. 그리고 그것으로 인해 윤리적 규범이 생겨난다고 할 것이다. 다만 그것이 지역과 시대의 사회적 관습에 따라 다를 수 있는 것도 사실이다. 그러면서도 그것이 좀더 보편적인 것으로 진보하는 것이 인간의 역사라는 관점도 맞다고 여겨진다. 다만 이 보편성이 단순히 내적인 발전이 아니라 세계라는 외면적 발전의 한 측면을 이루게 될 때, 그것은 원래의 토착적 관계에 존재했던 윤리적 의무로부터 절단되어가기 쉽다. 그리고 참으로 도덕적·윤리적 공백을 낳을 수 있다. 그러나 좀더 길게 볼 때, 스티븐 핑커의 베스트셀러 제목대로, "인간성의 보다 나은 천사The Better Angels of Our Nature"가 더 뚜렷해지는 것이 인간의 역사라고 할 수 있다. 중요한 것은 믿을 만한 감정과 이성을 연결하는 문화적 관습habitus이 생기는 것이다.

5

되풀이하건대, 중요한 사실은 인간의 사회성에 연결되어 있는 도덕적 감수성이 단순히 감정에 머물 때, 그것은 튼튼한 보장이 될 수 없다는 것이다. 간단히 말해 감정은 변덕스러운 특징을 지녔기 때문이다. 이러한 불안에 대하여 칸트의 '실천이성' 개념은 개인적·사회적으로 유발誘發되는 감정으로부터 해방시켜 도덕과 윤리를 튼튼한 법칙의 차원에 올려놓으려는 시도라 할 수 있다. ('도덕' 그리고 '윤리'는

윤리와 인간의 삶: 감정, 이성, 초월적 이성

함께 쓰기도 하고 따로 쓰기도 할 수밖에 없다. 독일어에서 칸트가 주로 문제삼는 것은 'Sitte'인데 이것은 관습 또는 윤리를 말하는 것이지만, 칸트는 개인의 심성에서의 규범적 결정, 즉 도덕을 의미하는 말로 사용한다. 여기서는 두 단어를 여러 가지로 조합 또는 분리하여 쓰기로 한다.)

도덕적·윤리적 행위의 취약성과 그 허위성은 엄격한 도덕적 의무를 벗어난 선행에서도 찾아볼 수 있다. 어떤 행동은, 일단은 순수한 도덕적 동기에서 행해진 것으로 보인다. 그러나 그 숨어 있는 동기는 자신의 이해타산일 수 있다. 가령 가게를 운영하는 사람이 정직하다면, 그것은 고객을 유치해 이익을 늘리려는 계산이 동기로 작용한 것일 수 있다. 그러나 그러한 이기적인 동기가 아니고, 칸트가 보기에는 순수한 이타심altruisim에서 나온 선행이라도 순수한 동기를 지닌 선행이 아닐 수 있다. 이타적 행동이 내 성향에 들어 있을 수 있고, 그렇게 하는 것을 내가 즐길 수도 있다. 이때 나는 "이기심에서 나온 행동의 경우와 비슷하게, 순수한 의미에서의 선의 의무를 하지 않는 것이다." 순수한 도덕적 행동자는 자기 마음속의 '성향'(기호嗜好)과 '의무' 가운데 하나를 선택해야 한다. 의무를 선택한다고 할 때, 의무는 나에게 그러한 의무로 인식되어야 한다. 그 의무의 행동만이 행동의 윤리성을 보장한다. 그러한 의무의 특징은 그것이 모든 이성적 인간에게 해당될 수 있는 것이라는 점이다. 그것은 보편화될 수 있는 규칙이라야 한다. 그것을 말하는 것이 '범주적 명령categorical imperative, Kategorischer Imperativ'이다. 즉, 『윤리 형이상학의 기초Grundlegung zur Metaphysk der Sitten』에 나와 있는 공식에 따르면 "그대의 행동이 따르고 있는 격률格率이 모순 없이 보편적 격률이 될 수 있게끔 행동하라"는 것이다. 이것은 다시 말해 도덕의 규칙이 개인의 감정이나 기분이 아닌, 자체적인 법칙성에 따라서 움직여야 한다는 말이다. 우리의 관점에서 볼 때, 그렇게 하여 도덕의 법칙은 자연법칙과 마찬가지로 그 자체의 규칙으로 움직이는 것이기 때문에 행동은 탄탄한 기초 위에 서는 것이 된다.[4]

이러한 칸트의 해석은 이타적 행위에 대한 그의 생각에서 볼 수 있듯이 지나치게 현학적이라는 인상을 주고, 그것을 세상의 이치로 받아들이기는 어렵다 할지 모른다. 이런 문제에서 설득력은 논리보다 인간적인 호소력에서 온다. 그러나 도덕의 근거를 객관적 확실성에 기초하게 하려는 것도 문화자본의 축적에 필요한 일임은 틀림없다. 그러한 확실한 근거를 생각하지 않는 것은 선의에 의지한다고 하여 법 제도를 분명히 하지 않는 일과 같다. 칸트는 도덕이나 윤리의 규범을 사람의 감정을 들고 남을 넘어 불변의 기초 위에 확립하고자 한 것이다. 그는 그것을 세계와 인간 존재의 기본적인 구조에서 찾으려고 했다. 우리가 그 시도를 전부 설명할 수는 없으나, 적어도 위의 주장을—윤리를 감정보다 객관적인 근거에 두고자 하는 그의 주장을—조금 더 살펴볼 필요는 있다.

또 한 가지 칸트 이론의 강점은, 현대적인 관점에서 그것을 반드시 믿긴 어려울지 모르지만, 도덕의 법칙이나 자연의 법칙이 궁극적으로는 하나라는 것이다. 이것은 인간이 세계 내의 존재인 이상 정당한 것일 터이다. 사실세계에 기초하지 않는 규칙이 참으로 객관적일 수 있겠는가? 뿐만 아니라 물질세계의 사실과 인간 내면에 이어져 있는 가치의 세계가 하나라는 사실은 도덕적 노력을 재촉하는 의미를 지닐 것이다. 자연의 법칙을 어기면서 사람이 오래 살 수 없듯이, 도

윤리와 인간의 삶: 감정, 이성, 초월적 이성

덕적 법칙을 어기면서도 오래 살 수는 없을 것이라는 근거가 여기에 있다고 할 수 있기 때문이다. 개인은 몰라도 적어도 사회 전체는 그렇다고 할 것이다. 칸트의 도덕 이론이 자연세계에 대한 그의 엄격한 관심과 밀접하게 이어져 있다는 것은 이 점에서도 주의할 필요가 있다.

사상사학자들이 말하듯이, 칸트는 계몽주의 시대의 철학자다. 시대를 대표하는 것은 물론 이성적 사고이고, 그것이 현실적 학문으로 구현된 대표적인 예는 뉴턴의 과학이다. 다른 한편으로 이성은 검토되지 않은 기성사실들을 일체 회의해보는 철학적 태도를 당연한 것이 되게 했다. 그러한 회의를 방법적으로 수용한 대표적인 철학자 중 한 명이 흄이다. 칸트는 이 두 사상의 흐름을 하나로 결합하고자 했다. 그는 뉴턴적인 사실의 세계를 받아들이고, 동시에 그것의 인식론적 근거를 규명하여 과학적 인식의 한계를 밝히면서 좀더 치밀한 이성적 사고의 길을 열고자 했다. 윤리 도덕에 대해서도 비슷하게 엄격한 이성적 검토를 통해 정당한 근거를 부여하는 것이 그의 관심사였다.

그의 비판철학에서 도덕과 윤리는 사실적 세계에 대한 인간 인식의 근거를 밝히려는 시도의 일부다. 말할 것도 없이 『순수이성비판』은 사실적 인식의 비판적 검토를 시도한 주저[1]인 데 비해, 『실천이성비판』은 도덕과 윤리 문제를 다룬 주저다. 여기에 인용하여 고려해보려는 것은 두 번째 저서에서 이 연구 사이의 관계를 밝히는 부분이다. 그것은, 조금 이해하기 어려운 대로, 도덕과 윤리가 사실적 세계와 마찬가지로 세계 구성 원리의 일부임을 보여주려는 것이라 할 수 있기 때문이다. "지각없는 개념은 공허하고, 개념 없는 지각은 맹목이다"—이것은 『순수이성비판』의 기본 테제를 압축한 유명한 구절이

국가와 윤리

다. 우리가 경험하는 세계는, 일단 그렇게 보일지라도, 단순히 감각 또는 지각으로 파악되는 것 그대로의 것이 아니다. 그것이 가능하기 위해서는 개념이 개입되어야 한다. 개념의 구성에 의하여 지각이 현실 경험으로 인식되는 것이다. 이 개념의 출처는 인식하는 주체—주체의 이성에 있다. 그러나 개념은 그 자체로 드러나는 것이 아니라 지각되는 사물과의 연결을 통해서만 스스로를 드러낸다. 개념은 주체적 이성이 지각의 자료를 공간과 시간을 직관하면서 형성된다. 그리하여 이 주체적 이성은 지각세계로부터 전적으로 자유로울 수가 없다. 그러면서도 그것은 감각의 세계를 벗어난 자율성을 가진 주체다. 인식의 주체—또는 사실세계의 인식의 주체와 도덕적 실천의 주체의 차이를 말하고 또 그것이 서로 겹치면서 이행하는 과정을 설명하는 것이 다음 인용에 압축되어 있다. 이 인용의 논리는 매우 복잡하다. 인용에 앞서 그 생각의 흐름을 미리 살펴본다. 거기서 칸트가 생각하는 세계는 세 가지다. 하나는 감각의 세계다. 이것은 경험될 수 없는, 또는 의미 있는 것으로 경험될 수 없는 세계다. 다른 하나는 이성이 제공하는 개념으로 파악된 세계다. 그러나 여기서의 이성은 파악된 감각적 세계를 벗어날 수 없다. 마지막은 이 이성이 주체적 이성이며, 그에 따라서 완전히 자율적으로 존재하는 세계다. 바로 실천이성—도덕적 이성의 세계다. 물론 그러면서도 이 실천이성은 현실세계에 있고 그것에 작용하면서 동시에 그것을 넘어 정신의 세계에 존재한다. 이 점을 다시 설명하면, 칸트는 어디까지나 경험의 세계를 존중하는 리얼리스트이기 때문에 일단 정신의 세계가 따로 존재한다고 말하지는 않는다. 그러나 앞의 두 세계, 특히 두 번째의, 이성이 제공하는

윤리와 인간의 삶: 감정, 이성, 초월적 이성

개념으로 인해 가능해지는 지적 이해의 세계는 사실 정신세계에서 부
과하는 법칙에 의존하여 존재한다고 말한다. 현실을 알아볼 수 있게
하고, 거기서 실천적 행동을 할 수 있게 하는 것은 정신세계의 법칙이
다. 이런 의미에서 칸트는 숨은 플라톤주의자로 보인다. 다만 그는 현
실 플라톤주의자다. 이것은 플라톤적인 이데아가 따로 존재하는 것
이 아니라 감각적 세계, 인간의 실천적 세계에 작용하고 있다고 생각
하는 것이 칸트라는 말이다. 조금 길겠지만 인용을 시작한다.

> 〔이성적 사물 인식에 있어서〕 종합 판단의 원리들synthetische Grundsätze은
> 〔공간과 시간에 대한〕 직관 없이는 단순히 개념들에서 나올 수 없다.
> 그보다는 이 원리들은 지각하는 직관과 가능한 경험의 대상과의 관
> 계에서만 존재할 수 있다. 오성의 개념과 이 직관이 결합됨으로써만
> 지식이 가능하며, 그것이 우리의 경험이다.

위에서 칸트가 말하는 것은, 이성은 경험의 숨은 원리라는 것
과 경험은 그것에 의한 구성의 결과라는 것이다. 그러나 다음에 이
어 나오는 구절을 보면, 이성은 스스로 구성하는 대상을 넘어서 그 자
체의 근본이 되는 '본체noumenon'에 대해서는 어떤 지식도 가질 수 없
다. 그런데 그것을 적극적으로 말하는 것은 아니면서도, 칸트는 도덕
적 행동의 담지자인 실천이성에게는 이것이 가능하다는 것을 시사한
다. 그 가능성은 단지 '생각한다는 것'만으로도 본질적인 실체 누메논
noumenon의 존재가 보인다는 사실로부터 시작한다. 도덕은 이 사실로
부터 가능해진다. 그것은 스스로의 규칙에 따라 움직이는 자율성을

국가와 윤리

가지고 있다. 이렇게 사실세계의 원리에 연결되어 있으면서도 자유로운 도덕적 이성을 칸트는 다음과 같이 설명한다.

이에 대하여〔즉, 도덕적 진리에 접근할 수 없는 이론 이성에 대비하여〕도덕의 법칙은 (…) 감각의 세계에서 또는 이론 이성의 한계 안에서는 절대로 설명할 수 없는 사실을 알 수 있게 한다. 그 사실이 순수 이념의 세계를 가리킨다. 더 나아가 그것을 분명하게 정의하고 그 세계를, 즉 법칙의 존재를 알게 한다.

이 법은 감각의 세계에, 감각적 자연으로서의 감각세계에—이성적 존재의 관심 대상이 되는 이 세계에—오성세계의 형상, 초감각적 자연übersinnlich Natur의 형상을 준다. 그러면서도 감각적 자연의 기계 장치를 교란하지는 않는다. 그러한 가장 넓은 의미에서의 오성 속에 있는 자연은 법칙 아래 존재하는 사물 일체다. 이성적 존재 일반으로서의 감각적 자연은 경험적 조건의 법칙하에 있다. 그리하여 그것은, 이성에 대해서는 타율성 속에 있다. 그러나 같은 존재의 초감각적인 자연은 일체의 경험적 조건들로부터 독립하여 존재하는 법칙하에 있다. 그리하여 그것은 순수이성의 자율성에 속한다. 사물 인식이 의존하는 법이 실천적이 되는 경우, 초감각적인 자연은, 그것을 개념적으로 이해하려 할 때, 실천이성의 자율성하에 있는 자연 이외의 것이 아니다. 이 자율성의 법칙이 도덕의 법칙이다. 그것은 초감각세계의 기본 법칙이며 순수 오성의 세계의 법칙이다. 여기에 대조되는 것이, 그 법을 교란함 없이 감각의 세계에 존재할 것이다. 전자前者, 즉 이성의 세계는—그것은 이성만으로도 알 수 있는데—

윤리와 인간의 삶: 감정, 이성, 초월적 이성

원초적 세계natura archetypa라 할 수 있고, 후자는 그 모사模寫 세계natura ectypa라 할 수 있다. 전자를 이념으로 하여 의지 결정의 조건의 기초가 될 수 있기 때문이다. 이상적으로 말한다면, 도덕의 법칙은—만약 거기에 물리적 능력이 수반될 수 있다면—그 안에서 이성이 최고의 선善을 가져오게 할 자연으로 우리를 옮겨가게 할 수 있을 것이다. 그것은 우리의 의지로 하여금 감각세계에 이성적 존재의 전체로서의 형상을 주게 할 것이다.[5]

앞에서 설명한 것을 되풀이하면, 이성의 법칙은 감각의 세계 위에 있고, 그 안에 작용하는 법칙이며 또 그것은 실천이성에도 반영되어 실천이성으로 하여금 세계가 가장 이성적인 질서 또는 최고의 선을 나타내는 형식이나 형상으로 재구성될 수 있게 할 것이다. 결국 세계 밑에 원형적인 형상이 있으며, 그것이 사람을 움직여 세계 개조도 가능케 할 것이라는 말이다.

이 마지막 부분에서 칸트는 비판철학자이기보다는, 앞서 시사한 바와 같이 반은 플라톤주의자라고 할 수 있다. 그러면서 사회 개조에 관심을 가진 현실주의자다. 그런데 세계를 개조한다고 할 때 그 세계는 어떤 것이어야 하는가? 그것은 『실천이성비판』의 이 부분에서 찾을 수는 없지만 구태여 생각해본다면, 이성적 일관성을 가진 현실 체제의 이념은 현실 개조의 구상으로 연결된다고 할 수 있다. 그의 현실적 관심은 정치적 주제를 다루는 그의 많은 글에서 보듯이 공화주의적 민주주의 체제에 대한 집념으로 나타나고, 또 『영구평화론』에서 보듯이 평화를 내용으로 하는 세계연방 체제에 대한 제안으로 표현

국가와 윤리

된다.

　이미 보았듯이, 보편적 실천이성에서 나오는 윤리적 행동 원리는 '범주적 명령'으로 요약된다. "그대의 행동이 따르고 있는 격률格率이 모순 없이 보편적 격률이 될 수 있게끔 행동하라." 이것은 흔히 어떤 도덕 윤리 행동에도 적용될 수 있을 것 같지만, 사실 개인의 행동과 관련하여 생각해보면 지나치게 인위적이거나 억지스러운 느낌을 준다. 하나하나의 행동에 그러한 계산이 들어가기는 어려울 것이다. (물론 그러한 규범이 습관화되고 무의식적인 고려가 되겠지만.) 그러나 그것은 사회제도에 관계되는 행동 규율로는 극히 타당하다고 할 수 있다. 가령 국가 형성과정에 국민이 참여한다면, 참여하는 사람들은 그러한 범주적 또는 보편적 고려를 대표하는 사람들이어야 할 것이다. 칸트는 공화주의적 민주주의(민주공화국)의 창립과정을 규정할 때, 그러한 보편주의적 요구가 충족되어야 한다고 말한다. 다음은 그의 범주적 명령의 사회적인 배경을 말하는 것으로 취할 수 있다.

　　공화국의 구성Verfassung, constitution(헌법)은 세 가지 원칙에 기초해야 한다. 첫째 사회 구성원 모두가 자유권을 갖는다는 원칙(인간으로서), 둘째 모든 사람이 하나의 법제하에 놓인다는 원칙(법치하의 인간으로서), 셋째 모든 사람의 평등권의 원칙(시민으로서)—이 세 가지 원칙이 있어야 한다. 인민의 법제화가 기초할 만한 근본 계약에서 도출될 수 있는 유일한 공화국의 구성 또는 헌법은 이러하다.[6]

　　　　　　　　　　　　　　윤리와 인간의 삶: 감정, 이성, 초월적 이성

위의 인용은 『영구평화론』의 한 구절이다. 다시 말해 예외 없이 모든 사람이 동등한 입장에서 동의하는 법제가 성립해야 하는 것이 공화정치의 원리라는 것이다. 이러한 공화정의 원칙에 따라 수립된 나라들이 평화 연방을 구성할 수 있다고 칸트는 말한다. 다만 세계 여러 나라가 연방聯邦을 이루어도 하나의 나라가 될 수 없는 것은, 위의 조건으로 구성된 각각의 공화국이 양보할 수 없는 주권主權을 갖고 있기 때문이다. (칸트의 공화국 구성의 조건은, 존 롤스가 『정의론A Theory of Justice』에서 말한바, 모든 사람이 자신과 다른 사람의 이해利害를 별도로 미리 생각할 수 없는 상황, 그리하여 일반화한 입장에서 합의할 수 있는—"성찰적 균형"이라 부르는 조건하에서 합의하는 것과 거의 같다. 이 합의하에 이뤄지는 사회가 정의로운 사회다. 다만 롤스에게 주된 고려 대상이 개인의 이해관계인 데 비해, 칸트가 말하는 균형에는 인간의 도덕적 심성에 대한 고려가 들어 있는 점이 다르다. 롤스의 생각에 하나의 사회질서를 구성해야 하는 사람들이 자신의 이해관계를 예측할 수 없다면 그들은 동등한 입장에 서게 되고, 그 입장에서 모든 사람이 합의할 수 있는 보편적 고려가 가능해지며, 그 합의하에서 이뤄지는 질서가 합리적인 질서, 정의로운 질서가 된다. 칸트도 다수의 인간이 합의할 수 있는 합리적 체제를 생각한다. 그것은 모든 인간의 동등함을 인정하는 데서 출발한다. 그러나 이 동등함은 이해관계보다는 개개 인간에 대한 인간으로서의 존중에서 나오고, 그것은 궁극적으로 칸트의 배경을 이루었던 종교—경건주의에서 나오는 것이라고 추측할 수 있다.)

6

위에서 말한 것은 자유와 평등을 기반으로 한 민주공화국의 기본 조건이다. 칸트가 주장하는 도덕 또는 윤리의 보편주의—그리고 그 원리로서의 범주적 명령이 정의로운 공화국의 기초 원리가 된다는 것은 납득할 만하다. 그러나 이미 말한 바와 같이 이것이 시시각각으로 진행되는 인간의 삶에서 모든 행동을 조율하는 원리로 작용할 수 있을지는 확실하지 않다. 삶의 현장에서 행동을 움직이는 것은 많은 경우 이성보다는 감정이다. 그리고 감정 자체도 인식론적 의미를 갖는다. 그것은 단순히 사람의 마음에 일어나는 내적 심리의 변화만을 나타내는 것이 아니다. 그리고 사실 전인적 인간이란 감정과 이성의 혼융으로 이뤄지는 인격적인 일체성에 이른 사람을 말한다.

그렇기는 하나 감정만을 중시하는 경우 문제가 있다는 관찰도 틀린 것이라 할 수 없다. 칸트가 동정심을 폄하한 것은 인간의 고통에 둔감하기 때문은 아니다. 인간의 사회적 삶에 있어서의 동정심 또는 자비심의 역할을 중시하고 그것에 대한 철학적 견해의 역사를 밝히려 한 마사 누스바움은 감정에 대한 칸트의 입장을 매우 섬세하게 평가한다.[7] 누스바움이 지적하는 바와 같이, 칸트에게 고통은 마땅히 주의하고 시정해야 할 인간 조건의 하나다. 그러나 동정심은 고통의 문제에 대해 해결 수단이 되지 못한다. 동정의 감정은 자기 탐닉의 한 방법일 수 있다. 누스바움에 따르면 사람은 "세상을 변화시키기 위해 아무것도 하지 않으면서 (…) 동정심 또는 자비심을 느낌으로써 자기가 더 나은 사람이 되었다고 느낄 수 있다."[8]

윤리와 인간의 삶: 감정, 이성, 초월적 이성

칸트가 동정심을 가볍게 본 데는 여러 이유가 있다. 그 하나는 한 사람이 갖는 동정심이 다른 인간 개체의 독립성을 침해할 수 있기 때문이다. 더 중요한 이유는 감정이 현실 인지의 기능을 가지고 있지 않으며, 세태를 바로잡으려는 행동이 아니라는 사실이다. 그러나 누스바움은 칸트가 감정을 완전히 무의미하다고만 하진 않았다고 말한다. 동정의 감정은 행동을 위한 전주곡이 될 수 있다. 그것은 "내면적 인지능력을 가지고 있지 않은 신호"일 수 있다. 비유하자면, 그것은 "고통이 있을 때 소리를 울리는 종鐘과 같다. 그리하여 그것은 어떤 상황이 도덕적으로 고려될 만하다는 것을 인지하게 하는 신호가 된다."[9] 그러나 그것으로 인해 상황을 구체적으로 알거나 행동으로 나아갈 수 있는 것은 아니다. 많은 경우 고통은 잘못된 객관적 여건으로, 즉 "불평등한 부의 분배를 만들어내는 부정의의 정부"로 인해 야기된다. 사회제도가 바르다면 동정심과 같은 덕성이 있을 까닭이 없다.[10] 이것이 고통과 동정심의 문제에 대하여 칸트가 가지고 있는 근본적인 생각이다. 누스바움의 해설에서 보듯이, 칸트가 반드시 행동주의자인지는 알 수 없지만, 그가 강조하는 이성의 입장이 중요한 것이라는 점만큼은 틀림없다.

그렇긴 하나, 궁극적으로 중요한 것이 제도적 개혁이라 하더라도 그것으로 나가는 길이 직접적인 행동이라고 말하기는 어렵다. 그에 못지않게 중요한 것은 사회 안에 존재하는 도덕과 윤리 인식이다. 그리고 그것은 문화자본으로서 서서히 축적되고 또 유지되어야 한다고 할 수도 있다. 이것을 바탕으로 하여 오류를 최소화할 수 있는 시정是正의 전략이 연구될 수 있다. 그리하여 다시 말하건대, 우선 사회가 필요로 한 것은 감정과 이성의 균형이다. 윤리는 이 균형에 기초해서만 믿을 만한 것이 된다.

7

이러한 균형과 관련하여 한 가지 사례를 들어본다. 『맹자』「양혜왕장구상梁惠王章句上」에는 제齊나라 선왕宣王에 관한 흥미로운 일화가 나온다. 선왕은 종을 제작하는 의식儀式으로 희생물로 끌려가는 소를 보고는 그 소를 놓아주라고 한다. 그렇다면, 소를 끌고 가던 사람이 제사를 그만두라는 것인가 하고 묻자, 왕은 그게 아니라 양으로 소를 대신하라는 것이라고 말한다. 그러면 양으로 대치하여 비용을 아끼려는 것인가? 사람들은 이런 의심을 품기도 했다. 그러나 맹자의 해석은 그것은 죄도 없이 벌벌 떨며 사지死地로 끌려가는 소를 왕이 차마 보지 못하기 때문이라는 것이었다. 그렇다면 제물로 양을 희생하는 것은 괜찮은가? 그렇게 생각하는 사람들이 있겠지만, 맹자는 그 점에 대해서는 걱정할 필요가 없다고 말한다. 왕의 처사處事는 인仁을 행한 것으로, 이는 소는 봤고 양은 보지 못한 데서 비롯됐다. 맹자는 왕의 동기를 설명하면서, "군자는 금수에 대해서 그 산 것을 보고는 죽은 것을 차마 보지 못하여, 그 소리를 듣고는 그 고기를 차마 먹지 못합니다"라고 말한다.[11]

이 맹자의 이야기는 동정심 또는 자비심이 어떻게 작용하는가를 잘 보여준다. 사실 칸트가 생각하는 것보다 자비심은 더 직접적으로

윤리와 인간의 삶: 감정, 이성, 초월적 이성

인간의 심성과 행동에 작용한다. 이것은 모순된 것이면서도 동정심이 어떻게 현실에 작용하는가를 잘 보여준다. 그리고 그것이 권력자에 관련된 것일 때 중요한 교훈을 준다고 할 것이다. 『맹자』에 이런 이야기가 포함된 것도 그것이 갖는 교훈적 의미 때문일 것이다. 앞에서도 시사한 바 있지만, 법의 집행이나 정치 행위에 있어서도 그에 수반하여 그것을 넘어가는 인간의 심성이 움직여야 한다는 것을 이 삽화는 전하고 있다.

그런데 교훈적 삽화에서 놓칠 수 없는 것은 거기에 들어 있는 모순이다. 즉 소는 보았기 때문에 죽게 할 수 없지만, 양은 보지 않았기 때문에 죽는다 해도 개의치 않는 것을 정당하다고 할 수 있는가? 맹자는 제 선왕의 행동을 긍정적인 관점에서 해석했지만, 이미 시사한 바와 같이 그것은 비용을 절감하려는 실리적 계산에서 나온 것으로 볼 수도 있다. 뿐만 아니라 그것은 많은 것이 왕의 자의恣意에 달려 있음을 뜻한다. 소와 양의 경우를 사람에 옮겨보면, 왕의 결정은 완전히 전제 군주의 자의가 발휘된 것이라 할 수 있다. 그의 마음은 이렇게도 저렇게도 동할 수 있어, 내가 당하는 일과 왕의 마음이 맞아떨어지면 일이 잘되겠지만, 그렇지 않은 경우는 속수무책이 될 것이다. 이 사회에는 일관된 규범과 공정성이 결여되어 있다고 할 수밖에 없다. A는 우연히 권력자의 마음을 움직여 살고, B는 눈에 띄지 않았기 때문에 죽는다면 그것이 법이 있는 나라의 일이라고 할 수 있겠는가? 소와 양은 불공정한 처우를 받았고 사람 또한 그와 마찬가지 일을 당할 가능성이 크지만, 다른 한편 이것이 사람과 관계된 경우라면 선왕의 동정심은 더 크게 작용했을 가능성도 있다. 대체로 그 체제하에서 동정

국가와 윤리

심은 중요한 공적 기능을 가지고 있었을 것이다. 그리하여 동점심의 고대사회는 일반적으로 오늘의 법치 체제하의 대중사회보다도 인간적이라고 할 수 있을지도 모른다. 정과 법, 어느 쪽이 더 중요한 사회 원리인가?

다시 맹자의 호의적인 해석으로 돌아가서, 우리는 거기서 지각에 들어오는 경험이 인간 심리와 행동에 영향을 미치는 것은 무척 자연스럽다는 사실을 확인한다. (사람을 만나 말을 주고받아 알게 되는 일들과 전자 매체를 통해 정보를 얻는 것과의 차이도 이런 데서 미루어 알 수 있다. 정보 매체로 현장 교육을 대체할 수 있다는 생각과 관련해서도 이 점을 고려해볼 일이다.) 그러나 그것이 인간 행동의 모든 것을 지배하게 하는 것은 옳다고 할 수 없다. 필요한 것은 일관된 합리적 사고다. 그런 경우 더 많은 선택의 가능성을 생각하지 않을 수 없다. 하나는 소와 양을 다 같이 죽이지 않는 것이다. 그 방책 중 하나는 생명이 있는 제물을 바치는 의식을 고치는 것이다. 또는 그러한 의식을 폐지해야 할 것이다. 적절한 기회에 적절한 상태에서 소나 양의 살해를 비극적인 각오로 받아들이는 것도 하나의 선택일 것이다.

그런데 이것은 제례 의식과 그것을 뒷받침하는 이념 및 그것이 뿌리내리고 있는 문화를 개혁하는 일이 될 것이다. 결코 작은 일일 수 없다. 그렇지만 적어도 이를 생각하는 것은 왕의 개인적인 행동과 문화에 일관성을 주며, 무엇보다 분명한 원칙을 세우고 그리하여 거기에 따르는 자존감을 높이는 일이 될 것이다. 그리고 그러한 원칙을 전체적인 사회 일반의 행동에 적용되는 규칙으로 법제화할 때, 그 사회는 좀더 합리적인 곳이 될 것이다. 그리고 그 체제 속의 인간은 좀더

윤리와 인간의 삶: 감정, 이성, 초월적 이성

평등하고 자유로울 수 있을 것이다.

그러나 어떤 원칙에 따르는 사회와 정치가 더 인간적인가 하는 점은 간단히 판단할 수 없다. 「양혜왕장구 상·하」에 나오는 맹자와 제선왕의 대화에서 추측할 수 있는 왕정, 또는 맹자가 그려 보이는 왕정하의 삶도 충분히 인간적이라고 할 수 있다. 그것은 의식주가 충분하고 가족관계가 원만하게 유지될 수 있는 삶이다. 굶어 죽는 사람도 없고, 왕이 그에 대하여 조처를 취하기 때문에 환과고독鰥寡孤獨의 외로움도 없다. 거기에다 음악과 사냥 또는 좋은 경치에서 자연을 즐기는 것이 가능한 삶이기도 하다. 물론 이것은 임금과 백성이 함께 나누어 즐기는 것인 한, 좋은 나라 삶의 일부가 된다. 정치의 원리는 국내에서나 대외관계에서나 평화를 유지하고 즐기는 데 있다. 맹자는 선왕이 전쟁을 즐기는 사람이라고 듣고 나서, 나라의 독립은 지키되 국력의 팽창을 노릴 필요는 없고, 전력戰力의 경쟁이 아니라 큰 원칙을 준수한다면 주변 대소 국가와의 관계가 원활해질 수 있다고 말한다. 그리하여 어진 마음이 있다면, 작은 나라가 큰 나라를 섬기는 것이 아니라 큰 나라가 작은 나라를 섬길 수도 있다齊宣王問曰交隣國 有道乎. 孟子對曰 有 惟仁者 爲能以大事小. 12 이러한 원활한 관계를 위하여 왕과 나라가 갖추어야 할 덕은 인仁(어짊)이다. 그리고 그에 더하여 지혜智, 작은 싸움의 용기보다는 큰 용기勇, "하늘을 즐기고樂天" "하늘을 두려워하는天畏" 일을 존중하는 것이다. 이러한 정치는 모두 왕의 자애로운 마음과 현명한 지혜에서 나온다. 좋은 왕은 사람 죽이기를 싫어한다. 그리고 현자를 불러 나랏일을 맡긴다.

위의 맹자의 말은 유교 경전에 흔히 나오는 이상향理想鄕을 언급한 것이어서 그것이 얼마나 현실적인 것인지는 알 수 없다. 어쨌든 주목할 점은 그것이 대체로 사람의 심정에 호소한다는 것이다. 그리고 이 심정은 공동체의 윤리적 자원에 이어져 있고 같은 자원에서 윤리 규범이 나온다고 할 수 있다. 가족관계를 존중하는 것, 임금의 자비심 그리고 그 지혜가 모든 것의 기초에 있다는 것은 유교의 윤리 강령에서 나온다. 그러나 윤리 원칙의 체계가 반드시 개인의 자유와 평등을 확보해주지 않는다는 사실, 그리고 이상향의 그림과는 반대로 이러한 체제가 억압적 체제가 될 수 있다는 사실도 부정할 수 없다. 모든 것이 임금의 인격적 자질에 달려 있다는 것 자체가 자유롭고 평등한 사회가 보장될 수 없음을 말한다. 그러나 그것이 보다 인간적일 수 있다는 것도 사실이다. 되풀이하건대, 그것은 공적 질서 속에 인간의 심정이 작용하고 있기 때문이다. 이미 시사한 바와 같이 이것은 어디서나 그럴 수 있는 것이라고 하겠지만, 그 나름의 조건하에서 더 규범적인 성격을 갖는다. 중국의 전국시대가 그러했던 것처럼 그것은 소국과민小國寡民의 조건하에서 저절로 그럴 수 있다고 할 수 있다. 이에 대하여 이성의 질서는 개인의 자유와 평등을 확보하는 체제이면서, 동시에 비인간화의 가능성을 내포한 체제라고 할 수 있다. 칸트의 이성 원리는 사실 자본주의와 산업화로 향해가는 계몽주의 시대의 원리이기도 하다. 그와 동시에 민주주의가 탄생한다. 그런데 경제적 이익의 추구 그리고 그것의 과도한 추구도 민주주의의 산물이다. 그 체제하에서 개인의 경제적 추구는 법의 틀 안에서의 자유의 산물이다. 다만 칸트는 이 원리를 실제 현실에서 일어난 변화를 넘어 도덕과 윤리의 원리에 결부시키려 했다고 할 수 있다.

윤리와 인간의 삶: 감정, 이성, 초월적 이성

8

　오늘의 세계에서 소국과민, 그것에 기초한 공동체적 삶을 기대할 수는 없다. 뿐만 아니라 그것이 기초한 왕의 덕치德治, 그리고 그것을 더 일반화한 온정적 가부장주의의 문제점도 작은 것이라고 할 수 없다. 오늘날 개인의 자유에 기초한 민주주의는 불가피한 요구가 되었다. 그러나 그것이 참으로 인간적인 제도의 기초가 될 수 있는가 하는 것은 확실치 않다. 문제는 민주주의의 함께 등장한 세 개의 구호―자유, 평등, 우애fraternity에 비춰서 말할 수 있다. 자유도 한 번에 보장될 수 있는 것은 아니지만, 평등과 우애는 특히 간단히 확보될 수 없는 것으로 보인다. 그중에서도 우애, 또는 사람을 포용할 수 있는 감정적 선의는 특히 확보하기 어려운 것이라 할 수 있다. 그것은 인간의 감성적 관계에서 나오는 것이기 때문이다. 그렇다면 그것이 쉽게 움직일 수 있는 제도는 어떻게 만들어질 수 있을까? 위에서 언급한 대로, 칸트가 말한 공화적 민주주의 제도에 기초가 되는 것은 이성이다. 그것이 보편적이고 합리적인 제도를 가능케 한다. 그러나 그것은 위에서 보았듯이 인간의 심정적 유대관계를 신뢰하지 못한다. 감정과 이성을 융합하는 방도는 없는 것일까? 그것은 일단 이성의 입장에서 감정을 도입하는 것보다는 이성에 의하여 감정을 순치하는 것으로부터 시작된다고 할 수 있다.

　마사 누스바움은 인간의 삶에서 감정, 특히 그것을 사회적인 관점에서 볼 때, 동정심 또는 자비심의 역할을 옹호하고자 하는 철학자다. 그리하여 그의 여러 책에서 감정의 가능성들을 검토하고 있다.

『생각의 격동: 감정의 인지력Upheavals of Thought: The Intelliegence of Emotions』에서는 행복한 삶을 위하여 감정이 가질 수 있는 여러 양상에 대해 논의한다. 책의 부제에서 알 수 있듯이, 그의 생각에는 감정이 결코 지적인 능력으로부터 멀리 있는 것이 아니다. 그러면서도 그는 감정과 이성 사이에 있을 수 있는 불협화음을 인정하고 그것을 여러 가지로 분석한다. (누스바움 교수의 사상—특히 위에서 말한『생각의 격동』이 자주 언급되겠지만— 은 그의 생각을 본격적으로 논하거나 해설하려는 것보다도 그에 의지하여 필자 자신의 생각을 말해보자는 것이다.)

누스바움은 원래 서양의 고전 철학을 전문으로 연구하고 그중에서도 헬레니즘 시대의 철학에 밝은 철학자이기 때문에, 그의 사상에서 중요한 도표 중 하나가 되는 것은 스토아 철학이다. 스토아 철학에서 일단 이성적 삶을 위해 필요한 것은 일체의 감정, 분노, 슬픔, 공포, 희망, 동정심—우리 전통의 감정론을 빌려 말하자면 '희로애구애오욕喜怒哀懼愛惡欲'—을 전부 삭제하는 것이다. (이 일곱 가지로 분류된 감정들은 좀더 긍정적인 감정이 될 수 있는 사단四端에 대비된다. 소위 사단칠정四端七情의 논쟁도 삶의 지표로서 감정과 이성 중 어느 쪽이 중요하고 어떻게 화합해야 하는가에 대한 논의라고 할 수 있다.) 그러나 감정을 제거하거나 순치한다고 해도, 일정한 현자의 위치에 서게 된다면 적절한 감정은 인간의 삶에서 적절한 역할을 맡을 수 있다—이러한 생각은 남는다. 가령 성적 욕망은 적절하게 다뤄지면, 인간 상호 간의 우호관계를 증진시키고, "정의롭고 합리적인 도시"의 기초가 될 수 있다고 말해지곤 한다. (여성 비하의 고전시대 문화에서 남성 사이의 성관계를 긍정적으로 보는 관점을 나타낸다는 비판적인 고찰도 있다.)[13]

누스바움 교수가 이 책에서 길게 논하고 있는 것은 인간 감정의 순치 역정이다. 그 중심에 있는 것은 사회적으로 중요한 기능을 하는 동정심 또는 자비심compassion이다. 위에서 보았듯이, 이것은 부질없는 감정적 자기 탐닉이 될 수도 있다. 그런 만큼 인간의 존엄성을 손상하는 것이 될 수도 있다. 그러나 그것이 단지 감정에 그치지 않고 객관적 이해와 실천적 의지 그리고 윤리적인 가치 소신에 의해 뒷받침된다면, "동정심은 공적 삶의 여러 부분에서 주요한 기능을 발휘하고, 시민로 하여금 여러 재난의 인간적 의미를 알 수 있게 한다."[14] 더 나아가 그것은 적절한 경제발전 계획, 사회복지, 법의 집행, 정치 지도자나 언론 매체의 자체 등에서 중요한 기능을 갖는다. 그리하여 그것은 교육과정에서 중요한 교육 목표가 되어야 한다. 물론 그것은 합리적인 도덕적 틀 속에서 훈련된 것이라야 한다. 역시 동정심을 비롯하여 감정은 그 자체로 의미 있는 것일 수 없다. 그것은 순치馴致되고 도야陶冶되어야 한다.

사회적 감정으로 중요한 것은 동정심이다. 분노, 수치심, 복수심, 혐오감 등도 큰 사회적 의미를 지니긴 한다. 누스바움은 이들 감정에 대해서도 자주 언급한다. 그러나 다른 한편으로 그가 가장 많은 관심을 갖고 있는 것은 남녀 간의 사랑이다. (그의 저서에는 『사랑의 지혜Love's Knowledge』라는 것도 있다.) 지금 말하고 있는 책에서도 남녀 간의 사랑을 중요한 주제로 삼고 있다. 이 남녀 간의 사랑은 거칠 수도 있는 감정이 좀더 인간적인 것으로 순화될 수 있다는 가능성을 보여준다. 사실상 여러 심리학자와 철학자가 말하듯이, 성적 욕망은 다른 감정들의 기반이 된다. 순화과정에서 '성적 사랑sexual love'은 '인간적 사

국가와 윤리

랑human love'에 연속된다. 그리고 그것은 정신적인 사랑에 다시 이어진다. 다만 정신적인 차원은 현세주의자인 누스바움 교수에게 강한 의미를 갖는 것으로 보이진 않는다. 육체적 사랑으로부터 시작되어 보다 넓고 높은 감정이 되는 이 과정을 누스바움 교수는 "사랑의 상승"이라 부른다. 이것은 플라톤에서 출발하여 서양 사상사에서 유명해진 "사랑의 계단"이라는 말을 변형한 것이다. (이 말은 『생각의 격동』의 한 장의 제목이기도 하다.) 플라톤의 『향연Symposium』에서 처음 이야기된 것은 육체의 아름다움에서 시작되는 사랑이 몇 단계를 거쳐 아름다움의 이데아에 이르게 되고 궁극적으로는 정신세계로 나아간다는 것이다.[15] 덧붙여 말한다면, 플라톤에게서도 시사되어 있지만 희랍어에 사랑을 가리키는 말은 셋 또는 네 가지가 있다고 한다. 이 말들의 차이는 사랑의 상승의 의미를 이해하는 데 도움이 될 것이다. 에로스eros는 성性이 들어 있는 사랑이다. 필리아philia는 친구 사이의 우애를 말한다. 또 하나는 아가페agape, 즉 신성한 사랑이다. 처음 것으로부터 마지막으로 옮겨 가는 것이 사랑의 상승이다. 여기에 추가하여 공감에서 오는 사랑인 스토르게storge가 있다. 이것은 가족 간의 사랑 같은 것을 말한다. 사랑을 두고 주로 기독교적 입장에서 구분하는 것으로서 중요한 것은 에로스와 아가페의 차이다. 기독교적 인간 수련에서 에로스에서 아가페로의 진화는 중요한 테마가 된다. 비슷한 수련의 경과를 말하는 것이 누스바움의 사랑의 상승이다.

다시 성 문제로 돌아가서, 쟁점이 되는 것은 성적인 사랑 그 자체보다는 그것이 갖는 사회적 효과다. 그 사랑은 자기중심적이기 때문에 사람의 사회적 관심을 엷게 하고 훼손하는 결과를 가져올 수 있다.

윤리와 인간의 삶: 감정, 이성, 초월적 이성

그리하여 넓은 인간관계의 규범의 관점에서 그것은 비윤리적인 것이기 쉽다. 그전에 이미 성애性愛는 다른 인간을 욕망 충족의 대상으로 간주하게 할 수 있다는 점에서 반윤리적이고 반도덕적인 것일 수 있다. (칸트에게 보편윤리의 범주적 명령의 한 표현은, 모든 사람은 그 자체로서 수단이 아니라 목적이어야 한다는 것이다.) 그러나 누스바움의 생각에는 약간이라도 깨우침이 따르는 사랑은, 윤리적으로 의식화된 동정심에 들어 있는 것과 같은, 윤리적 판단의 잠재력을 포함하고 있다. 거기에는 사랑하는 사람의 가치 인정, 인지능력, 그리고 상황 판단이 들어가게 되어 있다. 그리고 상호 부조하는 사랑의 관계에는 유연성, 상호성, 자비가 들어간다. 사회적 동정심 역시 비슷한 상황 의식을 가지고 있을 때 배려와 선행에 기여할 수 있다. 그리하여 '다원적 자유민주주의'에 있어 하나의 요건이 된다. 그러나 여기에도 추가되어야 할 것은 의식화이고 그 윤리화다. 그리하여 그에 기초한 적절한 자아 형상이 있어야 한다.

좀더 적극적인 사랑 그리고 감정의 상승과정에는—누스바움의 논의에서는 여러 가지가 있지만—가령 플라톤, 스피노자, 프루스트, 아우구스티누스, 단테, 에밀리 브론테, 조이스가 보여주는 여러 방식이 있다. 여기서 주목하고 싶은 것은 일단 누스바움이 '관조적 창조성 contemplative creativity'이라 부르는 방식으로서, 그는 플라톤, 스피노자와 함께 프루스트 또는 버지니아 울프와 같은 작가가 그것을 대표한다고 생각한다. 미리 말해야 할 것은, 누스바움이 이에 대하여 상당히 비판적이라는 사실이다. 비판의 내용에 대해서 그리고 그 비판과 유보가 반드시 옳은 것은 아니라는 필자의 견해는 나중에 언급하겠지만, 이

국가와 윤리

'관조적 창조성' 개념은 감정과 이성의 관계를 생각하는 데 하나의 단계가 될 수 있기 때문에 이를 간단히 살펴보려 한다.

'관조적 창조성'의 의의를 요약하는 누스바움의 말을 인용하면 다음과 같다.

> 강력한 감정passion이 가져올 수 있는 취약성에 대한 치유 방법은 이해 또는 이성의 정열이다. 그리하여 사람은 지적인 목표 그리고 전통적으로 거기에 연결되어 있는 창조의 목표에 집중함으로써 그것에 의존하는 데서 오는 고뇌에 시달리지 않고, 양의성이나 복수의 충동 없이, 그리고 사랑을 사회생활에 대한 위협이 되게 하는 자기중심적 편향성 없이 (…) 세속적 대상물〔즉, 욕망이 탐하는 세속적 대상들〕을 처리할 수 있다.[16]

이러한 이성과 그에 연결된 창조력이 '관조적 창조성'이다. (위에서 말한 이성의 정열에는 에피쿠로스의 말이 각주로 붙어 있다. 이해, 이성 또는 철학적 정열이라는 말의 심리적 근거를 생각하는 데 그것은 시사적 의미를 갖는다. "모든 나쁜 정열은 진정한 철학적인 에로스에 의해 소멸되게 된다." 관조적 창조성에도 그 나름의 에로스가 들어 있다는 말이다.)

9

이미 말한 바와 같이, 플라톤에서 성애性愛는 개인적인 관계로부

윤리와 인간의 삶: 감정, 이성, 초월적 이성

터 좀더 넓은 미적 형식으로, 그리고 순수한 미와 선의 이데아로 나아갈 수 있다. 스피노자의 생각도 플라톤에게서 유래하는 것이지만, 그에게 고유한 점은 자연적으로 주어진 것을 소거消去하지 않으면서 이를 넘어선다는 것이다. 사랑이 성적性的이거나 비성적이거나 상관없이, 스피노자의 관점에서 인간은 완전히 자연의 일부다. 성을 포함하여, 감정이 사람을 자신의 밖으로 향하게 하는 것은 당연하다. 그리고 인간은 거기에 예속될 수 있다. 그러나 이 예속의 상태는 지적인 노력을 통해 극복될 수 있다. 그 가능성은 감정에 내포되어 있다. 감정은 그 자체로 '인지적 내용과 지향성cognitive intent and intentionality'을 가지고 있어, 이것이 지적인 능력으로 이어질 수 있다. 사람이 엄청난 규모의 대상세계 속에서 자신을 유지하는 것은 거의 불가능하다. 그러나 그런 가운데서도 자기 또는 자기동일성을 유지하는 것은 지적 능력을 통해서다. 그리하여 "사람의 마음은 (…) 그를 수동적인 상태로부터 벗어나게 할 수 있는 초월의 힘이다."[17] 플라톤에게 인간이 밖에 있는 사물에 종속된 상태로부터 벗어나는 것은 그가 원하는 것이 사물 그 자체가 아니라 사물이 가지고 있는 좋은 것(선한 것)임을 알고, 그러한 좋음이 하나가 아니라 많은 것에서 발견된다는 점을 성찰함으로써다. 그리고 그 이데아의 직관에 이른다. 스피노자에 있어 인간은 상승을 위해서 개개의 사물과 대상의 개별성을 떠날 필요가 없다. 세상의 잡다한 것에서 눈을 돌리지 않고, 그것을 지적 대상이 되게 함으로써 대상세계의 속박으로부터 벗어나는 것이 그의 방법이다. 지각과 비슷하게 감정은 대상과 관계를 맺는 끈이다. 이 끈의 관계는 모호하고 왜곡된 것일 수 있지만, "수동적 감정은 그 감정이 분명하고 정

　　　　　　　　　　　　　　　　　　　국가와 윤리

확한 이데아가 되는 순간 수동적 감정이기를 그친다."[18] 이는 감정의
원인과 결과를 알게 되기 때문이다. 그리고 이 앎은 다시 '자연의 인
과관계의 전체적인 연계' 속에 놓인다. 그리하여 인간은 사물들이 '우
주의 전체적 인과관계의 연쇄' '우주적 질서', 그리고 '서로 연동되어
있는 우주적 조화' 속에 있음을 알게 된다.[19] 궁극적으로 우주적인 인
식은 신에 대한 앎에 가까이 다가가는 것이다. 이러한 연쇄와 전체를
밝히는 것이 철학과 과학이 할 수 있는 일이다.

　인간은 이러한 지적인 과정을 통해 자기 자신을 알게 된다. 그리
고 그것은 우주를 아는 것이 된다. 구체적이고 개별적인 것을 알면,
그것이 곧 우주의 질서를 아는 일이 된다. 이러한 과정에서 감정도 그
부정적인 요소를 털어내고 순수하며 보편적인 것이 된다. 사랑과 성
찰은 서로 위배되는 것이 아니라 상호 보강의 관계에 있다. 성찰과 함
께 움직이는 "사랑은 평정된 기쁨으로 전 세계를 포용한다." 스피노
자는(누스바움의 생각으로는 같은 입장에 서 있다고 여겨지는 프루스트와 더
불어) 선과 미의 이데아에서 종착점을 찾는 플라톤과는 달리, 관조를
통해 "추하고 기괴한 것에서 그리고 사랑하는 자의 괴로움의 이야기
에서 기쁨을" 얻을 수 있다는 것을 보여준다. 그리하여 "순수해진 사
랑에서 사랑과 모든 인간에 대한 선의의 배려 사이를 가로막던 장애
물이 사라진다."[20]

　동정심에 대한 스피노자의 입장은 조금 애매하다. 근본적으로
그는 스토아 철학자들처럼 세속적인 사물과 인간에 높은 가치를 부여
하는 감정들은 제거해야 한다는 생각을 갖고 있다. 그리고 좋아 보이
는 감정도 착잡한 부정적인 감정들과 얽혀 있다고 생각한다. 그는 일

단 연민이 연약함을 받아들여야 하는 필연적 운명의 소산이라고 한다. 그 속에서 생겨난 고통에 대한 부적절한 반응이 연민이다. 뿐만 아니라 연민은 질시와 증오에 연결되어 있는 감정이다. 그것은 불선不善한 감정의 다른 면이다. 그 반대 면에는 사람의 행운에 대한 질시, 그런 사람이 보여주는 힘의 우위에 대한 증오가 있다. 다른 사람을 불쌍하게 보는 사람은 잘된 사람을 시기하고 미워하는 사람이기 쉽다. 필요한 것은 위엄威嚴을 잃은 세계관을 버리는 것이다. 그러면 연민과 마찬가지로, 질시나 두려움 그리고 증오를 버릴 수 있을 것이다. 이렇게 감정에 대하여 유보적이면서도, 스피노자는 역시 선의와 선행을 지지한다. 다만 그것은 이성의 명령에 따른 것이라야 한다. 누스바움의 해석으로는, 스피노자에게 있어 연민과 동정심misericordia에 근본적인 차이는 없다. 단지 전자는 특정한 사건으로서의 감정이고 후자는 성향이 된 감정이라는 차이가 있을 뿐이다. 그러니까 그가 감정에 대하여 하는 말, 이성의 절제하에 있어야 한다는 말은 연민과 동정 모두에 해당된다.

10

이 감정론으로부터 스피노자의 이성적 상승에 대한 누스바움의 비판이 시작된다. 스피노자는 '완전하게 애인간愛人間하는 사람'을 보통의 세상으로부터는 매우 높이 있는 곳에 스스로를 위치하게 한다. 그리하여 "기아飢餓, 몽상, 박해, (귀한 것의) 상실이 사람들의 삶에 얼마나 큰 고통의 요인이 되는지, 그에 대한 대책이 얼마나 급박한 정치적인 의무가 되는지를 알지 못한다."[21]

여기서 길게 다루지는 않겠지만, 프루스트 소설의 바탕에 깔린 입장도 이와 비슷하다. 소설가로서의 프루스트는 그가 묘사하는 사건과 인물들을 완전히 이해하고자 한다. 그 구체성과 개별성에 깊이 동참하려는 것이다. 그러면서도 그의 심성은 결국 개별적인 사안들을 넘어선다. 그것들을 높이 초월하는 것이다. 프루스트는 스스로를 진정한 이타주의와 동정의 사절使節이라고 생각한다. 소설을 쓰는 것도 그 점에 대한 메시지를 전달하기 위함이다. 그러나 결국 그것은 패배할 수밖에 없는 목표다. 그가 관심을 갖는 일은 소설을 완성하는 것이지, 거기에 그려져 있는 낱낱의 인간 상황에 동참하는 것이 아니다. 그의 서사는 당대의 정치로부터 멀리 떨어져 있다. 프루스트의 사랑론論에 동조하는 사람은, 당대의 여러 지식인에게 중요한 정치적 사건이었던 드레퓌스 사건에 개입하지 않을 것이다.

그런데 이러한 프루스트의 태도는 많은 지적·예술적 노력에 따르는 불가피한 결과라고 할 것이다. 누스바움이 말하는 것 가운데 '전체성, 온전함wholeness'이라는 개념이 있다. 예술가는 물론 작품의 예술적 완성을 원한다. 철학자는 자신의 인간 인식, 세계 인식이 사실들의 전체를 포괄할 수 있기를 원한다. 소설 또는 좀더 일반적으로 예술은 철학의 추상적 사고보다는 사안의 개별성에 주목할 수 있다. 하나하나의 사건 없이는 소설이 성립할 수 없다. 거기서 하나와 하나를 이어 대단원에 이르는 방법은 논리적 사고가 아니라 서사다. 이야기는 여러 작은 묘사와 재현 또는 현실의 모사mimesis를 그 포석으로 삼는

윤리와 인간의 삶: 감정, 이성, 초월적 이성

다. 작품의 플롯 또는 구성이 그것들을 하나로 거두어들인다. 그것은 이야기이면서 심미적 구조를 지닌다. 이야기의 연계 못지않게 형식적 균형이 중요하다. 심미성은 이야기를 넘어간다. 하여튼 작품의 심미적 구성은 철학의 전체성에 대응하는, 사실들의 전체적인 의미를 추출해내는 틀이 된다. 이것은 삶의 원형적 모습을 보여준다고 할 수도 있다. 이를 간략하게 보여주는 것이 성장소설이다. 그 전형적인 형태는 성숙한 성년이 되기 전의 청년이 자신의 삶의 행로에 대하여 방황하기 시작하면서 여러 가지 경험을 하고 결국은 이 경험들을 총체적으로 해석해주는 종착점에 다다른다는 것이다. 이러한 플롯이 강한 호소력을 지니는 것은, 사실 사람이 스스로의 삶을 의미 있게 사는 데 생각할 수 있는 기획이 그러한 것이기 때문이다. 그러면서 그것은, 방금 말한 것처럼 삶의 원형을 반영하고, 다시 더 깊은 근거—형이상학적 근거—를 가지고 있으리라 생각할 수 있다.

그러나 누스바움은 프루스트의 소설을 높이 평가하면서도, 심미적 완성을 지향하는 이야기의 구성이 현실의 구체적인 사안에 대한 구체적인 관심과 참여를 비껴가는 일이 됨을 지적한다. 철학의 경우, 스피노자의 철학은 플라톤에게서처럼 개별적 사실을 그대로 초월하지는 않는다. 적어도 그 점에서 누스바움은 스피노자를 플라톤보다 우위에 놓는다. 그렇기는 하나 스피노자의 생각은 궁극적인 전체성 지향을 벗어나지 않는다. 철학적·예술적 기획의 이러한 면은 이들 지적 관조자를 보통 인간의 저 너머에 있게 하고, 스스로 의식하든 그렇지 않든 고고함의 자만심에 사로잡히게 한다. 결국 이들 철학이나 문학의 지적 관조는 전체성에 대한 집착으로 인해 '병적인 자기도취, 나르시시즘pathological narcissism'22에 **빠**진다고 누스바움은 말한다. (문학작품을 두고 누스바움은 사회적 리얼리즘 소설들, 가령 리처드 라이트나 존 스타인벡의 작품들은 문학의 자족성의 잘못으로부터 자유로운 것으로 본다. 이러한 작품들이 타인과 사회에 대한 깊은 관심을 보여주기 때문이다. 그러나 추상적으로 구성되는 개념을 정당한 인식의 방법으로 보지 않는 누스바움은 예술을 이데올로기의 지배하에 두는 것을 원하지는 않을 것이다.)

11

사랑의 상승에 대한 누스바움의 분석은 조금 전에 언급한 스피노자나 프루스트에게서 시작해 좀더 현실에 얽혀들어가는 삶의 길을 보여준 사상가와 예술가를 향해 나아간다. 그다음에 다뤄지는 예술가들은—대상이 되는 것은 이제 철학자보다 예술가들인데—더욱 삶의 구체적 현실의 무게를 존중하는 것으로 평가된다. 그리하여 주제가 사랑의 상승임에도 불구하고, 사랑의 하강下降, 또는 더 일반적으로 말하여 지적인 상승이 아니라 그에 뒤따르는 경험세계로의 하강이 찬미의 대상이 된다. 어떻게 보면 궁극적으로 정신의 상승은 무의미한 것이 된다고 할 수도 있다. 누스바움에게 아우구스티누스가 중요한 것은, 이념과 형상의 세계로 상승해가는 지적 관조와는 다른 정신 수련의 모범을 그에게서 보기 때문이다. 그는 거기서 상승과 함께 하강을 발견한다. 그가 보여주는 것은 "상승과 하강의 이중 운동"23이다. 이것은 아우구스티누스의 사상에 들어 있는 복합적 변증법을 말하기

윤리와 인간의 삶: 감정, 이성, 초월적 이성

도 하고, 젊은 시절부터 나이가 들어감에 따라 일어난 사상적 변화를 말하기도 한다.

당초에 (그리고 모순된 것처럼 보이면서도 끝까지) 기독교로 개종했음에도 불구하고, 신플라톤주의자 플로티노스의 영향하에 있었던 아우구스티누스는 개종 이후의 첫 작품 『정신의 척도De Quantitate Animae』에서, 관심을 세속적인 것에서 떠나 천상을 향해 나아가는 영혼의 진로에 둔다. 그가 설명하는 바로, 그것은 신체와 감각으로부터 해방되고 지知와 의지를 강화하며, 영혼의 평정에 이르고 진리를 깨달으며 명상의 힘을 완성하는 데 도달하는 등 일곱 단계를 이룬다.

그러나 몇 년 후 『고백록Confessiones』을 쓰게 될 때 그의 생각은 전혀 다른 것이 되었다고 누스바움은 말한다. 사람은 플라톤주의자들이 말하는 것처럼 육체와 그 욕망으로부터 쉽게 해방될 수 없다. 사람은 습관과 기억으로 자신의 과거와 이어져 있다. 육체와 영혼은 너무나 밀착되어 있다. 그리고 사람이 구원으로 나아간다고 해도 그것은 너무나 많은 우연적인 계기에 연결되어 일어나는 사건이다. 구원은 인간의 노력보다는 우연처럼 나타나는, 신의 선택을 얻음으로써 가능해진다. 사람이 할 수 있는 일은 신의 은총을 기다리는 것이다. 사람이 스스로의 힘으로 자신의 문제들을 이겨낼 수 있다고 보는 것은 오만에 불과하다. "뒤틀린 상향上向이 오만이 아니고 무엇이겠는가? 뒤틀린 상향이란, 마음이 뿌리내릴 땅을 버리고, 스스로 그 땅이 되려는 것이다."[24]

오만을 버렸을 때 감정이 해야 할 중요한 역할이 있다. 감정은 사람으로 하여금 자신의 초라함을 알게 한다. 이 앎은 일정한 이성적 절

국가와 윤리

제하에서 적절한 기능을 수행한다. "성경과 성경의 건전한 교리에 따라 인생의 역정歷程을 걷는 '신의 도시'의 시민은 두려워하고 소망하며, 슬퍼하고 기뻐한다. 그들의 사랑이 옳은 만큼, 그들이 갖는 이 모든 감정은 옳다."[25] 그렇다고 어떤 밝은 종착점이 보이게 되는 것은 아니다. 관조적 지식의 진전이 있는 것도 아니고 그 순수성이 얻어지는 것도 아니다. 확실한 것은 사람이 스스로 궁핍하다는 사실을 절실하게 깨닫는 것이다. 그리하여 그것에서 벗어나고자 하는 그리움이 강화되고 지속된다. 그리고 방황한다. 거기서 헤어나오지 못하는 데서 일어나는 그리움이 신의 사랑에 이르는 길이다. 방황은 세계를 방황하는 것이기도 하고, 자신의 마음 깊은 곳으로 들어가는 것이기도 하다. 그러나 발견되는 것은 공허와 황량함뿐이다. 방황자는 "숲속에서 길을 잃은 어린아이"와 같다.[26] 흔히 있는 속세의 사랑 이야기와 같은 정처 없는 방랑은 신을 찾아 헤매는 일이다. 그러나 신을 찾아 헤매는 삶, 그것이 곧 이 세상에서 가능한 "좋은 삶"이다. 그것이 곧 상승하는 일인데, 이 상승은 인간 자신 속으로의 상승이다. 그것은 인간 조건을 벗어나는 것을 의미하지 않는다. 역설의 하나는 그러한 조건이야말로 사람의 마음이 하늘을 향하게 하는 동기라는 것이다. 그러한 의미에서는 나쁜 세상이 나쁘다고만 할 수 없다. 그리고 거기서 일어나는 감정도 일정한 의미를 갖는다. 문제는 최종적으로 그 감정—사랑의 감정—이 어떤 대상을 찾느냐 하는 것이다. 대상의 선정이 중요한 것이다.

여기서 몇 가지 역설적인 전도가 일어난다. 인간 조건의 비참함이 그 나름의 의미를 갖는다면, 그것은 또 다른 점에서 받아들여야 하는 조건이다. 누스바움의 생각에, 어두운 숲에서 길을 찾는 방황의 역정이 이르게 되는 결론은 더 나은 세계가 오도록 힘을 다해야 한다는 것이다. 그러나 아우구스티누스에게(모든 기독교의 입장이 그러한 것은 아니지만) 세상의 어둠은 본래부터 인간의 죄罪로 인한 것이다. 사실 세상에 잘못된 것이 있다면, 그것은 신만이 시정할 수 있다. 주리고 목마른 자는 신이 돌볼 것이고, 슬프고 괴로운 자는 신을 볼 수 있게 될 것이다. 누스바움은, 아우구스티누스가 현세에 대해 강조한바—사람이 피할 수 없는 부정적인 조건으로서의 현세일망정—즉 삶의 현세성에 대한 강조를 높이 평가한다. 그러나 그가 보기에 악과 고통의 문제에 대하여 아우구스티누스는 소극적인 생각을 가지고 있다. 세상은 죄의 세상이고, 잠정적으로 머무는 곳이다. 그리고 조금 전 말했듯이 그 근본적인 구도는 신의 소관이라고 봐야 한다. 현세를 강조하면서도 궁극적으로 비현세적인 이러한 입장에 대하여 누스바움은 극히 비판적이다.

이 점에서 그는 기독교에 대비하여 유대교가 가지고 있는 좀더 강한 현세적 입장을 지지한다. 유대교의 관점에서는 신앙의 중요성에도 불구하고, 인간의 삶의 의의는 근본적으로 이 세상에 존재하는 삶에 있다. (물론 그렇다고 그것이 현세의 야욕과 허영을 긍정하는 것은 아니다.) 유대교는 윤리와 정치의 영역이 독자성과 중요성을 지녀야 함을 인정한다. 그것은 사람의 삶의 영역이다. 유대교에서는 신이 마음을 두는 것도 도덕과 정치의 문제이며, 거기서 초점이 놓이는 것도 이 세상의 문제와 실천적 행동이다. 그리하여 누스바움은 유대교의 입장을 지지한다고 선언한다. (그가 이러한 의견을 말하는 것은, 기독교에서

국가와 윤리

유대교로 개종한 사람의 입장에서 하는 것이라고 개인적인 사정을 덧붙이고 있다. 나는 2008년에 누스바움 교수를 만날 기회가 있었는데, 그때 이름과 관련하여 그의 민족적·종교적 뿌리에 대하여 물어본 일이 있다. 그때 누스바움 교수는 독일 이름으로 들리는, 그리고 독일어로 '호두나무'라는 뜻을 가지고 있는 자신의 이름 '누스바움Nussbaum'은 전남편의 이름인데, 그 이름을 그대로 가지고 있고 자신은 기독교에서 유대교로 개종한 사람이라고 했다. 많은 유대인은 독일식 이름을 가지고 있다.)

감정의 문제로 돌아가서, 위에서 본바 역전逆轉에 역전이 겹치는, 아우구스티누스가 설명하는 기독교적 신앙은 매우 복잡한 감정을 유발한다. 조금 샛길로 들어서는 설명을 시도한다면, 논리의 역전은 사람의 사고과정에서 감정을 자극하는 특성을 지니고 있다. 그렇게 의식하지 않더라도 감정 아래에는 지적인 전제가 있고, 그것이 안정된 상태여야만 비로소 평온한 마음 상태가 되는 것이 아닌가 한다. 반드시 의식한다고 할 수 없는 이 전제가 흔들리거나 도전받을 때 사람들은 부정적 감정을 경험한다. (이 전제란 진정한 전제일 수도 있고 사고 진행과정에서 잠정적으로 동의하는 전제일 수도 있다. 모든 심정적 반응은 상황 전체에 대한 판단에 바탕하여 일어난다.) 현실 전체에 대한 이론인 이데올로기의 전변轉變이 특히 큰 격정을 유발하는 것도 이와 관련된다. 스피노자의 보다 정연한 상승의 도정에 비해 아우구스티누스가 호소력을 갖는 것도 영혼의 행로에 대한 그의 복합적인 지도 그리기 때문이라고 할 수 있다. 그리고 이 지도에서 감정은 중요한 역할을 한다. 지도에 혼란이 있을 때 감정이 유발되는데 그것은 그 나름의 기능을 지니고 있다. 이미 주지한 바와 같이 감정은 인지의 중요한 보조 수

윤리와 인간의 삶: 감정, 이성, 초월적 이성

단이다. 그것을 통해서 사람은 자신의 바람과 함께 그와 관계된 사실적 사정을 알고, 자신이 받아들이고 있는 가치들을 확인하게 된다. 그리고 감정은 특히 다른 사람들과의 관계에서 격발되는 심리 현상이다. 감정의 하나인 연민은 다른 사람의 곤경에 대하여 느끼는 감정이다. 동정심은 더 적극적인 사회적 의미를 가질 수 있다. 아우구스티누스는 지상의 삶에서 동정심을 중심에 놓는다. 그것을 통해 사람들의 궁핍함을 알게 되는 것이 '기독교적인 사랑'의 동기다. 사회적 존재로서 인간은 배고프고, 슬퍼하고, 박해받는 이들의 처지를 방관할 수 없다. 그러나 아우구스티누스에게 있어 중심에 놓이는 것은, 앞서 말한 바와 같이 궁극적으로 세속적인 손상과 정의보다는 하느님의 사랑과 은혜에 대한 간절한 요구다. 이러한 아우구스티누스의 유보에 대하여 누스바움은 비판적이다. 그의 입장에서는 곤경에 처한 다른 인간에 대한 대응 방식으로 필요한 것이란 적절한 정치적 행동이다. 그리고 이러한 유보적 입장이 기독교에 두루 해당되는 것은 아니라고 하면서도—가령 20세기 말과 21세기 초의 상황을 말하는 것으로 보이는데, 가톨릭 교회는 현실 참여에 대하여 훨씬 더 적극적이라고 말하고 이를 평가한다—이미 비친 바 있듯이, 유대교의 현실 참여적인 입장을 대조한다. 유대교에서 "신과 인간은 지상의 부정의한 사례와 그에 따른 죽음을 치열한 관심으로 돌보며, 철저한 동정심을 역사 안에 있는지 밖에 있는지 모호하고 불확실한 구역이 아니라 역사 무대로 향하게 한다."[27]

12

누스바움이 검토하는 지적·예술적 상승의 전범들 가운데 작곡가 구스타프 말러가 있다. 철학적인 저서에 음악가를 다루는 장이 포함된 것은 특이한 일이다. 그러나 누스바움이 역설하는 것이 좀더 높은 삶을 향한 인간의 희망 가운데 감정의 역할, 특히 동정심의 의미를 강조한다는 것을 생각할 때 이는 이해할 만한 일이다. 서양 고전음악에 대한 여러 설명 가운데 핵심적인 지적의 하나는, 그것을 서양 근대사의 합리화 과정의 일부로 본 막스 베버의 관찰이 아닌가 한다. 역설적으로 합리화된 음악 언어로 인해 감정은 더욱 풍부하고 섬세해졌다. 말할 것도 없이 음악은 인간이 위치한 안과 밖, 그 둘 사이의 접합점에 있다. 그 접합을 표현하고자 하는 인간의 노력 가운데 음악에 견줄 만한 다른 예술은 찾아보기 힘들다. 음악은 무엇보다도 감정에 호소하는 예술이다. 동시에 극히 합리적인 형식 구조 속에 감정을 거두어들인다. 그리하여 음악은 감정과 이성 또는 형상의 접합점에 존재한다. 이 접합에 역점을 두면서도 감정의 역할을 강조하는 누스바움이 말러의 음악을 분석하는 것은 그럴싸하다. 그리고 또 하나, 말러는 유대인이다. 누스바움은 말러를 논하면서 이 점을 지적한다. 말러에게서 특별한 현실 지향성을 발견하기 때문이다. 말러가 유대인이라는 사실이 중요하다고 말하는 것[28]은 인종적 편견 때문이 아니라—누스바움은 정치적 활동가로 페미니즘, 반인종주의, 환경운동, 사회 평등과 같은 이슈에 강한 관심을 가지고 있다—위에서 말한바 유대교가 나타내고 있는 강한 현세주의 때문이다. 누스바움은 말러가 이런 면을 보여주고 있다고 생각한다. 여기에서 말러론﹍은 구체적으로 검토하지 않겠다. 다만 말러 묘사는 누스바움이 역설하는 현세적 상승, 즉 현세 속에서 현세를 극복한다는 의미를 조금 더 잘 이해할 수 있게 한다고 여겨진다.

『생각의 격동』의 말러론이 추적하고 있는 것은 주로 그의 교향곡 2번에 드러나는 상승과 하강의 이중적 움직임이다. 이 움직임은 여기에서 다시 말하면 이중 움직임이라기보다는 모든 것이 하나로 합쳐지는 이상의 상태를 보여준다. (모든 예술은 그런 특징을 가지고 있다고 할 수도 있지만, 특히 이러한 일체성—운동과 머묾, 동動과 정靜이 하나로 되어 있는 것—을 보여주는 것이 음악이다.) 이 합일 속에서 개인과 사회, 고통과 기쁨, 육체와 정신, 현세와 피안, 이성과 감정은 하나가 된다. 누스바움이 생각하는 이상적인 인간 생명의 상태는 이러한 일체성과 화합의 상태다. 그것이 음악이라는 예술 매체가 나타내고 있는바 온전함 속에 그대로 구현, 구체화된다. 말러론의 마지막 문장은 분석의 대상이 되었던 말러의 교향곡, 그리고 확대하여 음악의 의미를 요약한다고 할 수 있다. "육체성과 감각성을 하나로 한 이 음악은—쇼펜하우어가 말하는 육체와 성性에 종속되어 있는 삶으로부터의 도피가 아니라, 응낙과 환희의 장치다. 이 곡의 악장을 따라가는 것은 사랑을 받아들이는 것이다."[29] 누스바움은 말러가 이 곡에서 시사하는 것을 이렇게 말하면서 장을 끝낸다.

교향곡 2번 C단조 '부활'은 다섯 악장으로 구성되어 있다. 80여 분 동안 계속되는 음악은 빠르고 느린 속도, 장엄함을 요구하는 부분과 스케르초가 교차한다. 상승과 아이러니, 하강과 상승이 엇갈리는 것이다. (사실 A-B-A의 교차를 기본으로 하는 소나타 형식은 본래 그러한 운동 구조를 지니고 있다고 할 것이다.) 첫 공연 때 말러가 배포했다는 책자에는 주제들이 나와 있는데, 그가 이 음악에서 묻고자 하는 것이 인생에 대한 심각한 질문과 답이라고 설명되어 있다고 한다. 거기에 나와 있는 주제는 "죽음 후에 다시 생명이 있는가?" 하는 질문, "즐거웠던 날의 회상", 인생이 의미 없다는 관찰, 무의미한 삶으로부터의 해방, 초월적인 삶으로의 영원한 부활에 대한 간절한 소원과 같은 것이라고 한다. 음악을 공부하는 것 외에 철학과 문학을 공부한 말러가 품고 있던 지속적인 질문은 사람의 삶이 살 만한 의미가 있는 것인지, 삶과 죽음의 의미는 무엇인지 하는 것이었다고 한다. 이것이 그의 음악에도 그대로 반영되어 있다고 말해진다.

그의 비관적 인생관이 가장 잘 반영되어 있는 것은 「대지의 노래Das Lied von der Erde」라고 흔히들 이야기한다. 또 샛길로 들어서는 것이지만, 이해의 편의를 위해 가사가 있는 음악인 이 연가곡을 잠깐 언급한다. 이 곡의 가사는 이백李白, 전기錢起의 시와 맹호연孟浩然의 당시唐詩를 한스 베트게Hans Bethge가 독일어로 번역한 것이다. 맨 처음 노래는 이백의 '비가행悲歌行'에 기초한 「지구의 괴로움의 술 노래Das Trinklied von Jammer der Erde」다. 가사에서 되풀이되는 후렴은 "인생은 어둡고, 죽음 또한 어둡다Dunkel is das Leben, ist der Tod"라는 구절이다. 이러한 비관적 가사에도 불구하고 이 시는 주로 친구들이 금잔을 들고 노래와 거문고와 술을 즐기는 주연酒宴의 장면을 그린다. 죽음이 오면 이러한 것들과 지구의 모든 좋은 것, 푸른 하늘과 봄에 피는 꽃과 같은 것들을 즐길 수 없다. 죽음을 멀리하게 해주는 것이 음악과 기쁨과 술과

윤리와 인간의 삶: 감정, 이성, 초월적 이성

우정이다. 그러니까 이 노래는 삶의 어둠을 이야기하면서 동시에 그 무상한 아름다움을 노래한 것이다. 이러한 비창과 아름다움을 합하여 가진 것이 지구의 노래다.

다시 교향곡 2번으로 돌아가서, 그것은 어둠을 그릴 뿐만 아니라 사회의 거짓과 부정의를 말하고, 그것의 의미에 대하여 묻고 있다. 그러나 회의와 냉소와 비관이 중요한 부분임에도 불구하고 아름다운 음악은 계속된다. 음악의 아름다움 또는 그 정신성은 '육체성과 감각성'을 떠나지 않는다. 이러한 음악의 증거에 기초하여 누스바움은 말러가 보여주는 음악적 상승은 "육화肉化되어 있다"고 말한다. 그의 생각에 사실 인간의 육체는 그대로 높은 상승이자 승화 또는 지양Aufhebung일 수 있다. 누스바움의 말러론에는 아이의 이미지가 몇 번 등장한다. 아이의 순진함은 그 이상의 상승 또는 성장을 필요로 하지 않는다. 그것이 현실의 아이를 말하는 것인지는 확실하지 않지만, 적어도 어린 아이가 현세적 상승의 상징이 될 수는 있다고 할 수 있다. 인간의 고통과 죽음 그리고 위선의 사회에 혐오감이 표현된 후에, '본래의 빛Urlicht'이라는 제목의 4악장에서 아이가 나타나 천국 또는 천국과 같은 나라로 갈 것을 말한다. (그러나 노래는 알토 가수가 부른다.) 가사는 "아, 작은 붉은 장미야!/ 인간은 커다란 고난 속에 있고/ 커다란 고통 속에 있다"로 시작한다. 그리고 천사와의 다툼이 있었다는 구절 다음에 "하느님으로부터 온 나, 하느님께 돌아가고자 하거니/ 하느님은 나에게 작은 불빛을 하나 주셨음에/ 빛은 나를 영원히 복 받은 삶으로 이끌어주리"라는 긍정으로 나아간다. (누스바움은 여기의 빛을 프리드리히 뤼케르트의, 그리고 말러가 곡을 붙인 '죽은 아이의 노래Kindertotenlieder'에 나오는 영원한 빛—죽음이 가져온 밤의 어둠을 더 크게 에워싸고 있는 영원의 빛과 같은 뜻으로 해석한다. 그러나 아이 자신도 "작은 램프Laemplein"이고 스스로의 길과 세상을 비추는 불이다.) 누스바움의 해석으로는, 다음과 같다.

> 하느님은 (…) 아이에게 그의 작은 삶을 주고, 이 스스로 밝히는 빛 외에는 그의 길을 밝혀줄 다른 것이 없다. 그러나 동시에 아이가 마음에 두는 것은 모든 인간이며, 모든 인간의 고통과 수난이다. 암시되어 있는 것은 음악의 정신적 삶과 관련하여 아이의 혼탁해지지 않은 뜨거운 믿음에서, 음악이 세상을 껴안듯이 온 세상을 껴안는, 뜨겁게 개인적이면서도 보편적인 사랑을 볼 수 있다는 것이다. 그것은 사회의 나날의 일정 그리고 거기에 들어 있는 작은 질시와 경쟁으로 굳어지는 심성의 응고를 면할 수 있게 한다.[30]

아이의 순진무구함은 이미 스스로 온전한 상태에 있고 세상의 혼탁함을 초월해 있다. 아이는 그 이상 보탤 것이 없는 온전한 존재다. 필요한 것은 자기 충실이다. 그러면서 아이의 자기 충실은 다른 사람에게도 확대되어 그들의 괴로움을 껴안는다. 이것이 참으로 사실에 맞는 관찰인지에 대해서는 의문을 가질 수 있다. 그러나 아이에게 그러한 잠재력이 있다고는 할 수 있다. 잠재성의 관점에서 모든 사람은 그 자신의 자신됨 속에 있고, 그 스스로를 사랑하는 마음은 곧 모든 인간을 포용하는 사랑으로 확대된다. 이 모든 가능성은 마음이 경직되기 이전의 순진함 속에 이미 들어 있다. 이렇게 우리는 말러의 가사

윤리와 인간의 삶: 감정, 이성, 초월적 이성

그리고 누스바움의 해석을 호의적으로 볼 수 있다.

이러한 자신됨을 의도하면서 다른 사람을 널리 포용할 수 있는 인간의 이상을 누스바움은 다음과 같이 말하기도 한다. 어지러운 세상에는 이러이러한 사람이 되라는 상투적인 교훈들이 있다. 그것은 본래적인 자아가 아니라 밖으로부터 주어지는 이미지에 맞춰 스스로를 개조하라는 것이다. 이러한 교훈들에 대하여 말러가 생각하는 진정한 삶에 충실한 인간은, '가슴heart'으로 그게 아니라고 말한다. 누스바움은 그 심정을 다음과 같이 표현한다.

나는 나이고자 합니다. 나는 내가 밟고 가는 길을 밟고 가고자 합니다. 하느님이 그것을 도와줄 것입니다. 그것은 나 개인의 구원의 길이고, 동정심을 통해 모든 인간을 구원에 이르게 하는 길입니다.[31]

개성이 있고, 동정심으로 표현되는 보편적 인간애 그리고 그것의 밑바탕이 되는 정신성 또는 영성靈性을 갖춘 존재, 이것이 말러–누스바움이 보는 인간의 참모습이다. 그것은 인간에게 이미 주어진 자질이다. 그리하여 이는 순진한 어린아이로 상징될 수 있다. 그것은 사회 일반의 기초가 되어야 하는 인간의 모델이다. 말러의 음악이 말하고자 하는 바는 바로 이것이다.

지금까지 살펴본 아이의 이미지를 통한 인간 긍정은 대체로 4악장에 나와 있는 서사다. 5악장에서도 이것은 다시 확인된다. 다만 그것은 그 앞에 있었던 여러 부정적인 요인을 다시 살피고 허위와 타락, 고통에도 불구하고 인간의 삶은 구원에 이를 수 있다는 결론으로 나아간다. 이 구원은 현세적 삶을 피안의 평화로 대체하는 것이 아니라, 현세의 삶 자체를 긍정한다. 다만 현세의 삶은 더 나은 삶을 향한 끝없는 노력과 투쟁, 갈구와 사랑의 삶이어야 한다. "애씀과 사랑의 삶에 대한 포상褒賞은 삶을 갖는다는 그 자체다."[32] 인생에도 음악에도 "움직이지 않고 멈추는 '텔로스telos'(목적)는 없다. 음악의 그리고 인생의 "아름다움은 송두리째 인간 노력의 뜨거움 안에 있다." 이 메시지가 전 교향곡으로 확산된다. 그중에도 "정열적 표현으로mit leidenschaftlichem Ausdruck"라는 연주 지시가 기입되어 있는 현악 부분에 이것이 강하게 표현되어 있다.[33]

누스바움은 현세 그리고 현세 그대로의 승화를 말하는 말러의 이러한 비전을 여러 '상승'의 기획 가운데 "가장 만족할 만한 것"이라고 말한다. 그러면서 다시 이것은 음악이 이룩해내는 비전이고, 그러니만큼 보통 사람의 삶의 현실로부터는 적잖이 떨어져 있다고 할 수밖에 없음을 인정한다. 누스바움이 원하는 것은 일상적 삶을 가리키는 사실적 내용 그리고 부족하고 잘못된 것을 시정할 정치적 프로그램이다. 이것은 누스바움이 모든 지적인 상승 계획에 가하는 비판이다. 말러도 그러한 비판의 대상이 될 수 있다. 그러나 이 경우, 비판은 조금은 약하다고 할 수 있다. 말러 음악의 효과를 최종적으로 평가하여 누스바움은 말한다. 그의 음악은 "사랑이 인간됨과 육체를 지니고 있으면서도, 증오와 배타와 원한을 극복할 수 있다고 한다. 〔그의 음악에서 최종적으로〕 우리에게 남는 것이 이것이다."[34] 그리고 이러한 유보적이면서도 긍정적인 최후의 평가 이전에, 누스바움은 앞서 말했던 어린아이가 사실은 '여자'이고, 여러 증후로 보아 '유대인'이며, 아마

윤리와 인간의 삶: 감정, 이성, 초월적 이성

'좌파'일 것이라고 말한다.[35] (사실 말러는 사회주의에 공감했다고 한다.)

13

위에서 우리는 누스바움이 설명하는바, 앞서간 지식인과 예술인들이 '사랑의 계단'을 통해 비참한 삶의 조건을 극복하려 한 기획 몇 가지를 살펴보았다. 플라톤을 구체적으로 다루고 있진 않지만, 세속적 세계를 넘어서 진선미 세계로의 상승을 이야기하는 데 선구자가 된 인물은 플라톤이다. 그리하여 플라톤적인 인간관에 대한 언급은 도처에 산재해 있다. 그런데 플라톤에게 있어서 상승은 다분히 인간 내면의 문제다. 현세에의 집착이나 그 초월에서 중요한 심리적 동기가 되는 것은 사랑의 동기다. 적어도 누스바움이 기본적인 비유로 생각하는 '사랑의 계단'에서는, 그 구절에 이미 나와 있듯이 사랑의 심리적 에너지가 중요한 역할을 하는 것으로 생각된다. 사랑은 성적인 사랑, 에로스에서 시작하여 보다 격상된 정신적 사랑, 아가페로 승화될 수 있다. 플라톤이 이상적 인간 조건을 생각할 때, 그것이 격상되는 것은 반드시 사랑의 에너지를 통해 이뤄진다고 말하는 것은 아니다. 그러나 누스바움에게 그것은 비유적으로나 현실적으로나 삶의 기초를 이루는 에너지다. 인간의 사회적 유대에 중요한, 동정심의 심리적 자원도 거기에 있다. (누스바움은 세계관의 타당성을 시험하는 기본 개념으로 '개인성individuality' '인간적 상호 교환reciprocity' '동정심'을 든다. 이 모든 것은 에로스의 힘과 그 변용을 통해 달성될 수 있다. 그러나 우리 주제와

국가와 윤리

관련하여, 그리고 누스바움의 입장에서도 이 가운데 가장 중요한 것은 사회적 유대에 바탕이 되는 동정심이다.)

플라톤이 제시한바, 인간 정신의 승화 그리고 사랑의 변용의 이념에 대하여 누스바움은 그 원형을 받아들이면서도 플라톤적인 이데아의 세계에 대한 비전에 완전히 동조하지 않고 비판적 거리를 유지한다. 그것은 거기서 요구되는 현세 초월의 암시를 그대로 받아들이지 않기 때문이다. 플라톤 이후의 상승자에 대해서도 대체로 같은 근거에서 비판적 거리를 유지한다. 기준은 현실 참여와 현실 개혁이다. 상승을 말하면서도 누스바움은 현재의 삶을 떠나길 원치 않는다. 현실에 문제가 있다면 그것을 개혁할 계획 또는 적어도 의지를 보여주는 게 마땅하다. 스피노자의 정신 상승 계획은 부정적인 감정 제거를 중요 목표의 하나로 삼는다. 이러한 문제에서 누스바움의 마음에 어른거리는 것은 스토아 철학의 가르침이다. 그 철학에서 수양의 중요 목표는 고뇌와 고통의 근원이 되는 감정을 억제하고 무감정^{apatheia}, 마음의 평정 그리고 정당한 이성적 판단능력을 유지하는 일이다. 누스바움은 이러한 스토아 철학의 생각을 늘 마음에 두면서 동시에 그것을 수정하거나 보완 또는 거부하고자 한다. 스피노자도 스토아 철학의 금욕적인 계율에 공감했다. 그러나 누스바움은 그가 플라톤과 달리 현세를 떠나는 것이 아니라 현세를 그대로 받아들이면서 동시에 그것을 제어할 수 있는 방법을 생각했다고 한다. 그것은 마음의 평정 그리고 그 원리인 이성을 통해서다. 적절한 이성의 통제하에서 동정심과 선의는 삶의 중요한 버팀목이 된다. 그것은 무엇보다도, 이성이 확인하는 다른 사람과의 일체성을 심정과 행동으로 구체적으로 표현

윤리와 인간의 삶: 감정, 이성, 초월적 이성

하는 일이다. 그러면서도 누스바움은 스피노자의 초세간超世間, 초연함에 대하여 유보하는 태도를 버리지 않는다. 또 다른 "관조적 창초자"인 프루스트는 사람의 일상적 삶의 들고 남에 대하여 자세한 재현再現을 시도한다. 그것은 모든 인간에 대한 그 나름의 동정심과 연민의 표현이다. 그런 만큼 그것은 인간의 윤리적 사명의 관점에서 의미 있는 일이다. 그러나 프루스트의 타자와 세계에 대한 공감적 관심은 작품의 심미적 완성을 위한 노력 속에서 지양되거나 증발해버리고 만다. 그리하여 누스바움은 이들 관조자가 결국은 그들의 지적 우월을 통해 보통 사람의 삶을 넘어 저 높은 곳에 자리하며 자기도취의 증상을 보인다고 한다.

이에 대하여 아우구스티누스는 세상살이의 괴로움에 깊이 내려가 있는, 상승과 함께 하강을 표현하는 정신적 진리 탐구자다. 그런데 그의 현세적 삶에의 하강에는 역설이 들어 있다. 그는 현세적 욕망을 절실한 것으로 받아들이고 그에 따라 드러나는 삶의 궁핍과 비참함에 공감하면서, 그것이 결국 이 세상을 넘어 하느님과 하늘나라를 찾게 하는 강력한 동기가 된다는 사실을 기쁘게 생각한다. 또 하나의 역설은 탈세간脫世間을 간절히 원하는 신에 대한 갈구도 성애性愛의 열렬함과 비슷하다는 것이다. 조금 늦은 감이 있지만, 『고백록』의 신을 향한 그리움을 말한 부분을 재인용해본다.

그대는 나에게 향기롭게 불어오고, 나의 숨은 그것을 들이마시고, 헐떡거리는 숨으로 그대를 맛보고 배고픔과 목마름으로 그대를 그리워한다. 그대는 나를 만지고, 나는 그대의 평화를 구하여 불타

오른다.[36]

　이처럼 신에 대한 생각까지도 깊은 세속적 감정 에너지에 의존하는 현세 몰입에도 불구하고, 아우구스티누스는 현세를 그대로 받아들이지 않는다. 현세의 타락은 인간이 저지른 죄로 인한 것이기 때문에 인간은 그에 대하여 할 수 있는 일이 없다. 오로지 뉘우치고 그리워하며 신의 은혜를 기다리는 수밖에 없다. 그러나 현실행동주의자로서의 누스바움은 이것을 받아들일 수 없다.

　말러는 현세를 비판적으로 보면서도 그 아름다움과 가능성을 완전히 긍정한다. 교향곡 2번에 등장하는 어린아이의 순진무구함이 인간의 원초적인 가능성을 나타낸다. 이 어린아이는 스스로의 빛이면서 생명의 빛이고 모든 사람을 위한 빛이다. 아이는 자기 자신이면서, 모든 인간을 사랑으로 감싸 안는다. 부정의와 증오와 고집으로 가득한 타락한 세계는 이러한 인간적 가능성을 사라지게 한다. 그러나 더 나은 삶을 향한 인간의 그리움과 노력 그리고 투쟁은 계속된다. 그것이 반드시 어떤 보상을 가져오리라는 확신은 없다. 그러나 그러한 정진 자체가 삶의 보람이고 보상이다. 이것은 말러의 가사와 음악에서 표현되어 있긴 하나, 음악 그 자체의 아름다움에 구현되기도 한다. 음악은 구조를 가지고 있고, 시작에서 끝을 향해 나아가지만, 하나의 목적telos을 갖지 않는다. 그것은 계속해서 아름다움을 육화하는 현재에 있다.

14

위에서 우리는 누스바움의 철학적 성찰을 통해 사람의 사람됨의 수업을 살피고 다시 이것을 요약해보았다. 이제 그의 견해에 대하여 조금 더 거리를 두고 그 의의를 가늠해보기로 한다. 앞에서 본 바와 같이 누스바움의 말러론 마지막은 그의 음악이 현실 개조의 정치적 행동으로 나아가지 못함을 개탄하는 것이다. 그러면서 다른 어느 예에서보다 이 흠집에 대하여 관대하다. 그는 유대인으로서 유대인의 현세 개선의 동기를 가지고 있다고 한다. 그러나 음악이 어떻게 현실의 정치 행동에 관여할 것인가? 그러한 음악의 대표는 행진곡, 혁명가 또는 이데올로기적 지침을 수용한 여러 가요와 음악에서 찾을 수 있다. 계속적으로 발해지는 행동주의적 요구가 철학과 예술에 그대로 수용될 수 없다는 것은 누스바움 자신도 알고 있을 것이다. 그것은 그의 철학과 문학에 대한 관심—전문성을 완전히 버리지 못하는 관심에 이미 드러나 있다. 우리가 주목하게 되는 것은 누스바움의『생각의 격동』에서 다뤄지고 있는 것이 전부 행동가가 아니라, 철학자와 예술가도 포함하고 있다는 사실이다. 지적인 노력이 사회 현실, 삶의 곤경을 멀리하는 것도 옳은 일은 아닐 것이다. 그러나 그것이 현실에 개입하는 방법은 반드시 직접적인 행동주의를 통해서만은 아니다. 삶의 여러 가닥은 복합적인 사회관계를 가지고 있다. 얼핏 보기에 현실에 대하여 일정한 거리를 두고 있는 듯한 지적 노력도 그 나름으로 더 큰 의미를 가지고 현실로 돌아온다.

사실 위에서 살펴본 사랑의 상승자들을 그렇게 따로 나누어 서열

국가와 윤리

화할 필요는 없을 것이다. 그것은 모두 인간의 정신적 자기 수련에 관계된다. 그 수련과정이 하나의 진로를 형성하여 그것을 벗어날 수 없는 외길이 되는 것은 아니다. 그 방법들은 복합적으로 사용될 수 있다. 그리고 그것은, 한 사람의 경우 또는 공적 결정을 해야 하는 집단의 경우에도 처해 있는 상황과 문제에 따라 여러 선택지가 있을 수 있다. 많은 경우 필요한 것은 복층적 또는 다원적 사고다. 스피노자적 이성주의자의 삶의 길은 그 원형일 수 있다. 그의 이성주의는 무엇보다도 공적 결정에 있어서 필수적인 정신 자체를 가리킨다. 그러나 사안에 따라서는 그것을 자비심의 감정으로 처리할 수도 있을 것이다. '복층적' 또는 '다원적'이란 어떤 경우는 스피노자적 이성을 바탕으로 하면서 공감과 동정적 이해를 이성적 고려에 넣을 수도 있다는 말이다. 어떤 경우든, 개인적으로나 사회적으로나, 인간 수업에는 모든 상승의 방법과 길이 중요한 역할을 하게 될 것이다. 스피노자에게서 우리는 이성적 기율을 통한 마음의 정화淨火를 배울 수 있다. 현실을 멀리 떠나는 것이긴 하지만, 플라톤이 말하는 이데아의 밝은 빛의 세계가 느끼게 하는 것 역시 이러한 정신 정화의 가능성이다. 아우구스티누스에게서 우리는 삶에 존재하는 어둠의 심연들을 알게 되고, 그것으로부터 벗어나고자 하는 인간의 갈망과 또 절망을 배운다. (이러한 절망은 절망대로 인간적 의미를 갖는다. 그리하여 세상을 더 낫게 만드는 노력에 있어서도 형이상학적 절망감은 어둠의 엄청남을 직시하게 하고 지나친 낙관론 그리고 그에 따른 힘의 과도한 사용을 삼가게 한다. 또한 자신의 겸허함을 잃지 않고 어두운 인간 조건 속의 인간에 대한 동정심, 자비심을 버리지 않게 한다.) 말러의 음악은 일단 어린아이가 보여주는 순결성의 예

윤리와 인간의 삶: 감정, 이성, 초월적 이성

찬을 중심에 가지고 있다. 그러나 그것은 거짓과 미움과 상박相搏하는 이기심의 타락한 세계에서 유지하기 어려운 인간적 품성이다. 그러면서도 오염되지 않는 인간의 품성—자신의 자신임을 확인하면서 동시에 만인을 포용하는 인간 품성의 원형을 거기에서 확인할 수 있다. (이와 관련하여 시사적인 것은 영국의 시인 윌리엄 블레이크의 시집 『순결과 경험의 노래The Songs of Innocence and Experience』다. 제목부터 어려운 경험의 세계에서 수호해야 하는 순진함의 진실을 확인하게 한다.) 이러한 인간에 대한 비전은 인간 유대에 대한 모든 소신에서 정신적 위안의 자원이다. 이런 점에서는 사실 플라톤의 이데아의 세계 또는 천국과 극락에 대한 비전도 마찬가지라고 하겠다. 다만 누스바움이 말러의 현실성을 강조하는 것은, 그러한 비전이 현실적 의미를 갖는다는 것을 강조하기 위함이라고 할 수 있다.

위에서 상승의 몇 가지 가능성을 살펴보았지만, 문제점은 이미 말한 바와 같이 그 상승의 여러 방법이 사안과 상황에 따라 다른 기능을 가질 수 있다는 데 있다. 그중에도 재고되어야 할 것은, 이미 비친 바와 같이, 사사로운 경우와 공적인 경우에 그 기능이 크게 달라질 수 있다는 점이다. 가령 스피노자의 이성주의 또는 일반적으로 감정을 줄인 이성주의는 공적인 공간에서 판단의 기초 교양이 되어 있어야 한다. 삶의 참담함에 대한 형이상학적 직관은 우리의 세계관 형성에 중요한 역할을 한다. 이러한 것들에 대하여 좀더 친밀한 감정적인 접근은 개인의 관계에서 중요하다. 그리고 순수한 인간의 삶의 아름다움에 대한 비전은 우리 삶에 힘을 더해주는 중요한 개인적인 체험이 된다. 그러나 공적인 공간 또는 인간 상호 간의 거래가 일어나는 사회

국가와 윤리

적 공간에서 요구되는 것은 이성적 접근이다. 그리고 그것을 통해 관계—공적인 또는 사회적인 관계—의 규범화가 성립된다. 내면적 느낌의 유통이 외면화되어서 가시적인 것이 되어야 한다는 말이다. 그리하여 그것은 윤리와 법으로 정형화된다. 물론 그것은 다시 동정심 또는 인인애隣人愛의 감정적 기초를 떠나지 않아야 한다.

15

되풀이하건대, 누스바움이 말하는 상승은 강조점을 감정에 둔다. 특히 동정심, 자비심이 관심의 대상이다. 동정심의 사회적 의미를 인정하고 그것의 확산을 돕는 것은 좀더 인간적인 사회를 위해 반드시 필요한 요건이다. 그러나 주목할 점은 이러한 동정심 그리고 긍정적으로 볼 수 있는 감정들이 일정한 정화과정을 거친 것이라는 사실이다. 이 정화과정에서 중요한 역할을 하는 것이 이성이다. (이성이 한 요인이라고 하는 것은 이러한 과정에 예술적 사고, 형이상학적 탐구, 정신적 영감의 비전 등 여러 요인이 작용하기 때문이다.) 그러나 한발 더 나아가 필요한 것은 이성적 규범화다. 이 규범은 윤리가 되고, 좀더 임계적臨界的인 사고에서는 법이 되기도 한다. 너그러운 감정은 윤리적 사회가 존립하는 데, 그것이 성립하고 유지되는 데 중요한 역할을 한다. 그리고 사회질서의 명증화는 윤리가 보편적인 규범으로—물론 반드시 성문화成文化된다는 것은 아니지만—분명하게 될 것을 요구한다. 이것은 개인적으로도 그렇고 사회적으로도 그렇다. 사회질서에 법이 필요한 것과 같이 윤리에도 규범이 필요하다. 법의 경우 사회 성원은 대체로 또는 전체적으로, 법 없이도 살 수 있는 사람이어야 한다. 그러나 법제도는 사람들이 받아들이는 질서의 골격을 분명히 한다. 마찬가지로 윤리의 규범화는 사람의 삶에 작용하는 기본 원리를 밝혀주는 일을 한다고 할 수 있다.

윤리의 규범화 원리는 무엇인가? 이것을 위해서는 다시 칸트로 돌아갈 필요가 있다. 위에서 잠깐 비친 바 있지만, 윤리 감정의 공동화空洞化 상태에서 규범은 오로지 "하지 않으면 안 되게" 하는 명령으로 경직화된다. 이에 대하여, 필연성에 근거한 원리는 규범을 강조하면서 동시에 그 자유로운 변주를 허용한다. 그러나 규범이란 어떤 경우에나 명령의 형태로 표현될 수 있다. 위에서 우리는 칸트의 '범주적 명령'—"그대의 행동이 따르고 있는 격률이 모순 없이 보편적 격률이 될 수 있게끔 행동하라"에 대하여 언급했다. 이 극단적으로 일반화된 명령 또는 원리가 어디서 나오는 것인지 분명치 않다는 것도 말했다. 그리고 그것을 이해하는 데는 그것이 전제하는 사회적·정치적 조건이 도움이 된다고 했다. 즉 공화국을 구성하는 것을 전제하면, 이 일반화의 규칙이 이해할 만한 것이 된다는 말이다. 공화국의 구성 또는 헌법Verfassung은 그 국민의 자유와 평등, 예외 없이 모든 사람에게 적용되는 법제도, 이 세 가지 조건을 가진 사회계약으로 성립된다. 그리고 그에 따라 강제력을 허용한다. 이것은 모두 인간 한 명 한 명의 보편적 존엄성을 인정하는 것이다. 여기에 작용하는 근본 원리는 이성이다. 이성은 자연법칙에 근거한다. 물론 그 자연은 인간 이성에 의하여 선험적으로 그리고 경험적으로 구성되는 것이면서 또 자연 자체

국가와 윤리

의 사실에 맞아들어가는 것이다. 그리고 이성은 인간의 행동에도 작용한다. 그것이 변용되면서 규범적으로 표현되는 것이 윤리 규범이다. 자연의 이성과 윤리의 이성이 합치될 수 있음으로 인해 윤리도 현실적 효용성을 갖는다. 이러한 문제에 대한 칸트의 성찰은 도처에 나오지만, 거기에 관계된 대표적인 저서 세 가지로 위에서 언급한『실천이성비판』외에『도덕형이상학의 기초Grundlegung zur Metaphysik der Sitten』(1785),『도덕형이상학Metaphysik der Sitten』(1797)을 들 수 있다.

이런 저서들을 마음에 두면서, 위에서 마지막에 든 이성의 원리를 조금 더 주의해서 보기로 한다. 목적은 윤리가 필연성을 가지고 있음을 상기하자는 데 있다. 그렇다는 것은 그것을 감정—동정심이나 자비심—에만 맡길 수 없기 때문이다.

여기에 대한 설명 한 가지는『도덕형이상학』의 서두에서 찾을 수 있다. 서문의 첫머리에서 주장하는 바는 도덕 또는 윤리의 법칙이 선험적 기초, 필연성의 기초에 서 있다는 것이다. 그것이 경험에서 얻어지는 것이라면 구태여 도덕이나 윤리라고 말할 필요도 없다고 한다. 따라서 그것을 행복과 같은 심리적 감정의 개념에 수렴하는 일은 윤리 규범을 말하는 것이 아니다. 행복은 경험에서만 온다. 음식, 성, 휴식, 동작, 더 나아가 명예, 지식 등도 행복 일반이나 마찬가지로 경험적 세계에 속한다. 대체로 행복은 물론 쾌락, 취미, 취향 등도 경험의 영역에서 생각될 수 있는 주관적인 감정들이다. 이렇게 말하면서 놓치지 말아야 할 것은 이러한 주관적 느낌에 대한, 특히 행복에 대한 선험적인 추론이 있지만, 그것은 경험을 일반화한 것에 불과하다는 점이다. (뒤에서 칸트는 그것을 하나의 기술 또는 예술이라고 하는데,

말하자면 그것은 아리스토텔레스가 언급한 현실적 분별의 지혜 또는 분별력 phronesis, prudentia에 해당된다고 할 수 있다.)

도덕 규범의 필연성은 칸트에게 자연법칙의 필연성에 대응한다. 자연과학은 감각의 세계를 다루지만, 그것을 넘어 선험적a priori 원리의 체계에 기초한다. 이 선험적 체계를 밝히려는 것이 "자연의 형이상학적 과학"이 된다. (이것을 다루는 별도의 저서의 제목은 1788년에 출간된 『자연과학의 형이상학적 기초Metaphysische Anfangsgründe der Naturwissenschaft』다.) 물리학은 일정한 경험적 사실에서 추출한 것이다. 뉴턴이 물체의 작용과 반작용의 대등성을 말한 것은 경험적 관찰에 기초해서다. 그러나 물리학 법칙의 보편성은 경험을 넘어서는 보편성과 필연성을 전제한다. 자연법칙과 비슷하게 칸트는, 도덕과 윤리 영역에 있어서도 경험적이면서 당위적인 것이 있는데, 그 위에는 형이상학적으로만 이해할 수 있는 선험적 필연성이 있다고 한다.

이러한 칸트의 생각에서 핵심적인 사항은 필연과 자유의 모순 및 그 모순의 지양이라고 할 수 있다. 칸트에게 도덕적·윤리적 행동자로서의 인간의 기본적인 규정은 자유다. 스스로 행동의 목적이나 방식을 자유롭게 선택할 수 없다면, 거기에는 도덕이나 윤리가 있을 수 없다. 그리고 그런 경우 행동자는 자신의 행동에 대하여 책임질 수 없을 것이다. 어떻게 자유의지를 가진 인간이 필연적 법칙에 따라서만 행동할 것인가? 칸트의 생각으로는 이 둘 사이에 모순이 없다. 이 법칙 자체가 인간의 본성에서 나오는 것이기 때문이다. 그 주체가 실천이성이다. 이 법칙에서 나오는 또는 실천이성에서 나오는 명령은 개인의 취향, 동물이나 인간에 대한 경험적 관찰, 또는 거기서 나오는 이익에 대한 계산과 관계없이 복종할 것을 요구한다. 물론 이점이 종종 따른다는 것도 사실이지만, 그것은 이성의 명령에 선행하는 것이 아니고 "선험적 순수 실천이성의 무게가 바르게 작동하도록 보조하는 역할을 할 뿐이다."

그런데 이러한 실천이성의 명령이 자기 내면으로부터 나온다고 해도 과연 사람이 제대로 알기 쉬운 일인가? 칸트는 이것을 알기 위해서는 공부와 자기 수련이 있어야 함을 인정한다. "자연이 아니라 선택의 자유를 목표로 하는 실천의 철학은 [개념에 따른 선험적 인식에서 나오는] 도덕형이상학을 필요로 하고, 그러한 형이상학을 갖는 것은 인간의 의무다." 칸트는 이렇게 말하면서 다시 이에 대한 앎은 불분명한 상태에 있긴 하나, 인간의 내면에 이미 존재한다고 본다. 다만 사람들이 익숙해 있는 것은 경험적 사실과의 관계에서 요구되는 (거기서 나오는) "적용의 원리들"이다.[37]

윤리 규범의 자유와 필연의 일치에도 불구하고, 이 일치의 양극을 두고 사람이 생각하는 규범에는 조금 더 필연으로, 또는 조금 더 자유로 기우는 것이 있다고 할 수 있지 않나 한다. (칸트가 그렇게 말한다는 것은 아니다.) 『도덕형이상학』은 두 부분으로 이루어져 있다. 즉 '권리론'과 '덕德론'이 그것이다. 권리론은 주로 인간 상호 간의 관계의 규범을 다룬다. 가령 사람 사이의 계약과 같은 일에 따르는 규범이 '권리론'에 속한다. 이 규범은 외면으로부터 부과될 수 있는 법이 된다. 그리고 국가에 의하여 강제로 집행될 수 있다. 한편 '덕론'은 주로 순수하게 개인 내면에서 받아들이는 규범으로 이루어진다. 그것은 자유로이 선택되면서 동시에 의무이기도 하다. 덕의 의무는 목적이나 수단을 순수하게 자기 내부로부터 선정하는 의무다. 그러나 어떤 경우에나 더 근본적인 것은 내면적 규범이라고 할 수 있다. 그렇다는 것은 도덕적·윤리적 의무는 스스로 받아들이는 것이기 때문이다. 즉 의무라는 사실만으로도 그것을 이행하게 하는 것이 그러한 의무다. (의무니까 해야 한다는 태도의 근본에 들어 있는 것이 실천이성이다.) 칸트의 표현으로, "법을 부과하되, 어떤 행위를 의무가 되게 하고 동시에 그것이 의무라는 것, 그것이 동기가 되게 하는 법의 부과가 윤리적인 것이다."[38]

권리는 조금 전에 비친 바와 같이, 강제적으로 부과되는 외적인 법이 될 수 있다. 그러나 그것은 강제력이 사용될 수 있다는 점에서 내면적 분열을 지닌 윤리를 내포하고 있다. 강제력이 쓰인다는 것은 내 내면에 반발이 있기 때문이다. 이에 반하여 덕은 일체성을 가진 도덕과 윤리의 기초다. 보통 행동의 선택에 있어서, 행동의 목적을 생각하고 그것이 윤리적 의무에 맞는가 맞지 않는가를 생각할 수 있다. 그러나 선택하는 목적 자체가 도덕적 의무를 바르게 수행하자는 동기를 가질 수 있다. 이때 추구되는 것이 덕이다. 즉 덕은 도덕적 목적과 의무의 수행을 목적으로 할 때 함양되는 정신적 품성이다.

이것의 목적은 순수 실천이성에서 나온다. 칸트의 생각으로는 '자기완성'과 '타자의 행복'으로 이루어진다. 자기완성은 자신의 여러 능력을 기르고 의지를 단련하는 것을 말한다. 능력이란 무엇보다 오성을 말하는데, 그것은 의무라는 개념을 포함해 개념 일반을 다루는 능력이다. 그리하여 인간은 무지를 극복하고 잘못을 시정할 수 있다. 단련을 필요로 하는 의지는 의무의 요구를 충족시킬 수 있는 마음의 준비된 자세를 말한다. 이 모든 것은 인간을 동물적인 상태로부터 인간성으로 올려놓자는 것이다. 실천이성의 명령은, 이럴 수도 저럴 수도 있는 수단의 선택을 변리辨理하려는 것이 아니라, 절대적인 명령이다. 그것은 도덕적 목적을 의무로 하여, 인간 내부에 잠재해 있는 인간성에 값하는 그런 인간이 되라고 한다. 그리고 그 의지를 단련하여 그것이 순순한 덕의 지향이 되게 한다. 그리하여 의무라는 것 자체가 행동의 동기가 된다. 이 모든 것은 사람이 사람으로서 존재하는 한, 사람이 가지고 있는 잠재적 가능성이다. 이 가능성은 무엇보다도 도덕적 완성으로써 현실화된다.

자기완성의 두 번째 항목인 '타자의 행복'에 대한 배려는 아마 이 도덕적 완성의 일부를 이루는 일일 것이다. 칸트는 사람이 자기 행복을 추구하는 것은 자연스러운 일이라는 사실적 진술로부터 그의 논리를 전개한다. 자기 행복을 추구하는 것은 행복을 가치 있는 것으로 생각하는 것이고, 그 행복은 자신의 경우를 합리적으로 미루어 생각할 때 모든 인간에게 두루 필요한 게 될 것이다. 그리하여 타자의 행복은 내가 추구하는 목적이 되기도 한다. 그러나 내 행복과 다른 사람의 행복은 더러 갈등하는 관계에 놓일 수 있다. 이 문제를 어떻게 해결할 것인가에 대하여 칸트는 분명한 대답을 내놓지 않은 것으로 보인다. 그러나 문제되는 행복이 세속적 행복이 아니라 도덕적 행복이라는 사실은 하나의 답변이 될 수 있다. 그렇기는 하나 세속적인 고려가 전혀 없는 것은 아니다. 도덕과 윤리의 관점에서 역경과 고통과 빈곤은 의무 이행을 어렵게 할 수 있고 번영, 건강, 복지 등은 이러한 부정적인 사정들의 나쁜 영향을 줄이도록 하기 때문에, 좋은 물질적 조건을 확

윤리와 인간의 삶: 감정, 이성, 초월적 이성

보하는 일도 도덕적 의무는 아닐망정, 악덕으로부터 덕을 지켜낸다는 정도의 의무는 된다고 할 수 있다.[39]

위에서 살펴본 것은 도덕과 윤리에 대한 칸트의 근본적인 생각의 일부다. 그것은 그의 도덕철학 또는 형이상학을 전체적으로 다루는 것이기보다 도덕과 윤리에 대한 선험적 순수 실천이성의 논리를 조금 엿보자는 것이다. 칸트 철학의 기본적인 방법은 경험을 넘어가는 또는 그것을 구성해내는 형식적·선험적 원리를 밝히고 거기서 도출되는 규범과 법칙을 밝혀내는 것을 목표로 한다. 위의 요약이 반드시 그것을 보여주었다고 할 수는 없겠지만, 윤리와 도덕의 요청도 경험적인 일반화로 정당화되는 것이 아니라 인간 본유의 도덕적 특성—자유의지를 가지면서도 도덕의 필연성을 스스로 선택하는—으로부터 연역되어 나온다고 할 수 있다. 그러나 칸트도, 우리가 앞서 누스바움의 설명에 의존하여 살펴본 여러 윤리적·도덕적 감정을 가볍게 본다고 할 수는 없다. 그에게도 존중, 사랑, 동정심 같은 것은 중요한 감정적 덕성이다. (칸트는 사랑보다는 선의善意가 적절하다고 말한다.) 그러나 그것들도 선험적 원리에 의하여 지지되어야 한다고 생각한다. 거꾸로 선의의 감정은 윤리의 현실성을 부조扶助한다.

칸트는 동정심Mitleidenschaft을 "대체로는" 의무라고 말한다. 다른 사람의 기쁨이나 아픔에 민감하게 되어 있는 것이 인간의 자연스러운 성품이다. 이 민감성은 행동적이고 합리적인 선의를 촉진하게 하는 수단이 된다. 그것은 조건부의 의무다. 단순한 민감성은 도덕적 의미를 갖지 않고 실제적인 힘과 의지에 결합되어서만 도덕 규범에 따르는 것이 되기 때문이다. 칸트는 어디까지나 행동으로 결실하는 것만이 진정한 도덕이나 윤리에 속한다고 생각한다. 그리하여 그저 수동적인 감정 상태는 긍정적으로 평가하지 않는다. 칸트가 든 재미있는 예는 스토아 철학자가 그리는 현자다. 현자는 가난, 병, 옥살이로 괴로워하는 사람이 있으면, 자신이 도와줄 수 있는 처지에 있을 때는 낯모르는 사람이라도 함께하지만, 그럴 방도가 없는 경우에는 친구라 해도 오불관언吾不關焉의 태도를 취한다는 것이다. 그렇다고 칸트가 동정심과 같은 감정을 전적으로 불필요한 것으로 말하는 것은 아니다. 이미 비친 바와 같이, 그것은 진정한 윤리로 나아가게 하는 씨앗이 된다. 그의 생각으로는 다른 사람의 고통을 나누어 갖는 것이 의무는 아니나, 그 고통의 '운명'에 동참하는 것은 의무다. (이것은 그 고통의 사실적 전개가 도덕적 관심의 대상이 되어야 한다는 말이리라 생각된다.) 다음과 같은 말은 그의 절대적 당위에 대한 생각을 짐작하는 데 도움이 되기도 하면서 흥미롭기도 하다. 즉 그는 동정심은 "인간됨humanitas에 관계된 의무"라고 할 수 있는데, 그것은 인간이 "이성적 존재가 아니라 이성을 가지고 있는 동물"이기 때문이라고 한다. 그리하여 감정의 모호함이 존재한다. (다른 맥락에서도 짐작해보면, 칸트는 완전히 이성적인 존재로 천사Heilige Wesen와 같은 존재를 생각하는 것 같다.)[40]

다시 말해 칸트는 감정을 실천이성과 행동과의 관계에서만 긍정적으로 본다. 물론 실천이성의 명령은 도덕적 의무로서, 하지 않으면 안 될 일을 명하는 것이다. 이 실천이성은 인간 이성의 선험적 근거에서 나오는 것이기 때문에 그것을 합리적으로 파악하기는 어렵다고 할 것이다. 그것이 이르는 실마리의 하나는 '범주적 명령'이다. 그것은 모든 인간을 하나의 이념으로 포괄해야 한다는 것이다. 거기서 나오

윤리와 인간의 삶: 감정, 이성, 초월적 이성

는 규범은 인간과 인간 공동체에 두루 해당되는 보편성을 가지고 있어야 한다. 거기서 도출할 수 있는 구체적인 규율에는 어떤 것이 있는가? 그것은 그때그때의 상황에서 구체적인 행동의 격률로 표현될 것이다. 물론 칸트는 『도덕형이상학』에서 여러 도덕적 규범을 말한다. 칸트는 권리 영역에서의 자연권, 법적 권리, 계약에 관계되는 권리와 의무, 재산권, 가족관계, 그리고 좀더 내적인 분야에서 자살, 식탐, 색욕, 거짓말, 굴종, 모함, 또는 존경, 박애 등에 관한 권리와 금기에 대해 그 나름의 해석을 가지고 있다. 그러나 아마 널리 적용될 수 있는 것은 보편적 인간성에 비춰 상황적으로 적절한 격률이 모든 인간 행동의 기초가 되어야 한다는 명제일 것이다. 여하튼 여기서 상기하고자 하는 것은 모든 행동이 일정한 규범, 밖으로부터 규정될 수도 있지만 내면으로부터 변별되는 규범과 법에 따르는 것이 윤리적 인간이 받아들여야 하는 의무라는 주장이다. 그 원리는 실천이성에서 나온다. 물론 그 명령을 들을 수 있으려면 성찰적 수련이 요구된다.

그런데 여기에 덧붙여 좀더 상식적인 차원에서 주의할 수 있는 점은, 행동의 현장에서 할 수 있는 것은 양심의 결정을 따르는 일이라는 것이다. 즉각적인 판단을, 특히 부정적인 판단을 내릴 수 있는 것이 양심이기 때문이다. 그러나 양심은 합리적으로 설명할 수 없는 면을 가지고 있다. 소크라테스에게 양심은 어떤 행동 기획에 부否를 지시하는 신령, 다이몬의 소리다. 칸트는 소크라테스의 양심을 그렇게 탐탁하게 생각하지 않는다. 거기에 이성적 반성의 측면이 결여되어 있다고 생각하기 때문이다.[41] 그리하여 이성과 의지를 가장 맑게 닦은 수련이 있어야 한다. 그것이 양심의 기초다. 그러나 칸트도 양심은 논란의 틈을 허락하지 않는 행위의 동기로 생각한다고 할 수 있다. 그러면서도 그는, 조금 믿기 어려운 주장이지만, 양심의 판단은 잘못될 수 없다고 말한다. 잘못이 있다면, 그것에 귀 기울이지 않으려는 안이한 마음이 있기 때문이다.[42]

다시 말해 칸트를 통해 우리가 상기하고자 하는 것은 도덕과 윤리의 규범이 인간의 많은 행동에서 분명한 지표로서 존재해야 한다는 점이다. 다만 그것을 가능케 하는 조건은 순전히 개인의 내면이 지닌 순수성만이 아니고 사회적 조건이 그러한 것을 도울 수 있어야 한다는 것이며, 이는 위에서 여러 번 지적한 바 있다. 사회 조건이 그러하고 또 사회 속에 어느 정도까지는 그것이 일반적 규범이 되어야 인간 내면에도 그것이 형성된다는 말이다. (칸트가 다시 이러한 사회성을 강조하는 것은 아니다.) 물론 그것이 확립되어 있지 않더라도, 인간사회에는 윤리적 성격을 가진 그리고 그것을 뒷받침할 수 있는 감정적 자원들이 존재한다. 그러나 그 감정들은 정화되지 않는 한, 드러나 있든 감추어져 있든 여러 부정적인 이기심과 자기주장에 의해 왜곡되기도 하고 이용되기도 한다. 그리하여 이성적 정화가 필요한데, 규범의 명증화는 개인의 일이기도 하고 인간적 사회이기를 바라는 사회 전체의 과제이기도 하다.

16

이제 조금 사소한 사례들을 들어본다. 오늘날의 신문에 보도되

윤리와 인간의 삶: 감정, 이성, 초월적 이성

는 많은 사건은 참으로 크고 작은 윤리가 소멸되어버린 이 사회가 인간적인 사회로서 얼마나 버틸 수 있을까 하는 우려를 금치 못하게 한다. 공직자의 부패와 거짓과 야욕은 다소 차이는 있어도 어느 시대에나 존재한다. 그런데 자주 보도되는바 가족이나 친구 사이에 벌어지는 어떤 참혹한 일들은 사람 사이를 맺어주는 본래부터 주어진 사랑, 동정심이라는 게 과연 있기는 한 것인가 생각하게 한다. 아니면 적어도 그것이 왜곡된 형태로 존재하게 된 것이 오늘날 우리 현실이 아닌가 하는 생각을 하게 한다. 얼마 전 중년의 어머니가 초등학교에 다니는 딸을 의자에 묶어 심하게 때리다 죽음에 이르게 한 뒤 산에 암매장한 사건 보도가 있었다. 이것은 4년 전에 일어난 일이지만, 최근에야 둘째 딸의 장기 결석의 사유를 조사하다가 발각되었다고 한다. 말할 것도 없이, 피해자가 누구든 간에 살인은 인간 세상에서 동의할 수 없는 일이라 할 것이다. (법적 판단에 따른 살인이 있지만, 세계적으로 사형을 반대하는 운동도 적지 않다.) 그러나 살인의 문제를 제쳐두고 부모의 사랑, 특히 어머니와 자식 간의 사랑은 자연적으로 부여받은 특별한 감정적 관계이기도 하고, 특히 동양에서는—부모에서 자식으로가 아니라 자식에서 부모로 조금은 일방적인 것으로 되어 있지만—모든 윤리적 관계에서 가장 기본적인 규범에 묶여 있다. 딸을 구타·살해·암매장한 사건은 이러한 윤리적 규범이 완전히 깨진 것을 나타낸다. 외부인으로서는 쉽게 알 수 없는 사연이 있었을 것이라고 말할 수 있고, 법원 판결도 살인이 아니라 과실치사로 나왔다고 하지만, 죽음에 이를 수 있는 상태의 딸을 방치한 어머니는 가장 자연스러운 인간 감정과 인륜을 저버린 인간임에 틀림없다. 그런데 암매장하는 데는 같이 살고 있는 두 친구의 협조가 있었다고 한다. 그 친구들은 우리 사회에서 가장 돈독한 관계로 일컬어지는 동창생이었다. 다른 이해관계가 있을 수도 있지만, 암매장 협조에 작용한 것은 우정관계, 친구 간의 신의관계라고 할 수 있다. 이것은 범죄에 대한 방조 행위이기도 하지만, 그러한 우정관계, 즉 감정으로나 윤리적으로 요구되는 관계가 여기에 결부되어 있다. 말하자면 붕우유신朋友有信의 규범은 준수된 것이다. 그리하여 이 사건에는, 조금 과장된 해석이기는 하지만, 윤리적 규범의 관점에서 볼 때 두 개의 규범이 혼란스럽게 상충하고 있다. 이 혼란의 원인 중 하나는 이 인간관계들이 애증愛憎의 심리를 거의 떠나지 못한 데 있다고 말할 수 있다. 관계자들의 감정이 규범화되었더라면, 애증은 윤리적 의무에 이어졌을 것이고, 그것은 그렇게 의식하지 않았다 하더라도 윤리적 이성의 반성 속에 놓이게 되었을 것이다. 그러한 경우 어머니와 그 친구들은 문제에 대하여 다른 해결을 찾게 되었을 것이다. 물론 이것은 단순히 개인의 도덕적 양심의 문제가 아니며 여러 심리적 벡터가 움직이고 있는 사회라는 장場의 문제다. 그러나 이 사건에 주목하게 되는 것은 거기에 우정이라는 감정과 신의관계가 들어 있다는 사실 때문이다. 의도된 것이든 아니든 딸을 살해한 어머니를 돕는 것은 상당한 위험 부담을 갖는 일이다. 그럼에도 협조가 이뤄졌다. 그것은 윤리적 의무 수행의 양상을 띤다. 다만 그것이 감정의 상태에 머물고 분명한 의식이 되지 않았다는 점에서 진정한 윤리 의무 수행이 되지 못했다고 할 수 있다.

이러한 혼란한 사건들이 어떻게 사회적 맥락 속에서 이해될 수 있는가 하는 문제에 답하기란 물론 쉽지 않다. 그런데 위에서 말한 사건보다 그 맥락을 찾기가 더 힘든 경우를 생각해본다. 얼마 전에 나는 미당 서정주 선생의 시에 대한 강연을 한 바 있다. 한국의 현대문학사에서 빼놓을 수 없는 시인—주제의 심각성이나 시적 자원의 개발에 있어 가장 중요한 시인이라고 할 수 있는데—미당의 업적을 평하면서, 그의 시는 한국어의 심층에 들어 있는 감정의 존재론을 엿보게 한다고 말했다. 그럼에도 불구하고 마음을 떠나지 않는 것은 그의 친일親日 행위다. 더욱이 군사 정권하에서 선생의 처신은 선명하지 못했다. 청중의 질문에서도 이러한 것이 주의를 끄는 문제였다. 설명은 간단하게 할 수도 있다. 하나는 일제의 지배하에서 이존책以存策이었다는 것이다. 군사 정부하에서의 처신에도 비슷한 설명을 할 수 있다. 어떻든 간에 떳떳하지 못한 일이었다고 할 것이다. 그러나 그것을 다른 차원에서 이해해볼 수도 있다. 결국 모든 인간 행위는 외면적 사정의 필연성에 의해 결정된다고 할 수 있다. 자유로운 의지로 보이는 것도 그것을 틀 잡고 있는 요인들이 있게 마련이다.

하나의 원인은 미당의 관점에서, 인생에 중요한 것은 개인적인 차원에서 절실한 것들이고 정치권력의 성격은 중요한 실존적 의미를 갖지 않는다는 것이다. 냉정하게 볼 때, 역사적으로 많은 사회에서 지배 세력은 보통 사람의 삶의 저 위에 있는 초월적 차원에 속한다. 거기서 일어나는 일은 개인이 어떻게 할 수 없는, 또는 절실한 것으로 여길 필요가 없는 영역의 문제다. 그럼에도 불구하고 왜 국가와 민족이라는 외면적 틀이 인간의 정체성에 핵심적인 것으로 여겨지는가 하는 문제는 달리 더 연구해볼 일이다. 하나의 접근 방법은 미당의 행각을 당대의 사회적 에피스테메의 관점에서 설명해보는 것이다. 사회

국가와 윤리

적 관점에서 거기에는 계급적 관점이 있을 것이다. 정치 체제의 문제는 상층 계급에 속할수록 개인적인 관심사가 된다. 강연에서 설명한 바와 같이, 미당은 그의 시력詩歷의 출발점에서부터 반反양반의 입장을 취했다. 그가 처음에 자신의 시적 그리고 지적 과제로 받아들인 것은 억압된 관능적 욕구의 해방이었다. 그것은 육체적 존재로서의 인간을, 또는 인간의 전체적 진실을 재인식하려는 시도였다고 할 수 있다. 더 크게 사회적·시대적 에피스테메의 관점에서 볼 때, 유교적 세계관의 질곡, 즉 차꼬와 수갑으로부터 벗어나자는 것이었다고 할 수 있다. 그런데 유교적 에피스테메는 인간의 감각적 삶에 가장 윤리적으로 엄격한 틀을 세웠다. (나는 다른 데서 이 체제를 윤리정倫理政 체제 ethico-cracy라고 부른 바 있다.) 그런데 유일한 윤리 체제가 거기에 있다고 한다면, 그것으로부터 해방되는 것은 인간 삶의 질서에 필수적 요청인 윤리적 규범─도덕형이상학을 잃어버리는 것이 된다. 윤리의 회복을 위해서 그 체제로 돌아갈 수 없는 것은 두 가지 이유로 설명 가능하다. 당대의 사정으로 보아 유교를 버리는 것은 윤리를 버리는 일이었을 것이다. 다른 윤리적 사고의 자유는 존재하지 않았다. 대안은 근대성의 도래가 가져온 새로운 윤리의 가능성이었다. 그러나 그것이 쉽게 사회 관습, 즉 하비투스habitus가 될 수 있는 것은 아니었다. 다른 한편으로, 전래의 유교는 그 나름의 진정성을 가지고 있어 갱신과 재생을 기다리고 있었다고 할 수 있지만, 그것도 쉬운 일일 수는 없었다.

칸트는 계몽주의의 사상사적 의의를 설명하면서 그 획기적인 의미는 모든 사람에게 스스로 생각하는 자유, 즉 사고의 자유를 주었다

윤리와 인간의 삶: 감정, 이성, 초월적 이성

는 데 있다고 했다. 그리하여 그의 생각에 사고의 해방은 사람들로 하여금 '미숙immaturity'으로부터 '성숙maturity'으로 나아갈 수 있게 했다. 미숙의 상태에서 사람들은 미숙을 좋아했고, 그렇지 않은 경우에도 "그동안은 자신의 오성(이성)을 사용하는 것이 허용되지 않았다." 그리고 "이성의 기계적 도구인 독단과 공식—천부의 자질로서의 이성의 기계적 사용—또는 오용誤用은 상투적 공식들을 만들어 사람의 사고에 항구적인 족쇄를 채웠다."⁴³ 그런데 칸트가 미성숙이 이성을 오용하여 만든 도구라고 한 것은 반드시 잘못된 개념을 말하는 것이 아니다. 어떤 개념이나 생각도 끊임없이 새로 사고하여 갱신되지 않으면 미숙함의 족쇄가 된다는 것이 그의 생각이다. 이것은 계몽시대의 사고도 마찬가지다. 계몽의 사고도 무반성의 상태로 지속되면 다시 미숙의 상태로 돌아가고 만다.

　미당의 경우로 돌아가서, 독단과 상투적 공식이 되어버린 윤리 규범의 시대로 되돌아갈 수는 없는 일이었다. 그는 그 나름으로 해방된 욕망을 다시 욕망의 순화 또는 억제로 돌려놓으려 했다. 그러나 그것은 쉽게 할 수 있는 일이 아니었다. 더구나 이성적 사고의 도움 없이는 그것대로 문제를 가질 수밖에 없었다. 설사 유교의 살아 있는 규범으로 돌아간다고 해도 그것은 쉽게 근대적 사고에 맞아들어가는 것일 수는 없었을 터이다. 위에서 칸트를 빌려 설명하려 했듯이, 근대적 이성은 시민적 공화정체에 병행하여 탄생한다. 그때 개체로서의 인간의 독자성이 생겨난다. 이것의 담지자가 이성이다. 이 이성은 순수한 이론적 이성이면서 실천적 이성이다. 그리고 이 이성은 동시에 만인의 보편적 인간됨을 인정하게 한다. 그런데 그것은 자유, 평등, 보편성을 보장하는—적어도 선험적 질서로 보장하는 국가의 테두리 안에서, 그것과의 교환관계에서 일어날 수 있는 일이다. 그런데 그러한 근대국가의 이념이 조선조에 있었다고 할 수 있는가? 전래의 윤리적 규범으로 돌아간다고 해도 그것은 개인과 국가를 하나로 하는 체제를 말하는 게 아니었을 것이다. 어떻든 간에 유교가 요구하는 윤리적 규범은 이성적 질서라기보다는 감정이 가지고 있는 윤리적 지향에 기초했다고 할 수 있다. 정치와 개인의 측면에서 유교가 요구하는 것은 국가와 개인 간의 규범적 관계가 아니라 군신君臣 간의 충성이었다. 미당이 감정의 순화와 윤리적 규범으로의 회귀를 의도했다고 해도, 그것은 반드시 국가의 형성을 필수 요건으로 하는 근대적 윤리일 수는 없었다고 볼 수 있다. 그에게는 현실에 있어서나 이념적으로나 돌아갈 수 있는 국가가 없었다고 할 수 있다. 물론 생물학적 의미에서 민족이 중요한 틀이 되었을 수는 있지만, 그것은 개인과 공동체를 하나로 묶는 이념의 근거는 되지 못했다고 할 수 있다. 그것만으로 미당의 친일을 설명할 수는 없지만, 그것은 개인의 도덕적·윤리적 문제이면서 동시에 공동체의 문제, 또는 적어도 공동체적 사고의 틀, 그 에피스테메의 문제라고 할 수도 있기 때문에 이런 관점에서 이 문제에 대한 반성은 조금 더 진척시켜야 하지 않나 싶다.

조금 복잡한 이야기가 되었고 조금 더 생각해야 할 과제이지만, 이것은 윤리 규범의 존재 방식을 생각할 때 또 하나 참고해야 할 사항이다. 윤리는 개인 행동의 성숙에서 나오고 그것은 사회적, 더 나아가 정치 구성의 뒷받침을 지니고 있어야 한다. 즉 윤리의 성숙성은 정치적 삶의 성숙에 이어져 있다.

윤리와 인간의 삶: 감정, 이성, 초월적 이성

17

조금 가벼운 이야기로 길고 긴 이야기를 마무리 짓겠다. 20세기 영국 시인 W. H. 오든의 「법은 사랑처럼Law Like Love」이라는 시가 있다. 이 글의 주제가 윤리 규범과 법과 사랑(동정심)이라면, 이 시도 비슷한 주제를 가지고 있다. 이 시는 조금 가볍기도 하고 그렇게 뛰어난 작품이라고 할 수도 없다. 그러나 흥미로운 관찰을 담고 있다. 조금 줄여가면서 인용한다. 그리고 논리가 정연하게 전개되어 있다고 할 수는 없지만, 한번 풀어보기로 한다. 시가 말하려는 바는, 법을 보편타당하게 정의하는 일은 불가능하지만 사람이 그것을 필요로 하는 것은 분명하다는 점이다. 그것은 사람이 사랑을 필요로 하는 것과 같다. 시는 다음과 같이 시작한다. 내용은 자연이 법이라는 것이다.

> 법은 태양이라고 정원사는 말한다
> 모든 정원사는 그 법에 복종한다
> 내일, 어제, 오늘 할 것 없이

이렇게 법을 정의하는 것은 특정한 입장에서 편향되게 해석하는 것이지만, 적어도 식물을 북돋아주는 것이 법이라는 말은 타당성이 없다고 할 수 없다.

이다음 구절들에서는 여러 사람이 자기가 주장하는 법이 맞다고 소리 높인다. 할아버지는 늙은이의 지혜가 법이라 하고, 이것을 듣는 젊은이는 혀를 내밀며 젊은이의 감각이 법이라고 한다. 성직자는 경서에 쓰여 있고 자기가 설교하는 것이 법이라 하고, 판사는 단상 위에 앉아 사람들을 내려다보면서 법전의 법이 법이라고 한다. 학자들은 법은 시대와 지역에 따라 다르며 그것은 문화나 관습에 불과하다고 한다. 또 다른 사람들은 법이 운명 그리고 국가라고 하고 또 다른 사람들은 이제 법은 사라졌다고 말한다. 군중은 성난 큰 목소리로 법은 "우리"라고 하고, 심약한 바보는 조용한 목소리로 법은 "나야" 하고 속삭인다. 그런 다음 시인 오든은 자신의 목소리로 자기는 법이 무엇인지 모르고, 무엇을 해서 좋은지 해서는 안 되는 것인지 알지 못하지만 모두가 기쁜 마음으로 또는 우울한 마음으로 법이 있다는 것에 동의한다는 것을 인정한다. 그러나 시인은 법이 없는 것 같다고 하다가 그것을 다른 어떤 말과 일치한다고 하는 것은 잘못이라고 한다. 즉 자기 식으로 해석한 것을 법이라고 하는 것은 잘못이라는 말이리라. 해석해서 안 된다는 것은 미지로 남겨두어야 한다는 말이라 할 수 있다. 그러나 알 수 없는 법이 무슨 법인가? 그러면서도 모든 사람이 원하는 것은 자기 자신의 입장에서 벗어나 걱정 없는 상황으로 나아가는 것이라고 한다. 즉 의지할 권위를 찾는 것이다. 그리하여 불확실성에서 벗어나고자 한다. 그러나 그것은 권위로 받들어 모시는 큰 주체 아래에서 독단적 확신을 갖자는 것이다. 시인은 허황된 자만심을 줄이고 두 사람의 마음을 합쳐서 조심스럽게 다음과 같이 말해보겠다고 한다.

법은 사랑처럼, 나는 말한다

윤리와 인간의 삶: 감정, 이성, 초월적 이성

사랑처럼 어디인지 어째서인지 알지 못한다

사랑처럼 강요할 수도 없고 피해갈 수도 없다

사랑처럼 우리는 울고

사랑처럼 지켜내지 못한다

　　정확히 해석하기는 어려운 말이지만, 법은 필요로 하면서도 적출해내기 어렵다고 하고, 그것이 사랑과 비슷하다고 말하는 것으로 여겨진다. 즉 정확한 동기와 의미를 모르면서도 사람은 법을, 또는 확대하여 말하면 행동의 규범을 요구한다. 이 요구는 사람이 사랑을 필요로 하는 것과 같다. 사랑처럼 있는 것이 법이라는 말은, 법이 사랑과 같은 모습으로 있어야 한다는 뜻일까? 모든 사람이 원하는 것은 사실 사랑의 품 안에 있는 것처럼 편안하게 해주는 법을 가지는 것일지도 모른다. 해야 할 일, 하지 말아야 할 일을 가리는 윤리도 그러할 것이다. 사랑, 윤리, 법은 긴장과 일치의 관계 속에 있을 수밖에 없다. 그러나 그것은 모두 사람의 심성 깊숙이 근거한다.

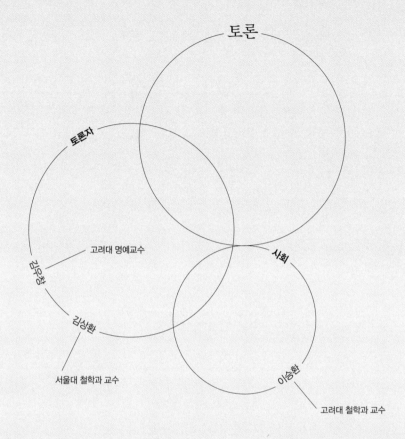

토론

토론자

고려대 명예교수

검토자

김상환

서울대 철학과 교수

사회

이승환

고려대 철학과 교수

이승환

고려대 철학과를 졸업하고 국립 타이페이대 철학연구소에서 석사학위를, 미국 하와이주립대에서 박사학위를 받았다. 동아대를 거쳐 현재 고려대 철학과 교수로 재직 중이며, 한국동양철학회 회장과 고려대 철학연구소 소장직을 맡고 있다. 지은 책으로 『횡설과 수설』 『유교 담론의 지형학』 『유가 사상의 사회철학적 재조명』 『서양과 동양이 127일간 e—mail을 주고받다』(공저) 『중국 철학』(공저) 등이 있고 주요 논문으로 「주자 수양론에서 미발未發의 의미」 「성리학 기호 배치 방식으로 보는 조선 유학의 분기」 등이 있다.

김상환

연세대 철학과를 졸업하고 프랑스 파리4대학(소르본)에서 철학 박사학위를 받았다. 한국프랑스철학회 회장, 한국연구재단 책임자문위원, 고등과학원 펠로우 등을 역임했고, 현재 서울대 철학과 교수로 재직 중이다. 주로 현대 프랑스 철학을 강의하고 있으며, 구조주의 전후의 현대 철학 사조를 동아시아의 문맥에서 재해석하는 데 관심을 가지고 있다. 2012년부터 고등과학원 초학제연구 프로그램의 패러다임―독립연구단에서 과학과 인문 예술 융합의 기초가 될 새로운 지식 패러다임과 방법론을 모색하는 3년간의 연구를 이끌었다. 지은 책으로 『철학과 인문적 상상력』 『예술가를 위한 형이상학』 『니체, 프로이트, 맑스 이후』 등이 있고, 옮긴 책으로 들뢰즈의 『차이와 반복』 『헤겔의 정신현상학』(공역)이 있다.

이승환　강연에서 김우창 선생님이 굉장히 많은 이야기를 했습니다. 감정에 기반한 윤리가 가지는 장점과 한계가 있는데 이 한계를 어떻게 이성을 통해 보완해야 되는지, 그리고 이성에 기반한 윤리 역시 장점과 한계가 있을 것이므로 결국은 감정과 이성이 고루 융합된, 균형을 잘 맞춘 윤리 체계가 필요하다는 내용이었습니다. 그래서 동양 전통의 윤리로부터 서양 윤리까지, 고대의 윤리로부터 현대의 윤리까지, 그리고 윤리 이론으로부터 우리가 경험하고 보고 듣는 윤리적 현실에 관해서까지, 매우 다양하고 폭넓은 이야기를 해주었습니다. 이어서 오늘 발표한 내용에 대해 서울대 김상환 교수님이 토론을 해주시겠습니다.

김상환　오늘 저는 토론자로서 이 강연에 담긴 핵심적인 메시지를 청중에게 전달하는 데 도움이 되는 역할을 하기를 바랍니다. 김우창 교수님은 만년에 들어선 지금도 늘 새 글을 읽고 쓰는 왕성한 생산력을 과시하고 있습니다. 실제 강연에는 잘 안 나타났는데 이 강연문은 굉장히 독특한 구조와 형식을 띠고 있습니다. 김우창 선생님은 그걸 처음에 잔소리 혹은 잡담이라고 했습니다만, 이승환 선생님이 짚어주었듯이 서양의 주요 윤리 사상은 물론, 18세기 영국의 감정 윤리학이라든가 칸트의 윤리학, 또 무엇보다 마사 누스바움의 사랑의 윤리학에 대해서도 많은 지면을 할애했습니다. 이 내용은 사실 무겁고 딱딱한 이야기입니다. 제가 볼 때 박식함이 드러나는 부분보다는 시작과 끝의 하찮은 소리, 즉 잡담 비슷한 이야기에서 선생님의 핵심적인 생각이 종합적으로 드러나는 게 아닌가 합니다. 그런 관점에서 말하자면 오늘 강연은 잡담 속의 철학 혹은 잡담 속의 윤리학인데, 그것을 다시 한번 정리해보겠습니다.

먼저 인간의 삶이란 무엇인가에 대한 답이 이 잡담 속에 들어 있습니다. 인간의 삶이라는 것은 여러 측면, 즉 다면적 구조를 가지며 또 대단히 중층적인 구조를 띠고 있습니다. 인간 삶의 밑바탕, 저층에 있는 것은 생명 현상입니다. 인간의 삶이라는 게 기본적으로 라이프 life, 즉 생물학적인 삶이잖아요. 인간이 산다는 것은 생명을 보존하고 유지하기 위한 활동이고, 그렇기 때문에 인간적인 삶의 밑바탕에는 여러 생물학적인 조건이 있습니다. 즉, 다양한 생명 현상의 이론으로서 인간의 삶이 있는데, 여기에서 빠지지 않는 것이—선생님의 표현을 빌리자면—'생명의 타자성他者性에 대한 경외'입니다.

여기서 타자성이라는 건 '타자 의존적'이라는 뜻입니다. 모든 생명체는 고립돼서 살아갈 수 없죠. 늘 어떤 타자에 의존하게 됩니다. 가령 생명을 부모에게서 받는 것부터 시작해 모든 일이 그렇죠. 이처럼 생명의 세계란 타자 의존적인 세계인데, 이런 생명의 타자 의존성에 대한 경외감을 통해 착한 마음씨, 연민, 동정, 사랑 같은 도덕 감정이 발원한다는 게 선생님의 의견인 듯합니다. 다시 말해 존재론적 차원의 공동 의식은 생명의 타자성에 대한 경외감에서 비롯되고, 윤리와 윤리적 감정 또한 여기서 자연스럽게 발원하는 게 아닌가 하고 생각하는 듯합니다. 그래서 강연 중에 윤리란 생명과 관련된 자연스러운 감정에 뿌리를 내리고 있다, 그러나 감정에만 머물면 절대 안 된다고 반복해서 강조하셨죠. 연민이나 동정 같은 감정이 이성에 의해서 순화되고 강화되어 공적인 삶의 영역에서 규범화되려면 이성, 즉 합리성에 따라야 한다는 것이 선생님의 생각인 듯합니다. 또 우리 삶의 가장 밑바탕에 생물학적인 생명의 세계가 있다면 가장 높은 곳을 차지하는 것은 정치경제학적인 질서이고, 그 제도와 법률이 우리 인간 삶의 상층을 구조화하는 테두리라고 했습니다. 그래서 인간 삶의 여러 큰일은 주로 이런 정치경제학적인 제도와 법에 따라 규제되고 조절되며, 공적인 영역으로 갈수록 감정보다는 이성을 따라야 한다고 하셨지요.

저층에 생명의 세계가 있고 고층에 정치경제학적인 질서가 있다면, 윤리는 어디에 위치하느냐 하는 문제가 남습니다. 윤리는 우리 삶의 큰일보다 소소하고 작은 일에 관계합니다. 우리 삶의 세세한 부분에 삼투해 들어가는 것, 그래서 우리의 일거수일투족, 작은 행위, 일상을 조절하고 규제하는 것이 윤리라는 겁니다. 그러면서도 윤리적 규범은 우리 삶 전체에 영향을 미칩니다. 그래서 작은 곳에 관계하지만, 전체로 미치는 것이 윤리의 두 얼굴입니다. 그런데 윤리의 두 얼굴은 이런 측면에서만 언급할 수 있는 게 아닙니다. 선생님은 윤리라는 게—어떻게 보면 상반되고 그래서 역설적이라고 할 수 있는—긴장과 역동적인 통일 속에서 성립한다고 반복해서 강조합니다. 가장 중요한 논점이지요. 앞서 말씀드렸듯이 윤리적인 감정이 생명의 타자성에 대한 경외에서 오는 감정에 원천을 두면서도 이성적이어야 하는 측면이 있듯, 감성적인 측면과 이성적인 측면이 모두 있어야 합니다. 또 선생님이 칸트를 중심으로 설명한 것처럼, 윤리적 주체는 자유에 의지하지만 또 동시에 이성의 명령에 자발적으로 복종합니다. 그래서 윤리의 세계는 자유방임의 세계에 그치지 않고 어떤 필연성에 의해서 규정되는 세계이기도 합니다. 더 나아가—작은 일에 대해서 말씀하신 점과 관련되는 거지만—윤리가 우리 일상의 경험, 세속적인 차원의 실천에 뿌리를 두어야 하면서도 또 이성을 통해 그것을 넘어서는 차원, 초월적인 차원으로까지 나아가야 한다고 강조합니다. 그래서 세간世間과 초세간超世間, 경험과 초월이라는, 말하자면 상호 모순되는 상반된 두 가지 측면을 다 갖는 것이 윤리의 특징입니다.

그 두 가지 측면의 얼굴이란 감정-이성에서부터 자유-필연, 경험-초월과 같은 것입니다. 이 두 가지 측면이 시대나 지역, 상황에 따라 서로 다른 형식 혹은 서로 다른 비율로 통합되면서 등장하는 것이 윤리 이론이라는 게 선생님의 주요한 생각인 듯합니다. 그래서 어떤 때는 감정을 중심으로 한 윤리학이, 어떤 때는 이성을 중심으로 한 윤리학이 등장하지만, 이런 모든 요소를 갖출 때라야—즉, 모순되고 이율배반적인 측면들을 하나로 통합했을 때—윤리라 말할 수 있다고 했습니다. 그리고 결론에서 우리 심성의 깊이에 따라 이런 상반된 측면들이 통합되는 방식과 비율이 달라지는 것이 아닌가라고 하셨는데, 이런 측면에서 오든의 시「법은 사랑처럼」과 같이 '사랑이 법과 같이 되고 법이 사랑과 같이' 되는, 그래서 법과 사랑, 감정과 이성, 자유와 필연 같은 대립이 완전히 해소되어 하나가 되는 것이 가장 이상적이라는 게 윤리에 대한 선생님의 핵심적인 생각이라고 여겨집니다.

그리고 이것을 설명하기 위해 18세기 스코틀랜드의 감정 철학이라든가 칸트의 『실천이성비판』과 『도덕형이상학』 또 누스바움의 사랑의 윤리학, 맹자도 언급했습니다. 이 모든 것이 윤리학의 다양한 측면을 설명해주는 방편입니다.

윤리와 인간의 삶: 감정, 이성, 초월적 이성

여기서 제가 질문을 하나 하겠습니다. 아까 여러 차례 언급했지만 선생님은 인간 삶의 밑바탕에 생명 현상이 있고, 윤리란 생명의 타자 의존성에 대한 경외감에서 자연스럽게 발생한 감정, 연민, 동정, 사랑 같은 감정에 뿌리내리고 있다고 여기는 듯합니다. 그리고 『효경』에서도 한 문장 인용하셨죠. "신체발부 수지부모 불감훼상." 이 말은 우리의 머리털, 피부, 손발톱 같은 게 다 부모에게서 물려받은 것이어서 함부로 훼손하면 안 된다는 뜻이죠. 따라서 이것이 사실은 생명의 타자 의존성에 대한 경외감과 이어져 있는 표현이며, 그런 경외감에서 나온 도덕 감정에 바탕을 둔 문장이라고 하셨습니다.

제 질문은 윤리가 생명 현상에 대한 경외감에 뿌리를 둔 측면도 있지만, 반대로 죽음에 대한 의식과도 연결돼 있지 않느냐 하는 것입니다. 우리 삶, 또는 생명에 대한 이해라는 게 죽음에 대한 이해 또는 사후세계에 대한 이해나 기대와도 맞물려 있는 게 아닌가 생각됩니다. 그래서 윤리학은 죽음 그리고 사후세계에 대한 이해의 문제와 밀접한 관련이 있다고 여겨집니다. 이것은 사실 윤리를 초월한 종교적인 차원의 문제이기도 하죠.

5~6년 전쯤으로 기억되는데요. 김우창 선생님과 제가 서강대 인문학연구소에서 주최하는 '시와 철학'이라는 제목의 강연회에 참석했던 적이 있습니다. 그 강연이 끝나고 제가 "선생님도 이제 종교에 관해서 글을 쓰실 때가 되지 않았어요?"라고 여쭈었습니다. 그랬더니 선생님은 크게 웃으면서, 이렇게 대답했습니다. "내가 교통사고를 당해서 병원에 누워 있으면 그때 생각해보겠다." 그리고 "아직은 죽음이나 종교에 대해서 생각해볼 마음이 별로 없다"라는 말도 했는데 아

직도 그런지 궁금합니다. 그리고 윤리의 중요한 측면이 종교적인 차원, 즉 죽음의 문제와 연결돼 있다고 한다면, 이에 대한 선생님의 생각을 좀더 부연해주면 좋겠습니다.

강연문 결론에 나온 오든의 시를 읽다가 김수영이 남긴 「미스터 리에게」라는 시가 떠올랐습니다. 「미스터 리에게」는 월트 휘트먼의 문장을 인용하면서 시작합니다. "그는 재판관처럼 판단을 내리는 것이 아니라/ 돌 위에 속절없이 떨어지는/ 태양의 빛처럼 판단을 내린다." 이것과 연결해서 생각난 게 유가적인 의미의 성인聖人입니다. 서양에서 성인은 신에게 자기를 헌신한 사람이지만, 유가적인 전통에서의 성인은 약간 다릅니다. 예를 들면 이런 사람이죠. 공자가 말하는 종심소욕불유구從心所慾不踰矩, 즉 '자기가 원하는 대로 하고 욕망에 끌리는 대로 해도 법도를 넘지 않는' 사람, 그리고 『중용中庸』에 나온 '생각을 하지 않아도 깨달음을 얻고 노력하지 않아도 다 중도의 길을 가는' 사람입니다. 퇴계 선생의 『성학십도聖學十圖』에도 나오지만, 학문이라는 게 성인지학聖人之學, 즉 성인이 되기 위한 학문이라고 하는데 선생님의 윤리에 대한 생각도 이와 비슷한 부분이 있지 않나 하고 생각했습니다. 현대적인 의미의 성인지학, 오늘날의 세속 도시 문명 속에서 누가 성인이 될 수 있고 어떤 사람을 성인으로 볼 수 있을지도 궁금합니다.

또한 누스바움에 대해서 상당히 많은 분량을 할애하셨습니다. 누스바움의 책 『생각의 격동』을 좇아서, 그가 말하는 사랑의 윤리학에 대해 논평과 설명을 해주었는데요. 윤리학에서 감정이나 정서가 차지하는 부분을 절대 놓치면 안 된다는 게 선생님의 생각이고, 현대

윤리와 인간의 삶: 감정, 이성, 초월적 이성

적인 의미의 정서 또는 감정의 윤리학을 추구하는 사례가 누스바움이라고 하겠습니다.

질문과 상관없이 강연문을 읽으면서 느낀 개인적 소감을 말하자면, 인류사의 중요한 정신 혁명이나 큰 전환의 국면을 살펴볼 때 나타나는 공통적인 현상이 있는데, 바로 사랑을 다시 정의한다는 겁니다. 사랑을 재정의하면서 어떤 위대한 정신 혁명이 일어나는 게 아닌가 싶은데요. 강연 중에 선생님이 플라톤의 에로스eros에 대해서 언급했죠. 사실 플라톤은 에로스에 새로운 의미를 부여했습니다. 플라톤 이전에 에로스는 성적인 충동, 즉 육체적이고 관능적인 욕망이었는데, 플라톤은 여기에 어떤 정신적인 의미—아름다움에 대한 정신적인 갈망—를 부여했고 이것이 그가 말하는 지智의 사랑, 필로소피아philosophia의 바탕입니다. 그래서 플라톤의 『국가』에 따르면 철학자가 되기 위해서는 에로스가 있어야 합니다. 에로스라는 에너지가 없으면 지혜를 사랑할 수 없기 때문이죠. 순수 관조적인 삶으로 나가기 위한 원동력으로서 사랑을 완전히 다시 정의하는 겁니다. 공자를 봐도 그렇습니다. 공자 사상의 중심에 인仁이 있는데, 인에는 많은 뜻이 포함되어 있지만 특히 사랑이 중요하죠. 그래서 예禮가 기계적인 형식으로 딱딱하게 굳어져 경직화됐을 때 여기에 정신적인 활력을 불어넣기 위해 들고나온 게 공자의 인이 아닙니까. 공자 이전의 인은 어떤 남성적인 매력이라든가 귀족의 귀족다운 면모 같은 것을 가리켰는데, 공자는 인에 전혀 다른 의미를 부여해 새로운 차원이 열렸습니다. 이런 측면에서 보면 공자와 예수가 크게 다르지 않아요. 공자가 인의 사상가라면 예수도 마찬가지입니다.

국가와 윤리

예수가 태어날 때 유대를 이끌었던 사람들이 바리새인, 즉 율법주의자들이었죠. 이들은 뭐든지 법대로 하자, 규칙대로 하자는 형식주의자formalist였습니다. 공자도 공허한 형식주의에 도전했는데, 예수가 뒤엎은 것도 바로 그런 바리새인들의 경직된 형식주의였습니다. 그래서 성경에 보면 예수가 몇 차례 분노하거나 화를 표출할 때가 있었는데, 예컨대 신전에서 장사하는 사람들을 꾸짖었죠. 그리고 이런 일도 있었습니다. 누가 죽었다고 해서 예수가 제자를 보내 장례를 치르게 했는데 그때가 하필 안식 기간이었어요. 그래서 바리새인들이 어떻게 하나님의 아들인 예수가 이렇게 기본적인 규정을 어기느냐면서 비난했습니다. 그 이야기를 들은 예수는 대단히 화를 냈고 하늘에 기도를 올리죠. '천지의 주재이신 아버지시여, 이것을 지혜롭고 슬기로운 자에게 감추시고 어린아이에게 나타내심을 감사하나이다.' 여기서 지혜롭고 슬기로운 자는 합리적이고 이성적인 사람들이죠. 이 사람들에게 감추고 천진난만한 감정의 주체, 즉 착한 마음씨의 주체인 어린아이에게게만 보여주는 게 있다는 말인데, 그게 뭐냐 하면 죄의 용서입니다. 그러니까 예수적인 의미의 사랑은 '네 이웃을 사랑하고 죄를 용서하라'는 거예요. 요컨대 '난 너희의 원죄를 다 용서해줄 테니, 너는 네 이웃들의 죄를 용서하라'는 게 예수의 사랑 철학이죠. 어쨌든 제가 말하고 싶은 것은 중요한 정신적 혁명이 사랑을 다시 정의하고 재전유하면서 일어났다는 겁니다.

우리가 살아가는 이 시대도 뭔가 큰 전환점에 서 있는 것 같아요. 이세돌과 알파고가 바둑을 둔다고 해서 많은 관심이 쏠립니다. 인간이 로봇과 더불어 살아갈 뿐만 아니라 로봇의 지도를 받는 시대가 곧 도래할 것 같습니다. 그렇다면 뭔가 임계점을 통과하고 있는 이런 시대에도 새로운 윤리가 필요할 겁니다. 이런 측면에서 간단하게 이 시대에 우리에게 요구되는 사랑은 어떤 모습인가를 생각해보면 좋을 듯합니다.

칸트에 대해서도 많은 이야기를 했죠. 먼저 근대 윤리학에서 대표적인 18세기 영국의 감정 중심 윤리학과 칸트의 윤리학을 대비하고, 나중에 『도덕형이상학』을 중심으로 칸트의 덕 이론을 소개했습니다. 대개 칸트의 윤리학을 이성 중심의 윤리학이라고 말하지만, '최소 윤리학' 또는 '의무의 윤리학'이라고도 합니다. 조금 풀어서 '도시의 윤리학'이라고도 하죠. 소단위 공동체, 혈연사회, 농업 생산에 기초한 사회 윤리학이 아닌 이익사회, 도시의 윤리학을 대표하는 위치에 있기 때문입니다. 그래서 넓게는 근대 윤리학 전체를 대표할 만한 높은 위상에 있어요.

고중세의 윤리학은 아리스토텔레스의 윤리학으로 대표됩니다. 보통 '덕의 윤리'라고 해요. 한편 근대 이후의 윤리학에서 제일 높은 봉우리에 올라 있는 것이 칸트의 '의무의 윤리학'이고 '최소의 윤리학'이라고 합니다. 왜 '최소의 윤리학'으로 불리는가 하면, 윤리학에서 인생의 의미, 즉 '이상적인 삶이란 무엇인가' 혹은 '이상적인 인간 모델을 어디서 찾아야 하는가' 그리고 '어떻게 살아야 하는가'와 같은 문제를 배제하기 때문입니다. 윤리학은 고대 윤리학으로 거슬러올라갈수록 규모가 굉장히 커집니다. 고대 윤리학에서는 내가 어떻게 살아야 하고, 어떤 사람이 돼야 하고, 또 그런 사람이 되려면 어떤 도야의 과정을 거쳐야 하는가와 같이 정말 많은 것을—마치 종교처럼—가르칩니다. 그런데 현대로 내려올수록 윤리학이 점점 얇아집니다. 그런 내용을 다 배제하기 때문이죠. 다루기 벅차서가 아닙니다. 도시에서의 삶이라는 게 뭡니까. 종교적인 신념, 문화적인 배경, 교육의 정도, 취미, 직업, 이런 게 다 다른 사람들이 계속 이합집산하는 곳이 도시고 도시의 직장입니다. 시골에 가면 사람들의 세계관, 윤리관, 취미, 습관 등이 대단히 동질적인 데 반해, 큰 도시로 갈수록 그 구성원들의 인생, 세계, 죽음에 대한 신념이 다 다릅니다.

이렇게 이질적인 신념의 소유자들이 모여서 평화롭게 살려면 어떻게 해야 할까요? 서로 그런 문제에 간섭하지 않는 겁니다. 가령 무신론자인 친구에게 심각하게 "너 교회 안 가면 지옥 간다"면서 쫓아다니면 얼마나 곤란하겠어요? 사실 이런 문제는 서로 건드리지 않는 게 보통이죠. 그래서 근대화된 사회일수록 윤리학에서 '어떻게 살 것인가'와 같은 문제를 배제하게 된 듯합니다. 따라서 근대화된 사회에서 평화롭게 공존하기 위해, 더불어 살아가기 위해 지켜야 할 최소의 규칙만 정하고 한번 정한 규칙은 무조건 따르자는 게 'categorical imperative', 정언명법定言命法입니다. 칸트적인 의미의 명법, 즉 도덕적인 명령은 내용에 대해서는 왈가왈부하지 않습니다. 가령 어떤 조직의 지도자가 되면 자기가 그 조직을 끌고 가는 원칙을 만들 겁니다. 또 개인마다 자기 삶을 조직하는 어떤 원칙이 있을 거예요. 그걸 준칙 maxim이라고 합니다. 신앙이 깊은 자, 신앙이 없는 자, 가난한 자, 부유한 자를 막론하고 자기가 살아가는 삶의 준칙이 있는데, 도덕명법은 그 내용을 규정하는 게 아닙니다. 내용이 어떠하든 그 행위의 준칙이 보편화 가능한지, 모든 사람에게 적용될 수 있는지를 따져보고, 일반화할 수 있을 때만 그것을 의지하고 실천하라는 게 칸트적 의미의 명법입니다. 그러니까 준칙의 형식이 보편적 가능성을 갖고 있느냐를 묻는 거죠. 단, 어떤 것이 법칙으로 정해지면 절대로 예외를 두지 말고, 무조건적인 의무obligation로 삼자는 겁니다.

고대의 덕의 윤리가 '나는 어떻게 살아야 하는가'와 같은 문제에 천착했다면, 근대 이후의 윤리학에서는 그런 문제가 배제되고 '나는 무엇을 해야 하는가'와 같은 당위의 문제에 초점을 맞췄습니다. 그런데 이렇게 되다보니 어떻게 살아야 하는가의 문제는 개인이 감당할 일로 방치되는 결과가 나타났습니다. 칸트 이전의 윤리학에서는 삶의 이상 혹은 우리가 살아가면서 추구해야 할 것을 'the good', 즉 선善이라 했습니다. 그리고 '선'을 어떻게 정의할 것인가를 고민했습니다. 그다음 선을 실현할 방도로서의 도덕 규칙을 세웠습니다. 선은 좋은 거죠. 우리한테 기쁨과 행복을 주고 지복至福을 가져다주는 것이니까요.

옛날의 도덕은 선을 정의한 다음 그것을 실현할 방법으로서 도덕 규칙을 맞추었습니다. 하지만 칸트에게 오면 달라집니다. 모든 사람이 지켜야 할 의무와 규칙, 즉 법을 만드는 게 일차적인 과제이고, 그법에 합치하느냐 여부에 따라서 선악을 나누었습니다. 그러니까 우리에게 행복, 기쁨, 쾌락, 즐거움을 가져다주는 것을 선으로 본 게 아니라 규칙에 맞는가, 의무에 따른 것인가를 기준으로 선을 나눈 겁니다. 사실 인간에게는 행복이나 감정의 문제, 그리고 어떻게 살아야 하는가와 같은 문제가 대단히 중요한데도 말입니다. 특히 요즘처럼 직장과 소속이 불안정한 시기일수록 이런 문제가 매우 중요하지만 그럼

국가와 윤리

에도 다뤄지지 않습니다. 물론 직장이나 직업이 안정적이면, 이런 문제는 저절로 해결됩니다. 직업이 요구하는 대로, 거기에 맞춰서 자기 삶을 추구하면 되니까요. 그런데 지금 같은 시대에는 기대하기 힘든 일이죠.

그래서 헤겔은 칸트의 이런 윤리학을 '불행한 의식의 윤리학'이라고 불렀습니다. 칸트의 윤리학이 지닌 법칙이나 도덕적인 이상, 선 같은 게 다 초감성적인 저편의 세계에 있기 때문입니다. 헤겔이 생각하는 칸트의 윤리학은 플라톤주의와 기독교주의라는 두 세계의 이론에서 나온 가장 대표적인 윤리학입니다. 기독교주의와 플라톤주의 그리고 칸트 윤리학에서 도덕적인 주체는 자기 정체성을 초감성적인 세계에 둡니다. 그러나 우리 현실은 어떤가요. 육체 의존적인 데다, 김우창 선생님 표현을 빌리면 타자 의존적입니다. 그런데 자기의 현실적인 조건, 즉 생물학적인 조건을 무시하고 마치 순수 영혼인 자기 정체성을 저 이상적인 세계에 두고, 그 세계를 기준으로 설립된 법칙에 맞추려고 하니 늘 괴리가 느껴지는 겁니다. 괴리가 느껴질 때마다 죄책감에 빠지고요. 그러다보니 인간이 기본적으로 하는 행위, 즉 밥 먹는 것이나 화장실 가서 대소변 보는 것, 성적인 접촉 같은 행위에 대해 신경증에 걸립니다. 뭔가 어긋날 때마다 죄책감을 느끼는 거예요. 내가 이러면 안 되는데 하면서. 그래서 화장실에 갈 때도 내가 가면 안 되는데 하는 생각이 들어서 밥도 안 먹고요. 헤겔이 익살스럽게 몰아가긴 했지만, 칸트의 윤리학을 불행한 의식의 윤리학이라고 할 만하죠.

누스바움이 사랑의—또는 감정의—윤리학을 내놓게 된 것도 이런 근대의 윤리학, 칸트로 대표되는 의무의 윤리학이 갖는 한계와 부정적인 결과를 극복하려는 중요한 사례라고 할 수 있습니다. 또한 데리다는 우정의 개념을 다시 어떻게 새롭게 정의할 것인가에 많은 관심을 쏟았습니다. 현대 윤리학에서 가장 두드러진 흐름은 '덕의 윤리'의 부활입니다. 아리스토텔레스 또는 공자로 대변되는 덕의 윤리학이 필요한 시점이 됐다는 거죠. 다시 말해 어떻게 살 것인가를 생각하는 윤리학이 요구되는 시대라는 겁니다. 또 우리가 리쾨르나 데리다에게서 볼 수 있듯이, 칸트의 윤리학 또는 칸트로 대변되는 의무의 윤리학과 아리스토텔레스로 대변되는 덕의 윤리를 어떻게 다시 통합할 수 있는가가 현대 윤리 사상의 중요한 흐름이자 과제입니다. 김우창 선생님이 생각하는 윤리도 아마 덕의 윤리와 의무의 윤리, 감정의 윤리와 이성의 윤리가 다 통합돼 있는 모습일 것 같습니다.

김우창　　공자 앞에서 문자 쓰게 될 것 같아서 답변을 제대로 할 수 있을지 모르겠습니다. 그런데 칸트를 최소한의 윤리학을 한 사람으로 지나치게 규정하는 것은 칸트의 마음속에 있는 깊은 신앙심 비슷한 것을—신앙을 늘 부정하지만—무시하는 게 아닌가 싶습니다. 칸트가 경건주의자 집안 출신이라고 더러 말하는데, 어쨌든 마음속에는 경건에 대한 생각이 있지 않았나 생각됩니다. 그리고 그 경건은 성리학에서 이야기하는 '경敬'의 개념과 비슷해 보입니다. 어떤 사람은 '경'을 무언가를 주의 깊게 살펴본다는 'attention'이라는 말로 번역하기도 하는데, 그보다는 'mindfulness', 즉 늘 마음에 챙겨두는 걸 이야기한다고 보는 게 맞을 듯합니다.

칸트는 이성주의자이기 때문에 이성을 넘어서는 것, 그러니까 초이성적인 것에 대해서 언급은 하지만 분명하게 그것이 어떤 법칙적인 강제력을 지닌다는 말은 하지 않으려는 듯해요. 그럼에도 칸트의 『실천이성비판』 마지막 부분에 나오는 이야기를 저는 참 좋게 생각합니다. '우리의 마음속에 도덕률이 있고 하늘에 별이 있다'는 표현 말입니다. 이건 분명 합리적인 이야기가 아니죠. 우리 마음속에 어떤 본성적인 게 있다는 말이고, 세상 이치에도 본성적인 게 있다는 말입니다. 그다음에 칸트는 도덕 윤리에 대해서 확신을 가지고 있는 사람들은 광신적인 교주가 되기 쉽다, 그러니 이것을 합리적으로 풀어야 한다고 말합니다. 이건 서로 모순되면서도 맞는 이야기인 것 같아요. 인간 본성이나 우주에는 우리가 직관적으로만 파악할 수 있는 것이 있지만, 이것을 그대로 믿으면 안 되고 이성적으로 풀어야 한다는 말이니까요. 굉장히 건전한 생각이면서, 칸트가 최소한의 윤리에 대해 마음속에 깊은 생각을 갖고 있었다고 해석할 수 있겠습니다.

그리고 칸트가 최소의 규칙을 이야기한다고 하는데, 최소의 규칙일수록 인간의 자유 공간은 넓어진다고 말할 수 있을 듯합니다. 또한 최소의 규칙이 될수록 열린 공간이 넓어져서 자유로운 의지 결정의 공간이 생기고 동시에 그것이 자기 본성에서 나오는 필연성을 따를 수 있게 한다는 생각이 들어요. 동양 윤리를 다소 나쁘게 이야기하는 듯해 마음에 좀 걸리지만, 삼강오륜은 부모에 대해선 이렇게 해야 하고 친구 간에는 이렇게 해야 한다는 구체적인 지침을 이야기합니다. 그런데 이렇게 되면 자유로운 의지라는 건 완전히 없어지는 것 같아요. 딱딱해지죠. 그러니까 효자 노릇을 하려면, 가령 아버지가 아파서 돌아가시려고 할 때 다리의 살을 떼어서 그 피를 먹여야 한다는 말이 있다고 해봅시다. 이때 다리의 피를 뽑아서 아버지를 먹이는 일만 하면 효도가 됐다고 생각하는 풍조가 생길 수 있는 겁니다. 아버지를 돌볼 다른 방법이 많이 있다는 사실은 간과되고 그런 공식으로 넘어가버리는 거죠. 제가 글에서도 칸트의 '계몽주의란 무엇인가'에 대해 언급했는데, 계몽주의의 사상 자체도 그대로 받아들이면 그건 상투가 되고 공식이 되기 때문에 끊임없이 새롭게 해야 된다고 말했습니다. 끊임없이 생각의 여유 공간을 벌려놓는 것, 그리고 구체적인 규율은 될 수 있으면 적게 만드는 것, 이것이 참으로 윤리적인 공간을 넓히고 윤리를 최대화하는 일이라는 생각이 듭니다. 어느 쪽으로나 해석할 수 있으니까요.

칸트는 정말 철저하게 이성적으로 생각하려고 한 것 같아요. 제가 칸트를 맨 처음에 읽은 게 고등학교 때 였어요. 그때부터 더러 봤다가 안 봤다가 이러는데 볼 때마다 무슨 소리인지 모르는 게 너무 많아요. 지나치게 논리적으로 이야기하기 때문이죠. 또 논리가 맞는지 의심이 갈 때도 있고요. 이번에도 칸트의 영어 책을 많이 참조했는데 번역이 아주 잘 돼 있다는 건데도 불구하고, 독일어 원본과 대조해보면 이게 제대로 된 해석인가 하는 느낌이 들 때가 꽤 많았습니다. 칸트가 굉장히 어려운 사람인데 이 사람이 정말 우리의 윤리 의식을 향상하는 데 도움이 되는가에 대해서는 나도 의심이 가요. 그러나 이런 생각을 해볼 필요는 있다, 이런 것이 사회 한구석에 있어야 한다, 이런 걸 끊임없이 따지고 생각해보는 사람이 있어야 한다는 생각은 듭니다.

조금 옮겨가서 칸트의 윤리학에 대해 저는 칸트주의를 좀 옹호하는 사람이지만, 비현실적이라서 이것 가지고 윤리적인 행동을 할 수는 없다는 생각을 합니다. 거기에 한마디만 더 보태면 인생이란 무엇인가, 어떻게 살아야 하는가를 물어보는 것은 칸트식으로 하면 프루덴티아prudéntia에 속하는 거죠. 그러니까 어떻게 살아야 되느냐는 물음에 대해 가령 아리스토텔레스가 술을 많이 먹으면 안 된다고 한 건 자기 몸을 돌보는 거지 실제 엄격한 의미에서 윤리적인 이야기를 하는 건 아니에요. 즉 이런 프루덴티아 혹은 현실적인 지혜에만 신경을 쓰다 보면 삶이 전부 처세법으로 바뀌어버릴 것 같아요. 어떻게 해야 출세하고 좋은 대학도 가고 국회의원이 되겠느냐는 처세 방법으로 바뀌어버리는 거죠. 따라서 그런 처세로부터 거리를 유지하고 윤리의 순수성을 유지하기 위해서는 칸트처럼 엄격하게 생각하면서, 별도 생각하고 도덕률도 생각해야 합니다. 그리고 그게 엄격한 논리적인 사고를 통해서 규명되도록 끊임없이 밝혀야 하죠. 그러니까 한쪽으로는 신비한 것이 있으면서 다른 한쪽으로는 논리적으로 사고해야 한다는 겁니다. 이것은 모든 사람이 할 수 있는 건 아니고요. 사실 칸트 전공자가 아니면 칸트를 잘 이해하지 못하는데 '그러면 모두 읽어라'라고 할 수는 없죠. 그러니 그런 역할을 하는 부분이 사회 한쪽에 있어서 요즘 흔히 하는 말로 문화적 자본으로 축적되고 그것이 사회적인 하비투스로서 존재해야 된다는 생각이 듭니다. 오늘날 어떻게 해야 성인, 즉 좋은 사람이 되느냐 할 때도, 그런 차원이 사회 한 부분에 있어서 성학聖學을 계속해서 추구해야 된다고 생각해요. 그래서 우리 전통에서 성학을 되살리는 방법을 모색해봐야 합니다. 인생을 좀더 보람 있게 살려면 성학을 공부해야 하는데, 마찬가지로 이것을 모든 사람이 하라는 건 아닙니다. 다만 그에 대한 반성은 있어야 한다는 이야기죠. '반성을 하면 이런 공식에 이른다' 따위는 빼고, 자기 인생은 자기가 살게 하면서도 거기에 윤리적인 반성이 있어야 한다고 이야기하는 겁니다. 저는 철학가들이 그런 문제에 대해 생각하면서 우리의 문화적인 자본을 넓혀가야 된다고 생각합니다. 그리고 적어도 지난 몇백 년 동안 우리의 문화적인 자본 중에서 제일 중요한 게 성리학과 불교니까, 어떻게 불교와 유교를 되살려서 그로부터 인생의 지혜를 찾을 것인가를 철학 전공자들이 연구하고, 국가에서도 여기에 관심을 좀 가져야 된다는 겁니다.

아까 철학은 냉정해져야 한다고 했는데 플라톤에서도 그렇지만 누스바움에서도 철학을 하려면 '철학에 대한 정열passion of philosophy'이 있어야 한다고 이야기했어요. 그러니까 육체적인 정열passion을 어떻게 철학에 대한 필로소피아philosophia의 정열로 옮길 것인가를 생각하고 이것이 어느 정도는 사람 사는 데 필요하다고 이야기해주는 부분들이 있어야 될 것 같아요. 그런데 그게 어떤 공식처럼 굳어지면 곤란하니까 늘 새롭게 존재해야 한다는 생각이 듭니다.

칸트가 덕을 중시하지 않는다고 그러시는데 『도덕형이상학』은 '덕'과 'Recht'라고 하는 '법'인지 '권리'인지 분명하게 번역하기 어려운 뜻을 가진 두 부분으로 돼 있습니다. 덕 부분에서는 자기 완성이 중요하다는 이야기가 나오는데, 이 자기 완성에는 지적인 발전을 하면서 육체적인 발전과 감정적인 순화가 이루어진다는 이야기도 나옵니다. 칸트는 여기서 제일 중요한 게 이성적인 이해를 갖출 수 있게 하는 거라고 했지만, 각자가 자기 마음을 순화하는 것이 자기 인생을 제대로 사는 거라는 건 맞는 이야기 같아요. 사실 우리나라 사람들 전부 어떻게 살아야 될 것인가에 대해서 궁금한 마음을 가지고 있죠. 제가 전에도 이런 이야기를 한 적이 있지만, 어디서 강연을 하는데 어떤 여자분이 세상이 이렇게 어지러운데 아이들에게 어떻게 살라고 말해줘야 하느냐고 물어보더라고요. 그래서 이렇게 대답했죠. '어떻게 살 것인가를 물어보면서 살라고 해라.' 제 생각은 그래요. 자기 자신에게 어떻게 살 거냐고 끊임없이 물어보면, 스스로 옛날 사람이 살았던 방식에 대해서 관심을 가지게 되고, 거기에서 무엇이 지속적인 삶의 방식으로 좋다고 이야기돼왔는지를 발견할 수 있다고 생각해요. 가령 착하게 살라는 게 '너 착하게 안 살면 죽어' 이런 의미에서 말하는 건 아니지 않습니까? 흔히 생물학자들은 착하게 사는 것이 생물학적인 의미를 가지고 있기 때문에, '착하다'는 걸 '살아남았다'와 같은 개념으로 이야기하기도 합니다. 그러니까 '무엇이 제대로 사는 것인가'를 스스로에게 물어보면 저절로 '착하게 사는 편이 그래도 낫지' 이렇게 생각하게 될 테고, 프루덴티아의 관점에서도 '술을 너무 많이 마시면 안되지' 하는 방향으로 답변이 나올 것 같아요. 그러니까 스스로 심각하게 물어보면 되겠죠. 그리고 심각하게 물어보는 방법을 학교 혹은 교과과정에서 가르쳐야 하고, 또 철학 하는 분들도 이것에 도움을 줄 수 있도록 노력해야 하지 않을까 생각합니다.

아이들의 순수성으로 돌아가야 된다는 것에 대해서는 신화적으로 많이 이야기하는데 저는 이것을 꼭 믿지는 않아요. 아이들은 여러 가능성을 가지고 있지만 가르치지 않으면 안 된다고 생각합니다. 물론 무섭게 가르치는 게 아니라 스스로 깨닫게끔 가르쳐야죠. 지난번에 모임에서도 이런 이야기가 잡담으로 나왔는데, 지금 이슬람국가[IS]라든지 그 외의 아프리카나 아랍 세계에서 일어나는 일들 가운데서, 또 캄보디아에서 공산 혁명이 있을 때에도 총 들고 나서서 사람을 제일 잘 죽인 게 아이들이라고 그러거든요. 15~16살짜리. 이런 걸 보면 아이들에게 모범을 보여주지 않아도 저절로 순수한, 착한 아이가 된다는 말이 꼭 맞는 것 같지는 않아요. 아이들에게는 여러 가능성이 있기 때문에, 그것이 발휘될 수 있게끔 지시를 해야 한다고 봅니다. 그런데 지시를 해야 한다는 건 이래요. 지시만으로 되는 게 아니라 모범으로 보여줘야죠. 제가 그전에 이런 내용을 수필로 한번 쓴 일이 있습니다. 옛날에 자동차가 드물던 시절을 예로 들었어요. 아버지가 아이에게 '너 자동차 타고 학교 가면 안 돼' 하고 말해놓고, 아버지는 자동차를 타고 다니면 어떻게 될까요? 그건 가르치는 게 아닙니다. 아이한테 자동차 타고 학교 가지 말라고 하려면 아버지도 타지 말아야 하고, 아버지가 자동차를 타려면 아이도 차로 등교시켜줘야 합니다. 이런 식으로 같이 행동하는 걸 보여줘야지, 말만 해서는 가르칠 수가 없어요. 그리고 이게 정답이 될지는 모르지만 아이들에게 어떻게 사는 게 짧은 인생을 보람 있게 사는 것인가를 가르쳐주는 사람들이 반드시 있어야 합니다. 그리고 그걸 엄격하게 상투적으로 가르칠 게 아니라, 물어보고 여러 범례나 옛날 책에 나온 내용을 알려주면서 모범도 함께 보여주는 방식으로 가르치는 방법이 필요하다고 봅니다.

종교와 죽음에 대해서도 이야기했는데 종교적인 건 생명의 타자성, 다른 데서부터 생명이 와서 우리가 윤리적인 의식에 이르게 된

국가와 윤리

다는 측면입니다. 그런데 생명이라는 게 지속되면서도 죽음에 이른다는 건 틀림없는 사실이죠. 중세 유럽에서는 좋은 사람이 되기 위해서 책상 위에 해골을 놓고 명상을 하기도 했습니다. 그걸 메멘토 모리 memento mori라는 이름으로 불렀어요. 죽는다는 걸 기억하라는 라틴어죠. 그러니까 '메멘토 모리'가 되는 해골바가지를 놓고 명상을 한 겁니다. 이것은 죽는다는 것은 허망하다는 걸 생각하라는 이야기도 되고 인생은 매우 짧으니 귀중하게 잘 선택해서 살아가야 하며, 인생을 낭비해선 안 된다는 이야기도 되죠. 따라서 죽음을 생각한다는 건 삶을 존중하는 것이기도 하고 삶의 절대적인 가치를 조금 비판적으로 보는 것이기도 한, 상당히 복잡한 의미를 담고 있습니다. 요즘 행복 지수라는 말이 자주 나오는데 부탄 같은 나라가 행복 지수가 높은 나라라고 하죠. 얼마 전에 외국 인터넷 뉴스에서 부탄 사람이 왜 행복한가에 대한 설명을 봤어요. 부탄은 국민 모두가 불교를 믿는 나라인데, 부탄 불교에서는 하루에 네 번씩 죽는다는 걸 생각하라는 가르침이 있다고 해요. 그래서 잠깐 앉아서 죽음에 대해서 생각을 해야 된답니다. 그러니까 부탄 사람들은 죽음을 생각하기 때문에 행복하다는 것이죠. 이것은 이 순간이 얼마나 귀중한가, 이 순간이 얼마나 짧은 것인가를 알고 동시에 내가 지금 세속적으로 존중하는 것이 절대적인 건 아님을 아는 것입니다. 그렇기 때문에 성인이 되거나 현자가 되는 데도 죽음을 생각하는 게 중요하다고 생각합니다.

생명이란 게 사실 신비죠. 내 목숨이란 내가 생기게 한 것이 아니고, 심지어 내가 하는 행위까지도 내가 하는 게 아니죠. 제가 오늘 넥타이를 매고 나왔는데 다른 사람들이 매니까 매는 거지 제가 넥타이가 없으면 안 된다고 생각해서 하는 게 아닙니다. 여기서 지금 강연하는 것도 강연하라고 하니까 하는 거지 제가 꼭 하고 싶은지 어떤지 확실치 않아요. 우리 생명도 그렇지만 많은 것이 사실은 어디서 오는 건지 알 수 없습니다. 많은 것이 신비 속에 들어 있지요. 그런데 신비라는 것이 '그건 몰라, 그건 아무도 몰라' 이런 이야기가 아니기 때문에 더 매력적인 것이죠. 가령 우리가 수학 공부를 할 때 신비적인 요소가 없으면 공부하는 재미가 없어져버려요. 그러니까 아무것도 아닌 것 같은데도 신비한 요소가 있기 때문에 공부하게 되는 거죠. 과학과 기술에서도 연구를 통해 문제를 해결하면 신비가 풀려서 재미있죠. 과학이 가지고 있는 큰 매력 중 하나는 신비가 거기 들어 있다는 것입니다. 그건 신비주의에서 이야기하는 신비는 아니에요. 정말 우리가 암만 캐도 모르는 것이 들어 있다는 사실이 인생에 대해서 경건한 마음을 가지게 하고, 생명에 대해서 존중하는 마음을 가지게 하며, 이 순간에 대해서도 귀중한 마음을 가지게 한다는 생각이 들어요. 그래서 죽음의 신비와 생명의 신비를 포함해서 가능한 여러 삶의 방식에서 왜 어떤 방법을 더 귀중하다고 하는지를 생각하면 저절로 삶의 신비에 연결되고, 거기서 우리가 고개를 숙이게 되는 것 같아요. 신비에 대한 고개 숙임은 우리한테 굴종이 아니라, 존재의 의미를 인정하는 데 매우 중요한 요소가 아닌가 생각합니다.

이승환　　김상환 교수님이 칸트의 근대 윤리가 진행되면서 거기에 대한 반동으로 덕의 윤리가 부활하고 공동체 윤리가 다시 강조되었다는 점, 그리고 감정의 윤리, 나아가서 보살핌의 윤리가 다시 등장하는 윤리학사의 전개과정을 잘 설명해주었습니다. 그리고 김우창 교수님이 크게 네 가지 문제에 대해 의견을 이야기했습니다. 조금 전 강연에서 제齊 선왕宣王이 '소를 양으로 바꿔라'라고 한 부분에 대해 제 이야기를 듣고 싶다고 하셔서 간단하게 말씀드리겠습니다. 김우창 교수님은 소가 우는 소리는 직접 귀에 들리고 눈앞에 보이니까 거기에 대해서 선의를 베풀고, 보이지 않고 들리지 않는 양에 대해서는 불공정한 처사를 내린 것 아니냐, 이것은 일관적이지 않고 공정하지 않은 윤리적 태도가 아니냐는 의문을 제기했습니다. 매우 재미있는 질문입니다. 제가 아는 바로는 이렇습니다. 대개 고대사회에서 소는 중요한 노동의 원천이었고 한 집안에 한 마리, 많아봤자 두 마리 정도를 키우면서 공동 노동을 했습니다. 때때로 소가 아프면 주인은 자식이 아픈 것처럼 슬퍼하고 안타까워하면서, 거의 가족의 일원처럼 소를 대했던 것 같습니다. 그에 비해 양은 적게는 수십 마리, 많게는 수백 마리씩 사육을 했습니다. 그래서 개개의 양에게 이름을 붙이거나 깊은 친밀감을 느끼기가 어려웠고 가족의 일원이라기보다 그야말로 젖 짜고 고기를 먹는 가축으로서만 대한 게 아닐까 생각합니다. 그 점에서 양과 소에게서 느끼는 친밀감의 정도가 다를 수밖에 없었을 거라 보고요. 다른 하나는 지능의 문제인데 소는 지금도 자기가 죽거나 팔려가는 걸 알고 슬피 울며 끌려가지 않으려고 합니다. 그런 측면에서 소는 양보다 지능이 확실히 높은 것 같습니다. 양은 도살장에 잡혀가더라도 온순한 모습으로 눈물도 흘리지 않고 그냥 천진하게 있으니까요. 그래서 선왕이 '양으로 바꿔라' 같은 처분을 내리지 않았나 생각해봅니다. 이상 간단한 저의 소회였습니다.

윤리와 인간의 삶: 감정, 이성, 초월적 이성

질문 1 『기이한 생각의 바다에서』라는 책에 나온 루소의 '자애'와 '애기'
에 대한 논의와 관련지어 윤리론을 설명한다면.

청중　 선생님 저서 가운데 『기이한 생각의 바다에서』라는 책에서
행복을 이야기하며 루소의 자애와 애기를 언급한 부분이 있습니다.
그 부분과 오늘 이야기한 전체 윤리를 연관시켜서 좀더 설명을 해주
었으면 합니다.

김우창　 루소가 인간의 기본 정서를 'amour de soi(자애)'와 'amour
propre(애기)'라는 두 가지로 구분한 건 참 잘한 일이라고 생각합니
다. 그러니까 자기 목숨을 살려야 되는 것은 우리가 당연히 인정해야
하는 자기 사랑自愛이고, 다른 사람이 자기 자신보다 나를 더 사랑한
다는 허영에서 나온 자기 사랑愛己, '자기 과대망상증'은 안 된다는 이
야기인데 중요한 구분이라고 생각합니다. 윤리를 이야기하는 사람,
또 동양 윤리에서도 생명의 기본에 대한 모든 사람의 당연한 이기적
권리를 인정하는 경우가 드문 것 같아요. 저는 그건 인정해야 된다
고 생각합니다. 그것을 전제한 다음에 다른 사람의 생명을 보존해줘
야 한다는 생각과, 우리가 다 같이 살아야 한다는 생각이 나온다고 보
는 것이죠. 그래서 윤리적인 사고를 하면서 생명의 이해관계에 대해
서도 고려하는 게 옳다고 봅니다. 아까도 이야기했지만 칸트가 윤리
의 물리적인 기반을 등한시하라고 이야기한 것은 아닙니다. 감정이

나 동정심 모두 의무감에 따라 움직이는 것이 아니기 때문에 쓸데없는 거라고 보지는 않아요. 오히려 이건 전부 윤리 행동을 하는 데 보조 수단이 된다고 이야기합니다. 그러니까 보조 수단으로서의 자기 보존 본능도 인정해야 된다는 거죠. 목숨을 금방 뺏길 사람이 윤리적으로 행동하기는 굉장히 어렵죠. 그러니까 칸트는 그러한 차원도 무시하지 않았고 이것은 오늘날의 사회철학에도 연결될 수 있습니다. 또한, 모든 사람이 목숨을 보존할 수 있게 해야 된다는 건 윤리 이전의 윤리적인 의무라는 생각이 듭니다. 칸트의 『도덕형이상학』덕론德論에서도 다른 사람의 행복을 추구하는 것은 마땅히 자기 완성의 일부라고 이야기하고 있습니다. 다른 사람의 행복이란 결국 그 사람이 경험적인 차원에서 먹고 자고 하는 이야기죠. 또 동시에 칸트는 그걸 늘 버리지 않기 때문에 다른 사람이 정신적인 발전을 이룰 수 있도록 도와야 한다고 했습니다. 이 또한 다른 사람의 행복이라는 개념 속에 들어 있는 거죠. 하지만 동시에 물질적인 환경도 언급하고 있어요. 그러나 그것을 자기 것으로 하면 안 된다는 것은 그것에 의해서 도덕적 의무, 자기 완성의 의무가 등한시될 수 있기 때문이라고 할 수 있습니다. 그러나 자기도 될 수 있으면 행복하게 살아야 된다는 걸 무시하는 건 아닙니다. 다만 우선하는 것이 자기 완성, 인간으로서의 도덕적 완성이라는 것이죠. 도덕적 완성이란 칸트의 다른 설명으로는 인간이 '인간됨'으로 돌아가는 것, 즉 'humanität'로 돌아가는 것이라고 이야기합니다. 유명한 일화가 있죠. 이것은 사실 도덕의 문제라기보다 예의범절의 문제인데, 칸트가 병이 들어서 침상에 누워 있을 때 어떤 사람이 위문을 왔습니다. 칸트가 일어나서 그 사람을 제대로 맞이하려

윤리와 인간의 삶: 감정, 이성, 초월적 이성

니까 다른 사람이 "편찮으신 분이 이렇게 일어나면 안 된다"고 했답니다. 그러자 칸트가 "아직까지는 내 인간됨을 잃지 않았다"고 대답했다고 합니다. 손님을 일어나서 맞는 것은 그냥 예의범절이지 깊은 의미에서의 윤리는 아니지만, 칸트의 덕의 완성에서는 여러 현세적인 완성, 그러니까 몸을 단련하고 예술 감각을 누리는 것도 다 포함해서 이야기합니다. 그러면서도 일차적으로는 오성적인 능력과 실천이성에 따라 행동할 수 있는 것을 이야기한 거죠. 그러니까 칸트가 물질적인 차원을 완전히 무시한 건 아닌 듯합니다. 그래서 칸트도 루소의 영향을 많이 받았는데 루소의 '자애amour de soi'와 '애기amour propre'에 대해서 어떻게 생각했는지는 잘 모르겠습니다. 그래도 우리가 칸트를 떠나서 존중해줘야 될 것 중의 하나인 것 같아요. 그러니까 윤리 규범을 내세우고 만날 '죽어도 좋아'라고 이야기하는 건 옳지 않다고 생각합니다. 윤리 규범을 잘 실천하기 위해서는 '죽어도 좋아'라는 말이 안 나오게끔 해줘야 된다는 거죠.

이승환　칸트가 병석에서 일어나 손님 맞이했을 때 예의범절을 지킨 이야기를 들으니까 조선 후기 문인 농암農巖 김창협金昌協 선생의 일화가 생각나네요. 그분이 노년에 중병에 걸려서 다른 문인이 문병을 가니, 일어나서 매무새를 갖추고 무릎을 꿇고 앉아서 문인을 맞이했다고 합니다. 조선시대 선비들은 정좌할 때 위좌危坐를 했습니다. 무릎을 꿇고 앉는 자세를 말하죠. 많은 사람이 무릎을 꿇고 앉는 자세를 일본 사람에게서 배운 거라고 생각하는데, 그렇지 않습니다. 문인이 선생에게 "병이 깊으신데 평좌平坐로 푸시라" "다리가 편안하게 양반

다리로 앉으시라"고 권하니까 "아닐세, 내가 평생 배운 거라고는 이 위좌밖에 없는데 지금 그걸 풀겠는가"라고 했다고 합니다. 그러니까 몸가짐, 즉 단정한 몸가짐을 깊은 병중에도 끊임없이 유지했다는 점에서 자기 수양을 대단히 철저하게 한 사람이라고 생각됩니다.

질문 2 감정을 이성으로 순화하는 방법에 대해 좀더 설명한다면.

청중　　　이성을 통한 감정의 순화에 대해 말씀하셨는데, 방법론의 측면에서 이것을 좀더 설명해주었으면 합니다.

김우창　　　그건 저도 구체적으로 잘 모르기 때문에 답변하기가 어렵네요. 감정을 늘 억제해야 하고, 좋은 감정을 가지고 움직이더라도 그 좋은 감정 속에 나쁜 감정이 섞여 있지 않은가에 대해서 생각해야 된다고밖에 이야기할 수 없는 것 같습니다. 칸트도 교육을 강조하고 다른 사람들도 교육을 강조하니까, '공부를 하라' 이런 이야기 외에 다른 답변을 할 수는 없을 것 같네요.

이승환　　　일상생활에서의 기술인데요. 행위를 하기 전에 '다섯을 세라' 혹은 '열을 세라'고 하는 말이 있습니다. 감정은 즉각적이고 무매개적이고 즉발적으로 사태에 직면해서 터져 나오는 심적 현상, 즉 어떤 반성을 거치지 않은 것이기 때문에, 감정이 터져 나오는 대로 즉각적으로 행동에 옮기면 실수할 확률이 높습니다. 어떤 감정이 발동할

　　　　　　　윤리와 인간의 삶: 감정, 이성, 초월적 이성

때 그 감정의 오류에서 벗어나기 위해서는 이성이 가동될 때까지 잠시 뜸을 들이라는 거죠. 생활의 기술입니다. 이렇게 하지 않는 사람은 실수가 많을 수밖에 없습니다. 그러니까 고위 공직에 있는 분들이 속에서 성적인 욕망이 생길 때, 전혀 그런 뜸을 들이지 않고 바로 손길이 나가서 캐디를 만진다든지 하기 때문에 참 누추해지는 거죠. 그래서 성리학, 신新유학에서 주돈이周敦頤 같은 북송오자北宋五子 가운데 한 분은 신동愼動이라는 개념을 써요. 한자로 풀면 신중할 신愼 자와 움직일 동動 자를 쓰죠. 움직인다는 것은 마음이 움직이는 거예요. 마음이 아주 자그마한 기미를 보이고 움직이는 찰나에, 그걸 스스로 성찰하는 겁니다. 그러니까 우리 마음의 움직임이라는 것은 정말 짧은 틈새에 엄청난 속도로 흘러나가기 때문에 그것을, 그 짧은 틈새를 살피고 신중하게 유지하는 것도 하나의 수양 방법입니다.

김우창　거기에 조금 붙여서 이야기하면 퇴계의 『성학십도』에서 '신중하게 행동하라'는 이야기를 하면서 말을 타고 갈 때 개미굴도 다치지 않을 정도로 신중하게 다니라는 비유를 합니다. 개미굴도 무너지지 않게끔 조심스럽게 다니는 것, 이것은 참 실천하기 어렵지만 훈련을 많이 하면 가능하지 않을까 하는 생각이 들어요. 한 가지 더 보태면 아까 누스바움이 감정의 통제에 대해 이야기하면서 지나치게 통제하는 걸 별로 좋아하지 않는다고 말했는데, 다른 책에서 한 이야기에는 화, 즉 분노를 가져야 된다고 하면서 분노를 옹호하기도 합니다. 그러니까 정의를 위해 분노를 느끼는 것, 여성 평등 또는 유색인종 평등을 위해, 또 빈부 격차를 철폐하기 위해서는 분노해야 된다는 거

　　　　　　　　　　　　　　　国家와 윤리

죠. 누스바움은 분노가 중요한 기능을 가지고 있다는 이야기를 한 적이 있습니다. 저는 다른 데서 발표하며 '이건 말이 안 되는 이야기다. 우리는 분노를 참으면서도 좋은 일을 할 수 있어야 한다'고 말한 적이 있습니다. 그렇다면 어떻게 분노를 이겨내면서 동시에 좋은 일을 할 수 있느냐, 이에 대해서는 좀더 긴 설명이 필요하죠. 제가 다른 데서 이야기할 때는 실존주의를 비롯해 다른 여러 방식을 인용하면서 이야기했습니다. 그러나 분노도 그대로 폭발시키는 게 좋다는 건 잘못된 감정을 마치 좋은 감정인 것처럼 착각하는 거죠. 거기에 대해서는 이성적 반성을 할 필요가 있다고 봅니다.

이승환   존 롤스는 '도덕적 분노' 없이 도덕적 진보가 이루어질 수 없다, 즉 정의가 이루어질 수 없다고 했는데 이때 도덕적 분노는 굉장히 이성적인 반성을 거친 도덕감으로서의 분노라고 생각됩니다.

질문 3   부끄러움과 윤리의 관계를 어떻게 보면 될지.

청중   오늘 주제가 윤리와 인간의 삶인데 좀더 미시적으로 보면 사실 윤리라고 하면 와 닿지 않지만 부끄러움이라고 하면 훨씬 더 와 닿잖아요. 그래서 오히려 부끄러움과 인간이 대립상이 잘 맞는 거 같고, 윤리라고 하면 사회적인 대립상이 맞는 거 같습니다. 그러면 부끄러움과 윤리의 관계는 어떻게 설정해야 할지, 그리고 부끄러움과 관련해서 최근 한국사회에서 가장 부끄럽다고 여긴 현상에는 어떤 것이 있는지 궁금합니다.

김우창　　수치스럽게 느끼는 것, 이것은 사단칠정론四端七情論에서도 좋게 얘기하는데 어느 정도는 필요하지만 반드시 좋은 것은 아닐 것 같아요. 자기가 윤리적으로 행동하고 규범에 맞게 행동하면 부끄러울 것도 없고 자랑할 것도 없죠. 자기 본성에 따라서 행동할 뿐입니다. 제가 여기 오기 전에 어떤 시인의 시를 읽었는데 그 앞에서 파스칼이 한 이야기를 인용했어요. '어떤 사람들은 자기가 좋고 착한 일을 하면서도 다른 사람이 그걸 인정해줄 것을 원한다'고 말입니다. 그러니까 자기가 떳떳하게 좋은 일을 했으면 그걸로 그만이지, 다른 사람이 인정해주기를 원한다는 건 윤리적 감각이 뭔가 혼란을 일으킨 거죠. 떳떳하게 사는 사람이면 정말 부끄러울 게 별로 없죠. 남이 부끄럽게 봐도 자기가 떳떳했으면 괜찮은 거니까요. 부끄러움도 현실적으로는 필요한 것이지만, 그건 현실적인 차원이고 철저하게 윤리적인 반성을 할 때는 그렇게 중요하지 않다는 생각이 듭니다.

희랍 고전시대의 국가 이념

아테네 민주주의를 중심으로

박성우 서울대 정치외교학부 교수

1__들어가는 말

이 글은 희랍 고전시대의 국가 이념에 관한 소고다.

'희랍 고전시대'란 일반적으로 기원전 510년경 클레이스테네스의 민주적 개혁(혁명)부터 기원전 323년 알렉산더 대왕이 죽은 시점까지 대략 두 세기를 일컫는다. 이 시기의 그리스는 일대 격동기를 맞는다. 특히 아테네는 이전과는 전혀 다른 국가 운영 방식으로서 민주주의를 발견했고, 이와 관련하여 새로운 제도와 이념을 끊임없이 개발했다. 국제정치적으로도 이 시기는 혼란과 전환의 연속이었다. 기원전 5세기 초반 그리스는 페르시아에 대항하여 두 차례의 전쟁(기원전 490, 기원전 480)을 치렀고, 이후 그리스는 대對 페르시아 위협을 방비해야 한다는 명분으로 아테네와 스파르타 간의 헤게모니 경쟁을 벌였다. 널리 알려져 있듯 이 경쟁은 결국 펠로폰네소스 전쟁(기원전 431~

희랍 고전시대의 국가 이념: 아테네 민주주의를 중심으로

기원전 403)으로 이어졌다. 전쟁에서 승리한 스파르타가 헤게모니를 잡았으나, 이후 코린토스 전쟁(기원전 387)과 레우크트라 전투(기원전 371)를 통해서 헤게모니는 테베로 옮겨갔고, 마케도니아가 부상하여 '희랍 고전시대'는 서서히 막을 내렸다.

대체로 '희랍 고전시대'에 대한 합의가 존재하는 것과 달리 '국가 이념'이 무엇인가에 대해서는 보는 관점에 따라 의견이 다를 수 있다. 그런 가운데 정치학적 관점에서 국가 이념이란 국가 운영의 기본 원리에 근거를 제공하는 이념이라고 할 수 있다. 좀더 구체적으로 말하자면, 국가 이념이란 국가 권력의 주체, 권력의 행사 방식, 그리고 권력의 정당성을 규정하는 이념적 근거라고 할 수 있다. 일차적으로 이러한 국가 이념은 헌법에 명시되어 있다. 그러나 넓은 의미의 국가 이념은 헌법의 규정을 넘어 국민의 의식을 지배하는 국가 정체성, 나아가 국가 구성원으로서의 시민 정체성을 의미한다고 할 수 있다. 이 글은 희랍 고전시대에 발견되는 이러한 넓은 의미의 국가 이념을 다룬다.

희랍 고전시대에 발견되는 국가 이념으로는 스파르타로 대표되는 과두정과 아테네로 대표되는 민주정을 들 수 있다.[1] 이 글은 그중에서 아테네 민주정의 국가 이념에 한정하고자 한다. 그 이유는 아테네가 희랍 고전시대의 중심에 서 있었을 뿐 아니라, 오늘날 우리에게도 시사점을 제공할 만한 '민주적' 국가 이념을 선택하고 진화시켰기 때문이다.[2] 이제 아테네 민주정이 어떤 방식으로 민주주의를 하나의 국가 이념으로 발전시켰는지 살펴볼 것이다. 특히 두 가지 요소에 주목하면서 아테네 민주주의의 국가 이념으로서의 면모를 검토할 것인데, 하나는 권력의 주체로서 데모스와 엘리트의 역학관계이고, 다른 하나는 아테네의 국제정치적 위상이다. 후술하겠지만, 이 두 요소는 국가 이념으로서 아테네 민주주의의 발전과 타락에 결정적인 영향을 미쳤다. 다음으로 아테네의 민주적 국가 이념의 타락에 대한 아테네 엘리트의 반응, 특히 투키디데스와 플라톤의 진단과 처방을 검토할 것이다.

2___국가 이념으로서의 아테네 민주주의

민주주의가 지배적인 국가 이념으로 등장하기 시작한 근대 이후 아테네 민주주의는 적어도 민주주의의 기원으로서 지속적인 관심을 받아왔다. 흥미로운 점은 아테네 민주주의에 대한 평가가 시대에 따라서 혹은 사상가의 관점에 따라서 매우 상반되게 나타났다는 사실이다. 대중의 무모함, 변덕스런 욕구, 그리고 이에 편승하는 엘리트의 인기영합주의를 경계하는 이들에게 아테네 민주주의는 타락한 정치의 표본이다(ex. Hamilton, Madison & Jay 2003; Wolin 2006). 반면 대중의 적극적인 정치 참여를 기반으로 민주적 심의의 필요성을 역설하는 이들에게 아테네 민주주의는 현대 정치가 지향해야 할 바람직한 정치상象이다(Arendt 1998). 이렇게 아테네 민주주의에 대한 평가는 민주주의의 가치와 본질을 어디에 두느냐에 따라 결정적인 차이를 드러낸다.[3] 그럼 오늘날 우리는 이에 대해 어떻게 평가해야 하는가? 아테네 민주주의에 대한 평가는, 그것이 비판이든 찬양이든, 우리 민주주의에 대한 문제점을 발견하고 시정하려는 의도를 반영하는 것이므로 결국 우리 민주주의에 대한 성찰을 전제로 한 것이다. 그러나 우리 민주주의에 대한 평가는 별도의 논의가 필요하므로 이 글에서는 일단 아테네 민주주의에 대한 평가를 접어두기로 한다.[4] 대신 아테네 민주주의가 어떤 과정을 거쳐 국가 이념으로 자리 잡을 수 있었고, 이러한 이념을 형성하는 데 아테네의 데모스와 엘리트는 어떤 역할을 했는가를 살펴보면서, 향후 우리 민주주의를 평가하고 시정하려는 노력의 출발점으로 삼고자 한다.

아테네 민주주의demokratia는 널리 알려져 있듯이 다수 대중에 해당되는 데모스demos가 정치 제도에서 실질적인 권력kratos을 행사하던 정체를 의미한다. 아테네가 민주주의를 국가 이념으로 삼았다는 것은 일차적으로는 다수가 실질적으로 지배 권력을 행사했다는 것을 의미하고, 더불어 다수의 지배가 정치 공동체 안에서 정당한 것으로 받아들여졌음을 뜻한다. 그런데 데모스가 실질적으로 권력을 행사했다는 것은 무엇을 의미하는가? 일차적으로는 모든 시민이 일정한 나이에 이르면 아테네의 주요 권력기관에 해당되는 민회(20세), 위원회(30세), 배심원 법정(30세)에 참여할 수 있었음을 뜻한다. 그러나 단지 권력기관에 참여할 자격이 부여된 것만으로 실질적인 권력이 행사됐다고 보기는 어렵다. 기본적으로 대다수 시민은 소수의 정치 엘리트들에 비해 생활 수단이 미비하므로 권력기관이 개방되어 있다 하더라도 지속적으로 정치에 참여할 수 없고, 공적인 문제에 대한 전문성도 정치 엘리트에 비해 뒤처지므로 실질적인 권한은 소수 엘리트에게 내주는 경향이 있었기 때문이다. 비슷한 맥락에서 미헬스는 어떤 정체라도 사실상 다수가 지배한다는 것은 외형에 불과하고, 소수의 엘리트가 실질적으로 지배하기 마련이라는 '과두 지배의 철칙iron law of oligarchy'을 주장한 바 있다(Michels 1915). 아테네 민주주의가 실질적으로 다수의 지배를 실현했다고 주장하기 위해서는 어떤 의미에서 '과두 지배의 철칙'을 극복하고 실질적으로 다수의 지배를 실현했는지를 입증해야 한다.

　이와 관련해서 우선 말해둘 점은 아테네 시민의 상당수가 주요 정치 기관에 출석했다는 것이다. 아테네 민회ekklesia는 아테네의 주요 정책을 결정하는 최고 의결 기관으로서 6000~8000명의 시민이 참여할 수 있었다고 한다(Hansen 1987). 기원전 5세기 후반에서 기원전 4세기 초에 이르러 민회는 법nomoi을 제정하는 기관에서 칙령psēphisma을 통과시키는 기능으로 일대 전환기를 맞긴 했지만(Ostwald 1986), 20세 이상의 시민은 누구나 민회에 참여할 수 있었다. 민회는 1년에 30~40회쯤 열렸다고 하니, 20세 이상 성인 시민의 숫자가 3만~5만이라는 가정을 받아들이면, 상당수가 정책 결정에 참여했다고 할 수 있다. 상대적으로 빈곤했던 데모스가 생계를 신경 쓰지 않고 민회에 참석하는 게 가능했는가를 문제 삼을 수 있지만, 기원전 403년에서 기원전 399년 사이에 민회에 참석하는 시민에게 일당을 지급하기 시작했다는 것은 주목할 만하다(Ober 1989).[5] 민회 못지않게 아테네 시민이 정치 참여의 경로로 삼은 것은 500인의 시민으로 구성되는 위원회boul였다. 민회에 상정한 의제를 결정할 권한을 지닌 이 위원회는 1년에 250일 이상 열렸다고 한다(Ober 1989).[6] 아테네의 배심원 법정dikasterion도 빼놓을 수 없는 정치 참여의 장이었다. 배심원은 30세 이

　　　　　희랍 고전시대의 국가 이념: 아테네 민주주의를 중심으로

상의 시민으로서 잠재적으로 배심원이 되고자 하는 시민의 연간 목록年刊目錄 안에서 결정되는데, 당일 법정에 나타난 사람들 가운데 추첨을 해서 배정한다. 배심원 법정은 사안에 따라 200인에서 500인의 배심원으로 구성된다. 이러한 법정은 연간 200회 정도 열렸다고 하는데, 많은 소송이 사적인 분쟁뿐 아니라 공적인 기소를 포함하므로 배심원으로서의 역할 역시 주요한 정치권력의 행사라고 할 수 있다.

정치 참여와 관련해서 이렇게 추정된 숫자를 신뢰한다면,[7] 아테네 시민의 전형적인 삶은 정치적 삶이었다고 해도 과언이 아니다. 이런 맥락에서 페리클레스는 "아테네인들에게 정치에 참여하지 않는 자들은 단지 비非정치가로 간주되는 것이 아니라 무용지물로 간주된다"고 주장한 바 있다(Thuc. 2. 40. 2). 아테네 시민의 높은 정치 참여도는 아테네 민주주의가 제도적 장치로만 존재하는 것이 아니라 시민에게 민주적 정체성을 제공하는 국가 이념으로서 기능했을 가능성을 높인다. 사실 아테네 민주주의의 제도적 발전과 민주주의의 국가 이념화는 상보적으로 진행됐다고 할 수 있다. 어떻게 이것이 가능했는가? 결론부터 말하자면, 아테네 민주주의의 주체로서 데모스 엘리트를 상대로 실질적인 우위를 차지하면서도 엘리트와 합력하여 민주주의를 기반으로 하는 국가 이념을 만들 수 있었기 때문이다.

기원전 5세기와 기원전 4세기에 걸쳐 진행된 민주적 제도의 발전을 좀더 들여다보자. 대체로 학자들은 기원전 510년 클레이스테네스가 권력을 잡은 시점부터 페리클레스가 사망한 기원전 429년까지를 '5세기 민주주의' 혹은 '급진적 민주주의radical democracy'의 시기로 일컬으며 아테네의 직접민주주의가 가장 왕성하게 작동한 시기라고 보는데(Ober 1989), 이 시기 가장 중요한 제도적 발전 중 하나로 기원전 487년의 추첨제 도입을 들 수 있다. 이때부터 아르콘의 선출이 추첨으로 전환됐고, 다른 관직들, 예컨대 500인 위원회의 위원들도 추첨으로 결정하는 방식으로 바뀌었다. 추첨은 가계의 배경이나 능력과 무관하게 다수 대중이 권력기관에 진입할 수 있는 결정적 수단이 된다는 의의가 있다. 이 시기의 두 번째 제도적 변화는 기원전 462년 에피알테스가 아레오파고스의 권한을 축소하고, 아레오파고스가 갖고 있던 위헌결정권을 박탈한 것이다. 전통적으로 은퇴한 귀족 아르콘들로 구성되는 아레오파고스는 솔론과 같은 과거 입법자들이 제정한 법을 확인하는 역할을 했는데, 아르콘이 추첨으로 뽑히면서 법률의 권위를 선포할 수 있는 자가 대중으로 확대되고 사실상 이러한 법률과 단순히 민회만을 통과한 칙령의 구분이 무색해지는 결과를 낳았다. 마지막으로 주목할 것은 민주적 제도를 운영함에 있어 모든 시민이 동등하게 발언할 수 있다는 이세고리아$^{isegoria;\ equal\ say}$ 원칙을 따른다는 것과 관직 부여에 있어 재산의 과다에 따른 제한을 두지 않고, 재임 기간 중 보수를 지급한다는 것이다.

'5세기 민주주의'와 달리 페리클레스 사후 '4세기 민주주의'의 특징은 제도의 안정화와 법 지배의 견고함을 추구한 것이라고 할 수 있다. '4세기 민주주의'는 지속적으로 법률 체계를 개혁했다. 첫째로 주목할 것은 기원전 5세기 후반(기원전 427~기원전 415)부터 도입된 그라페 파라노몬$^{graphē\ paranomon}$이라는 것이다. 이 제도에 따라서 아테네 민회에서 칙령안^{psēphismata}을 제안한 사람은 추후에 그것이 민주적 헌정 질서에 위반되거나 아테네 법에 위반된다는 점이 판명될 때 법정에 기소될 수 있다. 민회에서 칙령안을 발의하는 사람은 주로 정치 엘리트들이라는 점을 감안할 때, 이 제도는 아테네 데모스가 자신들의 비전문성을 보완하는 동시에 엘리트를 견제하기 위해 취한 기발한 조치였다고 할 수 있다. 둘째로 법률 제정자[nomothetai]의 구성이 새로워진 점에 주목할 만하다. 이들은 법률을 제정할 권한을 가진 자들인데, 과거 솔론과 같은 전통적인 입법자들이 만들어놓은 법을 정리하는 역할과 새롭게 법률을 제정할 권한도 부여받았다. 그런데 이들이 추첨에 의해 구성되고 보수까지 받게 된 것이다. '4세기 민주주의'가 5세기의 "과격한 민주주의"에 비해 상대적으로 법의 지배를 강조하여 데모스의 직접 지배를 약화시켰다고 보는 이도 있으나(Ostwald 1989), 전체적으로는 '4세기 민주주의' 역시 데모스의 지배라는 기본 원리를 충실히 지켰다고 할 수 있다.[8]

두 세기를 통틀어 핵심적인 민주적 제도는 민회, 위원회, 배심원 법정이라고 할 수 있지만 그 밖에 대중이 엘리트를 견제하고 실질적으로 데모스가 지배 권력을 행사했다는 것을 입증할 만한 제도로 도편추방[ostrakismos], 공적 부조[leitourgia, liturgy]와 재산 교환[antidosis], 자격 검증[dokimasia] 등을 들 수 있다. 도편추방은 잠재적으로 참주가 될 위험성이 있는 인물을 추방하는 제도로 잘 알려져 있다. 그러나 그 절차를 살펴보면 참주 출현의 위험성 여부와는 별도로 철저하게 엘리트를 견제하기 위한 제도였음을 알 수 있다. 이 제도에 따르면, 데모스는 매년 그해에 도편추방을 할 인물이 있는가 여부를 묻고, 만일 과반수가 긍정하면 다시 특정인의 이름을 적어 이름이 제일 많이 적힌 인물은 변론의 기회도 얻지 못한 채 10년간 추방당한다. 추방된 자의 가족은

국가와 윤리

그들이 원하는 도시에 남을 수 있고, 재산도 몰수당하지 않지만 지목된 사람은 어떤 의도를 지녔느냐와 무관하게 데모스의 결정에 무조건 따라야 한다. 이 같은 도편추방제는 분명 엘리트에게 불공정한 측면이 없지 않았다. 그러나 데모스의 지배라는 민주주의 국가 이념을 유지하기 위해 엘리트와 데모스가 동의한 제도다. 아테네의 민주적 국가 이념이 데모스와 엘리트 양측의 시민적 합의에 기반하고 있음을 보여주는 단면이다.[9]

데모스는 또한 아테네의 부자들에게 공적 부조의 의무를 지게 함으로써 엘리트들을 견제했다. 공적 부조는 삼단노선을 건조하거나, 대규모의 비극을 상연하고, 합창단을 구성하는 데 사용된다. 기본적으로 시민과 영주권자들metoikoi이 자발적으로 부조를 제공하지만, 매년 국가가 지정하기도 한다. 공적 부조에 이의가 있는 사람은 다른 사람을 지목할 수 있지만, 떠넘긴 자의 재산이 자신보다 월등히 많다는 것을 확신하지 못하는 한 국가가 지정한 공적 부조를 거부하기 어렵다. 재산 교환 제도에 의해 떠넘긴 사람의 재산과 맞바꿔야 하는 위험이 있기 때문이다. 마지막으로 자격 검증dokimasia이라는 제도가 있다. 이는 아테네 시민의 권리와 의무에 관한 매우 광범위한 영역에서의 자격 심사다. 어떤 젊은이가 군대 교육ephebē을 받을 자격이 있는가에서부터, 위원회 위원이 될 자격이 있는지, 장군직에 출마할 자격이 있는지, 배심원 법정에 소訴를 제기할 자격이 있는지 등을 포함할 수 있다. 이 자격 검증은 아르콘이 위원회 앞에서 진행하지만, 실제로 위원들 중 누구나 발언할 수 있었기에 데모스가 엘리트들에 대해서 영향력을 행사하는 데 적극적으로 활용됐다. 특히 심사 대상자가 어느 정

희랍 고전시대의 국가 이념: 아테네 민주주의를 중심으로

도의 재산을 갖고 있는지, 과거에 공적 부조를 잘 이행했는지, 대중 앞에서 어떤 발언을 했는지까지도 심사 대상으로 삼았으니, 엘리트들은 항상 자격 검증의 위협을 느꼈다고 할 수 있다.

　이와 같은 아테네의 제도들은 어떻게 민주적 국가 이념으로 확립될 수 있었는가? 기본적으로 데모스의 우위를 전제로 데모스와 엘리트가 적절히 협력했기 때문이라고 할 수 있다. 아테네의 민주적 제도들은 데모스로 하여금 소수 엘리트를 통제할 기반을 마련했다. 그러나 이 제도들은 동시에 소수의 엘리트에게도 일정한 역할을 허용했다. 혹자는 오히려 소수의 엘리트가 아테네 정치에서 좀더 큰 영향력을 행사했다고 보기도 한다. 직접민주주의의 특성상 레토릭을 구사할 수 있는 소수의 엘리트가 이른바 데마고그demagogue로서 아테네 정치를 실질적으로 운영했다는 것이다. 그러나 핀리Finley(1962)의 지적처럼, 이들이 대중의 여론을 마음대로 조작했다거나 대중을 실질적으로 지배했다고 보는 것은 아테네에서 레토릭이 작동하는 방식을 제대로 이해하지 못했기 때문이다. 이들의 발언이 영향력을 끼치기 위해서는 대중이 이들의 주장을 신뢰해야 하는데, 대중의 신뢰는 이들의 과거 행적에 기반하기 마련이다. 앞서 살펴본 바와 같이 아테네의 민주적 제도들은 이들의 행적을 여러 단계에서 통제할 수단을 갖고 있었다. 이러한 민주적 제도들은 아무리 유능한 연설가라 해도 철저하게 민주적 국가 이념 안에 묶어둘 수 있었다. 대중은 이들이 공적 부조를 얼마나 성실히 이행했고, 이들의 과거 발언이 얼마나 민주적 국가 이념에 부합했는가에 대한 기억을 갖고 있다. 설령 대중의 기억이 정확하지 않더라도, 엘리트들은 그들 사이의 내부 경쟁으로 인해, 각

　　　　　　　　　　　　　　　　　　　국가와 윤리

자 자신이 민주적 국가 이념에 더 투철하다는 점을 증명하는 데 분주했고, 그러한 과정에서 데모스의 지배는 더 확고해질 수 있었다.

대중 연설은 데모스와 엘리트가 공적인 장에서 공동체의 정책을 결정하는 연결 고리가 된다. 따라서 대중을 설득하는 기술로서의 레토릭은 새롭게 변화된 시대에 엘리트들이 갖춰야 할 필수 능력이 됐다. 아테네 민주혁명 이전의 엘리트들은 자신들 계급 자체의 자질, 예컨대 가계, 혈통, 재산, 개인적인 능력 등을 내세우면서 존재 가치를 확인받았다. 그러나 이제 엘리트는 철저하게 민주적 이데올로기를 반영한 레토릭에 의존해야만 그 존재 가치를 확인할 수 있었다. 엘리트가 레토릭으로 대중을 마음대로 조작할 수 있었다고 보는 전통적인 견해와 달리, 실상 레토릭의 부상은 권력의 중심축이 데모스에게로 이동했음을 의미한다. 페리클레스는 이처럼 전환된 엘리트의 이미지를 반영하는 대표적인 인물이라고 할 수 있다. 페리클레스야말로 민주주의가 국가 이념이라는 사실을 정확하게 의식한 정치 엘리트였다. 사실 페리클레스는 재산과 가계의 혈통 면에서는 전통적인 엘리트와 다르지 않았다. 그러나 그는 변화하는 시대에 대중에게 어떻게 접근해야 하는가를 감지하고 있었던, 즉 새로운 시대의 이데올로기에 잘 적응한 민주적 엘리트라고 할 수 있다.

특기할 만한 것은 데모스도 아테네의 민주적 엘리트를 적극 활용했다는 점이다. 대표적으로 군대와 전투의 전문성을 인정하는 취지에서 아테네는 10명의 장군을 투표로 선출했다. 펠로폰네소스 전쟁 때 걸출한 장군은 대부분 귀족 출신이었다. 이처럼 데모스가 엘리트의 존재를 완전히 부정하는 대신 그들의 능력을 활용할 여유를 가졌

희랍 고전시대의 국가 이념: 아테네 민주주의를 중심으로

던 것은 경제적 불평등에도 불구하고 정치적 평등을 유지할 수 있다는 자신감에서 비롯된 것이다. 민주적 권력기관에 모든 시민이 참여할 수 있고, 심의과정에서 어떤 발언이든 할 수 있는 권리parrhēsia가 주어진 것이 데모스가 갖는 자신감의 원천이다. 이런 상황에서 경제적 강자는 자발적으로 공적 부조에 참여해야 했고, 정치적 야욕을 품었다는 오해를 사지 않도록 스스로 조심해야 했다. 이러한 분위기를 데모스와 엘리트 모두가 공유했으며, 이를 바탕으로 아테네의 국가 이념은 불가피한 경제적 불평등을 용인하면서도 이로 인해 정치적 평등을 훼손시키지 않는다는 인식을 정착시킬 수 있었다. 요컨대, 데모스와 엘리트가 암묵적으로 합의한 민주적 국가 이념을 통해 엘리트는 재력과 전문적 지식 등을 보유하고, 데모스는 이러한 엘리트의 장점을 민주 국가의 유지에 활용할 수 있었던 것이다.

아테네의 민주적 국가 이념이 국내적으로는 데모스와 엘리트의 협력에 기반해 있었다면, 국제적으로는 아테네 제국주의에 의존하고 있었다. 페르시아 전쟁과 펠로폰네소스 전쟁을 겪으면서 아테네는 해군력에 크게 의존하게 됐다. 해군력은 기본적으로 중무장병hoplites 보다는 다수의 노 젓는 병사를 필요로 하므로 재산의 과다와 무관한 데모스의 역할이 중요해졌다(Meiggs 1971). 아테네가 제국으로 성장하면서, 해군력과 데모스의 중요성이 커지고, 이에 따라 데모스 우위의 민주적 제도가 발전하게 된 것은 어쩌면 자연스런 일이다(Finley 1978). 아테네 제국은 또한 데모스가 경제활동을 하는 대신 정치에 참여할 수 있도록 하는 재정적 지원의 원천이 됐다.

국제정치적 요인은 물질적 차원에서뿐만 아니라, 아테네에서 민주주의가 국가 이념으로 부상하게 된 데에도 결정적인 영향을 미쳤다. 페르시아 전쟁과 펠로폰네소스 전쟁은 아테네인들로 하여금 자유를 추구하는 것은 단지 국내적으로 민주정을 유지하는 것에 그치지 않고 국제적으로도 그 정체가 안정적으로 유지될 여건을 확보해야 한다는 사실을 각인시켰다. 페르시아에 굴복하는 것은 단지 아테네가 외부 세력에 굴복함을 의미하는 게 아니라, 전제정이었던 페르시아의 정체에 굴복하여 개인의 자유와 평등을 보장하던 아테네 민주정이 이를 억압하는 전제정으로 바뀌는 것을 의미했다. 펠로폰네소스 전쟁에서 패배한 아테네는 곧바로 스파르타에 의한 괴뢰 정부인 30인의 과두정을 허용해야만 했다. 아테네인들에게 국가의 자유는 개인의 자유를 확보하기 위한 전제 조건으로 여겨졌다. 이러한 경험은 아테네인들로 하여금 민주주의를 국가 이념으로 삼고 있는 아테네에 대한 충성심을 고취시켰다. 이런 맥락에서 국가 이념으로서의 아테네 민주주의는 데모스의 방종과 변덕을 자극한 것이 아니라, 국가에 대한 충성과 이에 걸맞은 절제, 경건함, 질서, 용맹; 즉 광범위한 의미의 '인간적 덕성andragathia'을 이끌어냈다고 할 수 있다(cf. Balot 2009).

　이러한 국제정치적 요인과 결부되어, 아테네의 민주적 국가 이념은, 전통적으로 개인의 타고난 자질에 의해 결정되는 것으로 여겨졌던 소위 귀족적 덕nobility을, 시민이기만 하면 누구나 국가에 충성함으로써 획득할 수 있는 민주적 덕성으로 전환시켰다. 이런 의미에서 아테네의 국제정치적 상황은 전통적으로 귀족적이며 개별적인 자질로 여겨져온 덕arete을 데모스에게까지 확대하는, 즉 집단적 덕으로 대하는 데 기여했다고 할 수 있다.[10] 아테네인들이 공동체에 대한 충

　　　　　희랍 고전시대의 국가 이념: 아테네 민주주의를 중심으로

성심eunoia이나 애국심을 개인의 탁월성과 연결시켰다는 것은, 오늘날 우리가 상상하는 바처럼, 국가에 대한 맹목적 충성심을 최고의 미덕으로 간주했음을 의미하지 않는다. 아테네인들에게 요구되는 충성심이란 단지 그들 조국의 일이므로 개인이 무조건 희생하고 헌신해야 한다는 것이 아니라, 고상한 이념(예컨대 자유와 평등)을 실현하기 위해서 공동체의 일에 관여해야 한다는 것을 의미했다(cf. McIntyre 1995: 210-211). 요컨대 민주주의가 아테네의 국가 이념이 되면서, 민주주의는 단지 데모스가 권력을 쥐고 있는 정체의 유형이 아니라 민주국가의 시민으로서 개인적으로도 탁월성을 발휘할 수 있는 고상한 이념이 된 것이다. 즉 아테네 민주주의가 국가 이념으로 자리 잡으면서 한편으로는 엘리트를 적절히 통제하면서 다른 한편으로는 데모스들도 민주적으로 재정의된 탁월성을 함양할 수 있는 기회를 얻은 것이다.

그러나 국가 이념으로서의 아테네 민주주의가 이처럼 항상 긍정적으로만 작동했던 것은 아니다. 전쟁은 아테네의 데모스가 인간적 덕성을 발휘할 여건을 제공하지만, 동시에 데모스와 엘리트 간의 파행적 관계를 야기하고 마침내 민주적 국가 이념을 파괴하는 결과를 낳는 데에도 일조했다. 민주적 국가 이념에 따르면, 기본적으로 엘리트의 능력은 민주적 시민으로서의 공적 기여를 넘어 개인적인 탁월성을 과시하는 방식으로 발휘되는 것을 허용하지 않는다. 그러나 전쟁은 때로 이와 같은 민주적 국가 이념을 위반하는 엘리트가 데모스의 지지를 얻는 상황을 만들어내기도 한다.

투키디데스는 전쟁이 아테네의 민주적 국가 이념을 어떻게 타락시켰는가를 역사적으로 예시한다. 역사가로서 투키디데스는 민주적 국가 이념의 타락이 돌이킬 수 없는 과정이라고 암시한다. 이런 의미에서 그가 진단한 아테네의 민주적 국가 이념의 타락은 기본적으로 비극적이다. 반면 플라톤은 아테네의 민주적 국가 이념의 자기파괴적 속성을 극복하고, 민주적 국가 이념이 엘리트와 데모스의 선순환적 관계를 통해 긍정적 측면을 회복하는 데 필요한 조치를 처방했다. 이제 다음 장에서 민주적 국가 이념의 타락에 관한 투키디데스의 진단과 플라톤의 처방을 좀더 자세히 살펴보자.

3__ 민주적 국가 이념의 타락

|1| 투키디데스의 진단

투키디데스의『펠로폰네소스 전쟁사』는 아테네 민주주의가 특히 대중-엘리트 관계를 중심으로 어떻게 운영되는가를 조망할 수 있게 한다. 투키디데스는 엘리트의 연설과 이에 대한 데모스의 반응을 기술함으로써 어떤 경우에 민주적 국가 이념이 선순환적으로 작동하고, 어떤 경우에 타락했는가를 말해준다. 투키디데스에게 민주적 국가 이념이 가장 잘 작동한 이상적인 모델은 페리클레스 시기의 국가 이념이다. 페리클레스의 국장연설문 epitaphios 11은 아테네의 전형적인 민주적 국가 이념이 엘리트와 데모스를 포함한 아테네 시민 전체에 공유되고 있음을 확인시켜준다.

이 연설에서 페리클레스는 아테네 정체가 지닌 우월성을 강조하고 시민에게 자부심을 고취시켜 전시戰時에 애국심을 발휘할 것을 독려한다. 우선 아테네의 정체가 민주정체임을 확인하고, 그것의 요체는 단순히 다수의 대중 지배에 있는 것이 아니라, 사적 영역에서의 자유, 관용, 법 앞의 평등isonomia, 공적 영역에서 법의 지배와 능력 존중이라고 지적한다.[12] 페리클레스는 또 아테네의 교육과정과 군사훈련이 스파르타에 비해 대단히 자유로우며 외국에 개방적이라는 사실도 지적한다.[13] 특별히 주목할 만한 것은 지금까지 취해온 대외적인 선행과 외교 그리고 문화적 속성 등에 비춰볼 때, 아테네가 그리스 세계의 학교로 추앙받고 있다고 언급하는 부분이다(Thuc.2.41). 아테네가 다른 나라로부터 존경받는 것은 부유하거나 패권을 갖고 있기 때문이 아니라, 다른 나라가 존경할 만한 보편적(?) 가치를 지향하기 때문이라는 주장이다. 적어도 이 연설에서 발견되는 아테네의 민주적 국가 이념은 맹목적 애국주의나 배타적 국가주의를 지향하고 있지 않다. 앞서 확인했듯이 국내적으로 아테네의 민주적 국가 이념은 공적 영역과 사적 영역을 분리함으로써 공적 영역에서는 적극적인 정치 참여를 독려하는 한편, 사적 영역에서는 개인적인 가치 추구를 존중한다. 대외적으로 아테네의 민주적 국가 이념은 개방성을 띨 뿐 아니라, 아테네의 국익을 배타적으로 추구하는 것 이상의 보편적인 가치를 어느 정도 지향한다.

　　페리클레스 국장연설은 아테네의 민주적 국가 이념이 페리클레스라는 엘리트와 데모스 사이에서 완벽하게 합의되고 있음을 보여주는 표본이다. 페리클레스는 현실에서도 민주적 국가 이념을 충실히 따른 인물이다. 그는 좋은 집안에서 태어나 수년간 장군으로 선출되었으며 상당한 재력을 가진 엘리트였다. 한편 그는 그에 상응하는 상당한 공적 부조를 제공했으며, 펠로폰네소스 전쟁 시에는 외곽의 농지를 버리고 도시의 성으로 들어와 지연 작전을 펴는 전술로 스파르타의 공격을 적절히 막아낸 공훈도 있다. 사실 이 전술은 아테네의 중산층 hoplitēs(중무장병)과 데모스에게도 상당히 부담스런 전술이었다. 그럼에도 불구하고 이것이 성공할 수 있었던 이유는 페리클레스 자신이 가장 큰 경제적 손실을 감내했고, 엘리트와 데모스가 절묘한 균형 속에서 민주적 국가 이념을 온전히 수용했기 때문이다.

투키디데스는 전쟁이 진행되면서 불가피하게 이 같은 절묘한 균형이 깨지고, 민주적 국가 이념의 부정적 측면, 즉 엘리트와 대중의 파괴적 관계가 드러나는 국면을 맞이하게 된다는 점을 경고한다. 투키디데스가 제시하는 타락한 민주적 국가 이념의 전형은 아테네가 시켈리아 원정을 결정할 즈음 유능한 장군 중 한 명이었던 알키비아데스와 데모스의 관계를 통해서 나타난다. 기원전 415년 아테네 민회는 세게스타의 요청에 의해 시켈리아 원정에 관한 결정을 심의한다. 연설자로 나선 이는 니키아스와 알키비아데스였는데, 알키비아데스는 자신의 사적인 명예욕을 추구하기 위해 원정에 가장 열성적이었다. 적어도 표면적으로는 그도 공공선을 내세웠다. 다만 자신의 개인적인 명예의 추구가 곧 아테네에도 이익이 된다고 주장함으로써 사적 이익과 공적 이익의 관계를 역전시켰다.[14] 그가 개인적인 명예를 추구하는 과정에서 드러난 허영이 다른 나라로 하여금 아테네에 그럴 만한 국력이 남아 있다고 믿게끔 할 수 있다는 것인데, 알키비아데스 본인의 명예가 곧 아테네에 대한 대외적인 위상을 높여준다는 판단은 다분히 자신의 사적 이익을 우선시한 주관적인 판단에 불과하다. 이러한 알키비아데스의 태도는 결코 데모스의 우위를 전제로 한 민주적 국가 이념에도 부합하지 않는다.[15] 그뿐만 아니라, 알키비아데스는 은근히 대중으로 하여금 아테네 제국의 확대를 부추기는 발언을 한다.[16]

그에 따르면, 제국의 지위를 완전히 포기하기 전에는 제국을 유지하기 위해서 끊임없이 팽창적 태도를 지닐 수밖에 없다는 것이다. 이를 통해 알키비아데스는 자신의 몰염치hubris를 아테네 시민 전체의 몰염치와 일치시키기를 원한 것 같다. 그는 이미 민주적 국가 이념으로부터 한발짝 벗어나 있다. 그런 알키비아데스가 대중을 선동하는 데 성공했고, 결국 아테네의 데모스가 시켈리아 원정을 결정했다는 것은 데모스 역시 공적 영역에서 공공선을 우선시하는 민주적 국가 이념을 저버렸다는 것을 의미한다. 알키비아데스의 주장을 받아들여 시켈리아 원정을 결정했음에도 당시 장군으로서 가장 능력을 지녔다고 평가받던 알키비아데스를 곧바로 소환한 것은, 데모스들의 결정이 공공선이 아니라 데모스의 사적 이익에 기초한 것이었음을 방증한다. 엘리트로서 알키비아데스의 타락은 아테네 데모스의 타락과 동전의 양면을 이루며, 민주적 국가 이념이 전반적으로 타락했음을 반영하는 것이다.

그렇다면 민주적 국가 이념이 안정적으로 유지될 수 있는 비결은 없는가? 투키디데스는 전쟁사를 저술한 역사가로서는 이례적으로 페리클레스와 알키비아데스에 대한 대조적 평가를 내리면서 민주적 국가 이념이 성공적으로 유지될 수 있었던 요인은 페리클레스와 같이 덕 있는 엘리트가 존재했기 때문이라고 암시한다(Thuc.2.65; Thuc.6.15).[17] 투키디데스의 지적처럼 페리클레스는 분명 민주적 국가 이념을 정교화하고 데모스에게 전파할 영향력을 지닌 엘리트였다. 그러나 페리클레스라는 존재가 아테네의 민주적 국가 이념을 성공적으로 유지하는 데 얼마나 기여했는가에 대해서는 이론의 여지가 있다. 투키디데스는 전쟁이 진행되면서 누가 먼저라고 하기 어렵지만, 엘리트와 데모스의 타락이 불가피하게 진행된 것으로 파악한다. 따라서 알키비아데스와 같이 타락한 엘리트가 출현하는 것은 결국 시간문제다. 이런 맥락에서 알키비아데스라는 특정 인물에게 아테네의 민주적 국가 이념의 타락에 모든 책임을 물을 수는 없다. 또한 이런 의미에서 아테네 제국의 쇠퇴는 특정 엘리트의 타락이나 이에 편승한 데모스의 타락 때문이 아니라, 민주적 국가 이념이 전반적으로 쇠퇴한 결과라고 봐야 한다. 투키디데스를 이렇게 해석하면, 그는 아테네의 민주적 국가 이념의 유지에 대해서 비교적 비관적인 입장을 취한 것으로 보인다. 페리클레스를 중심으로 민주적 국가 이념이 성공적으로 유지되는 시점이 있었지만, 전쟁이 진행되면서 민주적 국가 이념의 타락은 불가피하다는 것이다. 투키디데스의 역사 서술에서 페리클레스와 같은 엘리트를 다시 찾을 수 없다는 것도 투키디데스의 비관적 입장을 입증한다. 그렇다면 아테네의 민주적 국가 이념의 타락을 돌이킬 길은 없는가? 혹은 민주적 국가 이념의 타락을 미연에 막거나 지연시킬 만한 처방은 존재하지 않는가? 다음 단락에서는 이런 문제의식에 대한 플라톤의 대답을 검토하고자 한다.

희랍 고전시대의 국가 이념: 아테네 민주주의를 중심으로

|2| 플라톤의 처방

플라톤이 아테네 민주주의에 대해 처방을 제시했다는 것은 꽤 낯선 주장이다. 플라톤에 대한 전통적인 해석은 그가 반민주적 입장을 견지했다고 보기 때문이다. 플라톤의 텍스트는 이런 해석을 쉽게 뒷받침한다. 그는 『국가』에서 민주주의의 관용이 범죄자에게까지 허용되고(558a), 도덕 교육에 대한 관심이 희박하다고 지적한다(558b). 또 지나친 욕구의 추구로 인한 무질서한 시민성이 민주정체의 특성이라고 간주한 바 있다(561b-d). 국가를 배에 비유한 일화는 플라톤의 민주주의 폄하 입장을 대변하는, 비교적 널리 알려진 것이다.

> 선주가 덩치나 힘에 있어서는 그 배에 탄 모든 사람보다 우월하지만, 약간 귀가 멀고 눈도 마찬가지로 근시인 데다 항해와 관련된 다른 것들에 대해 아는 것도 그만하이. 한데, 선원들은 키의 조종과 관련해서 서로 다투고 있네. 저마다 자기가 키를 조종해야만 한다고 생각해서지. 아무도 일찍이 그 기술을 배운 적이 없고, 자신의 선생을 내세우지도 못하며, 자신이 그걸 습득한 시기도 제시하지 못하면서 말일세. (…) 그러면서도 이들은 언제나 이 선주를 에워싸고서는 자신들에게 키를 맡겨주도록 요구하며 온갖 짓을 다 하네. 그리고 때로 자신들은 설득에 실패하고 오히려 다른 사람들이 설득에 성공하기라도 하면, 그들을 죽여버리거나 배 밖으로 던져버리거나 하네. 그러고선 점잖은 선주를 최면제나 술 취함 또는 그 밖의 다른 것으로 옴짝달싹 못하게 한 다음, 배 안에 있는 것들을 이용해서 배를 지휘하네…… 이들은 참된 키잡이와 관련해서 이런 사실을 알지도 못하

국가와 윤리

네. 즉 그가 참으로 배를 지휘하기에 적절한 사람이 되려면, 한 해와 계절들, 하늘과 별들, 바람들, 그리고 그 기술에 합당한 온갖 것에 대해 마음을 쓰는 게 그에게 있어 필연적이라는 걸 말일세……. 이런 일들이 배에서 일어나고 있다면, 정작 조타술에 능한 사람은 이런 상태에 있는 배를 탄 선원들한테서 영락없는 천체 관측자나 수다꾼으로, 그리고 자신들에게는 쓸모없는 사람으로 불릴 것이라네(『국가』, 488b~489a).

그런데 플라톤이 대중을 폄하하는 발언을 삽입한 것이 곧바로 그 자신이 대중에 대해 그러한 태도를 지녔기 때문이라고 단정하긴 어렵다. 그렇다고 플라톤이 대중을 무한히 신뢰했다거나 맹목적인 민주주의자라고 할 수는 없다. 그러나 여기서 주목하고자 하는 것은 플라톤이 당시 아테네의 민주적 국가 이념을 존중하고, 그 문제점을 해결해보려는 의도를 가질 수 있었다는 점이다. 이런 해석은 기존 해석과는 배치되므로 논증이 필요하다. 논증에 앞서 결론부터 말하자면, 플라톤이 대중을 폄하하는 듯한 태도를 보이는 것은 역설적으로 자신과 같이 대중에게 그들의 결함을 대담하게 지적하는 엘리트의 필요성을 강조하기 위함이라는 것이다. 물론 플라톤 자신이 이런 정치 엘리트는 아니었다. 대신 그는 대중이 어떤 엘리트를 선택해야 하고, 또 정치 엘리트는 어떤 목표를 세워야 하는가를 설득하고자 했다는 것이다. 뒤에서 설명하겠지만, 이런 설득과정에서 플라톤은 정치와 상당 정도 거리를 두고 있는 철학자의 역할도 민주적 국가 이념 안에 포함시키고 있다.

희랍 고전시대의 국가 이념: 아테네 민주주의를 중심으로

소크라테스는 『고르기아스』에서 사실상 세 종류의 정치가를 대비시킨다.[18] 첫째는 아첨kolakeia으로 시민을 만족시키면서 자신의 사적 이익만 추구하는 최악의 정치가다. 둘째는 시민을 적당히 만족시키면서 공공선을 달성하는 정치가다. 셋째는 시민을 만족시키는 데는 익숙하지 않지만 시민의 영혼을 개선하여 이들을 더 낫게 만들 수 있는 정치가다. 이 셋째 유형의 정치가가 현실에서 어떤 형태로 나타날지는 분명하지 않지만, 소크라테스는 바로 이 유형만이 "진정한 정치가"로 불릴 수 있다고 말한다. 일반적으로 "진정한 정치가"라고 하면, 공공선을 추구하는 둘째 유형을 의미한다. 이런 관점에서 『고르기아스』에서 칼리클레스는 "진정한 정치가가 누구냐"라는 소크라테스의 질문에(503a) 대해 현재로서는 그런 훌륭한 정치가를 찾을 수 없지만, 과거에는 "테미스토클레스, 시몬, 밀티아데스, 페리클레스와 같은 훌륭한 정치가가 있었다"고 답한다. 이들은 모두 갖은 어려움을 무릅쓴 채 군함을 건조하고 방벽을 쌓는 등 당시 아테네의 공공선에 기여한 것으로 아테네인들에게 잘 알려진 인물이다. 소크라테스는 이들이 자신의 사사로운 이익을 위해 대중에게 아첨만 일삼는 정치가와는 구분된다는 점을 인정한다. 그러나 이들이 영혼의 개선과 조화의 관점에서 시민을 "더 낫게 만들지" 못한다는 점에서 결코 진정한 정치가가 될 순 없다고 역설한다. 공공선만 추구한다고 해서 진정한 정치가는 아니라는 것이다. 페리클레스가 제공한 공공선은 결코 무시할 만한 것이 아니다. 그는 아테네의 안보를 위해 적절한 조치를 취했으며, 시민을 민주적 국가 이념 아래 결속시켰다. 플라톤이 이런 가치를 무시할 정도로 순진한 인물은 아니다. 그럼에도 불구하고 무리

한 방법을 동원해 페리클레스를 비난하는 이유는 둘째 유형의 정치가를 동경하는 사람들에게 경고의 메시지를 전달하기 위함이라고 볼 수 있다(박성우 2014).

먼저 공공선을 추구하는 듯 보이는 정치가들이 언제 돌연 사적 이익을 추구하는 이로 변질될지 모를 우려가 있다. 설득에 성공하기 위해서는 권력자의 구미에 맞는 정책을 내놓아야 하는데, 데모스에게 칭송받는 정치가가 됐다는 것은 이들의 변덕스런 욕구에 비위를 맞췄다는 것을 의미한다. 이런 비난은 페리클레스에게는 다소 부당한 것일 수 있다. 하지만 여기서 플라톤이 전달하려는 논지는, 공공선의 달성만 목표로 두면 누가 진정으로 공공선을 달성할 수 있는 정치가인지를 구분하는 게 혼란스러워진다는 것이다. 다소 무리한 방식으로 페리클레스를 비난하는 또 다른 동기는, 둘째 유형의 정치인을 칭송하는 데모스 자신의 내면을 성찰하게 하려는 것이다. 이들은 표면적으로는 공공선의 달성을 진정한 정치가의 기준으로 삼고 있지만, 내면적으로는 그러한 공공선이 달성되는 데 필요한 권력의 획득에 주목하고, 바로 그런 의미에서 수사학의 힘에 대한 동경을 갖고 있다고 할 수 있다(박성우 2014). 이렇게 수사학의 힘을 동경하는 이들은 공공선을 추구하는 정치가가 돌변하여 사적 이익을 추구해도 이를 감지하지 못할 뿐 아니라, 어느 순간 자기도 모르게 권력지향적 정치가를 지지하게 된다. 시켈리아 원정을 심의하던 아테네 의회에서의 상황과 같이, 페리클레스를 지지하던 데모스가 어느덧 알키비아데스처럼 타락한 정치가를 지지하는 사태가 벌어질 수 있는 것이다. 정치 공동체에 살고 있는 한, 엘리트나 데모스를 막론하고 국가 안보와 같은

희랍 고전시대의 국가 이념: 아테네 민주주의를 중심으로

공공선을 추구해야 하는 것은 당연하다. 그러나 공공선의 추구를 국가가 취해야 할 최고의 가치로 여기면, 그 순간 국가는 타락의 위험성에 노출된다는 것이 플라톤의 경고다. 특히 민주주의를 이념으로 삼은 국가는 엘리트와 데모스가 서로 타락을 유인하여 부지불식간에 국가 전체의 타락을 초래할 수 있다.

이러한 위험에서 벗어나기 위해 플라톤은 공공선의 정치를 초월하는, 진정한 정치인의 새로운 이미지를 제시한 것이다. 그가 말하는 진정한 정치인은 민주적 기관에서 데모스를 직접 대면하는 일반적인 정치인과 구분된다. 『고르기아스』에서 소크라테스 자신이 진정한 정치인이라고 선언하는 것을 보면, 플라톤에게 진정한 정치인은 사실상 현실 정치와는 거리를 둔 철학자를 의미한다. 이들은 공공선을 초월한 좀더 고상하고 보편적인 가치에 정치의 목적을 둠으로써, 둘째 부류의 정치가들이 첫째 부류의 정치가로 타락하는 것을 막고, 데모스가 두 유형의 정치가를 혼동하지 않도록 하는 데 도움을 줄 수 있다. 현실 정치와 거리를 둔 철학자를 적어도 선언적인 차원에서 진정한 정치가로 설정해두는 것은 역설적으로 정치의 목적을 공공선의 달성에 묶어두기 위한 수단이다. 철학자가 정치 엘리트를 직접 강제하거나 지도할 수는 없다. 대신 데모스로 하여금 정치 엘리트들이 어떤 것을 정치의 목적으로 설정해야 하는가를 예시해주는 역할을 할 수는 있다. 데모스가 철학자를 정치 공동체의 일원으로 인정한다는 것은 철인의 직접적인 지배를 인정하는 것이 아니라, 철인이 지향하는 보편적 가치의 중요성을 받아들이는 것이다. 이러한 분위기에서 데모스는 정치 엘리트들 중에서 이 같은 철학적 성향을 지닌 이들을 선택하는 쪽으로 기울고 그것이 곧 민주적 국가 이념의 타락을 저지할 수 있는 길이 될 수 있다.

이렇게 보면, 플라톤은 아테네 민주주의에 어느 정도 자정능력이 있다고 보고, 이를 보완하기 위한 방편으로 정치철학의 필요성, 철인의 필요성을 역설했다고 할 수 있다. 이런 해석에 따르면, 플라톤의 정치철학과 아테네 민주주의는 상보적 측면이 있다. 그러나 플라톤 정치철학에 이처럼 민주주의와 조화로운 측면만 존재하는 것은 아니다. 주지하듯이 플라톤은 정치철학의 본질 속에는 불가피하게 민주주의와의 갈등 요소가 내재함을 강조한다. 그런데 이러한 강조는 대중을 대상으로 하기보다는 잠재적 철학자들을 대상으로 한 것이라 할 수 있다. 즉, 철학자의 자질을 갖춘 이들에 대해서는 철학적 삶이 최선임을 재확인하고자 했던 것이다. 그럼에도 불구하고 아테네 민주주의 이데올로기 안에서 철학자의 긍정적인 역할을 제시했다는 점은 특기할 만하다.

혹자는 플라톤 정치철학의 궁극적인 목적은 무엇보다 철학자가 생존할 방안을 모색한 것이라고 주장하기도 한다(ex. K. Popper, Leo Strauss). 이런 해석이 옳다면, 플라톤의 정치철학은 철학과 정치 공동체와의 궁극적인 조화를 모색했다기보다 철학자의 생존과 철학적 삶을 긍정하기 위한 수단으로 정치를 활용한 것에 불과하다. 플라톤이 『국가』에서 민주주의에 대한 처방을 내리고 있다지만, 그것은 민주주의의 개선을 목적으로 한다기보다 철학자의 생존과 철학적 삶만 긍정하는 '철학제일주의' 혹은 '철학이기주의'에 기초해 있다고 비판할 수 있다. 그러나 이러한 철학자의 존재가 아테네 민주주의를 더 건설적으로 만들고 개선하는 결과를 낳는다면 플라톤에게 어느 것이 일차적인 의도이고 어느 것이 부차적인 의도였는가를 따지는 것은 교조적 플라톤 연구자들이 아니라면 크게 중요하지 않을 듯싶다. 민주주의에서 철학자가 기여할 바를 밝히는 일이 민주주의의 개선 자체에 목적을 둔 것이 아니더라도 결과적으로 그 개선에 시사점을 제공한다면, 충분히 긍정적으로 평가할 여지가 있기 때문이다.

4__플라톤의 처방에 대한 '투키디데스'의 동참

플라톤의 처방을 긍정적으로 받아들인다고 하더라도 철학자의 존재를 전제로 한 그 처방은 대단히 추상적이고 사변적이다. 이들의 존재를 전제로 데모스는 과연 민주적 국가 이념의 타락을 막을 수 있을까? 구체적으로 예시하기는 어렵다. 다만 투키디데스가 묘사하고 있는 미틸레네의 사례를 통해서 데모스가 실제로 보편적 가치를 지향하는 정책을 선택할 가능성을 발견할 수 있다. 미틸레네의 사례는 시기적으로 시켈리아 원정보다 앞선 사건이므로, 민주적 국가 이념의 타락 이전이라고 할 수 있다. 그러나 여기서는 플라톤의 처방이 구체화될 가능성을 타진한다는 차원에서 투키디데스를 플라톤의 구상에 동참시키고자 한다.

기원전 427년 여름, 아테네인들은 레스보스에서의 반란을 꾀한 미틸레네인의 운명을 결정하기 위한 민회를 열었다. 아테네인들은 이즈음 전쟁 4년째에 접어들면서 침공과 역병으로 끔찍한 고난을 겪고 있었다. 미틸레네의 반란과 이오니아에 대한 스파르타 함대의 침투로, 민회에 참석한 아테네인들은 생존에 대한 공포와 더불어 자신들을 위험에 처하게 한 사람들에 대한 분노로 들끓었다. 이런 분위기 속에서 민회는 미틸레네의 모든 성인 남성을 죽이고 여자와 아이들은 노예로 팔자는 클레온의 의견을 수용했고, 삼단노선을 파견해 파케스에게 판결을 즉시 이행하라고 명령했다. 아테네인들은 이러한 결정을 후회하고 전날의 결정을 재고하기 위해 다음 날 민회를 소집했다. 투키디데스는 이 두 번째 민회에 주목한다. 두 번째 민회에서 진행된 클레온과 디오도토스의 연설의 대비 및 그 결과로 데모스가 디오도토스의 손을 들어준 것을 통해서 투키디데스는 아테네 민주주의의 국가 이념이 플라톤적 처방을 수용할 수 있음을 시사한다.

클레온은 자신이 주장한 바를 재고하고자 두 번째 민회가 열린 것 자체에 대해 불만을 터트리는 것으로 연설을 시작한다 (Thuc.3.37.1). 그것은 곧 아테네 민주정의 근본적인 한계를 지적하는 것을 의미한다. 클레온이 가장 경계하는 것은 한번 결정한 사항에 대해 자신감이 없고 국가의 법을 제대로 실행하지 못하는 것이다. 따라서 좋은 법을 세우는 일이 중요한 게 아니라, 나쁜 법이라도 강력하게 유지하는 일이 더 중요하다고 주장한다(Thuc.3.37.3). 다음으로 국가를 위해서는 "무절제한 영리함"보다 건전한 상식을 가진 무식이 더 도움이 된다고 보고, 평범한 사람들이 영리한 사람들보다 국가를 더 잘 다스린다고 주장한다(Thuc.3.37.3). 클레온은 여기서 정치 엘리트의 사적 이익 추구를 경계하고 대중의 현명한 판단을 신뢰하는 듯하다. 이런 맥락에서 클레온은 민주정 하에서 자신의 사적인 공명심으로 공공선을 그르치는 정치 엘리트를 비판한다.[19] 결국 민주정 아래에서 정치 엘리트의 공명심으로 인한 폐해가 민주정의 근본적인 문제이며, 이러한 폐해는 대중의 판단에 결함이 있기 때문이라는 주장이다.

이어서 클레온은 미틸레네인들을 엄격히 처벌해야 하는 근거를 제시한다. 미틸레네인들이 아테네의 강압적 통치를 견디지 못해서, 혹은 적의 사주를 받아서 반란을 일으킨 것이 아니라, 아테네인들이 누구보다도 그들을 존중했고, 그들이 적에게 사주를 받지 않았음에도 불구하고 자발적으로 반란을 일으킨 점을 들어 이들을 응징하는 게 정당하다는 것이다. 또한 미틸레네인들 중에서 과두제 지지자들만 처벌하고 민중은 용서해줘야 한다는 주장에 대해서도, 이들이 진정 아테네 편에 섰더라면 도시를 장악할 수 있었을 텐데, 이보다는 과두제 지지자들과 합력하여 암묵적으로 아테네에 대항하는 반란에 가담했다고 보고 이들을 모두 처벌해야 한다고 주장한다(Thuc.3.39.6). 또한 클레온은 미틸레네인들을 즉각적으로 가혹하게 응징함으로써 동맹국들로 하여금 걸핏하면 반란을 일으키는 것을 막을 수 있다고 주장한다(Thuc.3.39.7).

민주적 심의의 관행을 비판하는 것으로 연설을 시작한 클레온과는 반대로 디오도토스는 이런 민주적 관행을 칭송하는 것으로 시작한다. 디오도토스는 우선 졸속과 분노로 인해 현명한 결정을 그르치는 것을 경계한다(Thuc.3.42.1). 또한 디오도토스는 훌륭한 시민이 정치 엘리트로 하여금 건전한 연설을 하게끔 하는 요인이라고 말한다. 즉 "훌륭한 시민은 반대론자들을 겁주어서는 안 되고 공정한 토론을 통해 자신이 더 훌륭한 연설가임을 입증해야" 하며, "현명한 국가 또한 가장 훌륭한 조언자들의 명예를 특별히 높여주지도 않고, 그들이 이미 갖고 있는 명예를 박탈하지도 않을 것이며, 누군가의 조언이 받아들여지지 않는다 해도 그를 처벌하지 않는 것은 물론이요 불명예를 안겨주는 일도 없을 것"이라고 한다(Thuc.3.42.5). 이럴 때, 성공한 연설가는 "더 높은 명예를 바라고 인기를 끌기 위해 신념에 배치되는 발언을 하려 하지 않을 것이고, 성공하지 못한 연설가도 아부하는 발언을 통해 군중의 환심을 사려 하지 않을 것"이라고 한다(Thuc.3.42.6). 디오도토스는 이처럼 바람직한 연설가를 길러낼 수 있는 조건에 비춰볼 때 아테네의 현재 상황은 정반대라며 개탄한다. 그 결과 "최악의 정책을 권하는 연설가도 속임수로 민중의 환심을 살 수 있듯이, 훌륭한 조언을 하는 사람도 신임을 받으려면 거짓말을 하지 않을 수 없다"고 한다. 디오도토스에 따르면, 현재 여건에서 도시에 이익을 주려면 어느 누구도 속임수를 쓰는 것이 불가피하다고까지 말한다(Thuc.3.43.2-3).

이처럼 아테네 민주주의에 대한 비판적 견해를 제시한 뒤, 디오도토스는 자신이 전날 내세웠던 미틸레네 처리 문제에 관한 입장을 재확인한다. 기본적으로 디오도토스는 자신의 주장이 정의와 관련되기보다 아테네 제국의 미래 이익과 관련된 사안이라고 설파한다. 이러한 대원칙을 확인한 뒤, 그는 과두정 가담자들만 처벌하는 것이 아테네 제국의 미래 이익에 부합한다고 주장한다. 첫째, 누구나 실수를 하게 마련인데 실수를 범했을 때 기회를 주지 않고 최고의 엄벌인 사형을 내린다고 해서 범죄가 줄지는 않는다는 것이다. 따라서 사형의 효과를 과신해서는 안 되며, 둘째, 회개하고 자신의 잘못을 보상할 기회를 주지 않음으로써 반역자들에게 중도에 계획을 포기할 기회를 박탈해서는 안 된다는 것이다(Thuc.3.46.1). 따라서 미래의 동맹국들 중 행여 반란을 꾀하는 국가가 생긴다면, 이들은 성공할 가망이 없다는 것을 알고는 배상금을 지불하고 공물을 바칠 능력이 있는 한 항복할 가능성이 있는데, 이것이야말로 아테네의 미래 이익에 부합하는 일이라는 것이다(Thuc.3.46.2).

민회의 데모스는 디오도토스의 손을 들어줬다. 그의 유화적 외교appeasement 정책이 클레온의 억지 외교deterrence 정책보다 아테네의 국익에 더 부합한다고 판단했기 때문인가? 억지와 유화, 두 가지 상반된 외교 정책을 제3국이 어떻게 받아들일 것인가는 상황에 따라 다른 결과로 이어질 가능성이 높다. 당시의 아테네도 어느 쪽이 실질적으로 아테네의 국익에 더 부합하는가를 판단하기 어려웠을 것이다. 그렇다면 두 사람 중 디오도토스의 연설 스타일이 민주적 국가 이념에 더 부합했기 때문에 데모스가 그의 손을 들어준 것인가? 클레온이 연설 전반부에서 민주정에 대한 불만을 토로한 것은 사실이다. 그러나 그는 자신이 민주적 국가 이념을 신봉한다는 것을 잊지 않고 선언했다. 디오도토스도 기본적으로는 민주적 국가 이념을 벗어나지 않았으나, 민주적 심의과정에서 연설자와 청중의 문제점을 지적하고, 대중을 설득하기 위해서는 불가피하게 거짓말을 하지 않을 수 없다는, 데모스가 듣기 거북해하는 이야기까지 언급했다. 이렇게 보면, 민주적 국가 이념의 차원에서 둘의 우열을 가리기는 어렵다.

데모스가 디오도토스 쪽을 선호한 근본적인 이유는 그의 정책이 클레온의 잔인한 처분보다 인도주의적이었기 때문이라고 추정하

국가와 윤리

는 것이 타당하다. 혁명으로 인해 아테네를 배신하게 된 미틸레네에 대해서 혁명에 가담했는가의 여부와 관계없이 제3국에 본보기로 삼기 위해 모든 남성 시민을 죽이고 부녀자를 노예로 삼는 것은 비인도주의적인 처사다. 아테네인들이 이 문제를 재심에 부쳤다는 것 자체가 비인도적 결정에 대한 아테네인들의 후회를 반영한 것이다. 표면적으로 디오도토스의 논지는 아테네의 국익에 호소하는 듯하지만, 정작 아테네 데모스의 마음을 움직인 것은 아테네인들의 인도주의적 동기였다고 할 수 있다. '역사적 사실'의 관점에서는 실제로 미틸레네인들이 클레온의 처분을 받아 마땅하다고 할 수 있다. 혁명에 가담했는지 여부와 무관하게 미틸레네인들의 의중으로는 이참에 스파르타로 동맹을 갈아타서 레스보스에서의 영향력을 확대하고 나름 해상 세력으로서의 입지를 넓혀가려고 했을지 모른다. 그러나 투키디데스가 이 사건을 서술한 방식은 아테네가 결국 인도주의적 가치를 충족시키는 디오도토스의 입장을 따른 것이 합리적이었다는 인상을 강하게 남긴다.

미틸레네의 사례는 디오도토스와 같이 보편적 가치를 지향하는 정치인이 민주적 국가 이념하에서 영향력을 발휘할 가능성을 보여줬다. 클레온이나 디오도토스는 모두 공공선을 지향하는 정치인이다. 그러나 데모스가 특별히 디오도토스의 손을 들어줬다는 것은 데모스가 그중에서 좀더 보편적 가치를 지향하는 정치인을 택했음을 의미한다. 데모스가 이러한 보편성의 지향을 민주적 국가 이념에 포함시키기 위해서는 전적으로 보편적 가치만을 지향하는 소위 "진정한 정치인"을 적어도 선언적 의미에서 최고의 정치인으로 설정해두어야 한

희랍 고전시대의 국가 이념: 아테네 민주주의를 중심으로

다. 이런 맥락에서 플라톤이 철학자를 "진정한 정치인"으로 제시한 것은 단지 선언적 차원으로만 그치지 않고, 실천적 의도가 담겨 있는 것으로 볼 수 있다. 또한 투키디데스는 디오도토스가 아테네의 데모스로부터 지지를 얻은 것을 긍정적 사례로 제시함으로써 민주적 국가 이념의 타락을 막을 수 있는 플라톤의 처방을 구체화하는 데 일조했다고 할 수 있다. 물론 투키디데스의 관점에서 민주적 국가 이념을 가장 잘 실현한 정치인은 페리클레스다. 그러나 국제정치적 상황이 녹록지 않고, 페리클레스와 같이 개인적 탁월성과 민주적 국가 이념의 균형을 갖춘 이가 없는 상황에서, 민주적 국가 이념은 언제 알키비아데스와 같은 타락한 정치인에 의해 파괴될지 모른다. 그래서 투키디데스는 민주적 국가 이념의 타락이 불가피하다는 관점에서『펠로폰네소스 전쟁사』를 비극적으로 서술했다. 그러나 투키디데스의 디오도토스 사례는 적어도 플라톤의 선언적 처방을 실천하기 위해 데모스가 어떤 선택을 해야 하는가를 안내하는 역할을 한다.

국가와 윤리

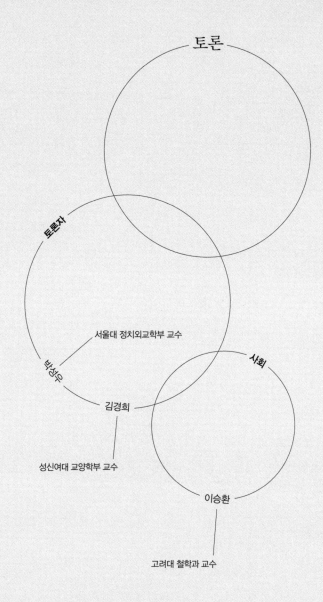

토론

토론자

서울대 정치외교학부 교수

박상훈

김경희

사회

성신여대 교양학부 교수

이승환

고려대 철학과 교수

김경희

서울대 정치학과 졸업 후 서울대 대학원에서 석사학위를 받고, 베를린 훔볼트대에서 마키아벨리 연구로 박사학위를 받았다. 미국 시카고대 사회사상위원회에서 객원연구원을 지냈고, 현재는 성신여대 교양교육 대학 교수로 재직 중이다. 지은 책으로는 『공화주의』 『공존의 정치: 마키아벨리 군주론의 새로운 이해』가 있다.

이승환　　희랍 고전시대 민주주의의 성격과 한계, 민주주의가 전쟁을 통해 어떤 식으로 타락해가는지 그리고 이에 대한 플라톤적인 처방에 대한 강연을 들었습니다. 말씀하신 것처럼, 플라톤을 흔히 민주주의에 반대한 철학자 혹은 중우정치衆愚政治를 폄하한 철학자로 여기는데, 민주주의가 타락하지 않도록 오히려 처방을 제시해준 측면이 있다는 걸 새롭게 알게 됐습니다.

김경희　　강연은 제목에도 나와 있다시피 '희랍 고전시대의 국가 이념'을 '아테네 민주주의를 중심으로' 살펴본 것입니다. 이 가운데 저에게 다가온 것은 크게 두 가지 개념, 즉 엘리트와 데모스였습니다. 민주주의는 데모스의 지배 체제라고 불리니까요. 엘리트와 데모스의 관계 속에서 어떻게 아테네 민주주의가 형성됐고 그 후 타락했는가를 살펴봤고, 아테네 혹은 그리스 사람들이 그것을 어떻게 극복했는가에 대한 방안을 제시해주셨습니다. 그런 의미에서 '국가 이념으로서의 아테네 민주주의'라고 하는 첫 번째 부분에서는 데모스 중심의 제도, 그다음 엘리트에 대한 견제와 포섭, 나아가 이것을 통해 시민 윤리적 측면에서 시민적 덕성이 아테네 민주주의에 맞게 구성됐다라고 하는 세 가지 지점이 눈에 띄었습니다. 그리고 이러한 과정 속에서 아테네 민주주의가 발전하고 타락하게 되는데 그 계기로서 전쟁이 큰 원인이 되었다는 이야기도 해주셨죠.

　　이미 자세히 해주셨지만 그래도 주의를 환기시키는 차원에서 반복해서 말씀드리겠습니다. 첫 번째 부분인 '국가 이념으로서의 아테네 민주주의'에서 민주주의는 다수의 지배이고 그 제도로서 민회, 위

국가와 윤리

원회, 법정이 있으며, 이 데모스의 다수에 의한 지배는 엘리트를 배제한 것이 아니라 견제를 통해 민주주의 체제 내에서 같이 일했습니다. 그리고 그 견제 제도로서 도편추방, 공적 부조, 자격 검증 제도가 있었다고 했습니다. 다시 말해서 데모스 우위를 바탕으로 데모스와 엘리트의 적절한 합력이 그 중심에 위치해 있었다는 것이죠. 그리고 그 과정에서 데모스는 엘리트들을 완전히 배제한 것이 아니라 그들을 활용할 여유를 지녔다고 했습니다. 이에 대해 발표문에는 '경제적 불평등에도 불구하고 정치적 평등을 유지할 수 있다는 자신감에서 비롯된 것이라고 볼 수 있다'고 쓰여 있습니다. 그리고 이러한 데모스 우위 하에서 엘리트의 장점을 활용할 수 있었던 것은 국제정치적 변수로서, 전쟁을 통해 아테네 민주주의가 확장됐기 때문이라고 하셨죠. 또한 국가 이념으로서의 아테네 민주주의는 데모스의 방종과 변덕을 자극한 것이 아니라 국가에 대한 충성과 이에 걸맞은 절제, 경건함, 질서, 용맹과 같은 인간적 덕성을 이끌어냈다고 했습니다. 제가 이해하기에 이것은, 아레테arete 개념이 아테네 초기에는 귀족들의 경쟁, 투쟁 개념에서 논의됐지만 민주주의가 발전하면서 시민 상호 간의 협동적이고 조화로운 덕성으로 발전한 것을 일컫는 듯합니다.

그런데 이렇게 발전했던 아테네 민주주의가 전쟁을 계기로 중무장 보병 중심에서 수병 중심의 민주주의로 바뀌면서 확장되었습니다. 이런 의미에서 전쟁이 아테네 민주주의를 안정화시켰지만, 역으로 엘리트의 개인적인 탁월성이 민주적 시민의 공적 기여를 넘어 과시되고, 민주주의라는 국가 이념을 무력화하는 방향으로 나아가게끔 하는 계기를 제공했다고 이야기했습니다. 그리고 이것이 두 번째 부

　희랍 고전시대의 국가 이념: 아테네 민주주의를 중심으로

분의 아테네의 '민주적 국가 이념의 타락' 가운데 투키디데스의 진단과 플라톤의 처방을 설명하는 부분에서 서술되고 있습니다. 투키디데스의 진단은 페리클레스와 알키비아데스라는 두 사람을 통해 이야기가 진행됩니다. 페리클레스는 인기가 많은, 자주 회자되는 인물이기 때문에, 그의 국장연설 등을 통해서 보면 페리클레스의 시대는 엘리트와 데모스 간의 조화가 절제를 이룬 시기라고 볼 수 있을 듯합니다. 반면 알키비아데스의 시대는 엘리트와 데모스가 과도와 방종을 통해서 사적 이익을 추구하는 방향으로 나아감으로써 공공선 우선의 민주적 국가 이념을 저버린 쪽으로 가게 되었다고 설명했습니다. 여기서 중요한 건 또 전쟁이죠. 펠로폰네소스 전쟁 마지막 단계에 나타나는 시켈리아 원정을 통해 그 계기가 드러나고 있습니다. 투키디데스는 아테네 제국의 쇠퇴가 민주적 국가 이념이 쇠퇴한 결과라고 설명합니다.

투키디데스의 이러한 진단에 대해 박성우 선생님은 플라톤의 처방을 제시합니다. 플라톤의 처방 중에서 재미있는 것은 『고르기아스』에 서술된 세 가지 정치가상입니다. 시민에게 아첨하면서 사적 이익만 추구하는 자들이 첫째 부류라고 한다면, 둘째 부류는 시민을 적당히 만족시키면서 공공선을 달성하는 정치가들이고, 셋째는 시민의 만족에 익숙하지 않지만 시민의 영혼을 개선하여 이들을 좀더 낫게 만들 수 있는 정치가라고 했습니다. 첫 번째 정치가는 동서고금을 막론하고 좋지 않은 정치가입니다. 두 번째 정치가, 즉 시민을 만족시키면서 시민과 같이 공공선을 추구 혹은 달성하는 정치가는 어떻게 보면―현재의 시각으로 봐도―좋은 정치가라고 생각됩니다. 그런데 박

국가와 윤리

성우 선생님은 플라톤의 논의에 기대어볼 때 세 번째 정치가가 훨씬 더 낫다고 봤습니다. 그러면 왜 두 번째 정치가가 좋지 않은가, 이에 대해서는 그 위험성을 지적합니다. 다시 말해, 공공선을 추구하는 데 있어 이들의 변화무쌍함 혹은 사적 이익의 추구, 나아가서는 공공선을 추구하기 위한 권력을 추구함으로써 권력 추구형 정치가가 되는, 그래서 다시 타락할 위험이 그들에게 상존함을 들었습니다. 그런 의미에서 플라톤이 이야기하는 어떤 보편적인 가치 같은 것을 일깨울 수 있는, 그리고 그걸 통해서 데모스뿐만 아니라 정치가들의 공공선 정치를 초월하는 진정한 정치인의 이미지를 제공할 가능성을 이야기했습니다. 물론 그 후에 플라톤 정치철학에 있어서 민주정과의 조화와 갈등관계도 짚었습니다. 그러면서 마지막 장에서 미틸레네의 사례, 즉 클레온 대 디오도토스의 사례를 통해서 이렇게 설명했습니다. 디오도토스가 유화적이면서도 인도주의적 처벌을 주장했고 투키디데스는 이에 동조하는 뉘앙스를 풍김으로써, 보편적 가치를 지향하는 정치인이 민주적 국가 이념하에서 영향력을 발휘하는 것은 단지 플라톤의 선언적 차원에만 머무는 것이라고 말이죠.

　그러면 몇 가지 보충 질문을 드리겠습니다. 첫 번째 질문은 민주주의의 개념에 관한 것입니다. 민주주의는 흔히 데모크라티아demokratia, 데모크라시democracy로 번역되는데, 제가 알기로는 데모크라티아라는 개념이 나오기 전에 에우노이아eunoia라든지 이소노미아isonomia라는 표현으로 아테네에서 민주주의가 불렸던 적이 있습니다. 다시 말해, 데모스와 크라티아kratia, 그러니까 데모스가 지배하기 전에 민주주의라 불릴 수 있었던 또 다른 개념이 있었는데 그 개념의 연관성은 어떻게 볼 수 있는지 설명을 부탁드리고요. 이것은 다시 처음으로 돌아가서 발표문의 핵심적인 두 관계쌍인 엘리트와 데모스의 관계에도 연결됩니다. 엘리트가 지배 계층으로서 단일성이 있는 집단이었다고 한다면, 데모스는 변화하는 집단이 아니었나 생각됩니다. 발표문에도 나와 있듯이 전쟁을 겪으면서 중무장 보병 중심 혹은 중산층 중심의 데모스가 있었다고 한다면, 그 이후에 해상 제국으로 발전하면서 해군력을 중심으로 제국을 움직이기 위해 무산자층, 즉 중소 서민과 소시민층이 중심이 돼서 민회를 장악한 데모스가 나타나거든요. 그렇다면 이때의 데모스는 똑같은 데모스가 아니라, 다른 데모스로 나타나게 된 것이 아닌가 싶습니다. 그래서 이런 부분에 대해 좀 더 세분화시켜서 볼 수 있지 않을까 하여, 데모스의 의미 변화에 대해서 짚어봤으면 하고요. 엘리트와 데모스가 서로 조화를 이뤄서 민주적 정치 이념을 제대로 펼쳤던 시기가 있었던 반면, 알키비아데스처럼 선동가 엘리트가 나오고 거기에 동조했던 데모스가 나타나는 것이 아닌가 하는 생각을 했습니다.

두 번째는 플라톤인데요. 플라톤의 민주주의의 타락에 대한 대처 방안은 데모스와 엘리트의 과도함이라든지 혹은 사적 이익 추구에 대한 욕망을 제어하는 데 있어 정치 영역 바깥에 떨어진 철인哲人의 역할 혹은 'gadfly'라고 하는 '쇠파리'의 역할을 강조하는 듯한데요. 당시와 현재의 관계 속에서 한번 여쭤보고 싶습니다. 당시 플라톤이 철인정치를 통해 아테네 민주정치의 타락상에 대해 대안이라든가 비판점을 제공했다면, 아리스토텔레스는 또 다른 의미의 대안을 제시하지 않았나 싶습니다. 아리스토텔레스는 중산층 강화라든지, 귀족 정치와

국가와 윤리

데모스 정치 간의 혼합을 통해서 사적 이익 추구의 과도화 경향을 제어하려고 했는데, 이런 대안을 우리가 어떻게 봐야 할지에 대해 논하고자 합니다. 그리고 아테네 민주주의의 발달과 그 타락 속에서 나타난 대응 방안이 현대 민주주의 국가를 표방하는 우리나라에 어떤 의미가 있을지도 궁금합니다. 아직 민주화가 덜 됐다고 하는 사람도 있고, 제도화는 충분히 이뤄졌다고 말하는 사람도 있는데요. 선생님이 보기에 플라톤이 제시한 민주주의 타락에 대한 대처 방안은 과연 오늘날 어떤 의미를 지니나요?

박성우 　민주주의 개념과 관련된 다른 개념들, 말씀하신 이소노미아나 에우노이아 같은 개념과 민주주의의 연관성을 딱 잘라 이야기하기는 어려울 것 같습니다. 그 당시에 당연하게 받아들였던 관행으로서의 민주주의와, 이것을 엄밀하게 정체政體로 규정하고 정체의 한 유형으로서 간주했던 민주주의와는 조금 다른 측면이 있다고 할 수 있습니다. 하지만 적어도 플라톤이 『국가』를 썼을 때 이미 8, 9권에서 서술하듯이 정체의 변화를 순서대로 이야기하는 걸 보면, 기원전 4세기경에는 일반인에게도 민주주의가 정체의 유형으로 받아들여지는 데 전혀 문제가 없었으리라 생각됩니다. 또한 생활양식으로서의 민주주의와 정체로서의 민주주의를 딱 잘라 이분법적으로 설명하기는 어렵다고 생각합니다. 이와 관련된 문제는 고전학 전공자들의 도움을 받아야 할 것 같습니다.

이승환 　넘어가기 전에 이소노미아와 에우노이아의 어원 및 우리

말 번역도 알려주셨으면 해요.

박성우   에우노이아는 영역하면 'goodwill'에 해당됩니다. 국가에 대한 goodwill이니 애국심 같은 것을 지칭한다고 볼 수 있고, 이소노미아는 일종의 '법 앞의 평등'이라는 뜻을 갖고 있습니다. 그래서 관직의 고하 혹은 재산의 과다와 상관없이 동일하게 법이 적용돼야 한다는, 우리 입장에서도 상당히 공감되는 민주주의 원칙 중 하나죠. 더불어 제가 발표했던 내용 중 민주주의의 운영 방식에서 많이 논의되는 것은 파레시아parrhesia라고 하는 개념인데 번역하면 일종의 '표현의 자유'에 해당됩니다. 아테네에서는 민회가 됐든 위원회가 됐든 배심원 법정이 됐든 어떤 발언이나 표현에 대해 사후에 처벌받지 않을 자유, 요컨대 그것이 설령 거짓으로 드러났다 하더라도 처벌받지 않을 정도의 매우 광범위한 의미의 자유가 허용됐고, 그런 관행이 모든 사람한테 허용된다는 인식이 있었습니다. 한 가지 특기할 만한 점은 그럼에도 불구하고 파레시아는 결과적으로 엘리트를 견제하는 역할을 했다는 것입니다. 예컨대, 엘리트는 자신의 발언에 대하여 오히려 나중에 책임을 져야 했죠. 가령 칙령에 관한 제안을 했을 때, 그것이 훗날 헌정 질서에 위반되는 것으로 판명되면 기소될 위험에 처했던 겁니다.

두 번째, 데모스의 개념과 관련해서 저는 기원전 5세기의 데모스와 기원전 4세기의 데모스가 기본적으로 크게 다르지 않다고 봅니다. 전형적으로 타락한 데모스의 모습은 투키디데스의 저작 안에서는 기원전 415년경에 나타나니까 이것도 5세기 말쯤 되는 거죠. 그런데 이

국가와 윤리

미 기원전 5세기의 데모스들은 전통적으로 아테네에서 시민의 덕성을 발휘할 수 있다고 여겨졌던 호플리테스hoplitēs, 즉 중무장병으로 자기 집에 창과 방패, 갑옷을 다 갖춘 자영농이었습니다. 그러나 기원전 5세기 후반부터는 전쟁이 빈번해지면서 군인 계급의 권력이 상당히 약해져서, 무산 계급이 데모스 구성에서 훨씬 더 많은 부분을 차지하게 됐습니다. 호플리테스들은 사실 처음부터 데모스로 여겨지지는 않았습니다. 그래서 기원전 5세기부터 이미 데모스의 지위는 기본적으로 재산이 없는 가난한 사람들을 일컬었습니다. 제가 강조하고 싶었던 것은 기원전 5세기와 기원전 4세기를 거치면서 데모스가 사고의 전환을 이루었다는 것입니다. 예컨대 용맹을 통해서 안드라가시아andragathia라고 이야기하는 인간의 덕성을 발휘할 수 있는 사람이 호플리테스만 있는 줄 알았는데, 데모스들도 그런 덕성을 발휘할 수 있다고 하는 사고의 전환이 민주적 국가 이념 속에서 일어났다는 것입니다. 그래서 전반적으로는 토론자가 말한 것에 동의하지만, 데모스의 전환 내지 다른 종류의 데모스의 출현이라는 표현보다는 데모스가 갖고 있던 계급적 속성은 계속 유지됐는데 내부 구성원들에게서 사고의 전환이 발생했다고 말할 수 있을 듯합니다.

그다음에 아리토텔레스가 제시한 해결책과 플라톤이 제시한 해결책의 차이점에 대해서 지적해주었는데, 제가 이야기하는 플라톤적 처방이라는 것은 굉장히 잘 설명해야 설득이 가능할 것 같습니다. 내용이 어려운 게 아니라 설득하기 어려운 측면이 있습니다. 그럼에도 불구하고 예컨대 투키디데스가 보여주는 사례에서 데모스들은 분명히 스스로 민주정의 타락을 정화할 능력을 갖췄음을 입증하고 있습니

희랍 고전시대의 국가 이념: 아테네 민주주의를 중심으로

다. 그래서 데모스의 잠재력을 전제로 과연 플라톤은 어떤 해결책을 제시했는가를 착목했습니다. 그러나 플라톤의 제안이 얼마나 성공할 수 있는가, 또 민주주의에 대한 시정 노력에 있어 플라톤이 얼마나 책임감을 갖고 진지하게 대응한 것인가에 관해서는 사실 여기서 단언하기는 어렵습니다. 다만 데모스 내부에서 민주주의를 시정하고자 하는 노력이 있었고 플라톤도 이러한 노력과 시도에 대해 일정 부분 동참하고자 하는 의도를 갖고 있었음을 지적하는 것입니다.

한편 아리스토텔레스의 대응법은 플라톤의 그것보다 더 광범위하다고 생각합니다. 그리고 일반적이고 보편적으로 개선할 만한 제안들을 했다고 생각합니다. 토론자가 말한 것처럼, 중산층의 지원을 통해 사실상 민주정이 타락하는 것을 막을 수 있다는 주장을 했습니다. 아리스토텔레스의 견해에 대해 생각나는 대로 부연해보자면, 제가 처음에 국가 이념의 기본은 도대체 누가 정치 공동체에서 권력을 쥐고 있어야 되는가로 나눌 수 있다고 이야기했는데, 아리스토텔레스야말로 어떤 정체의 특성을 1인, 소수, 다수에 따라 구분하고 있습니다. 널리 알려져 있듯이, 아리스토텔레스가 더 중요하게 생각한 것은 크게 보면 민주정 아니면 과두정이라고 여겨집니다. 매우 엄밀한 의미의 민주정, 엄밀한 의미의 과두정, 엄밀한 의미의 1인 왕정이라는 것은 사실상 존재하기 어렵습니다. 아테네 민주정 역시 전반적으로 민주적 국가 이념에 입각하여 데모스가 대부분의 국가 정치권력 기관을 지배했지만, 전문성을 갖춘 10인의 장군 회의가 있었습니다. 소수의 귀족 회의였던 아레오파고스Areopagos가 나중에 일정 부분 추첨에 의해 충원되는 측면도 있었지만 여전히 소수 지배의 특징을

국가와 윤리

강하게 갖고 있었습니다. 그래서 정체는 정도의 차이를 의미하는 것이지 엄밀한 의미에서 정확하게 민주정, 과두정으로 나누기 어렵다는 것을 아리스토텔레스 자신도 잘 알고 있었다고 봅니다. 그런 맥락에서 아리스토텔레스는 크게 보면 민주정과 과두정으로 구분 지었지만, 여기서 중요한 것은 다수가 지배하느냐 소수가 지배하느냐보다, 유산자, 즉 재산 있는 사람들이 지배하느냐 아니면 재산 없는 사람들이 지배하느냐라는 것이죠. 즉, 아리스토텔레스는 경제적인 토대를 중심으로 정체를 나눴다는 것입니다. 민주정이든 과두정이든 한쪽으로 치우치면 그것이 지닌 타락된 형태가 드러날 수밖에 없다고 보고, 이런 의미에서 중간 계층에 해당되는 부분들을 더 강화시키고자 했던 것이지요. 중간 계층의 강화가 과두정 혹은 민주정이 타락으로 나아가지 않게 만들 수 있는 요건이 될 수 있다고 본 것입니다. 그리고 이 과정에서 법의 지배가 중요하다고 강조했던 것이고요.

이게 적절한 대답이 될 수 있을지 모르겠지만, 아리스토텔레스는 어떻게 보면 보편적인 관점에서 민주정이 지나치게 나쁜 형태로 타락하지 않을 방법을 일반 원칙에 입각해서 이야기한 것이라고 볼 수 있습니다. 알다시피 아리스토텔레스는 아테네인이 아니었죠. 물론 반평생을 아테네에서 살았지만 외국인이었기 때문에, 상당히 자유롭게 아테네 민주주의를 평가할 수 있는 입장이었습니다. 그에 비해서 플라톤은 아테네의 현실 정치에는 전혀 개입하지 않았지만, 적어도 이론적으로는 아테네가 처해 있던 상황에 대해 절실하게 느꼈을 거라고 추정해볼 수 있습니다. 앞서 이야기했듯이, 상대적으로 좁은 의미이긴 하지만, 아테네 민주주의의 타락에 대한 플라톤의 처방이 있었습니다. 그런 관점에서 플라톤이 아테네에 초점을 맞춰 처방을 내놓았다고 한다면, 아리스토텔레스는 좀더 일반적인 의미에서 민주주의의 문제점과 그것에 대한 처방을 제시했다고 이야기할 수 있을 것 같습니다.

이승환　그렇다면 플라톤의 처방이 오늘날 어떤 의미를 지닐까요?

박성우　현대에 어떤 함의를 줄지, 그리고 현대인에게, 더군다나 이런 분석이나 주장이 오늘날 한국 민주주의에 어떤 의미를 전할 것인지 단적으로 이야기하기는 대단히 어렵다고 생각합니다. 다만 한 가지 드는 생각은, 우리가 얼마나 우리 민주주의를 잘 유지하고 그것을 건실하게 만들 것인가에 대해 플라톤이 중요한 관점을 제시했다는 겁니다. 근대 이후 정치의 주요 이슈는 대의제를 어떻게 건실하게 만들 것인가에 집중돼 있었습니다. 제가 강연 앞부분에 언급했지만, 대의제라고 하는 형식에 대해 다음과 같이 말씀드리고 싶습니다. 대의제의 방향에 대해 현재의 대의제를 유지하느냐, 아니면 시민의 정치 참여를 조금 더 높이느냐 하는 식의 이분법적인 구분으로 가는 것은 옳지 않다고 봅니다. 그보다는 대의제를 거부하거나 대의제를 완화시킬 이유 혹은 방법이 없는 현재 상황에서, 다수 혹은 민중의 현실적인 지배를 실현할 방법은 없는가를 생각해보는 게 낫다고 봅니다. 이런 측면에서 아테네는 엘리트들이 상대적으로 광범위하게 누렸던 경제적인 지위에 대해 꽤 관용적인 태도를 보였습니다. 물론 당시에 지금과 같은 빈부의 양극화가 존재하지는 않았지만, 그때 기준으로 보면 꽤나 부자인 사람이 많이 있었습니다. 그런데 아테네 시민은 이를 크게 문제 삼지 않았습니다. 그 이유는 아테네가 제국이었기에 상당한 물자가 유입되었고, 따라서 데모스들이 큰 걱정 없이 생활할 수 있었기 때문이기도 하죠. 그래서 더 많은 돈을 벌어야 된다는 생각에 크게 집착하지 않은 측면이 있습니다. 그런데 이러한 상황을 현재의 상황과 견주어 생각해보면, 민주주의 실현의 궁극적인 목적을 어디에 두어야 하는가를 재고하게 됩니다. 우리는 종종 민주주의의 목표를 경제적 평등의 실현으로 여기는 경우가 있습니다. 그러나 민주주의의 최종적인 목표가 정치적 평등에 국한되어야 하고, 따라서 경제적 평등은 정치적 평등을 실현하기 위한 수단에 그쳐야 하는지 혹은 그 자체를 목표로 해야 하는지를 곰곰이 따져볼 필요가 있습니다.

이승환　　말씀하신 것처럼 그리스 시대와 오늘날 국가의 역할은 많이 다른 것 같습니다. 그리스 시대에 경제 영역, 즉 오이코노미아 oikonomia는 사적인 영역에 속하고 정치는 공적인 영역에 속했지만 오늘날은 정치 영역에서 경제 문제까지 다 해결해줄 것을 요구하니 사회 영역의 구분이 많이 달라진 것 같습니다. 그런 점에서 플라톤적인 정치사상이 현대 민주주의에 곧바로 대입된다고 볼 수는 없겠지요.

박명림　　박성우 선생님의 말씀을 들으면서 의문이 조금 생겼고 꼭 여쭤보고 싶었던 게 있습니다. 첫 번째가 데모크라시의 출발과 관련된 데모스의 개념입니다. 선생님은 다수 대중, 다수의 지배라고 언급했습니다. 클레이스테네스 Cleisthenes 개혁을 민주주의 개혁 또는 평민 혁명이라고 말하는 이도 있는데, 이게 원래는 귀족이 포함되지 않고 평민들로 출발했다가 나중에 귀족들까지 포함하는 형태가 되었습니다. 그러니까 혼합정체의 성격이 들어가는 건 아닌지요. 이때의 데모스가 전체 인민을 나타내기도 하고 혹은 평민만 나타내기도 할 때, 이 시작 개념이 무엇인가를 여쭤보고 싶습니다. 또 하나는, 마을을 언급했는데 데모스가 데메^{deme}, 즉 '마을'의 사람들이라는 뜻을 가졌다는 측면에서 데모크라시는 마을 지배, 마을 자치, 지방 자치의 측면도 있지 않을까 생각합니다. 인도의 Panchayat(마을 회의), 인디언들의 Iroquois Confederacy(이로쿼이 부족 동맹), 미국 헌법 초기의 토머스 제퍼슨, 제임스 매디슨 논쟁 때의 'elementary republic(초기 공화국)' 등을 보면 데모크라시는 마을 사람들끼리 이렇게 해봐라 하는, 문자 그대로의 자치입니다. 그래서 데모스의 개념에 마을 개념이 들어가는지, 그리고 평민만 일컫는 것인지, 전체 인민을 포괄하는 것인지 묻고 싶습니다.

다음은 데모크라시의 시작 동기에 관한 질문입니다. 클레이스테네스 개혁을 할 때 이것이 아테네의 자생적인 개혁이나 혁명이었는지, 아니면 이오니아 지방에 이소노미아가 있으니까 경쟁적인 차원에서 수입한 것인지, 약간 쟁론이 있는 듯합니다. 선생님이 보기에는 아테네의 자생적인 통치 양식으로 민주주의가 발전된 것인지, 식민지 지방에서 자원이 풍부하고 인구가 적으니 이상적인 지배 형태로서 또는 지배가 없는 것으로서—여러 해석이 있습니다만—이소노미아를 의식하고 그걸 진행한 것인지 궁금합니다.

세 번째 질문은 플라톤의 민주주의와의 조화 및 긴장, 플라톤과

국가와 윤리

민주정의 친화성에 관한 것입니다. 이건 정말 놀라운 해석인데요. 칼 포퍼 같은 보수적인 학자가 아니더라도 한나 아렌트도 읽다보면 소크라테스로 가야 민주주의, 대화, 공공 영역에 대한 이야기가 된다고 합니다. 그런데 일반적으로 철인왕, 철인정, 철인 통치의 근거를 제시한 플라톤의 철학에서 철학과 정치, 학자와 군주 등 근대와 현대의 많은 쟁론이 형성된다는 선생님의 해석은 꽤 충격적입니다. 이에 대해서 좀더 정리해주셨으면 합니다.

네 번째 질문은 6정체 분류에 관한 것입니다. 최근에 모겐스 센을 읽다가 의문이 생겼습니다. 만약 데모크라시가 평민과 엘리트가 동시에 참여하는 지배 체제라면 이 당시의 6정체에 혼합정mixed polity 은 포함시키지 않고 폴리테이아politeia로 보시는 듯한데, 저는 폴리테이아가 사실상 이소노미아 내지는 이상적 정치 체제였다고 생각합니다. 그러면 데모크라시가 사실상 폴리테이아가 돼서 폴리테이아가 6정체로 들어와도 문제가 없는데 어떻게 되는 건지 의견을 듣고 싶습니다. 그러면 데모크라시를 오늘날의 혼합정으로 볼 수 있는지, 그 뒤로 폴리비오스Polybios 등 여러 개가 있지만, 그 원형으로 볼 수 있는 건지 궁금합니다.

마지막 질문입니다. 저는 프리드리히 하이에크의 『자유의 구성』을 읽을 때도 이소노미아를 법 앞의 평등으로 보는 게 도저히 이해가 되지 않았습니다. 또 아렌트는 이걸 정치적 평등으로 보고, 정치적 평등이 보장되면 사회경제적 평등도 보장되므로 정치적 평등으로 봐야 한다고 계속 강조합니다. 그런데 제가 왜 '법 앞의 평등'으로 볼 때 문제가 있다고 여겼는가 하면, 저는 이소노미아가 '법 안의 평등'이 아닌가 하고 생각하기 때문입니다. 이때 법은 폴리티polity이고 노모스 nomos, 그냥 살아가는 규칙이며, 법 앞의 평등이 맞다면 이는 법 앞에 올 때까지의 불평등을 오히려 정당화하는 듯합니다. 그러니까 이게 근대 부르주아나 대의민주주의가 막 등장할 때 이소노미아가 '법 앞의 평등equality before law'으로 대폭 축소되면서 대의민주주의나 의회민주주의가 1인 1표만 보장하고 사회경제적인 불평등은 각자 알아서 하라고 했다는 건데, 저는 달리 생각합니다. 조금 보수적이라고 평가받는 하이에크도 이건 좀 잘못된 것 같다고 말하는 걸로 봐서, 이소노미아를 오늘날 우리가 법 앞의 평등으로 번역하는 것은 문제가 있지 않나 싶습니다.

박성우 '데모스'가 '데메'에서 왔다는 것은 일반적인 고전학자들의 의견인 것 같습니다. 클레이스테네스 개혁 이후 데메를 139개로 나눴는데, 여기서 문제가 된 것은 위원회 위원들을 데메를 기준으로 50명씩 차출하는 과정에서 알크마이온Alcmaeon계와 귀족들 사이에 투쟁이 일어난 것입니다. 이 투쟁에서 500인 위원회를 어떻게 구성할 것인지를 고민해서 지금으로 치면 게리맨더링처럼 데메를 인위적으로 나누어놓은 경향이 있었습니다. 이런 측면에서 보면 클레이스테네스 개혁 이후에도 아테네는 온전한 의미의 민주정이라 보기 어렵고, 기본적으로는 귀족들의 투쟁의 일환으로 이런 민주정적인 제도들이 고안되고 발전했다고 볼 수 있습니다. 그런 의미에서 어느 시점부터 이것이 민주정이라고 말하기 상당히 어려운 측면이 있습니다. 혹자는 아테네 민주정이 솔론Solon의 개혁에서부터 시작됐다고 보는데, 그나마

국가와 윤리

기원전 508년 클레이스테네스 개혁을 그 시점으로 잡고 기원전 5세기를 중요한 시기로 여기는 이유는, 그제야 본격적으로 민주정적인 정체가 운영될 수 있는 제도적인 장치를 많이 쏟아냈기 때문이죠. 그렇다 하더라도 이 시기에 완전한 민주주의가 이루어졌다고 보기는 어려운 측면이 여전히 있습니다. 이와 관련해서는 아마 김경희 선생님이 좀더 보탤 수 있을 것 같습니다.

그다음, 소위 아테네에서 민주주의의 시작 동기가 자생적인 것이냐 아니면 다른 국가와의 경쟁관계에서 나온 것이냐 하는 문제는, 정확히 모르겠습니다. 다만 이런 제도적 발전이 어떻든 간에 내부적으로 계급 투쟁이나 갈등의 측면을 분명 지녔지만 데모스를 바라보는 독특한 시각은 아테네적인 것에서 기인한 게 아닌가 하는 생각이 듭니다. 그런 의미에서 이소노미아와 관련된 내용도 먼저 이야기하자면, 소위 아테네 민주주의가 본격적으로 운영되기 전부터 사람들은 이 개념에 대해 알고 있었고 그 개념을 쓰는 정체가 있었다는 것도 알고 있었습니다. 그런데 박명림 선생님이 지적했듯이, 이것을 법 앞의 평등이라고 한정해서 해석하는 건 저도 온당치 않다고 생각합니다. 어떤 의미에서 그런가 하면, 법 앞의 평등은 법정에 와야 그때부터 발현되는 것인데 이소노미아가 그런 뜻은 아니었기 때문입니다. 그래서 앞서 제가 주장했듯이, 아테네의 민주정 제도는 희랍 고전시대를 포괄하는 국가 이념으로 파악하는 것이 적절하다고 생각합니다. 왜냐하면 국가 이념이란 것은 어떤 특정한 제도 안에서 해결될 수 있는 문제가 아니라, 국가에 대한 정체성과 그 안에 있는 시민이 국가를 어떻게 생각하는가에 대한 자기 해석 그리고 그 과정에서 국가 정체성을 교정하는 방식 등을 포괄적으로 담고 있는 것이라고 할 수 있는데, 이소노미아라는 것은 법의 영역에 들어오기 전부터 '법은 이제 모든 사람에게 공평하게 적용돼야 한다'라는 이념이 이미 통용돼 있는 것이기 때문이죠. 따라서 이소노미아는 법정에서만 적용할 수 있는 문제가 아니라는 데 전적으로 동의합니다.

그리고 플라톤에 관한 것인데, 제가 말씀드리고 싶었던 바는 플라톤이 전형적인 반민주적 인사가 아니었다는 것입니다. 플라톤도 분명히 아테네에 속해 있었던 시민으로서—물론 그 안에서 아카데미아^{academia}를 운영하면서 후학들을 가르치는 것을 목표로 삼았지만—아테네에서 벌어지는 현실에 대해 의도적으로 눈감고 있었던 사람은 아니라는 것이죠. 그런 의미에서 민주주의가 플라톤에게 실천적인 도전이라기보다 정치철학을 하는 사람으로서 도전이 됐을 거라고 생각합니다. 그러면 우리가 일반적으로 플라톤의 텍스트에서 읽어낼 수 있는 소위 철인정치 혹은 철인 지배의 원리라고 하는 것과, 좀 전에 제가 대단히 어렵게 주장한 것처럼 상대적으로 아테네 민주주의에 혹은 아테네 민주정에 어느 정도 기여도를 가지려고 하는 플라톤은 어떤 차이가 있느냐는 문제가 남지요. 이건 플라톤의 『국가』에 대한 해석과 관련이 있는데요. 제가 사실은 책에서든 논문에서든 플라톤의 『국가』에 나오는 철인왕의 의미를 어떻게 해석해야 하는가를 두고 여러 번 논한 적이 있습니다. 주지하듯이, 플라톤은 궁극적으로 모든 것을 다 알아낼 수 있는 철인이 정치 공동체뿐만 아니라 그 밖의 모든 것을 관장하고 통제하는 것이 바람직하다는 원칙을 제시한 바 있습니다. 그런데 철인이 되기 위해서는 상당히 오랜 기간 교육을 받

국가와 윤리

아야 합니다. 그래서 『국가』에 등장하는 철학자를 위한 교육 프로그램에 따르면 일단 50세가 되어야 정해진 프로그램을 모두 마치고 철학자가 될 수 있는 거죠. 그래서 누군가가 만약 50세 이전에 '난 이제 철학을 다 했으니 정치를 해야 한다'면서 철인정치를 시도한다면 그건 처음부터 잘못된 것입니다. 한 가지 더 중요한 사실은, 철학의 정의定義는 진리에 대한 끝없는 사랑이라는 점입니다. 진리에 대한 끝없는 사랑이란 이미 진리를 획득한 것이 아니라 진리가 있다는 가정 하에서 끊임없이 그것을 추구하는 것을 의미합니다. 그래서 만약 '이제 나는 더 이상 철학적인 활동을 하지 않고 이 시점부터 뭔가 생산적인 일을 해야겠다'면서 정치를 하거나 뭔가 다른 일을 시도한다면 그는 이미 철학자라고 볼 수 없습니다. 그래서 철인 통치라는 원리가 성립하려면 끊임없이 진리만을 추구하면서 동시에 통치에 임해야 합니다. 이러한 모순적인 상황을 플라톤은, 철학자들이 어떤 경우에도 스스로 통치하려 들지 않고 철학자를 강제할 때만 철인 통치가 가능하다고 표현하고 있습니다. 이 논점은 어떤 이유에서든 철학자가 철학적 활동을 그만두고 정치를 하려고 든다면 철학자의 본성을 상실한 것이기 때문에, 철인 통치의 원칙을 충족시킬 수 없다는 것을 의미합니다. 이런 맥락에서 보면, 플라톤은 철인 통치를 가장 이상적이라고 주장하면서도 사실상 그것이 불가능하다는 것을 이미 전제하고 있다고 할 수 있습니다. 좀더 현실적인 상황을 고려해보면, 철인통치를 위해서는 누군가 철학자를 강제할 사람이 필요한데, 그 대상으로 지목되는 대중은 결코 철학자를 강제해서 스스로를 지배해달라고 요청하지는 않을 거라는 겁니다. 플라톤이 이런 메커니즘을 잘 알고 있었기

희랍 고전시대의 국가 이념: 아테네 민주주의를 중심으로

때문에『국가』에서 철인 지배를 주장한 것은 사실상 그것이 불가능함을 암시하기 위함이라는 주장도 있습니다.

오늘 발표한 글에는 나와 있지 않지만, 만약 누군가 자기가 진정한 정치가라고 말하고 그래서 자신만이 뭔가를 할 수 있다고 주장한다면, 그는 오히려『고르기아스』에 소개된 첫 번째 정치가와 같은 최악의 정치가가 될 가능성이 높습니다. 그런 의미에서『국가』에서도 민주정에서 만약 다수가 어떤 한 사람을 맹목적으로 지지해서 그의 지배에 다수가 스스로 굴복하려는 바로 그 순간이 참주정으로 전환되는 시점이라고 지적한 바 있습니다. 사실은 좀더 복잡한 이야기가 있지만 플라톤의 철인왕을 둘러싼 문제는 이 정도로 해두겠습니다.

마지막으로 아리스토텔레스가 분류해놓은 여섯 정체와 관련된 논의인데, 지적하신 바가 매우 적절하다고 생각합니다. 아리스토텔레스가 정체를 분류했는데, 여기에는 한 사람이 지배하는 정체, 소수가 지배하는 정체, 다수가 지배하는 정체가 있고, 이 가운데 바람직한 유형의 정체가 3개, 타락한 유형의 정체 3개가 있어서 여섯 정체가 된다는 거죠. 가장 바람직한 정체의 첫 번째 유형은 한 사람이 지배하는 왕정이고 그에 대응하는 나쁜 정체는 참주정입니다. 소수가 지배하되 나쁜 정체는 과두정oligarchia이라고 하고, 좋은 정체는 귀족정aristokratia이라고 합니다. 귀족정의 주체인 아리스토스aristos는 계급적으로는 귀족을 의미하지만 사실은 가장 고매하고 좋은 덕성을 가진 사람이란 의미도 갖고 있습니다. 마지막으로 다수의 지배를 전제로 하는, 제일 열등한 정체는 민주정이라고 말하는데, 다수가 지배하는 좋은 정체에는 특별한 이유를 부여하지 않았습니다. 그래서 박명림 선생님이 지적하듯이 그냥 정체, 레짐^{regime} 혹은 그리스어로 폴리테이아라고 합니다. 그런데 이것을 우리말로는 혼합정이라고 표현합니다. 저는 이 번역이 잘못됐다고 생각하지 않는데, 이유는 '좋은 정체로서 다수의 지배'가 민주정처럼 가능하면 모든 영역에서 다수가 지배하겠다는 것을 의미하지는 않기 때문입니다. 오히려 필요에 따라 어떤 경우에는 소수에게 권한을 부여하고 어떤 경우에는 한 사람한테도 권력을 맡길 수 있다는 자신감 혹은 국가 이념을 가진 정체라는 의미에서, 외형적으로 보면 혼합정의 모습을 보이고 있습니다. 그런데 제가 아리스토텔레스의 견지에서 사실상 대부분의 정체는 과두정 아니면 민주정이라고 했던 이유는, 아리스토텔레스가 명시적으로는 여섯 개의 정체를 내세우지만, 그는 대단히 현실적이고 경험적인 분석을 하는 사람으로서 그리스 세계 전체에서 운영되는 정체의 모습을 여섯 개의 이상형^{idealtype}으로 나누기보다 일종의 연속, 혹은 정도의 차이로 구분하고 있고, 재산의 과다가 아리스토텔레스에게는 정도의 차이를 보여주는 좋은 기준이 되기 때문입니다. 앞서 이야기한 한 사람, 소수, 다수의 경우도 말하자면 정도의 차이가 있는 것이지 어떤 정체는 단적으로 다수 지배 혹은 소수 지배라고 말하기 어렵다는 겁니다. 또 좋은 정체의 기준이 되는 공공선을 위한 정체나 나쁜 정체의 기준이 되는 지배자만을 위한 정체라는 것도 현실적으로는 이분법적으로 나누기 어렵고 일종의 정도의 차이로 이해할 수 있습니다. 아리스토텔레스의 목표는 조금이라도 좋은 정체 쪽으로 기존의 정체를 개선하는 것이었고 이를 달성하기 위해 계급적인 차원에서 중산층 지배를 지지했던 것이며 제도적으로는 가능하면 혼합정을 수용했습니다.

한 가지 더 추가할 것이 있다면, 아리스토텔레스는 어떤 정체든 간에 법의 지배를 존중하는 것이 그의 목표를 달성하는 데 유리하다고 봤다는 것입니다.

김우창　　아테네와 관련해서 민족국가라는 이야기를 하셨는데, 민족이 정말 아테네의 국가적 이념을 정의하는 데 중요한 역할을 했는지는 좀 불분명한 것 같습니다. 사실 스파르타도 생물학적인 의미에서는 다 같은 계통의 사람이고 바르바로이Barbaroi 같은 이민족도 존재하지 않았습니까. 박성우 선생님이 말한 민족국가는 민족적인 것도 있지만 여러 가치 개념, 그러니까 희랍어나 칼로스kalos(미美), 아가토스agathos(선善), 앞서 이야기한 아레테(덕德) 같은 가치적인 것과 연결되어 있는 듯합니다. 그렇다면 어떤 의미에서 아테네가 민족국가가 되는지, 그 이념이 어떻게 국가 정체성의 정의에 작용했는지를 설명해주셨으면 합니다. 또 하나는 전쟁 때문에 아테네의 민주 체제가 붕괴했다고 하는데, 전쟁이야말로 국가를 하나로 만드는 데 중요한 역할을 한다고 말하는 철학자나 정치학자가 많지 않습니까. 가령 헤겔이나 카를 슈미트는 정치 체제가 하나로 유지되려면 적이 있어야 된다고 했죠. 그래서 오늘날 우리나라에도 죽일 놈을 내세워야만 국가가 단합되고 자기 권력을 공고히 할 수 있다고 생각하는 정치가가 많습니다. 그런데 어떻게 희랍에서는 전쟁이 해체의 요소로 작용했는지도 궁금합니다. 대개 국가를 지나치게 강조하다 보면 전쟁을 하게 된다고 하고, 북한에서도 지금 전쟁을 하자며 도발하려는데 여기에 대해서 부연 설명이 필요합니다. 마지막으로, 제 이야기를 조금 하겠습니다. 철인이 정치를 하려면 강제로 해야 한다고 하는데, 플라톤은 『국가』에서 철인이 동굴로부터 나와서 이데아의 세계로 갔다가 다시 동굴의 세계로 돌아오는데, 그것은 말하자면 양심과 의무의 느낌으로 오는 것이지 꼭 강제력 때문은 아니라고 합니다. 도덕적인 의미에서도 철학을 하면 도덕적 의무감이 생기니, 거기서부터는 누가 강제하지 않아도 스스로 양심의 강제에 의해서 정치에 관여하게 된다고 볼 수 있지 않을까요. 그렇다면 플라톤의 철인은 이데아의 밝은 세계로 갔다가 되돌아오니, 돌아올 수밖에 없는 심리적인 강제가 생기는 것 아니냐 하는 생각입니다. 제가 농담 하나 하겠습니다. 지금은 우리나라의 정치하는 사람들이 전부 내가 국회의원이 돼야 한다고 말하지만, 옛날 선거 초창기에는 포스터에 '누구누구를 국회로 보냅시다' 이렇게 썼어요. 그러니까 자기가 가겠다는 것이 아니고 시민이 이 사람을 보내자는 데 동의했다는 뉘앙스를 담고 있었어요. 말하자면 정치를 하고 싶지 않은데 동네 사람들이 부탁해서 나서는 걸로 모양새가 잡혔거든요. 그러니까 플라톤의 『국가』에서도 그렇고 반드시 철인이 정치로부터 단절된 사람만을 이야기하는 건 아닐 듯하다는 생각이 듭니다.

박성우　　저는 아테네에 민족적인 성격이 있다고 봤다기보다 민주적인 가치를 중심으로 아테네인들이 어떤 정체성이나 연대성을 가졌다는 것을 강조하고자 했습니다. 고전학 전공자들이 주로 그리스의 종족에 대한 이야기를 합니다. 저는 이와 관련해서 전문적인 지식이 없지만, 제 전공 분야인 정치철학과 정치사상에 대한 텍스트를 기반으로 이렇게 말할 수 있을 것 같습니다. 투키디데스는 전쟁사를 기술할 때 아테네 혹은 라케다이몬^{Lakedaimon}, 코린토스^{Korinthos}라고 이야기하지 않고, 처음부터 '아테나이오이', 즉 '아테네 사람들'이라고 말합니다. 그리고 '라케다이몬인들은 이러이러한 결정을 했다'라는 식이죠. 그런 의미에서 바르바리안들과 구분되는 통합된 의미의 헬라스인들이라는 개념을 갖고 있었던 것은 분명하지만, 헬라스인들 안에서 오늘날 의미하는 종족적인 구분을 확실히 했는지는 정확히 모르겠습니다. 제가 알기로는 그러한 종족적인 구분은 기원전 5세기, 4세기경 굉장히 뒤섞여 있어서 엄밀하게 구분하기 어렵다는 것입니다. 도리안^{Dorian}들이나 이오니안^{Ionian}들의 기원에 대해서 과거에 시칠리아 쪽이나 지중해 동쪽 연안의 사람들이 이오니아 출신인지 도리아 출신인지를 두고 소위 모도시^{母都市}가 어디였는지에 대한 계보 싸움을 하는 경우는 있었습니다. 예컨대 미틸레네가 반란 이전에 아테네 쪽에 우호적인 입장을 보였던 것은 종족적인 연관성도 없지 않았다고 할 수 있습니다. 그리스에서 모도시가 된다는 것은 식민지를 개척한 사람들이 자신의 출신 도시와 정신적인 연결 고리를 갖는다는 것을 의미합니다. 나아가 모도시는 식민 도시의 정체성을 제공합니다. 그렇지만 반드시 어떤 종족적인 의미의 정체성이 전제돼 있었던 것 같진 않습니다. 어쨌든 아테네에 어떤 종족적인 혼합이 있었느냐와 관련해서는 제가 정확히 답변드리기 어려울 듯합니다.

두 번째로 전쟁과 관련해서 이야기하겠습니다. 김우창 선생님이 언급했듯이 전쟁은 시민으로서의 덕성을 표출할 수 있는 매우 좋은 계기가 된다는 것에 동의합니다. 특히 호플리테스는 팔랑크스^{phalanx}

라고 하는 전술에서 용맹성을 보일 수 있었고, 바로 그 용맹성을 통해 개인적인 덕성까지도 드러낼 좋은 계기가 됐다고 생각합니다. 아테네는 처음에 펠로폰네소스 전쟁을 시작하면서 혹은 그 이전부터, 기원전 490년에서 기원전 480년까지 페르시아 전쟁을 거치고 그 뒤 약 50년 동안 스파르타와 경쟁하게 되는데, 그 와중에 소위 아테네식 패권과 스파르타식 패권이 나란히 경합을 벌였습니다. 이때 뭔가 문제가 있다고 여긴 스파르타 쪽에서 먼저 공격을 한 것이죠. 그런데 금방 이야기했듯이 전쟁에 대비하거나 혹은 전쟁을 수행하는 것이 한편으로는 분명히 개인의 덕성을 함양하는 계기가 되지만, 다른 한편으론 국가를 통합하고 연대성을 이끌어낼 수 있는 좋은 계기가 됩니다. 그런데 투키디데스의『펠로폰네소스 전쟁사』전반부에, 왜 그들이 전쟁을 해야 하는지에 대해서 여러 논란이 나타납니다. 코린토스라는 도시에서 헬라스의 국가들이 모인 일종의 국제 회의를 열게 되죠. 여기서 코린토스는 되도록 빨리 라케다이몬 쪽이 분쟁에 개입해서 아테네의 해상 세력을 저지해줬으면 하는 바람에서 라케다이몬의 개입을 추구하는 내용의 연설을 하죠. 그러고 나서 아테네도 발언을 합니다. 이 회의는 사실 아테네를 배제했던 국제 회의였습니다. 왜냐하면 잠재적으로 아테네를 대상으로 전쟁을 치러야 할지 모른 채, 아테네의 부상에 어떻게 대처할지에 대해 논하는 회합이었기 때문이죠. 그러나 아직 아테네와 전쟁을 시작한 건 아니었기 때문에, 아테네의 비공식 사절단이 발언하는 부분이 있습니다. 그 내용을 보면 '우리가 제국이 된 것은 맞다'라고 인정해요. 그러면서 '지금 우리가 제국을 갖게 된 이유는 분명히 페르시아의 위협 때문'이라고 말합니다. 또한 '우리 제국을 여타 동맹국들도 따르고 좋아한다'고 합니다. 또 '우리 아테네는 헤게몬hegemon 국가'라고도 이야기합니다. 우리는 헤게몬을 패권국이라고 말하지만, 그리스어로 헤게몬은 지도국, 이끄는leading 국가를 의미합니다. 나중에 아테네인들은 자신의 제국을 아르케archē 즉, 지배국가ruling state로 표현합니다. 똑같은 제국인데 처음에는 '헤게몬 국가'라고 정의하다가 나중에 '지배 국가'로 정의하게 된거죠. 이 지배 국가를 국내적으로 유추하면 왕이 아닌 참주에 의해 지배ruling되는 국가입니다. 아리스토텔레스의 구분에 따르면, 좋은 정체는 왕에 의해 지도되는 것이고, 나쁜 정체는 참주에 의해 지배되는 것이라고 할 수 있습니다. 아테네 제국을 지배 국가로 표현하는 것은 아테네가 적어도 대외적으로는 참주와 같은 국가가 됐다는 것을 의미합니다.

제가 말하려는 바는, 전쟁이라는 것이 이렇듯 양면적인 속성을 갖는다는 것이죠. 전쟁을 통해서 대내적으로 시민의 덕성을 고양하고, 대외적으로도 소위 헤게몬 국가로서의 지위를 유지할 수 있는 단계가 있습니다. 하지만 어느 시점이 지나면 자발적인 리더십으로 국가 역량이 발휘되지 못하는 단계가 옵니다. 이 대목에 이르면 전쟁이 대내적으로 구성원들 간의 연대성을 해치는 결과를 낳을 수도 있다는 것이죠. 바로 그런 부분을 말씀드린 것입니다. 이제 철인왕에 대해서 좀더 보충해보겠습니다. 철인왕에 대한 플라톤의 진정한 의도가 무엇이었는지에 대해서는 논쟁이 끊임없이 이어져왔습니다. 지금까지 몇천 년 동안 논쟁되어왔으니까요. 제가 플라톤의 '진정한 의도는 이거다'라고 자신 있게 이야기할 입장은 아니지만, 김우창 선생님의 이야기가 맞다고 봅니다. 예를 들어 동굴의 비유에서, 바깥으로 나와

국가와 윤리

선의 이데아를 보고 난 철학자들은 다시 동굴로 돌아가야 한다는 것이 소크라테스의 설득입니다. 그런데 한 가지 자명한 점은 이들은 결코 다시 동굴로 들어가고 싶어하지 않을 거라는 거죠. 그럼에도 불구하고 '내가 안 하면 또 누가 하겠느냐'는 생각 때문에 자발적으로 들어갈 가능성이 있다는 겁니다. 물론 『국가』에서는 여러 번 '강제'라는 표현이 반복됩니다. 제가 주장하려는 것은, 그것이 자발적인 복종에 의한 것이든 혹은 자발적인 강제에 의한 것이든 이들이 동굴에 다시 들어갈 가능성이 있다는 겁니다. 학자들은 여러 이유를 제시합니다. 사실 이 철학자는 우리가 이론적으로 만들어낸 인물이기 때문에, 꾕장히 오랜 기간 국가에 의해서 강제된 교육을 받은 이들입니다. 교육을 받았다면, 국가에 대해서 봉사를 해야 할 의무가 있습니다. 동굴 밖으로 나갔으니 자신을 위해 철학자로서 남아 있겠다는 것은, 국가에 대해 배은망덕한 사람이 되는 겁니다. 그런데 철학자는 국가의 은혜를 배신하는 사람이 아닐 테니 아마 동굴로 내려갈 거라고 주장하는 학자도 있습니다. 또 어떤 학자는 이렇게 주장하기도 합니다. 누군가는 내려가서 철학자가 할 일을 해야 하는데, 만약 동굴 밖으로 나온 철학자가 여럿이라고 한다면—누구도 내려가고 싶어하지 않을 테니—가령 김경희 선생한테 내려가라고 하고, 나는 동굴 밖에 있으면 정말 좋겠죠. 그런데 이때 나는 무임승차자free rider가 되는 겁니다. 과연 철학자가 무임승차자가 될 수 있겠는가를 생각해보면 아마 내려가게 될 거다, 이렇게 말합니다. 『국가』에는 '번갈아가면서'라는 표현이 나옵니다. 그러니까 차례로 내려갔다 다시 올라오면 되지 않을까 하는 생각을 뒷받침하기도 합니다. 그러나 만약 플라톤의 『국가』라는 텍스트 전체가 누군가에게 일관된 메시지를 주고자 했다면, 그 대상은 플라톤의 대화 상대자인 글라우콘이라고 할 수 있을 텐데요. 글라우콘은 결국 정치를 하지 않고 철학적인 삶을 유지한다는 것이 『국가』의 결론입니다. 그렇게 보면 사실은 플라톤이 여러 이야기를 했지만, 결국 철학자는 통치에 참여하지 않는 것이 바람직하다는 제안을 했다고 생각할 수 있습니다. 그렇다면, 이렇게 정치와 단절돼 있는 철학자를 지지하는 플라톤이 소위 아테네 현실 정치를 염두에 두는 플라톤과 어떤 관련이 있는가를 생각해봐야 하는데, 저는 이렇게 추정합니다. 동굴 밖에서 소위 형이상학적인 탐구를 진행하는 철학자의 활동은 단순히 철학자 자신에게만 도움이 되는 것이 아니라, 그 존재 자체가 아테네 공동체 전체에 어떤 의미를 줄 수 있다는 거죠. 대부분의 데모스 내지 일반 정치인들은 철학자들이 직접 와서 무언가 해주기를 바라진 않지만, 철학자를 핍박할 수 있는 사람들입니다. 이들이 만약 철학적 삶을 가장 훌륭한 삶으로 인정하게 된다면 그것 자체가 공동체 전체를 공동선을 위한 정치로 지향하게 하고, 바로 그 상태를 유지하게끔 하는 중요한 동력이 되지 않겠느냐는 겁니다.

이승환　　철인왕에 해당되는 동양의 인물figure은 성인왕聖人王일 텐데요. 철인이 현실 정치에 참여해야 되는가 그리고 참여하는 순간 타락할 위험이 생기는데, 그러면 성인은 어떤가를 생각해봤습니다. 『맹자』에는 세 종류의 성인이 나옵니다. 철인은 지성적인 인물이지만 성인은 덕성이 더 충만한 지도자겠죠. 첫 번째는 성지청聖之淸, 즉 성인 가운데서도 지극히 맑음을 숭상하는 성인, 가령 백이伯夷와 숙제叔齊처

　　　　　　　　　　　　　　　　　국가와 윤리

럼 내 몸에 티끌만큼의 더러움도 입히지 않겠다고 생각하고 현실 정치를 완전히 차단한 채 독야청청하는 사람을 가리키죠. 그다음이 성지화聖之和인데, 조화 화和 자를 씁니다. 내가 아니면 누가 이 세상을 구원하겠는가 하고 생각했던 유하혜柳下惠처럼, 더러워도 뛰어들고 깨끗해도 뛰어들어서 몸을 바쳐 헌신하는 사람을 가리킵니다. 이 두 종류의 성인 외에 최고의 지혜를 가진 사람을 성지시聖之時라고 합니다. 때 시時 자를 쓰는데, 나아갈 때와 물러날 때를 사려 깊게 판단하고 행위하는 공자와 같은 성인을 말합니다. 그런 차별성이 있음에도 불구하고 각기 나름 자신의 소신에 따라 정치 참여, 정치 후퇴를 결정했다는 점에서 모두 의미가 있는 듯합니다.

김상환 그리스 민주주의에 대한 오늘 강연의 가장 중요한 축은 엘리트와 데모스 사이의 관계인 것 같고요. 또 바람직한 정치가와 대중, 엘리트와 데모스의 관계에 대해 투키디데스의 입장과 플라톤의 입장을 설명했습니다. 이런 두 가지 입장은 주로 데모스보다는 정치가, 엘리트가 어떠해야 되는가에 대한 제안으로 읽혀요. 그러니까 수사학 이상의 철인으로 압축될 수 있는 높은 지적 능력이라든가 도덕적 신념 같은 것으로 수렴되는 듯합니다. 그래서 김경희 선생이 아리스토텔레스의 입장도 있지 않느냐라고 되물었는데, 저는 『정신현상학』의 '정신' 장에 나오는 헤겔의 입장이 우리가 민주주의를 바라보는 데 있어서 좀더 균형 잡힌 시각을 제시한다고 생각합니다. 그러니까 헤겔이 그리스 공동체와 폴리스polis, 도시 국가를 서술하는 관점의 개성 및 독창성은, 제가 볼 때 제도 이전의 차원 또는 제도 바깥의 차원인

희랍 고전시대의 국가 이념: 아테네 민주주의를 중심으로

것 같습니다. 김우창 선생님이 우리나라의 좋은 풍속과 관습에 대해서 언급한 것도 그런 것과 맞물려 있다고 생각합니다.

알다시피 『정신현상학』에서 헤겔이 그리스의 폴리스를 서술하는 것은 단순히 제도적 차원만이 아니라—오늘 논의에서는 민회, 위원회, 법정에서 법을 제정하고 심의하는 과정 중 엘리트와 데모스 사이에 존재하는 여러 관계의 가능성에 초점을 맞췄는데—제도 이전의 차원도 중요하지 않느냐 하고 말한 것 같습니다. 다시 말해 공적인 영역 못지않게 사적인 영역이 병행되어야 하지 않느냐고 한 것 같아요. 잘 알려져 있듯 헤겔은 소포클레스의 『안티고네』를 중심으로 해서 이런 두 가지 측면을 설명합니다. 공적인 영역은 크레온으로 대변되는 제도적 차원 및 국가의 차원이죠. 또 남성들의 영역이고요. 헤겔은 이 것을 '살아 있는 자'의 영역이라고 설명하기도 했습니다. 그런데 안티고네로 대변되는 사적인 영역이라는 것은 단순히 법을 제정하고 심의하는 것이 아니라—인간이 법을 만드는 게 아니라—법에 의해서 인간이 만들어지는 것이거든요. 이는 물론 성문법成文法도 아니고 인간의 법도 아니며 불문법不文法입니다. 신의 법이고 종교적인 법이며 또 무엇보다 '죽어 있는 자'를 위한 법이죠. 그래서 주체에 의해 만들어지는 법이 아니고 오히려 주체를 정초한다고 할까, 일정한 세계관을 심어주고 도덕적 확신을 부여해주면서 인간을 형성하는 법의 영역으로서 사적인 영역이고 가족의 영역입니다. 그런데 이런 사적인 영역과 공적인 영역의 균형이 깨짐으로 인해 그리스의 폴리스가 망했다는 게 헤겔적인 스토리죠. 이 같은 헤겔의 관점이 오늘날 민주주의를 바라보는 데 있어 상당히 중요한 영역이 아닌가 싶습니다.

국가와 윤리

말이 나온 김에 약간 보충해보면 헤겔의 논의가 참 재미있어요. 헤겔이 그리는 여성성에 의해서 지배되는 가족의 영역이 왜 폴리스와 국가에 필수적인가, 왜 반드시 가족의 영역에 의해서 공적인 영역이 보완될 수밖에 없는가 하는 것을 설명할 때, 제일 중요한 이유가 장례식입니다. 헤겔은 가족이 단순한 자연적 결사체가 아니고 오히려 종교적 결사체에 가까우며, 가족의 핵심적 기능이 장례를 치러주는 데 있다고 말합니다. 그 이유는 전쟁 때문이죠. 김우창 선생님도 전쟁에 대해서 질문하셨는데, 덧붙여 설명하자면, 헤겔에 따르면 국가는 가족이 승할 경우 이완되고 부패되며 개인주의가 충만해집니다. 따라서 가족은 재화를 모으고 향유하는 영역이기 때문에 가족이 번성하면 국가가 이완된다고 봤습니다. 그런 까닭에 전쟁을 통해, 전쟁이 있음으로 인해 비로소 산만해지고 이완되고 분열되던 국가 조직이 한데 묶이며, 헤겔적인 표현으로 하면 국가 공동체 정신이 정화된다는 거죠. 어쨌든 헤겔에게 있어 전쟁은 역사 또는 공동체에서 대단히 중요한 영역입니다. 가족이 남자를 생산하고 길러 시민 또는 전사로 국가에 보내는데, 이 사람이 전쟁에 나가서 죽으면 장례를 치러주는 게 가족입니다. 헤겔이 고대 국가에서 장례가 왜 그렇게 중요한가를 설명하면서 바로 장례를 통해 개인이 비로소 자신의 본질로 고양된다는 표현을 하는데요. 우리나라에도 호랑이는 죽어서 가죽을 남기고 사람은 죽어서 이름을 남긴다는 말이 있어요. 그러니까 우리는 호랑이가 죽으면 살과 가죽을 분리하지 않습니까? 헤겔적인 의미의 장례식도 우연으로 가득 찬 한 사람의 인생으로부터 그 이름을 분리하는 것, 말하자면 명부冥府의 세계에 이름을 등재하는 것인데, 헤겔에 의하면 장례식을 통해서 죽음이 완성되고 한 개인의 삶이 보편적인 의미를 띱니다. 그래서 헤겔에 따르면 고대 그리스에서는 개인이 자기를 찾는 것, 자신의 정체성을 찾는 것은 사후死後다, 명부의 세계에서만 주체로서 성립되는 게 고대 그리스의 인륜의 세계라고 합니다. 그런 이유에서 가족, 장례식과 같은 것을 강조하죠.

이런 관점에서 질문하자면, 우리가 민주주의라는 것을 지나치게 제도적 차원에서, 그러니까 정치 체제라든가 또 그것을 끌고가는 정치가 또는 엘리트의 차원에서만 생각하면 안 되지 않느냐, 제도나 법 이전의 차원이 중요하지 않느냐 하는 것입니다. 앞선 강연에서 김우창 선생님이 누스바움의 사랑의 윤리학에 대해 소개해주셨는데 제도, 법률 이전에 정치 지도자뿐만 아니라 대중도 어떤 윤리적인 확신이라든가 믿음의 체계가 확실해야 하는 것 아닌가 싶습니다. 아무리 좋은 제도나 법이라도 무슨 소용이 있겠습니까. 민주주의의 제도적인 탁월성이 잘 드러나려면 제도 이전의 도덕, 윤리적인 차원에서의 요구가 전제되어야만 하지 않느냐는 것이 제 질문 또는 보충입니다. 다른 하나는 오늘날 심각하게 가족이 파괴되고 있고 한 개인이 자기 정체성을 찾는 소규모 공동체, 쉽게 말해서 평생 직장이라는 게 사라졌잖아요. 그리고 오랜 기간 경제적 활동을 지속할 수 있는 정규직도 점점 사라지고 있는데, 이런 시대에는 민주주의를 지탱하기 어려워지지 않나 생각됩니다. 다시 말해 이런 상황이 민주주의가 유지되는 데 부정적으로 작용하지 않느냐는 거죠. 가령 2016년 미 대선에서 트럼프나 샌더스처럼 제도적인 차원에서는 이해하기 힘든 후보자들이 대중의 주목을 끌고 인기를 끌어들인 것도 정치 제도나 법 차원 이전에서의 어떤 문제 때문이 아닌가 하는 생각이 들어서요. 요컨대 민주주의를 제도적·법률적 차원에서만 보는 데 대해 재고해봐야 하지 않겠느냐는 것입니다.

박성우　전적으로 동의합니다. 제가 아테네의 민주적인 제도에 대해서 말씀을 드렸지만, 그것으로 아테네 민주주의를 규정할 수 있다고 주장한 건 아닙니다. 아테네 민주정이 하나의 국가 이념으로서 받아들여질 수 있었던 모멘텀 내지는 계기로 국장연설을 들 수 있는데, 앞서 소개했던 페리클레스의 연설문도 그중 하나입니다. 기원전 430년경에 전몰자들을 화장하기 전에 모아놓고 많은 시민이 모여 있는 자리에서 페리클레스가 연설을 한 것입니다. 국장연설문은 전몰자가 도대체 무엇 때문에 죽었는가 하는 것을 규정하는 까닭에, 국가 정체성을 확인할 수 있는 매우 좋은 계기가 됩니다. 국장연설문은 아테네에만 있었던 독특하고 한시적인 관행이었기에 그렇게 많은 사례가 남아 있지는 않습니다. 몇 가지 남아 있는 국장연설문을 토대로 고전학자들이 연구한 바에 따르면, 전형적인 유형을 확인할 수 있습니다. 국장연설문에서 첫 번째로 등장하는 것은 전몰자들의 용맹성에 대한 강조입니다. 예컨대 이런 표현들이 나옵니다. "전몰자 중에 여러분의 돈을 떼먹고 죽은 사람이나 사적으로 안 좋은 감정을 가졌던 사람이 있을지 모르지만 그런 것은 다 잊어버리자. 이 사람들은 전몰자로서 전쟁에서 용맹했고, 힘든 전투를 견뎌냈다." 그리고 이들이 참가한 전투가 얼마나 힘든 것이었는지, 그들이 얼마나 용맹했는지 등을 세세하게 이야기하면서 전몰자들을 기리고 유족들을 위로하는 형식을 갖추고 있습니다. 그런데 페리클레스의 국장연설문은 이와는 전혀 다른 방식으로 전개됩니다. 전몰자들의 행적이나 특정인의 용맹성을 기린다기보다 이 사람들이 도대체 무엇을 위해서 죽었는가를 더 강조하는 것입니다. 페리클레스는 이 사람들이 전장에서 죽은 것은, 아테네라는 국가가 목숨을 희생할 만한 가치가 있기 때문임을 강조하는 연설을 합니다. 그래서 이 연설을 들은 청중은 도대체 내가 어떠한 국가에 살고 있는가를 확인할 수 있었을 겁니다. 더 나아가 페리클레스는 말미에 이런 이야기를 합니다. 보통은 유가족들한테 앞으로 더 잘 살 테니 걱정하지 말라는 이야기를 하는데 페리클레스는 '이런 훌륭한 국가에 우리가 살고 있으니 혹시 아들이 있거든 전장으로 더 내보내세요', 그리고 '지금이라도 더 낳아서 내보내세요'라고 말합니다. 어떻게 보면 국장연설문에 걸맞지 않은 이야기를 한 거죠.

제가 말하려는 바는, 김상환 선생님의 이야기처럼 장례라는 것이 적어도 국장에서는 아테네 시민 스스로 자신의 정체성을 확인하는 요인이 됐다는 겁니다. 또 하나는 국장연설의 내용을 받아들인다는 것은 아테네 시민도 국가 이념이나 국가 정체성으로서 그것에 동의한다는 것을 의미합니다. 기본적으로 레토릭의 형식은 늘 이런 것인데, 엘리트 혹은 연설자가 시민이 받아들이기 곤란한 이야기를 하기는 어렵습니다. 왜냐하면 해봐야 공허한 메아리가 될 테니까요. 그래서 늘 저쪽에서 무슨 생각을 하는지를 염두에 두고 국장연설을 하기 때문에, 페리클레스의 국장연설에 드러난 정체성은 페리클레스가 고안해낸 것이라기보다 그 당시에 제도를 초월해서 아테네 사람들이 전반적으로 공유하고 있었던 국가 정체성이라고 볼 수 있습니다. 물론 거기에 페리클레스가 덧붙이고 싶은 내용도 포함됐겠지만 이미 아테네 사람들이 그렸던 국가 정체성에 상당히 부합한다는 측면에서 제도적인 차원을 초월한 정신에 기반해 있는 것이라고 생각할 수 있습니다. 헤겔적인 의미인지는 잘 모르겠지만요. 제가 아테네 민주정에 대한 이야기를 할 때도, 이것이 제도적인 차원으로만 그친다고 본 건 아니었어요. 그렇지만 민회가 됐든 위원회나 배심원이 됐든 거기서 작동하고 있는 기본적인 기제가 레토릭이라고 한다면, 이 사람들이 그 자리에 오기전 바깥에서 어떤 행동을 했었는지에 대한 기억 그리고 그것에 대한 일종의 기록과 평가 같은 것이 이미 전제되어 있는 상태라고 볼 수 있습니다. 따라서 아테네 민주정의 작동은 제도 안에서만 이뤄지는 것이 아니라 정신적 영역 안에서 이뤄지고 있다고 생각합니다.

유토피아와 디스토피아

근대세계의 희망과 불안

주경철 서울대 서양사학과 교수

중세와 근대의 중요한 차이 중 하나는 변화에 대한 인식이라 할 수 있다. 중세인들의 사고에 따르면 하루가 100년 같고 100년이 하루 같아 이 세계는 아무런 근본적인 변화가 없으며, 다만 종말을 향해 늙어가고 쇠락할 뿐이다. 흘러가는 시간 속에서 이 세상의 부박浮薄한 삶은 똑같이 반복된다.

이런 인식에 변화가 찾아온 때는 르네상스 시기라고 이야기된다. 로마 제국의 멸망과 함께 찬란한 고대 문화의 빛이 1000년 동안 '죽음'의 상태에 있다가 '우리 시대에 되살아났다'는 것이다. 실로 담대한 시대 인식이라 하지 않을 수 없다. 심지어 조르조 바사리(1511~1574)는 고대 그리스 로마의 예술보다 자기 시대 천재들의 작품이 오히려 더 낫다는 과감한 주장까지 펼쳤다. 이 말은 예술 분야에만 해당되는 것이 아니다. 근대 이후 서구인들은 이 세계에서 의미 있는 변화가 가능하며, 더 나은 세상을 지금 이곳에 건설할 수 있으리라

유토피아와 디스토피아: 근대세계의 희망과 불안

는 희망을 품었다. 지금으로부터 500년 전인 1516년에 출판된 토머스 모어의 『유토피아』는 그런 시대 인식을 잘 보여주는 작품이다.

1__유토피아/디스토피아

모어가 『유토피아』를 쓴 지적 배경에는 에라스뮈스와의 우정이 있다. 에라스뮈스의 『우신예찬』은 『유토피아』와 형제 관계, 어쩌면 쌍생아 관계로 비유할 수 있다. 이 책은 에라스뮈스가 런던으로 모어를 찾아갔을 때 모어가 집필을 권유하여 나온 책이다.

『우신예찬』은 역설적인 의미로 이 세상을 어지럽히는 우신愚神, 다시 말해서 어리석음 혹은 광기의 여신을 찬미한다는 내용이다. 사람들의 마음을 흩뜨려놓는 어지러운 마음, 신학자들의 쓸데없는 논쟁, 교황을 비롯한 성직자들의 위선 같은 것이 모두 우신 덕분이라며 이 여신을 찬미하는 형식으로 오히려 그런 잘못을 비판하고 있다. 이 우신의 이름이 라틴어로 모리아Moria다. 모어More의 라틴어 이름이 모루스Morus이므로, 모리아는 모어의 이름을 연상시킨다. 에라스뮈스와 모어는 이런 지적 놀이를 통해 자신들이 살아가는 이 세상은 온통 어리석음과 광기가 넘쳐나는 곳임을 암시한다.

『우신예찬』이 출판된 후 이번에는 에라스뮈스가 모어에게 이것과 상응하는 책을 쓰라고 권유했다. 자신은 광기의 여신을 찬미하는 책을 썼으니 당신은 지혜의 여신Sophia을 찬미하는 책을 써보라는 것이었다. 지혜의 여신이 통치하는 세상은 어떠할까? 그런 곳은 어디에 있을까? 이 세상에서 찾을 수 있을까? 대화를 이어가던 그들은 이렇게 결론을 내린다. '누스쿠암Nusquam(아무 데도 없는 곳nowhere).'

아무리 찾아봐도 이 세상에 현명함 혹은 지혜는 없다. 여기서 두 석학의 지적 유희는 이렇게 진척된다. '지혜는 아무 데도 없다'가 '아무 데도 없는 곳에 지혜가 있다'로 변했다. 결국 지혜로움이 지배하는 곳은 이 세상에 존재하지 않는 허구의 세계가 된다. '아무 데도 없는 곳', 상상의 그 나라를 지칭하기 위해 그들은 나라 혹은 땅을 가리키는 접미사(a)를 붙여 '누스쿠아마Nusquama'라고 불렀다. 모어는 상당히 오랜 기간 자료를 정리해 '누스쿠아마' 이야기를 쓴 다음 이 나라 이름을 라틴어 대신 고대 그리스어로 개명하여 '유토피아'라고 불렀다. 이때 쓴 내용이『유토피아』의 2부가 된다. 그 후 현재 이곳, 우리가 살아가는 흉악한 현실세계, 후대 사람들이 디스토피아Dystopia라 명명한 세상에 대한 이야기를 써서 2부 앞에 붙였으니, 이것이『유토피아』의 1부다. 그리고 제일 앞부분에 1515년 앤트워프에 체류할 때 처음 만난 외국 선장 히슬로다에우스와 대화를 나눈다는 내러티브 틀을 만들어 이 작품을 완성했다.

불행이 가득한 이 세상인 디스토피아를 먼저 이야기하고, 그다음에 지극히 훌륭한 통치가 이뤄지는 이상세계 유토피아를 서술하니 의미가 더욱 탄탄해졌다. 2부 유토피아의 세계는 1부 디스토피아의 세계에서 벗어나 그곳으로 발전해가야 하는 동경의 땅으로 규정되었다. 모어 자신이 이런 의미를 살려서 2부에서 그리는 나라가 단지 이 세상에 존재하지 않는 곳이라기보다 더 적극적인 의미로 이 세상에 없지만 좋은 나라, 곧 '에우토피아Eutopia'라고 해석했다. 나More 같은 어리석은 사람이 살아가는 우매함^{Moria}의 세상^{Dystopia}을 고찰하면 지혜^{Sophia}의 세상^{Utopia}(Eutopia)이 얼마나 훌륭한지 더 잘 보이고, 반대로 유토피아라는 거울에 비춰보면 이 세상이 어떤 심각한 문제들로 고통받는지 더 명료하게 이해할 수 있으리라.

|1| 양이 사람을 잡아먹는 곳

『유토피아』에서 가장 유명한 구절 중 하나는 1부에서 당시 잉글랜드의 비참한 실상을 고발하는 부분이다. '양이 사람을 잡아먹는' 기괴한 나라를 그는 이렇게 설명한다.

> 양들은 언제나 온순하고 아주 적게 먹는 동물이었습니다. 그런데 이제는 양들이 너무 욕심이 많고 난폭해져서 사람들까지 잡아먹는다고 들었습니다. 양들은 논과 집, 마을까지 황폐화시켜버립니다. 아주 부드럽고 비싼 양모를 얻을 수 있는 곳이라면 어디서든지, 대귀족과 하급 귀족, 심지어는 성무를 맡아야 하는 성직자들까지 옛날에 조상들이 받던 지대에 만족하지 않게 되었습니다. 그들은 이 사회에 좋은 일을 아무것도 하지 않고 나태와 사치 속에서 사는 것만으로도 부족하다는 듯 이제는 더 적극적인 악행을 저지릅니다. 모든 땅을 자유롭게 경작하도록 내버려두지 않고 목축을 위해 울타리를 쳐서 막습니다. 이들은 집과 마을을 파괴해버리고 교회만 남겨놓는데 교회는 단지 양 우리로 쓸 뿐입니다. 이미 많은 땅이 숲과 사냥용 짐승 보호지가 돼버린 것도 모자라서 이 높은 분들은 사람이 사는 주거

지와 경작지마저 황폐하게 만드는 중입니다. 이렇게 만족을 모르고 탐욕을 부리는 한 사람이 수천 에이커를 울타리로 둘러막고 있습니다. 이런 사람은 정말로 이 나라에 역병 같은 존재입니다. 소작농들은 해고되든지 혹은 속임수, 강짜, 끊임없는 괴롭힘을 견디다 못해 자기 땅을 팔 수밖에 없습니다. 남녀노소, 남편과 아내, 고아와 과부, 어린아이가 딸린 부모 등 가난한 사람 모두가 이사 가게 됩니다. (…) 세간을 헐값에 넘기므로 몇 푼 못 받습니다. 그 얼마 안 되는 돈도 다 날리면(여기저기 떠돌이 생활을 하다보면 돈이 금세 없어질 수밖에요) 결국 도둑질을 하다가 교수대에 매달리든지 아니면 유랑하며 구걸하는 수밖에 없습니다. (…) 경작과 수확을 위해 많은 일꾼이 필요했던 그 땅에 가축을 풀어놓은 이후에는 한 명의 양치기면 충분하게 되었습니다.

소위 인클로저Enclosure 현상을 거론하는 부분이다. 경제가 성장해서 모든 사람이 공평하게 부를 누리고 살면 좋겠지만, 아직까지 공정하고 평등하며 지혜로운 경제 발전이 이루어졌다는 이야기는 들어보지 못했다. 자본주의 초기 단계의 잉글랜드는 말할 나위도 없었다. 그 당시 스토리를 정리하면 이렇게 된다. 원래 시골에서 많은 사람이 농사를 지으며 그럭저럭 잘 살아가고 있었다. 그런데 직물업이 성장하고 그에 따라 양모 수요가 늘자 양모 가격이 급등했다. 지주 귀족들로서는 농사짓는 것보다는 양을 쳐서 양모를 파는 것이 훨씬 더 이득이 되었으니, 대대손손 그 땅을 빌려 농사를 짓던 사람들을 냉혹하게 내쫓아버렸다. 이전에 수많은 사람이 살아가던 그 터전은 이제 울타리

유토피아와 디스토피아: 근대세계의 희망과 불안

를 친enclose 양 목장이 되어서 넓은 땅에 사람은 안 보이고 오직 양들
만 노닐게 되었다.

쫓겨난 농민들은 도시로 가서 빈민생활을 하다가 결국 생계 때문
에 범죄자가 될 수밖에 없다. 범죄자 문제로 골머리를 앓게 된 당국은
별수 없이 도둑들을 잡아다가 처벌하려고만 한다. 『유토피아』에 나오
는 이야기에 따르면 어느 날엔가는 런던 시내에 설치된 교수대에 무
려 20구의 사체가 매달려 있었다고 한다. 지옥의 풍경이 펼쳐진 것이
다. 교수대에 매달린 희생자들은 원래부터 사악한게 아니라 고향에
서 순박하게 살던 사람들이다. 하지만 지주 귀족들이 그들을 내쫓았
기 때문에 그처럼 비참한 상태로 내몰려 죽게 된 것이 아닌가? 소수
는 부자가 되었지만 그로 인해 다수가 처참한 죽음으로 내몰리는 이
사회는 과연 정의로운가? 이런 현상을 보고도 무심한 채 있으면 지식
인이 아니다. 『유토피아』는 당대 최고의 지식인이며 실천적 정치가였
던 토머스 모어가 처참한 사회 현실에 대한 비판적 성찰을 담아 자신
의 의견을 펼친 책이다.

그가 볼 때 불행의 근본 원인은 탐욕과 자만이다. 헛된 욕심이 세
상을 이토록 어지럽혔다. 필요 이상으로 더 많은 것을 소유하려는 미
친 욕구, 그리고 그런 경향을 더욱 부채질하는 화폐가 주범이다. 군
주는 이런 사태를 현명하게 막기는커녕 더 악화시킨다. 권력욕에 사
로잡힌 국왕은 가혹한 징세로 자금을 모아 외국과의 전쟁에 몰두하고
이에 저항하는 사람들을 잔혹하게 처벌할 뿐이다. 이 상태라면 세상
에 행복은 불가능하다. 어찌하면 좋단 말인가? 이 문제를 풀기 위해
모어는 파격적인 주장을 펼친다. 행복한 세상을 만들고 싶으면 화폐

국가와 윤리

를 없애고, 아예 사적 소유를 폐지해야 한다는 것이다.

1부 마지막 부분에서 그는 문제의 발언을 한다.

내가 생각하는 바를 이야기하자면 사유재산이 존재하는 한, 그리고 돈이 모든 것의 척도로 남아 있는 한, 어떤 나라든 정의롭게 또 행복하게 통치할 수는 없습니다. 우리 삶에서 가장 좋은 것들이 최악의 시민 수중에 있는 한 정의는 불가능합니다. 재산이 소수의 사람에게만 한정되어 있는 한 누구도 행복할 수 없습니다. 왜냐하면 그 소수의 사람은 불안해하고 다수는 완전히 비참하게 살기 때문입니다.

사적 소유와 화폐제의 폐지는 가능한가? 이 세상에서는 이룰 수 없다. 오직 '아무 데도 없는 나라'에서만 가능한 일이다. 사유재산이 완전히 사라진 유토피아에서는 "모두 덕을 숭앙하면서 모든 것을 공평하게 나누어 갖고 또 모든 사람이 풍요롭게 살아가며", 나아가 그런 사회를 이끌어가는 데는 극히 소수의 법만으로도 충분하다.

모든 사람이 함께 일하고 부를 공평하게 나누어 가지니, 누구나 다 행복하다는 주장이다. 분명 어디선가 들어본 이야기이지 않은가? 다름 아닌 공산주의 철학이다. 그렇다면 모어는 공산주의 사조의 시조인가?

그렇게 해석하는 사람도 없지 않다. 과연 그 해석이 옳을까?

유토피아와 디스토피아: 근대세계의 희망과 불안

|2| 행복

모어가 그리는 이상세계는 결국 인간이 행복한 삶을 사는 곳이다. 그렇다면 행복이란 무엇인가, 어떤 사회가 행복한 사회인가 하는 질문을 던지지 않을 수 없다. 모어의 주장에 따르면 행복은 쾌락으로 이루어진다고 한다. 그러면 다시 쾌락이 무엇이고 그것이 어떻게 행복과 연결되는지 묻지 않을 수 없다.

모어는 크고 중요한 쾌락과 작고 하찮은 쾌락이 있다고 설명한 다음 작은 쾌락이 큰 쾌락을 방해해서는 안 된다는 논리를 편다.

> 작은 쾌락이 큰 쾌락에 방해가 되지 않게 해야 한다는 것, 그리고 고통이 뒤따르는 쾌락을 피한다는 것만이 중요한 기준이 될 것입니다. (…) 유토피아인들은 행복이 모든 종류의 쾌락 속에서 발견되는 것이 아니라 선하고 정직한 쾌락 속에서만 발견된다고 믿습니다. 그들의 말에 따르면 덕 자체가 우리 본성을 그런 종류의 쾌락으로, 즉 지극한 선으로 이끌어간다는 것입니다.

이들이 말하는 쾌락이 통상적인 의미의 향락이 아니라는 점은 쉽게 간파할 수 있다. '선하고 정직한 쾌락'은 지적인 덕이며, 곧 종교적인 원칙으로 화할 수 있는 종류의 것이다. 결국은 덕을 실천하고 따르는 유의 쾌락이 행복인 셈이다. 그렇다면 다시 덕은 무엇인지 묻게 된다.

> 그들은 덕이란 자연에 따라 사는 삶이라고 정의합니다. 그리고 신은

우리를 그런 목적으로 창조하셨다고 말합니다. 사람이 이성의 명령에 복종하여 어떤 것을 선택하고 다른 것을 거부할 때 그는 자연에 따르는 것입니다. 이성의 첫 번째 법칙은 인간 존재의 근원이며 인간의 모든 행복을 가능케 한 신을 사랑하고 경배해야 한다는 것입니다. 자연의 두 번째 법칙은 가능한 한 번민으로부터 자유롭고 기쁨이 충만한 삶을 살 것이며, 마찬가지로 다른 사람들을 그 목적으로 인도한다는 것입니다.

신을 사랑하는 것, 덕성스럽게 사는 것, 그리고 나만 그런 게 아니라 남에게도 그런 삶을 살도록 인도하는 것, 이런게 행복이고, 이성적인 사람이라면 당연히 이런 삶을 살려 한다고 말한다.

좀 더 구체적으로 어떤 종류의 쾌락을 추구할 때 행복하거나 혹은 불행해지는지를 살펴보면 이해하기 쉬울 것이다.

우리가 행복에 이르는 쾌락이라고 믿기 쉽지만 사실은 그렇지 않은 사이비似而非 쾌락들이 있다. 대표적인 예는 좋은 옷을 입었기 때문에 자신이 훌륭하다고 생각하는 것이다. 혹은 그와 비슷한 것으로 의례적인 명예가 있다. 다른 사람이 무릎을 꿇거나 모자를 벗어 경의를 표한다고 해봐야 아무런 의미가 없는 허망한 기쁨이라는 지적인데, 이는 분명 당대 귀족들의 오만함에 대한 비판일 것이다. 사냥도 마찬가지다.

개가 짖는 소리를 듣는 것이 무슨 재미가 있습니까? 만일 당신이 정말로 원하는 것이 눈앞에서 동물을 갈가리 찢어서 죽이는 도살이라

유토피아와 디스토피아: 근대세계의 희망과 불안

면 그 모든 것은 잘못된 일입니다. 토끼가 개에게 쫓기는 것, 약한 짐
승이 강한 짐승에게 고통받는 것, 공포에 싸인 순한 동물이 야만적
인 동물에게 내몰리는 것, 무해한 토끼가 잔인한 개에게 죽임을 당
하는 것을 보면 남는 것은 연민밖에 없습니다.

이런 일들은 "흔히 감각을 만족시켜주므로 쾌락처럼 보이지만,
그렇다고 해서 실제 기본 성질이 그런 것은 아니다. 이때 쾌감을 느끼
는 것은 경험 그 자체에서 오는 게 아니라 사람의 왜곡된 정신에서 온
다. 마치 입맛이 변한 임산부들이 역청과 수지樹脂를 꿀처럼 달게 느
끼듯이 쓴맛을 단맛으로 오해하는 것과 비슷하다"는 것이 모어의 주
장이다. 이런 행위들을 통해 잠시 쾌락을 얻겠지만 그것은 결국 우리
를 잘못 인도하는 착각에 불과하다.

그렇다면 사이비 쾌락이 아닌 '진정한 쾌락'은 무엇인가?

크게 두 종류가 있으니 육체적 쾌락과 정신적 쾌락이다. 육체적
쾌락은 또 작은 것과 큰 것으로 나뉘는데, 작은 것은 음식 섭취처럼
즉각적인 만족을 주는 것들이다. 음식을 잘 먹는 것이야 당연히 기본
적이고도 중요한 일인데, 단 그것은 더 큰 육체적 쾌락, 곧 건강을 위
해서 필요할 뿐이다. 만일 음식에 탐닉하는 사람이 있다면 그것은 작
은 쾌락에 매달리는 꼴이다. 이 모든 것 위에 가장 소중한 정신적 쾌
락이 있다. 그것은 덕의 실천과 올바른 삶에 대한 인식이다. 모어의
말을 직접 옮기자면 "지식, 그리고 진리에 대한 관조로부터 오는 즐
거움, 또는 잘 보낸 한평생을 되돌아볼 때의 만족이나 장래의 행복에
대한 의심할 바 없는 희망" 같은 것이다. 그러므로 모어가 정리한 바

에 따르면 우선 기본적인 육체적 필요를 충족시키고, 덕성스럽게 하는 것이 행복한 삶이다.

이런 식으로 구성한 행복의 개념이 유토피아에서 사회적으로 어떻게 구현되는가를 보자. 행복한 사회를 이루려면 우선 모든 사람이 건강한 삶을 살 수 있어야 한다. 그러기 위해서는 안정적으로 식량을 확보해야 하는데, 이는 모든 시민이 다 함께 일을 함으로써 해결 가능하다. 당시의 농업 기술 수준으로 볼 때 이는 크게 힘든 문제가 아닐 것이다. 사치품 생산과 같은 일은 아예 하지 않을 테니 거의 모든 노동력이 식량 생산에 투입되어서 시민 모두 건강한 삶을 살아가는 데 필요한 식량 생산은 충분히 이뤄질 수 있다. 『유토피아』 1부에서 제시한 영국의 상황을 다시 생각해보면 우선 기본적으로 먹는 문제가 해결되지 않아 많은 사람이 불행의 늪에 빠져 있다. 그러니까 이 사회는 건강한 생명 유지라는 1차 행복도 달성하지 못한 상태다. 그렇지만 사실 이들은 인간의 행복 중 더 중요한 정신적 쾌락에는 아예 접근도 못 한 채 생을 마감할 수밖에 없다는 점에서 비극적이다.

유토피아에서는 공동생산·공동분배로 인한 물질적 개선으로 1차 목표를 달성했다고 상정한다. 많은 사람이 이 문제에 주목하여 유토피아를 사회주의 혹은 공산주의의 모델로 생각했겠지만, 사실 이는 일부 측면에 불과하다. 이 나라 사람들이 행복한 이유는 육체적 쾌락보다 더 소중한 상위의 행복 요인, 곧 정신적 쾌락을 누린다는 데 있다. 이때 핵심은 모든 사람이 하루 6시간만 일한다는 점에 있다. 즉 노동 외에 남는 시간을 확보한다는 것, 그리하여 그 남는 시간에 덕성을 키우고 지식을 연마하며 신을 경배하고 그 외에 자신이 바라는 더

유토피아와 디스토피아: 근대세계의 희망과 불안

고상한 활동을 할 수 있다는 점이 행복의 중요한 요인이다. 그러니까 공동생산과 공동분배는 그 자체로서 목표가 아니라 더 상위의 목표를 위한 기초이며 기본 전제다.

이 나라의 철학은 집단적인 행복 추구다. 이 점이 중요하다. 나의 행복만 아니라 우리 모두의 행복을 함께 달성해야 한다. 그러려면 자신의 쾌락만을 추구해서는 안 된다. 공동으로 일해서 1차 행복 수단을 얻고, 공동으로 덕성적인 삶을 살아 더 상위의 행복을 누린다. 나혼자 더 많은 쾌락을 얻으려 하면 전체의 조화가 깨진다. 그러므로 이나라 사람들의 삶을 우리 시각으로 관찰해보면 실제로는 자신의 욕구를 절제하도록 교육받고 강제당한다고 할 수 있다. 이곳은 욕망을 충족시키는 나라가 아니라 오히려 억제하는 나라다.

모어가 이런 식의 유토피아를 구상할 때 모델로 삼은 곳이 있을까? 정부 당국의 지시로 거주지가 결정되는 곳, 시민이 함께 모여서 식사하는 곳, 모든 사람이 수백 년 동안 변함없이 똑같은 옷을 입는 곳, 다 함께 일하는 곳, 아침 일찍 모여 공부하는 곳, 정신적·영적 덕성을 쌓는 곳…… 아마도 수도원이 모델 아닐까? 모어가 젊었을 때 수도사 생활을 했다는 사실을 고려하면 가능성이 없지 않다. 만일 이것이 사실이라면 유토피아는 나라 전체를 일종의 확대된 수도원처럼 만들고자 하는 꿈이지 않을까?

|3| 진심이었을까?

저자는 아주 진지하게 이상국가의 구조와 작동 방식을 설명한

국가와 윤리

다. 그의 설명을 곧이곧대로 믿는다면 유토피아는 언젠가 인류가 도달하면 좋을 이상향의 청사진으로 보인다. 과연 그럴까? 이 책에서 그리는 국가의 모습이 모어가 진정으로 원하는 사회상일까? 그렇게 보기에는 이상한 측면이 한둘이 아니다. 저자 자신부터 이 이상사회로 발전해나가야 한다고 소망하는지에 대해 의심을 거두기 어렵다. 모어는 실로 기이한 방식으로 자신의 주장을 비틀고 있다. 한 가지 예를 들어보겠다.

『유토피아』 1부에서는 현실사회에서 제기되는 몇 가지 문제를 이야기한 뒤 이를 해결한 가상의 세 나라 사례를 소개하고 있다. 말하자면 부분적으로 이상국가의 측면을 띠는 곳들인 셈이다. 이 가운데 폴릴레리트(도둑을 사형에 처하지 않고 자비롭게 처리한 나라) 사례를 보자.

이 나라는 절도범 문제에 대한 해결책을 제시한 사례다. 앞서 본 대로 당시 영국에서는 절도범을 무지막지하게 사형에 처하고 있었다. 도둑을 사형에 처하는 것은 과도한 처벌임에 틀림없지만, 그렇다고 아무런 조치를 취하지 않고 수수방관할 수도 없는 일이다. 그러면 어떻게 할 것인가? 폴릴레리트에서는 절도범을 사형에 처하지 않고 공공사업에 투입함으로써 이 문제를 해결한다고 설명한다.

절도 외에 다른 흉악한 범죄를 함께 저지르지 않았다면 감옥에 가두거나 사슬을 채우지 않고, 간수도 없는 가운데 자유롭게 다니며 공공사업 일을 합니다. 그들이 꾀를 부려서 일을 열심히 하지 않으면 쇠사슬로 묶지는 않고 채찍질만 합니다. 대신 일을 열심히 하면 모

유토피아와 디스토피아: 근대세계의 희망과 불안

욕적인 대우를 받지 않으며, 저녁에 점호를 한 다음 기숙사에 갇히는 점만 빼면 일반인과 다르지 않습니다. 따라서 항상 일을 해야 한다는 점 외에는 사는 데 불편한 점이 없습니다. 그들은 국가를 위해 일을 하므로 공공 저장물을 통해 음식을 충분히 제공받습니다.

영국과 달리 범죄자를 당장 사형에 처하는 게 아니라 노역을 시킴으로써 스스로 죄를 닦게 한다는 아이디어이니, 매우 인도적인 방안으로 보인다. 그런데 이 아이디어를 실천하기 위해 어떤 일이 벌어지는지를 보면 아연실색할 수밖에 없다.

그들의 친구가 음식과 음료수를 주거나 또는 허용된 색깔의 옷을 줄수 있습니다. 그렇지만 그들에게 돈을 주면 주는 사람이나 받는 사람 모두 사형에 처합니다. 그 어떤 이유가 되었든 간에 자유인이 그들로부터 돈을 받는 것도 중대한 범죄입니다. 그리고 노예(이곳에서는 죄수를 이렇게 부릅니다)가 무기를 소지하는 것 역시 사형에 해당되는 중죄입니다. 이 나라 어느 지역이든 간에 이 사람들은 특별한 표시를 달게 되어 있습니다. 이 표시를 버리는 것, 다른 구역으로 넘어가는 것, 혹은 다른 구역의 노예와 이야기하는 것도 사형에 해당됩니다. 탈주를 모의하는 것만으로도 탈주 그 자체와 같이 위험한 일이 됩니다. 탈주 계획을 모의하면 노예는 사형에 처하고 이에 협력한 자유인은 노예가 됩니다. 반면 그런 모의를 고발하면 보상을 받습니다. 자유인은 돈을 받고 노예는 자유인이 됩니다.

이들에게 돈을 주면 주는 사람이나 받는 사람 모두 사형, 무기를 소지하면 사형, 그들이 달고 살아야 하는 표시를 버리거나 다른 구역으로 넘어가면 사형, 탈주를 하는 것은 둘째치고 탈주 모의만 했다가도 사형! 걸핏하면 사형이다. 노예에게 돈을 주면 주고받은 사람 모두 사형에 처하지만, 이를 고발해서 남을 죽음으로 내몬 사람에게는 국가가 돈을 준다.

영국의 농민 문제를 다시 생각해보자. 농민들이 살아갈 방도를 빼앗아서 마치 노예처럼 되었던 것이 문제의 근원이었다. 별수 없이 농민들은 도시에 가서 빈민이 되었고, 더 나아가 범죄자가 되어 결국 죽음으로 내몰렸다. 폴릴레리트는 그런 문제를 해결하는 자비로운 방식을 제시했다. 그런데 결과적으로 보면 이 나라의 빈민들은 지주 귀족이 아니라 국가에 의해 노예가 되어 짐승 취급을 받을뿐더러 걸핏하면 죽음으로 내몰리고 있다. 말하자면 문제에 대한 해결책이라며 내놓았다지만 사실은 똑같은 문제로 돌아갔거나, 어쩌면 더 나빠졌을 수도 있다. 사형의 남발을 피하기 위한 인간적인 제도를 만들었으나 이를 시행하기 위해 사형을 남발하는 모순에 봉착한 것이다. 이유가 뭘까? 『유토피아』에 자주 나오는 표현대로 '극단적 정의는 부정의'가 되기 때문이다. 다름 아닌 폴릴레리트가 그런 '극단적 정의'에서 출발한 부정의의 대표 사례다.

왜 이런 모순에 빠진 것일까? 모어가 자기 글의 모순을 몰라서 그렇게 된 것은 물론 아니며, 일부러 그와 같은 모순을 심어넣은 것이 틀림없다. 모어는 쉽게 답을 제시하는 대신 일부러 모순된 답을 내보이면서 과연 이것이 제대로 된 답인지 우리에게 묻고 있다.

유토피아와 디스토피아: 근대세계의 희망과 불안

이와 비슷하게 어떤 문제를 해결한다고 하는데 그 과정에서 오히려 더 나쁜 결과를 낳고 부작용이 큰 모순은 작품 안에서 자주 볼 수 있다. 사실 책 앞부분에 이미 이런 장치를 선보였다. 주인공인 히슬로다에우스의 여행을 소개하며 나침반을 언급한 부분이 그렇다. 그가 항해 중에 들른 어느 나라에서 나침반 사용법을 전해주었다. 이 혁신적인 도구를 전해 받은 사람들은 과연 어떻게 되었을까?

> 그곳 선원들은 바람과 해류에 아주 익숙해 있었지만 그때까지 나침반을 알지 못해서, 그가 나침반 사용법을 가르쳐주자 아주 고마워하였다. 그 전에 그들은 아주 조심스럽게, 그것도 여름철에만 항해를 했었다. 그런데 이제 나침반을 알고부터는 그것을 과신한 나머지 겨울철 항해를 조금도 두려워하지 않게 되었다. 그래서 그들에게 유익하리라 생각했던 것이 그들의 경솔한 행동 때문에 오히려 커다란 불행의 원인이 될 수도 있게 되었다.

방향을 잘 잡았다고 생각한 것이 때로 치명적인 결과를 가져올 수 있다는 의미심장한 상징이다. 더 확대해서 생각해보면, 우리 사회가 어떤 방향으로 개선해나가면 좋을지 아이디어를 냈다고 할 때, 그것이 자칫 더 큰 악으로 귀결될 위험도 있다는 의미다. 이는 어쩌면 이 작품 전체에 해당되는 중요한 문제 제기일 수 있다.

국가와 윤리

|4| 파격적인 결말

우리는『유토피아』2부에서 묘사한 그 나라가 정말로 이상국가인지 따져 물을 필요가 있다. 모어는 이 나라가 인간을 행복하게 만드는 최선의 모델이라고 생각하는가?

히슬로다에우스가 유토피아 국가에 대해 자세한 설명을 마쳤을 때 그의 대화 상대로 나오는 작중作中 모어는 어떤 반응을 보였던가? 인류의 밝은 미래에 대한 깊은 성찰에 감명받아 눈물을 흘렸을까? 전혀 그렇지 않다. 놀랍게도 그는 히슬로다에우스의 설명에 대해 지극히 비판적인 논평을 가한다.

> 라파엘 히슬로다에우스 씨가 이야기를 마쳤을 때 그가 설명한 유토피아의 관습과 법 가운데 적지 않은 것이 아주 부조리하게 보였다. 그들의 전쟁술, 종교 의식들, 사회 관습 등이 그런 예들이지만, 무엇보다도 내가 가장 큰 반감을 가졌던 점은 전체 체제의 기본이라 할 수 있는 공동체 생활과 화폐 없는 경제였다. 화폐가 없다는 이 한 가지만으로도 일반적으로 국가의 진정한 영광으로 여기는 귀족성, 장엄함, 화려함, 그리고 장대함이 사라질 것이다.

이것이야말로 혼란의 극치라 하지 않을 수 없다. 그토록 진지하게 이상국가 이야기를 해놓고, 결론 부분에 와서 작가 자신이 모든 걸 뒤집어엎는 것이다. 그것도 부분적으로 반대하는 게 아니라 이 나라 제도의 핵심 요소인 공동체 생활 그리고 화폐의 제거가 받아들일 수 없는 점이라고 말하고 있다. 그럴 거면 왜 그토록 진지하게 이 나라를

유토피아와 디스토피아: 근대세계의 희망과 불안

묘사했단 말인가?

도대체 모어의 진의는 무엇일까? 유토피아는 이상국가인가, 부조리한 공상에 불과한가? 작중 모어와 히슬로다에우스 중 누구의 생각이 진짜 모어의 뜻을 나타낼까?

이 문제에 대해 연구자들도 의견이 분분하다. 그렇지만 우리는 이렇게 정리할 수 있을 것이다. 그 두 캐릭터 다 모어의 분신이다. 모어는 현실세계의 갈등과 모순을 보고 이 문제들을 해결할 수 있는 극단적 조치를 취한 이상국가의 모델을 제시했다. 그 모델을 대변하는 이가 히슬로다에우스다. 반면 작중 모어는 현실세계를 대변하는 본래의 자기 자신이다. 그는 실험적인 상황을 만들고 자신의 두 자아를 세팅 속에 집어넣은 뒤 어떤 일이 벌어지는지 사고실험을 한 셈이다. 한 자아가 이상적 모델을 이야기하도록 하고 다른 자아가 그것에 대해 논쟁하며 반대 의견을 제시한다. 양자 간에 팽팽한 긴장이 감돈다. 그렇다면 결론은 무엇인가?

그가 말하느라 지쳤기 때문에 이런 문제들에 대한 반대 의견에 잘 대답할 수 있을지 의문이었다. (…) 그래서 유토피아의 생활 방식과 또 그의 훌륭한 설명에 대해 찬사를 보내고 나서 그의 손을 잡고 식사를 하러 갔다. 그리고 우리가 나중에 시간을 내어서 이 문제들에 대해 더 깊은 의견을 나누고 조금 더 자세한 사실들을 이야기했으면 좋겠다고 말했다. 사실 언젠가 그런 기회가 주어지기를 지금도 고대한다. 한편 그가 비록 의심할 바 없이 학식과 대단한 경험을 가진 것은 분명하지만, 나는 그가 말한 모든 것에 동의할 수는 없다. 그렇지만 고

백하건대 유토피아 공화국에는 우리 나라가 따라 하면 좋을 일이 많다. 그러나 정말 그렇게 되리라고 생각하지는 않는다.

말하자면 결론을 내리지 않은 셈이다. 다만 마지막에 나오는 코멘트로 보면, 유토피아의 계획 중 우리 사회가 받아들일 만한 부분이 분명 존재한다는 점, 그러나 그것은 실현하기 쉽지 않다는 점, 더 나아가 그중 많은 부분은 오히려 나쁜 측면들이라는 점을 거론한다.

이 작품에서 그려진 모델은 애초에 실현 불가능하며, 작가 자신도 이 모델이 이상국가의 청사진이라고 믿지도 않았을 것이다. 그렇다고 『유토피아』의 내용이 아무런 의미 없는 농담이라고 하기에는 작가의 태도가 매우 진지하다. 모어는 한편으로는 이상향이 어떠해야 하는지 고민하면서 다른 한편으로는 그것을 무리하게 추구할 때 초래될 위험에 대해 경고하는 두 가지 일을 동시에 하고 있다.

여기서 중요한 것은 그런 이야기를 했다는 사실 자체이고 더 나아가서 "나중에 시간을 내어 이 문제들에 대해 더 깊은 의견을 나누고 조금 더 자세한 사실들을 이야기했으면 좋겠다"는 소망이다. 히슬로다에우스라는 주인공 이름의 뜻 그대로 허튼소리를 한 것이지만 이는 매우 의미 깊은 허튼소리였고, 그런 것을 통해 우리 내면에서 깊은 사고의 실험을 경험한 것은 분명하다.

유토피아와 디스토피아: 근대세계의 희망과 불안

2__베이컨의 과학기술 유토피아

과연 모어의 권고대로 행복한 사회란 어떤 곳인가, 그런 아이디어를 어떻게 구현할 것인가, 그럴 때에 부작용은 없는가 하는 문제들에 대해 '시간을 내어 깊은 의견을 나누고 자세한 사실들을 이야기하는' 작품이 많이 등장했다. 유토피아 '장르'가 만들어진 것이다. 그 가운데 모어와 비교해볼 만한 근대 초의 작가로 프랜시스 베이컨을 들 수 있다. 그는 『새로운 아틀란티스New Atlantis』라는 소설을 썼는데, 이 책은 미완성의 소품이지만 의미는 실로 심대하다. 최초의 과학기술 유토피아가 등장한 것이다.

모어와 비교하기 위해 욕망의 문제에 대하여 다시 생각해볼 필요가 있다.

모어는 행복을 욕망의 충족이라 설정한 뒤, 욕망을 두 종류로 구분했다. 그리고는 인간이 탐하는 대부분의 욕망은 행복과 무관하거나 심지어 행복을 저해하는 것으로 규정했다. 헛된 욕망에 매달리는 것은 자만 때문이며, 오직 지적·정신적 욕망을 추구하는 것이 진정한 행복에 이르는 길임을 강조했다. 그의 이런 주장은 결국 욕망을 절제하라는 말이 된다. 더 많은 부, 더 많은 권력의 추구는 아무런 의미가 없거나 사악할 뿐이니 그것을 멀리하라는 이야기다.

여기에는 분명 상당한 진실이 담겨 있다. 디오니소스가 미다스 왕에게 원하는 것을 이야기해보라고 하자 그는 만지는 모든 것을 황금으로 바꾸는 능력을 달라고 답했다. 그러나 실제로 그렇게 되자 빵을 먹으려고 하면 빵이 금으로 변해버리고 포도주를 마시려고 하면

이마저 황금으로 변해서 배고픔과 갈증으로 죽을 지경이 되었다. 마침내는 사랑하는 딸을 껴안자 딸마저 황금 시체로 변해버렸다. 지나친 욕심은 우리 영혼을 굶주리고 목마르게 하며, 우리의 사랑을 앗아가버린다.

그렇다고 인간의 욕망이 다 부질없고 사악하다고 할 수 있는가? 인간의 욕망을 모두 억압한 유토피아는 어떤 모습이 되었던가? 전 국민이 똑같은 양털 옷을 입고, 똑같은 모양의 집에 살며, 매일 지역 내 공동식당에서 밥을 먹는다. 여행은 꿈도 꾸지 못할 정도이니 이동의 자유도 없다. 식구 수도 국가가 조정할 정도로 사적인 생활이 철저히 통제되어 있다. 성의 자유도 극히 억압되어 있어서 일탈을 꿈꾸는 연인들은 노예가 되거나 심지어 사형을 면치 못한다. 늙고 병들어 더 이상 내가 쓸모없는 존재가 되면 공무원이 와서 안락사를 권한다. 사유재산이 없는 게 아니라 사생활이 없고, 개인의 자아가 아예 지워지는 느낌을 떨치기 어렵다. 유토피아는 자칫 섬뜩한 전체주의 독재국가로 변질될 가능성이 크다.

베이컨은 다른 접근 방법을 취한다. 인간의 욕망이란 자연스럽지 않은가. 그것을 왜 굳이 억압하려 하는가. 욕망을 충족시켜줄 가능성이 있다면 그렇게 하는 게 훨씬 더 좋은 일이다. 그것이 어떻게 가능한가? 과학기술의 놀라운 힘이 이루어낼 것이다. 그러므로 우선 이렇게 정리해볼 수 있다. 모어는 '욕망 억제'의 유토피아를 그린 반면, 베이컨은 '욕망 충족'의 유토피아를 그렸다.

유토피아와 디스토피아: 근대세계의 희망과 불안

|1| 『새로운 아틀란티스』의 줄거리

이 작품의 줄거리는 매우 단순하다. 페루에서 중국을 향해 항해하던 배가 폭풍우를 만나 조난당했다가 벤살렘이라는 섬나라에 들어가게 된다. 선원들은 이 나라가 하느님의 은총을 입어 온갖 지식을 얻었다는 사실을 알게 된다. 이곳에서는 솔로몬 학술원이라 불리는 기관을 중심으로 과학을 연구하고 있으며, 또 세계의 발전된 과학기술을 염탐하여 배우고 받아들인다. 선원들은 학술원 회원과 만나 이 기관의 학술활동과 조직, 목표 등에 대해 자세한 설명을 듣는다. 스토리는 이게 전부다.

우선 눈에 띄는 것은 이 나라 사람들의 생활이 풍성하고 부^富가 넘쳐나며, 또 그것을 과시하는 데 전혀 거리낌이 없다는 점이다. 토머스 모어처럼 부를 과시하는 사람들을 천박하다고 조롱하는 투의 서술과는 거리가 멀다. 부를 긍정하고 또한 과학기술의 발전을 통해 그것을 얻으려 한다는 점에서 이 작품은 뚜렷하게 근대적 성격을 띤다. 학술원 회원이 설명하는 과학기술 연구는 자본주의의 발전을 예견하는 각종 분야를 망라하고 있다. "한번 먹고 나면 그다음에 오랫동안 먹지 않아도 살 수 있는 고기나 빵·음료수, 또 먹으면 육체가 단단해지고 힘이 솟아나는 식료품"을 생산하고, "유럽 사람들이 갖지 못한 여러 기계를 이용해서 만든 종이나 리넨, 비단, 염료"가 상점에서 판매된다. "유럽에서 성능이 가장 좋은 대포보다 탄도가 훨씬 더 길고 파괴력이 뛰어난 대포"도 만들며, 바다 속으로 잠수할 수 있는 배도 개발되어 있다. 심지어 오늘날 문제가 되는 생명복제^{cloning}를 연상케 하는 부분도 있다.

실험이 성공을 거두어서 나무나 꽃이 제철보다 이르게 열매를 맺으며 개화하기도 합니다. (…) 자연산 식물에서 새로운 식물의 종을 개발하기도 하며, 한 종류의 식물을 다른 종류의 식물로 성장하도록 조작하기도 합니다. 짐승과 새들을 해부하고 실험해서 인간 육체의 비밀을 밝히는 도구로 사용합니다. (…) 우리는 동물을 원래보다 크게 만들거나 작게 만들 뿐만 아니라 성장을 멈추게 하는 방법도 터득했습니다. 동물의 피부색이나 모양, 활동 양식을 자유자재로 바꾸어 놓을 수도 있습니다. 서로 다른 종의 동물들을 교배하여 새로운 종의 동물을 얻기도 합니다.

이 작품이 거의 400년 전에 쓰였다는 사실이 믿기지 않을 정도로 베이컨의 과학적 상상력은 뛰어나다. 이 책은 서구 문명이 앞서가게 된 중요한 원천 중 하나로 흔히 거론되는 17세기 유럽의 과학혁명을 생생하게 증언한다. 과학이 점차 종교를 대신하는 서구 흐름의 먼 연원이 여기에 있는 것은 아닐까?

그런데 이 책을 꼼꼼히 읽어보면 베이컨의 과학 연구는 단지 세속적인 부의 추구만 의미하는 게 아님을 알게 된다. 무엇보다도 '과학적' 유토피아라고 하면서도 이야기 구성이 지극히 신화적이고 종교적이라는 점이 두드러진다. 선원들이 죽음의 바다에서 벤살렘 섬을 찾아가는 앞부분에서부터 이 점은 명백하다.

식량도 없이 천애의 고아처럼 광막한 바다 한가운데에 버림받게 되었으니 우리의 상황은 참으로 절망적이었다. 죽음을 각오할 수밖에 없었다. 그러나 낙담치 않고 우리는 소리를 높여 저 하늘에 계신 하느님께 기도를 올렸다. 어둠의 혼돈 속에서도 기적을 행하시는 하느님, 태초의 시커먼 어둠이 배회하는 수면水面에 마른 땅을 마련하신 하느님인지라, 우리를 포기하지 않으시고 무사히 상륙하도록 은총을 베풀리라 생각했던 것이다.

마치 천지창조 이전 상태에 대한 「창세기」의 서술과 유사하다. 선원들이 이런 상태에서 벗어나 벤살렘 섬에 상륙하는 것은 은총을 입어 하느님의 세계로 들어가는 것처럼 보인다. 양끝이 파랗게 칠해져 있는 노란 지팡이를 짚고 나타나 천사의 날개와 십자가 표시가 그려진 양피지를 내밀면서 선원들을 맞이하는 공무원의 모습은 하늘나라에서 하강하는 천사를 연상케 한다. 이 나라의 과학 연구 역시 단순히 인간의 복지를 충족시키는 수단이 아니라 하느님의 성스러운 뜻을 따르는 길이다. 솔로몬 학술원은 일명 "6일 작업 대학"이라고도 불리는데, 이는 하느님이 6일 동안 행한 천지창조의 비밀을 밝혀서 백성에게 알려준다는 의미다. "사물의 진정한 본질을 발견하기 위한 목적으로, 피조물을 창조한 신의 영광을 더욱 밝게 드러내면서 동시에 인간이 이들 피조물을 더 값지게 활용할 수 있도록" 한다는 것이 그들이 스스로 밝히는 과학 연구의 목표다.

그런데 과학 연구를 통해 하느님의 뜻을 실현한다는 것이 구체적으로 어떤 의미일까?

국가와 윤리

|2| 새로운 아담, 새로운 에덴동산

성경의 「창세기」(1:26~30)에는 하느님이 자신의 모습을 본떠 사람을 창조했고 세상의 모든 생물을 다스리게 했다고 되어 있다. 하느님과 비슷한 존재로 지어졌고 만물을 다스리는 역할을 부여받은 최초의 인간 아담은 곧 신의 역사役事에 참여하는 존재였다. 아우구스티누스는 원래의 아담이 신의 모습을 따라 만들어져서 타락 이전에는 불멸의 신적 존재라고 해석했고, 바울은 예수가 '마지막 아담'이라고 이야기했다. 아담은 완벽한 지식을 가지고 태어났다. 그 완전성은 영적인 것만이 아니라 육체적인 것도 포함한다고 위그Hugh of St. Victor는 해석했다. 쉽게 이해하자면 아담은 슈퍼맨의 능력을 가지고 있었을 것이다. 망원경이나 현미경 없이도 맨눈으로 먼 별이나 미생물을 볼 수 있고, 화학 분석 도구 없이도 물질의 성질을 바로 알며, 동식물의 생명 현상에 정통할 뿐만 아니라 그것들과 교감할 수 있다. 실제로 이런 식으로 아담을 해석하는 교파가 중세 유럽에 있었으며, 왕립학회 공동 창립자 중 한 명인 조지프 글렌빌 역시 그런 식으로 아담을 설명했다. 아담은 '갈릴레이의 튜브(망원경)' 없이도 맨눈으로 천체를 볼 수 있다는 것이다. 그러나 아담과 이브가 타락으로 인해 에덴동산에서 쫓겨난 뒤 사람은 이와 같은 뛰어난 능력을 잃고 말았다.

이후 인간은 이 세상에서 힘든 노동을 하며 살아간다. 그렇지만 노동은 단순히 처벌의 의미만 갖는 게 아니라 그 역시 신이 부여한 또 다른 선물이다. 우리는 노동과 기술을 통해 이 땅에 새로운 낙원을 건설할 수 있다. 에리게나는 인간의 유용한 기술은 원래 인간에게 부여된 능력이며, 단순히 인간이 타락한 이후 필요에 따라 얻은 것이 아니

유토피아와 디스토피아: 근대세계의 희망과 불안

라고 보았다. 인간에게 내재된 이 능력은 타락으로 인해 희미한 흔적만 남았을 뿐이지만 열심히 노력하면 어느 정도 회복할 수 있다. 그리고 이 힘을 사용하여 스스로 이 세상을 개선해나가는 것을 허락받았으며, 또 그 자체가 구원으로 가는 길이라고 해석했다.

니사의 그레고리Gregory of Nyssa에 의하면 기독교의 약속은 인간이 언젠가 태초의 행복으로 되돌아간다는 것이다. 신비주의자 피오레의 요아킴Joachim de Fiore은 구원은 그저 때를 기다리는 게 아니라 그것을 이뤄내도록 노력해야 하는 일이라고 주장했다. 그것을 가능케 하는 것이 결국 과학기술이다. 이 땅에서도 인간은 '신의 모습imago dei'의 이념을 가지고 신의 왕국 건설을 돕는 자라는 본래 운명대로 살아가야 한다. 과학기술은 인간의 잃어버린 신성을 회복하는 방법이며, 그 힘으로 우리 사회를 개선하는 것은 앞으로 찾아올 왕국을 기대하고 준비하는 과정이다. 이는 환상이 아니라 성경에 근거한 예측이다. 그 길은 불가피할 뿐 아니라 바로 임박해 있다.

베이컨은 이러한 기독교 전통을 이어받았다. 그가 이상국가로 그린 벤살렘 섬은 곧 제2의 에덴동산이며, 이곳 주민들은 과학 발전에 힘입어 원래 인간이 해야 할 일, 즉 우주 만물을 더 잘 이해하고 지배하는 임무를 해나간다. 이런 관점에서 솔로몬 학술원의 연구 내용을 보면 단순한 과학 연구가 아니라 하느님의 창조Creation 작업을 이어받아서 '제2의 창조Re-Creation'를 하는 것임을 알 수 있다. 솔로몬 학술원에서 일하는 안 보이는 사람들은 말하자면 천사와 같은 존재다.

루이스 멈퍼드는 베이컨의 과학은 곧 기술이어서, 사변적이지 않고 실제적인 기술이라고 파악했다. 베이컨은 조선, 항해, 인쇄 등

다방면에서 당대 기술자들에 의해 많은 진보가 이루어졌다는 사실을 잘 파악하고 있었다. 그가 볼 때 진리와 유용성은 같은 것이다. '지식이 힘'이라는 그의 말은 달리 해석할 게 아니라 그 자체를 의미한다. 어떤 힘인가? 지식이 기술로 구현되고 그것으로 개선을 이루며, 이는 곧 현재를 초월하는 방향으로 나아간다. 더 심원한 차원에서 보면 결국 구원과 완전성의 회복으로 연결될 터이다. "과학에 근거한 왕국의 입구는 천국의 입구다." 그가 상정하는 과학기술의 목표는 한마디로 순수한 원래 상태의 아담으로 돌아가는 진보ᵃ progress back towards to Adam다. 그가 볼 때 노아, 모세, 솔로몬 등은 인간 본래의 힘을 획득해가는 신의 계획을 구현하는 존재들이다.

이런 주장은 인간을 지나치게 과대평가하고 신의 영역에 도전하는 오만hubris 아닌가? 아담이 바로 그와 같은 죄를 짓고 쫓겨난 것이 아닌가? 물론 그럴 수 있다. 그런 죄를 다시 범하지 않으려면 인간이 자신의 역할을 알아야 한다. 인간은 자연에 대해 지배와 착취를 하지 말고 보조적이며 협조하는 자세를 가져야 한다.

베이컨이 생각하는 과학기술의 의미는 하느님의 창조 작업을 인간 스스로 보충하는 것이다. 인간의 이성과 믿음은 상치되는 게 아니라 내적으로 서로 연결되어 있다. 이것이야말로 근대 유럽 문명의 핵심이라고 할 수 있다. 그것은 '하느님이 허락하는 지복至福의 상태bliss' (이것이 우리가 '행복'으로 번역하는 서구의 개념 중 하나다)를 저세상이 아니라 이 세상에서 인간의 힘으로 이루어낼 수 있다는 믿음이다.

유토피아와 디스토피아: 근대세계의 희망과 불안

3___근미래, 유토피아인가 디스토피아인가

　　근대 이후 세계는 실로 엄청난 변화를 겪었다. 우선 인간 자신의 수가 크게 늘었다. 1500년경 세계 인구는 5억으로 추산되는 데 반해 현재 세계 인구는 70억까지 증가했으며, 앞으로 100억까지 늘어날 것으로 추산된다. 같은 기간 총생산 규모는 연 2500억 달러에서 60조 달러로 약 240배 증가했다.

　　이런 변화에서 주목할 전환점은 산업혁명이다. 산업혁명의 핵심 사건은 석탄이라는 새로운 에너지원을 개발하고 이를 증기기관에 이용하는 방식, 즉 기계혁명이다. 이런 발명이 등장하기 직전 유럽사회는 인구 압박과 자원 압박에 직면해 있었다. 인류사의 큰 흐름은 인구와 농업생산 간의 길항관계trade-off 속에서 이루어졌다. 인구 증가가 농업 증가를 넘어서면 곧 인구 감소 현상이 일어날 수밖에 없다. 말이 쉬워 인구 감소이지 그 실상은 수많은 사람이 처참하게 굶어 죽는 것을 의미한다. 자원 문제 또한 심각하다. 우리는 산업화 이전 시기에 삼림자원이 어떤 의미를 갖는지 잘 인식하지 못하지만, 대부분의 역사 시기에 나무는 인간이 다루는 가장 중요한 물질이었다. 도구, 건축재, 조선 재료 등이 모두 목재이고, 또 나무를 태워 얻는 각종 목회木灰 물질들이 핵심적인 공업 원재료였으며, 동시에 나무가 가장 중요한 연료였다. 말하자면 오늘날 철강과 석유를 합친 정도의 비중인 것이다. 그런데 17~18세기에 유럽의 삼림자원이 한계에 이르렀다. 이런 압박을 이겨내는 신기원을 이룬 것이 산업혁명이다.

　　기계는 진정 해방의 의미를 띠었다. 증기기관의 아버지라 할 수 있는 제임스 와트는 기계가 노예 노동을 대신하여 인간을 해방시킬 수 있으리라 희망했다. 그러나 기계의 등장 이후 노동자들은 공장에 갇혀 기계의 노예가 되어 중노동에 시달렸고, 생활수준은 오히려 비참하게 하락했다. 모든 진보는 해방과 억압의 요소를 다 가지고 있다.

그로부터 200년 후인 오늘날, 인구압과 자원압은 글로벌한 차원에서 새롭게 제기되고 있다. 앞으로 100억의 인구를 어떻게 지탱할 것인가? 선진국과 후진국 간 그리고 한 사회 내에서도 부익부빈익빈 현상이 심화되고 있다. 동시에 우리가 살아가는 환경이 위협받고 있다. 이제는 삼림이 문제가 아니라 지구 전체의 대기권이 변화했고 그로 인해 온난화가 일어나며 연쇄적으로 더 심각한 환경 파괴가 이뤄지고 있다. 인류세Anthropocene라는 개념은 빈말이 아닌 것이다.

우리는 4차 산업혁명 앞에 서 있다고들 이야기한다. 초기 산업혁명은 인간의 근육을 대신하는 기계를 출현시켰다. 이후 기계가 폭발적으로 발전한 결과 이제 우리는 300마력의 자동차를 조종하며 돌아다닌다. 현재 우리가 맞이하는 혁명은 인간의 뇌를 대신하는 기계, 곧 인공지능의 개발을 추진하고 있다. 이 역시 한번 시작되면 폭발적인 발전을 거듭할 것이다. 언젠가는 300인력人力의 지력을 쉽게 조종하는 일이 일어나지 않을까? 엄청난 인공 근육과 엄청난 인공 뇌가 결합한 '그 무엇'은 어떤 일을 하게 될까? 그것이 어떤 결과를 가져올지 현재 우리는 상상도 하지 못한다.

이런 일들은 해방의 기제인가, 아니면 억압의 다른 이름인가? 우리를 기다리는 것은 유토피아인가, 디스토피아인가? 인간은 새로운 에덴동산에서 새로운 아담으로 거듭날 것인가? 양이 사람을 잡아먹

유토피아와 디스토피아: 근대세계의 희망과 불안

는 대신 기계인간이 사람을 잡아먹는 시대가 올 것인가? 그때 우리는 행복할 것인가?

질문은 꼬리에 꼬리를 물고 이어진다. 모어가 묻고 베이컨이 새롭게 답하며 또 다른 작가들이 새롭게 구성한 많은 유토피아 작품이 매번 색다른 이야기를 하지만, 기본 질문은 여전히 같다. 어떤 것이 행복인가? 사회 전체적으로 행복해질 수 있는가? 인간과 자연이 맺는 관계는 무엇인가? 인간의 욕망을 충족시키는 방향으로 나아가야 하는가, 아니면 절제의 지혜를 배워야 하는가?

마법사의 제자가 한번 불러낸 마술의 힘은 여간해서는 도로 들어가지 않을 것이다. 인간이 그런 힘을 잘 통제할 만큼 현명한지 지금은 누구도 확실하게 답할 수 없는 상황이다. 밥 먹고 기운 내서 다시 논의해보자는 말밖에…….

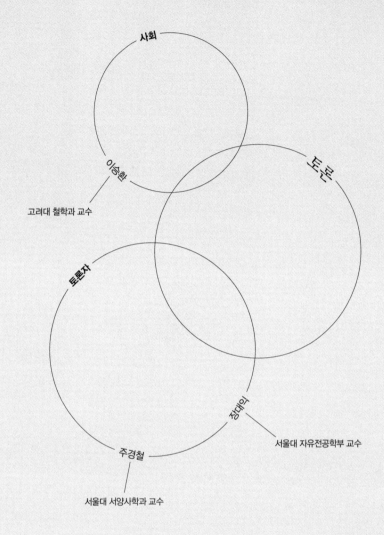

사회

토론

이승환

고려대 철학과 교수

토론자

장대익

서울대 자유전공학부 교수

주경철

서울대 서양사학과 교수

장대익

KAIST 기계공학과 졸업 후 서울대 대학원 과학사 및 과학철학 협동과정에서 석사와 박사학위를 받고 현재 서울대 자유전공학부 교수로 재직 중이다. 인간 본성을 화두로 삼아 서울대 행동생태연구실에서 인간 팀을 이끌었고, 영국 런던정경대학 과학철학센터와 다윈 세미나에서 생물철학과 진화심리학을 공부했다. 영장류학에도 푹 빠져 일본 교토대학 영장류연구소에서 침팬지의 인지와 행동을 공부하기도 했다. 또한 미국 터프츠대 인지연구소에서 마음의 구조와 문화의 진화에 대해 공부했다. 지은 책으로 『인간에 대하여 과학이 말해준 것들』 『다윈의 서재』 『다윈의 식탁』 『쿤 & 포퍼: 과학에는 뭔가 특별한 것이 있다』 『다윈 & 페일리: 진화론도 진화한다』 『생명은 왜 성을 진화시켰을까』 등이 있다.

이승환　　선생님의 강연은 미래사회가 유토피아가 될 건지 디스토피아가 될 건지에 대한 화두를 남겨주었어요. 토론자 선생님의 논평을 한번 들어보고 좀더 깊은 의견을 나눠야 될 것 같습니다.

장대익　　저는 역사학자가 아닙니다만 과학철학과 과학사를 공부했고 또 제가 지금 주로 진화학적인 작업을 하고 있어서, 좀더 큰 틀에서 오늘의 주제에 대해 이야기를 할 수 있지 않을까 하여 토론자로 택해진 것 같습니다.

　　아주 기막힌 타이밍에 이 주제를 다루는 것 같아요. 많은 분이 '알파고'의 충격을 경험하셨을 텐데요, 이 충격이 어떤 식으로 여러분의 정체성을 변화시켰을지 굉장히 궁금합니다. 우리나라 사람들은 거의 다 5 대 0 혹은 4 대 1 정도로 이세돌의 압승을 예측했는데, 전혀 다른 결과를 얻었죠. 물론 공학자들은 조금 다른 예측을 했습니다만, 어쨌든 이세돌과 알파고의 대국을 살펴보는 과정에서 대단히 흥미로운 변화들이 있었던 것 같습니다. 가령 도전자의 위치가 완전히 바뀌었다든가 하는 건데요. 제1국과 제2국에서 지고 나서 제3국까지 졌을 때는 언론에서도 그렇고 많은 사람이 이세돌 기사를 완전히 도전자로 생각했죠. 바둑에서는 인공지능이 아무리 뛰어나도 인간을 이길 수 없다고 생각했는데, 그 이유는 인간의 직관은 알고리즘이 결코 흉내 낼 수 없다고 여겼기 때문이죠. 그런데 이번 대국을 통해 그런 생각이 처절하게 깨지는 순간을 우리가 목도하게 돼서 굉장히 흥미로웠습니다. 저는 바둑을 전혀 모릅니다만, 이 역사의 현장에 우리가 살고 있다는 것만으로도 굉장히 흥미롭게 느껴집니다. 유토피아와 관련해서

　　　　　　　　　　　　　　　　　　　　국가와 윤리

도 이런 문제로 이야기를 해봤으면 좋겠는데요.

일단 제가 오늘 선생님 발표를 들으면서 궁금한 점이 하나 있습니다. 즉 왜 인간만이 유토피아를 꿈꾸는가 하는 것입니다. 저는 진화를 공부하는 사람으로서 침팬지를 연구하기도 했습니다. 그런데 침팬지가 자신이 속한 사회를 넘어서는 곳을 생각할까 하는 질문을 해보면—물론 제가 그걸 실험적으로 입증할 수는 없습니다만—아니라고 대답할 수 있을 것 같습니다. 물론 많은 사람이 알다시피 침팬지도 사회적인 존재이기 때문에 집단생활을 합니다. 심지어 협력도 하고요. 하지만 침팬지의 협력은 그야말로 자기 자신의 이득을 극대화하는 맥락에서만 이루어집니다. 우리 인간처럼 남을 배려하는 의미에서 협력하는 건 잘 관찰되지 않습니다. 그런데 유토피아를 꿈꾼다는 것은 지금 있는 사회에 만족하지 않고 다른 사회, 이상적인 사회를 그린다는 이야기죠. 따라서 그런 능력은 오직 인간만이 갖고 있다고 해도 틀리지 않을 거라고 봅니다. 여러분 중 돼지가 자유를 위해서 목숨을 버렸다는 이야기를 들어본 적 있는 사람이 있나요? 아마 없을 겁니다. 인간은 여느 동물과 달리 분명히 어떤 가치를 만들어내고, 그 가치가 최고의 가치인가를 늘 고민하는 그런 존재인 듯합니다. 그래서 유토피아라는 것은 그런 과정에서 나온 하나의 결과물이라고도 할 수 있을 텐데요.

그래서 저는 이런 생각을 해봤습니다. 도대체 어떻게, 왜 인간만 이상향을 꿈꾸는 존재로 진화했을까? 이 질문을 역사학적인 관점에서 조금만 비틀어볼까 합니다. 주경철 선생님은 역사학자이시니 『유토피아』라는 책과 『새로운 아틀란티스』라는 책을 주로 다뤘습니다만,

진화의 관점에서 역사학적인 질문들을 던져보면, 인류가 꿈꾼 유토피아의 스토리들이 어떤 점에서 공통되고 또 저마다 특수성이 있는지를 이야기해봤으면 합니다. 오늘 두 유토피아를 비교했습니다만, 좀 더 많은 사례를 들어주셨으면 좋겠어요. 더 바란다면 동양의 유토피아는 또 어떤 것인가에 대해서도 이야기를 해봤으면 합니다.

첫 번째 질문에 대해 보충을 하자면 이렇습니다. 유토피아는 결국 인간이 어떤 존재인가라고 하는 인간 본성론에 상당히 의존해 있는 것 같습니다. 가령 신과의 관계 속에서 인간의 존재를 파악했던 사람들은 유토피아를 그 관계의 회복으로 생각하겠고, 또 그것이 이야기하는 인간은 이러이러한 존재가 된다고 이야기하겠죠. 그런 관점에서 보면 인간 본성이 무엇인가에 따라 그 본성에 맞는 걸 충족시켜주는 사회를 유토피아로 그리는 게 아닌가 하는 생각이 들었습니다. 그렇다면『유토피아』라든가『새로운 아틀란티스』같은 서양의 유토피아 이야기가 이 시대에도 잘 작동하는 것인가 하는 의문이 듭니다. 왜냐하면 인간이 어떤 존재인가에 대한 업데이트가 현재 상당히 진행되었기 때문입니다. 그러면 우리가 그려야 할 유토피아는 서양의 유토피아에 의존해야 할 것인가, 혹은 그것을 바탕으로 할 것인가, 아니면 완전히 다른 스토리를 써야 할 것인가라는 질문이 생길 수밖에 없습니다. 그래서 그 문제도 같이 이야기해주셨으면 좋겠고요.

첫 번째 질문에 한 가지를 덧붙이면, 예컨대 행복이 그런 거라고 생각해요. 행복은 주경철 선생님이 이야기한 내용에서 최고의 선으로 나옵니다. 그런데 지금 행복에 대한 수많은 연구는 과연 행복이 인간의 최고 가치인가에 대해서 의문을 표하고 있습니다. 아리스토텔레스도 행복을 최고의 선이라고했지만, 사실 그건 생물학이 발전하기 전의 이야기죠. 요즘에는 행복에 대한 의견이 바뀌기 시작했고, 실제로 진화의 관점에서 보면 행복은 생존과 번식의 수단입니다. 다시 말해 행복이 최고의 가치가 아니라, 인간에게 생존과 번식을 잘하고 있다 또는 네가 좋은 방향으로 가고 있다고 알려주는 일종의 사인sign 이자 심리적인 상태일 뿐이라고 보는 거죠. 따라서 행복 자체가 우리의 목표가 되어서는 안 된다는 게 요즘의 관점입니다. 즉, 유토피아가 어떤 사회여야 하는가의 밑바탕에 인간 본성에 대한 이해가 깔려 있다면, 인간 본성에 대한 이야기가 바뀌기 시작한 이 시대에는 유토피아에 관한 내용도 바뀌어야 하는 것이 아닌가 싶습니다. 그래서 제가 인간 본성론을 덧붙여서 논의해봤습니다.

　두 번째 큰 질문은 현재의 이슈들과 관련 있습니다. 역사학적 관점에서 선생님이 지적한 것 중 4차 산업혁명과 관련된 것이 있습니다. 이것은 인공지능의 시대가 열렸다고 하는 것이죠. 그동안 인공지능이 인간보다 못한 점으로 크게 세 가지가 있다고 했습니다. 첫째는 직관, 둘째는 창의성 혹은 유연성, 셋째는 커뮤니케이션 능력입니다. 많은 사람이 이 세 가지는 인공지능이 할 수 없는 일이고 앞으로도 인간을 넘어서기 힘들 것이라고 내다봤습니다. 그런데 우리가 지난 1~2주 만에 그 직관이 무너지는 걸 경험했고, 언제 창의성과 유연성의 벽이 인공지능에 의해 무너질지도 알 수 없게 되었죠. 또한 인공지능의 커뮤니케이션 능력이 인간만큼 향상된 사회가 앞당겨 찾아올지도 모를 상황에 놓여 있습니다. 이런 처지에서 우리가 어떠한 유토피아 스토리를 생각해볼 수 있을지 묻고 싶습니다. 그러니까 이것은 아주 새로운 인풋^{input}이라고 생각합니다. 예전의 유토피아가 그리던 것들은 인간이 사회에 갖는 이상향이었고, 인간이 만든 것은 인간이 사용할 수 있는 확장된 도구라는 정도로만 이야기했습니다. 물론 SF(공상과학소설)에서 그런 것만 그리진 않았지만요. 유토피아나 디스토피아를 그린 고전에서는 인간의 산물이 인간을 지배할지도 모른다는 내용이 곧잘 등장하는데, 이에 대해서 진지하게 다뤄볼 부분이 있다고 생각합니다. 바야흐로 인공지능의 시대가 시작됐고, 인류는 기계와의 대결이냐 아니면 공존이냐 하는 문제에 직면해 있습니다. 신과 인간의 관계를 넘어서서, 인간과 인간이 만든 산물과의 관계가—마치 헤겔이 이야기한 주인과 노예의 관계와도 비슷한데—역전될 수도 있다는 근본적인 불안감이 지금 우리를 엄습하고 있는데요. 이번 알파고의 승리를 많은 사람이 두려워하는 이유도 바로 여기에 있다고 생각합니다. 이런 맥락에서 유토피아나 디스토피아의 스토리가 달라져야 한다고 생각하는데, 이 문제를 어떻게 보는지 궁금합니다. 또한 노동의 관점에서 노동이 어떻게 달라질 것인지, 소득의 관점에서는 또 무엇이 어떻게 달라질 것에 대해 묻고 싶습니다.

마지막으로 한 가지만 덧붙이겠습니다. 소득에 대해서도 굉장히 많은 이야기가 있습니다. 인공지능의 시대가 열리면 인공지능을 만들고 개발한 주체들이 엄청난 이득을 얻게 될 것이고, 이 기술을 보유한 국가는 더 부강해질 것이며, 기업도 상상할 수 없을 정도로 앞서가게 될 것이라고 내다봅니다. 결론적으로 양극화가 훨씬 더 심해질 거라는 거죠. 그런데 한편에서는 드디어 인간이 그야말로 인간다운 생활을 할 수 있게 되었다, 즉 최소의 노동을 하고도 기본적인 생활을

국가와 윤리

이어갈 수 있어서 더 인간다운 것을 할 물질적 조건이 생기게 되리라는 전망을 합니다. 가령 브린욜프슨^{Erik Brynjolfsson}의『제2의 기계시대』 같은 책을 보면, 인간의 공존을 이야기하면서 기본소득을 들고나옵니다. 또한 이제 인간의 노동력은 인공지능을 능가할 수 없기 때문에 노동은 기계에 맡기고, 인류는 다른 세계를 생각해보자고 합니다. 인류가 기존 자본주의에 갇혀 있지만, 생각을 바꾸고 제도를 바꾸다 보면 변화된 노동 양식에 맞춰 새롭게 인간다운 삶을 그려볼 수 있다는, 새로운 유토피아를 설계하고 있는 거죠. 그런 점에서 이 이야기를 좀 더 발전시켜서 견해를 말해주셨으면 합니다.

주경철　　사실 하나하나가 책 한 권씩은 써야 하는 것들이에요. 어쨌든 '왜 인간만 유토피아를 꿈꾸는가'에 대해서 답변하려면, 질문 자체를 해석해봐야 될 것 같아요. 문제는 인간만이 유토피아를 꿈꾼다는 게 아니라, 제가 오늘 강연 서두에서도 이야기했듯이, '왜 근대 인간이 유독 유토피아를 꿈꿨느냐'라는 점입니다. 다른 종류의 꿈은 많이 꿨어요. 그런데 그게 애초에 이루어질 가능성도 없고, 인간이 워낙 어떤 한계에 갇혀 있었기 때문에 유토피아를 꿈꾸지 못했죠. 저는 역사가인 까닭에 맨날 그런 쪽으로 생각합니다만, 인간의 생산력은 17~18세기에는 정말 형편없었어요. 예컨대 기상 이변이 일어났던 1709년 프랑스에서 굶어 죽은 사람을 약 250만 명으로 추산하는데, 이 수치는 제1차 세계대전에서 죽은 사람의 수보다 더 많습니다. 인간의 문명이라는 게 그렇게 취약해요. 그렇기 때문에 이런 사회에서는 인간의 꿈이 굉장히 빈약할 수밖에 없어요. 예컨대 농업 분야에

유토피아와 디스토피아: 근대 세계의 희망과 불안

서도 지금까지와는 다른 작물을 재배한다든지 혹은 기존 작물이라도 좀 다르게 재배해보면 안 될까라는 생각을 잘 못 했습니다. 그랬다가는 무슨 변을 당할지 모른다고 여겨 아예 시도조차 안 한 거죠. 그래서 토머스 모어 식으로 좀더 구체적인 계획하에 다른 사회를 꿈꿀 가능성이 열린 것 자체가 사실은 근대의 시작이라고 봐야 하지 않을까 싶어요. 그러니까 그 이전, 중세 말의 꿈은 굉장히 현란했어요. 예컨대 부르고뉴 공국을 분석한 요한 하위징아는 중세 말의 사람들이 상당히 아름다운 꿈을 꿨는데, 그 이유는 현실이 어둡고 가능성이 없었기 때문이라고 설명합니다. 그런데 그때의 꿈이라는 건, 가령 기사도의 이상과 같은 전혀 다른 방면의 꿈이었습니다. 과학기술을 이용하거나 제도 및 법을 바꿔서 정말 실질적인 의미가 있는 사회를 우리가 만들 수 있지 않을까 하는 종류의 꿈이 아니었습니다. 물론 모어도 그에 대해 우려하면서 논의를 진행시키지만, 어쨌든 가능성을 본격적으로 타진한 것 자체가 근대사회의 프로젝트였습니다. 따라서 유토피아 또한 기본적으로 허황된 꿈이어서는 안 되고, 설사 허황된 내러티브를 가지고 있더라도 본래 목표로 하는 바는 굉장히 실질적인 측면, 달리 말해 사회 변혁의 가능성을 타진하는 것이었죠. 그래서 넓은 의미로 '인간'이 유토피아를 꿈꾸고, 또 어떤 허구를 가지고 이곳이 아닌 다른 사회, 다른 곳을 꿈꾸는 것으로 표현해서는 안 될 것 같습니다. 특별한 의미의 허구, 그러니까 당시 현실을 비판적으로 성찰한 다음 혹시 이런 방향이면 좋지 않겠는가 하는 의미의 유토피아적인 꿈은—제 생각에—근대 유럽에서 시작된 겁니다. 따라서 저는 유토피아적인 꿈은 '근대인'의 꿈이 아닐까 하는 생각을 했습니다. 그러니까 장대익 선생님이 말한 것과는 문제가 약간 다른 것 같습니다.

장대익   잘 모르긴 하나, 플라톤을 생각해보면 근대에서만 그게 시작됐다는 것에 대해서는 반론이 가능하지 않을까 싶어요. 왜냐하면 고대에도 '이상향'이라는 게 있지 않습니까. 물론 유토피아라는 말 자체는 근대에 시작된 게 분명한데요. 조금 넓게 보면 이상향을 그린다는 것 자체, 이것은 정말 인간만이 해오던 작업이라고 할 수 있지 않을까 싶습니다.

주경철   사실 고대 철학에 대해서는 명료하게 답을 하기 어려울 것 같습니다. 다만 제 얄팍한 지식으로 생각해보면 고대에 자기네들이 몸담고 있는 그 공동체, 가령 폴리스 등에 대한 개선의 의지가 있었는지는 잘 모르겠습니다. 다시 말해 근대 유토피아를 고대로 번안해서 말하자면, 고대사회가 폴리스의 틀을 완전히 바꾸고 다른 체제로 나아가자는 정도의 꿈을 꿨는지에 대해서는 자신 있게 말하기가 어렵습니다. 그건 나중에 고대 철학 전공자의 의견을 듣는 게 나을 듯해요.
　　그래서 아까 그 질문에 대한 답을 계속하면 이렇습니다. 그와 같은 의미의 유토피아적 꿈이라는 것이 결국은 현실에서 출발해야 하기 때문에, 그 당시의 현실이 어떠했는가에 따라서 대체로 어떤 꿈을 꾸느냐의 틀이 정해지지 않나 싶어요. 구체적으로 어떤 유토피아가 있었느냐고 질문했는데, 개인적으로 관심이 있어 읽어본 유토피아 관련 작품 중에서 지금 머릿속에 떠오르는 게 어니스트 칼렌바크의 『에코토피아』입니다. 이 책에서 다루는 건 1960년대 미국 서부사회의 꿈

유토피아와 디스토피아: 근대 세계의 희망과 불안

이에요. 그러니까 미국 동부가 지배하는 자본주의적인 윤리라고 할까요, 인간이 성실해야 하고 윤리적이어야 하며 부를 더 쌓아야 한다는 것에 대한 어떤 전면적인 봉기가 내용의 바탕에 깔려 있죠. 말하자면 히피적인 철학입니다. 예컨대 인간이라면 마음껏 분노할 수 있어야 한다는 투지요. 이 책에 나오는 사회에서는 식당 같은 데서도 예의를 지키는 사람이 없어요. '달걀 프라이가 왜 이렇게 식었어' 하면서 식당에서 막 큰소리를 내고 싸워요. 그리고 나서는 '내가 잘못했다'면서 막 껴안습니다. 일종의 감성의 해방을 그린 거죠. 그리고 축제에서도 패싸움을 주기적으로 해서 몇십 명이 죽습니다. 가끔씩 아드레날린을 폭발시켜야 하는 존재가 인간인데, 인간을 지나치게 이성적으로만 봤기 때문에 문제가 있다고 여기는 거죠. 따라서 그것을 해소할 수 있는 길이 감성의 해방이라고 합니다. 그게 인간의 자연적인 삶과 잘 어울린다고 보고요. 일견 이 책의 생각은 청교도 문명을 버리고 인디언 사회로 되돌아가자는 것에 가깝습니다. 하지만 옛날 그대로의 인디언 사회라기보다는 고도로 발달된 과학기술 문명을 이어받은 사회입니다. 지금 보면 좀 허망하기는 하지만, 이게 그 시대에는 매우 소중한 꿈이었던 것이지요.

샬럿 길먼이라는 작가는 『여자만의 나라^{Herland}』라는 책을 썼는데요. 그가 여성 지식인으로서 여성에 대한 억압을 워낙 심하게 겪어서인지, 작품을 보면 안데스 산맥 근처에서 여성만의 나라를 만들고 남자들은 아예 없는 곳을 그립니다. 가령 여성끼리의 생식이 가능해서 여성만 태어나고 여성만이 구성원인 사회를 만듭니다. 그리고 '정말 얼마나 행복한지 모르겠어요'라는 말이 절로 나오는 사회로 그려지

국가와 윤리

죠. 이런 내러티브는 사실 굉장히 비현실적이지만, 19세기 말에서 20세기 초 남성성의 억압이 워낙 강렬했던 사회에서 해방되고 싶은 꿈을 표현한 것이 아닌가 싶어요. 지금 우리는 근대 초의 토머스 모어를 봤고 프랜시스 베이컨을 봤지만 이것 자체가 정말 진화를 해가는 거죠. 다양한 유토피아 작품들은 모두 해당 시대의 꿈이에요. 그 꿈을 보면 역으로 그 꿈이 만들어진 시대를 알 수 있겠지요. 즉 사회가 바뀌는 대로 꿈도 바뀌어가고 있다고 할 수 있습니다.

동양의 유토피아는 전공 분야가 아니라 잘 모르겠습니다만, 앞서 농담 삼아 이야기한 것처럼 별유천지비인간別有天地非人間 식으로, 이곳이 매우 어지러워 다른 곳에 가봤더니 굉장히 자연스럽게 작은 촌락사회에서 모든 사람이 행복하게 살더라는 식일 수도 있고요. 그중에서도 제가 관심 갖는 것은 『홍길동전』이에요. 이걸 읽어보면 홍길동이 사회 문제에 대한 갈등, 모순을 굉장히 예리하게 느끼거든요. 그렇지만 결국 어떻게 하느냐 하면 조선을 떠나 다른 곳에 이상사회를 짓는데, 자기가 억압받았던 그 사회를 복제하고 있더라고요. 이왕이면 모든 사람이 행복한 사회를 지어봤으면 싶은데, 자기가 그냥 왕이 되어 다스립니다. 『홍길동전』의 예를 봤을 때, 역시 그 사회가 어떤 사회이냐에 따라서 꿈도 좀 달라지지 않나 생각합니다. 어쨌든 유토피아의 문법 자체는 시대에 따라서 진화를 해나가는 거죠.

그리고 행복의 개념이 많이 달라졌고 이게 생존과 번식에 도움이 되는 어떤 사인이라는 말은, 사람들이 착각하고 있을 뿐 행복의 본질은 생물학적인 문제에 기반하고 있다는 뜻입니다. 그래서 장대익 선생님과 같이 수업할 때는 만날 의견이 달라 싸웠던 기억이 나네요. 생물학적인 게 정말 중요하고 많은 걸 결정한다, 인간의 문화니 사회니 하는 것은 그 기반 위에서 돌아가는 거라고 장 선생님은 주장하시고요. 저는 그것을 누가 인정하지 않느냐, 그럼에도 불구하고 그 위의 그런 것들이 정말 인간적인 것이다라며 이야기하니까요. 저는 지금도 그 생각을 하고 있습니다. 그러니까 행복이라는 것을 따지고 들어가봤더니, 예컨대 '너 오늘 여자 만났구나, 잘했다'라는 만족감을 준다든지 도파민이 분비된다든지 하는 것을 통해서 사람을 원래 정해진 방향으로 유도하는 거라는 측면이 분명히 있죠. 그렇지만 조선시대 연애가 다르고 1960년대 연애와 21세기 연애가 다르듯이, 이게 어떤 틀 내에서 조정되는 것이라고만 말하기에는 실제 그것이 결코 작은 의미가 아닌 거죠. 어쩌면 그게 전체 비중에서는 작은 부분에 불과함에도 실질적인 의미는 더 클 수도 있는 거니까요. 그래서 인간은 의미가 큰 것을 훨씬 더 예리하게 느끼고, 그것의 지배를 받는다고 생각합니다. 그만큼 행복에는 개인적이고 문화적인 측면이 훨씬 더 중요한 듯합니다. 다만 그것이 어떤 영향을 받으며 돌아가는가에 대한 이해가 굉장히 중요하죠. 저는 오늘도 이렇게 주장을 하고 싶네요. '문화적인 해석이 더 중요할 것 같다.'

그다음 질문은 4차 산업혁명 상황에서 유토피아가 과연 가능할 것인가, 그렇다면 어떤 유토피아가 좋겠는가인데요. 어떤 유토피아가 중요한가라는 것은 사실 질문이 아니에요. 왜냐하면 가능성을 타진해보는 것이기 때문이죠. 어떤 사람은 이런 방향으로 찔러보고 또 다른 누군가는 저런 방향으로 찔러보면서 어떤 것이 더 가능성 있는지를 선택하는 것이니까요. 유토피아는 답을 하는 게 아니라 질문을

국가와 윤리

던지는 것이므로 여러 각도에서 예리하게 접근해야 합니다. 유토피아에 대한 작품을 준비하던 작가라면 알파고와 이세돌의 대국을 보면서 아마 뭔가 다르게 생각하게 되지 않았을까 싶어요. 예상하자면, 인공지능에 대한 어떤 반성을 담은 작품이 나오지 않을까 합니다. 지금 가장 중요한 문제는, 이대로 가면 인간이 만든 인공물에 도리어 인간이 종속되는 것 아닌가 하는 우려입니다. 그런데 이런 우려는 예전부터 있었죠. 골렘Golem 신화를 봐도 그렇고, 로봇이라는 단어 자체도 그런 뜻을 담고 있죠. 따라서 이런 우려의 연원은 요즘이 아닙니다. 유대 신화에도 인간의 창조물이 인간을 돕기도 하지만, 괴물이 돼서 인간을 파괴할 수도 있다는 이야기가 있듯이 인간의 성과가 인간을 위협할지 모른다는 우려는 예전부터 존재했습니다. 하지만 지금은 그 힘이 워낙 강해서 현실적으로 피부에 와닿을 정도이고 그 변화 또한 굉장히 빠르다 보니, 우려가 더 커지는 것 같아요.

하지만 우려만 있는 것은 아니죠. 인간이 드디어 기계와 공존해서 더 큰 가능성을 열게 되었다고 보는 쪽도 있습니다. 저는 긍정적인 편이라 후자에 좀더 가능성을 두고 있는데요. 재주는 없습니다만, 제가 현재의 상황에서 유토피아 관련 작품을 쓴다면 후자 쪽으로 쓸 것 같아요. 이를테면 이런 식의 미래를 그리자는 거죠. 처음에는 바둑을 잘 두는 방법에 대한 기술 연구에서 시작되었지만 순식간에 세계의 모든 게임을 바꿔버린다거나, 많은 기술을 독점하던 구글이 망해버린 뒤 기술이 확 퍼져서 모든 사회의 모든 인간이 지금보다 300배쯤 현명해진다, 뭐 이런 겁니다. 그리고 이를 통해 기존의 자본주의 질서와 억압적인 사회가 사라지고 인류는 훨씬 더 풍요로우며 진일보된

유토피아와 디스토피아: 근대 세계의 희망과 불안

사회를 누리게 되었다는 내용으로 작품을 쓸 것 같아요. 그래서 저는 기술의 발달에 대한 우울한 전망 대신 그걸 어떻게 잘 이용해서 인간에게 이로운 방향으로 할 것인가 하는 유토피아 작품도 나왔으면 좋겠다고 생각해요. 로봇이 인간을 노예처럼 부리고 터전에서 내쫓고 건전지로 쓰고 하는 것만 생각하지 않도록 말이죠.

장대익　　앞서 조선시대 연애와 지금의 연애가 다를 거라고 하셨는데, 표면적으로는 그럴 수 있습니다. 하지만 그때의 뇌나 지금의 뇌, 동양의 뇌나 서양의 뇌, 침팬지에서 갈라져 나온 약 1300, 1500씨씨 정도 되는 인간의 뇌에는 크게 변화가 없었거든요. 어떤 환경에 놓이냐에 따라 다른 반응을 하지만, 그 밑바닥에 흐르는 것은 결국 생존 및 번식과 깊은 연관이 있다는 점을 강조하고 싶고요.

　　또 한 가지, 우리는 지금 보이지 않는 사람과도 커뮤니케이션을 합니다. 소셜 미디어가 대표적이죠. 이런 측면에서 유토피아를 그린다는 것, 더 나은 어떤 사회를 그린다는 것은 제 생각에 인간만이 할 수 있는 일입니다. 왜냐하면 침팬지는 50개체 정도가 서로 커뮤니케이션을 하지만, 그 이상을 넘기기는 어렵습니다. 반면 인간은 사회성을 진화시키는 과정에서 어느 순간 보이지 않는 대상과도 편지를 교환하거나 협력을 이끌어낼 수 있는 존재로 진화했거든요. 저는 이런 성향이 진화하면서 인간이 유토피아를 꿈꾸는 일이 자연스러운 것이 되었고, 그런 사회를 꿈꾸는 존재로 진화할 수밖에 없었다는 생각이 들어요. 그런 면에서 『유토피아』 같은 500년 전의 작품을 이상향을 그리는 인간 본성의 시작이라고 보기보다는 좀더 거슬러올라가야 한다고 생각합니다.

　제가 한 마지막 질문의 뜻은 이렇습니다. 인간이 만들어낸 것이 다시 인간을 옥죌 수 있다는 이야기는 새로운 건 아닙니다. 그럼에도 불구하고 지금 유토피아나 디스토피아를 어느 정도로 멀리 있는 사회로 생각해야 하는 건가라는 의문이 들어요. 예전에는 막연히 먼 사회의 이야기이고, 사실은 말도 안 되는 허구 혹은 상상의 산물이라고 생각했지만 지금은 정말 가까이에 와 있지 않습니까. 그렇다면 가까운 미래에 대한 이야기는 유토피아나 디스토피아의 대상이 될 수 없는 것일까요? 그동안 유토피아는 주로 이 사회 시스템에 대한 불만과 더 나은 시스템이 무엇인가—물론 SF적인 유토피아도 있었지만—에 대한 이야기를 다루었는데요. 지금 우리가 진심으로 고민해봐야 할 것은 사회 시스템의 구성원으로서 인간도 동물도 신도 아닌, 인간이 만든 인공물이 등장하게 된다면 이 스토리가 굉장히 달라질 수밖에 없다는 점이죠. 그렇다면 기계는 유토피아를 꿈꿀 수 없는가라는 질문도 가능하고요. 너무 먼 이야기일 수 있습니다만.

　지금 생각할 수 있는 가장 현실적인 스토리는 구글 같은 회사가 결국 엄청난 권력과 이득을 얻게 됐을 때 부익부 빈익빈의 문제가 점점 더 커지는 것이 아닌가 하는 점과 향후에는 인공지능 기술을 보유하고 있는 기업과 국가가 절대적인 주도권을 쥐게 될 것이고 결국 이 사회의 불균형도 심해질 것이 아닌가 하는 점입니다. 그런데 우리가 이상향, 유토피아를 생각한다면 좀더 멀리 눈을 돌려서 사회 구성원으로서 기계라는 것이 들어왔을 때 그동안 꿈꿨던 이상향에 대한 고려 사항이 바뀔 수 있다는 거죠. 그에 대해서도 한번 생각해보자는 의미였습니다.

주경철　제 이야기도 마찬가지입니다. 그래서 장대익 선생님의 의견에 많은 부분 동의하고요. 미래에 기계가 우리 사고 영역과 삶의 영역에 훨씬 더 크게 들어올 것임은 당연한 사실입니다. 핵심은 그것이 우리 통제를 벗어날 것인가에 있는 듯합니다. 정말 그럴 가능성이 있다고 보는지요? 가까운 미래라고 할 때 얼마만큼 가까운 것일까를 생각해보면, 요즘은 시간도 상대적이라 지금 1년의 변화는 과거에 50~60년 정도에 비견할 만할지 모릅니다. 그래서 사실은 가까운 미래가 아니라 더욱더 빠른 시일 내에 굉장히 큰 의미를 지닌 변화가 올 수도 있을 거예요. 그러니 5년 뒤를 예상하는 게 사실은 쉽지 않습니다. 기계의 발전이 폭발적으로 이루어져서 인간의 통제를 벗어난다는 건, 기계가 자아를 갖춘다는 것이고 스스로 결정을 할 수 있다는 것이죠. 그러면 정말 기계 유토피아라는 게 생기고, 기계 유토피아에서는 인간이 지구의 암 덩어리로 취급받아 제거될 거라는 예상을 할 수 있겠죠. 과연 그럴지, 실현 가능성은 잘 모르겠습니다. 과연 인공지능 같은 것이 점점 더 발전해서 자아를 가진 존재, 더 나아가서는 스스로 진화하는 존재가 될 수 있느냐는 제가 답할 수 있는 영역이 아닌 것 같아요. 다만 그것은 좀 과한 우려가 아닐까 생각합니다. 현재로서는 누구도 정확하게 말할 수 없지만요. 물론 걱정을 하는 것은 아무런 걱정을 하지 않는 것보다는 낫겠죠. 20세기 초 라디오 방송이 막 시작됐을 때 전파가 곳곳에 영향을 미쳐 전 세계의 기후가 바뀔 거다, 세계를 망하게 할 거다라는 고민을 진지하게 한 적이 있는데요. 인공지능의 발전에 대한 우려도 심하게 변동^{fluctuation}하면서 안정을 찾아갈 것 같습니다. 이럴 때 과학 분야에 몸담고 있는 이들이 미래의 과학기술이 위치할 프레임 같은 것을 제시해주면 좋을 듯합니다.

이승환 역사 전공자인 주경철 선생님이 과거가 아닌 미래에 대한 이야기를 들려주시니 무척 흥미롭네요. 저는 동양의 유토피아에 대해 짧게 언급하겠습니다. 제가 근래에 읽은 것 가운데 '부정^{否定} 본능'에 관한 책이 있습니다. 인류가 다른 동물들보다 잘 진화할 수 있었던 이유는 부정 본능 때문이라고 주장하는 책인데요. 자기가 처한 불만족스러운 상황에 대한 부정을 통해서 새로운 것을 찾아나간다는 내용이죠. 그렇다면 부정 본능은 동양과 서양을 막론하고 인류가 똑같이 가졌던 것 같습니다. 그런 점에서 유토피아에 대한 관심이 서양 못지않게 동양에도 있었지 않나 추론해볼 수 있고요.

구체적인 예로는 한나라 때의 『예기^{禮記}』「예운^{禮運}」편에 대동^{大同} 세계가 있습니다. 대동이라는 말은 일종의 가장 오래된 유토피아 개념입니다. 유토피아의 두 가지 형태, 즉 욕망 절제를 통한 이상사회 건설과 욕망 충족을 통한 이상사회의 건설이 강의 중 언급되었는데요. 동양에서는 아직 과학기술이 발달하기 전이니 욕망의 절제를 통해 조화로운 이상사회를 만들려는 노력들이 있었습니다. 대동사회에서 그리는 이상사회는 농업 생산을 통해 식량이 충족돼 있어서 누구도 욕심을 내지 않고 문을 열어놔도 도둑이 들지 않는 등 모두가 화목하게 삽니다. 다시 말해 욕망 절제를 통한 이상사회를 그리고 있는 거죠. 비료가 산업혁명을 발전시키는 데 대단히 큰 공헌을 했다고 하지

유토피아와 디스토피아: 근대 세계의 희망과 불안

요. 사람들을 기아에서 벗어나게 해주었으니까요. 그런데 비료가 발명되기 전, 종자 개량이 있기 전, 혹은 경운기나 트랙터가 발명되기 전의 고대 농업사회에서는 매년 거의 일정한 정도의 양만 수확되니 특정 계층이 너무 많이 가져가면 다른 층이 굶을 수밖에 없었죠. 따라서 이걸 조화롭게 분배하고 나눠 먹는 게 굉장히 중요한 일이었고, 욕망 절제에 의한 공동사회라는, 원시적 공산사회와 비슷한 형태의 이상사회를 추구했던 것 같습니다.

실제로 송나라 때 장횡거張橫渠라는 유학자는 일가친척 600여 명을 데리고 이상적인 농촌 공동체 건설을 실험하기도 했고, 송宋 뒤 명明대에는 하심은何心隱이라는 양명학파 유학자도 취화당聚和堂이라는 당호를 걸고 종족 몇 명과 함께 농업 공동체를 실험한 적이 있습니다. 또한 진독수陳獨秀라는 사람이 마르크스주의가 들어오기 전인 청 말 근대 사이에, 그런 공동체 실험을 하기도 했습니다. 재미있는 것은 이 공동체 안에 두 가지 큰 특징이 있는데, 하나는 경제적인 자급자족과 공동 노동 및 공동 분배를 추구한 것이고, 다른 하나는 경제 대신 문화적인 소양을 추구했다는 것입니다. 그러니까 주경철 선생님이 이상적인 공동체의 두 가지 모습에 대해 설명할 때 육체적 쾌락과 정신적 쾌락 또는 큰 쾌락과 작은 쾌락이라는 구분을 하셨지만, 여기서도 비슷하게 한편으로 경제적인 자급자족을 추구하면서 다른 한편으로는 문화적인 소양을 갖추려 했다는 거죠. 그런데 모든 구성원이 평등하지만 그런 가운데서도 어떤 책임이나 소임을 맡을 사람이 필요하니 두 분야의 소임자를 뒀어요. 명대 하심은의 공동체를 보자면 하나는 솔양率養, 즉 경제 책임자입니다. 다른 하나는 솔교率敎로 문화적 소양,

즉 교육 책임자입니다. 그래서 경제적인 측면과 문화적 측면의 두 가지 목표가 동시에 추구됐다는 것이죠. 그리고 진독수 등이 추구했던 반공반독半工半讀 공동체에서는 노동활동과 문화활동을 동시에 추구한 실제적인 경험들이 있습니다.

유교 윤리와 국가

유교의 국가론과 통치 윤리

이상익

부산교대 윤리교육과 교수

1__국가의 기원

주지하듯이, 유교의 국가론은 '천명天命사상'으로부터 시작된다. 그런데 '하늘天'에 대한 유교의 이해는 큰 변화를 겪었다. 따라서 '천명 사상'에 대한 해석도 시대에 따라 달라졌던 것이다.[1]

먼저 '국가의 기원'에 대한 유교의 설명을 살펴보자. 『서경』에서 는 다음과 같이 말한다.

> 하늘이 백성을 낳으셨는데, 백성은 욕망이 있기 때문에 군주가 없으 면 곧 혼란스럽게 되었다. 하늘이 총명한 사람을 낳아 군주로 삼아 다스리게 하셨다.[2]

> 하늘이 아래의 백성을 도와서 군주와 스승을 만드신 것은 오직 능히

상제上帝를 도와서 천하를 사랑하고 편안케 하기 위한 것이었다.[3]

위의 두 인용문에서 보듯이, 국가의 기원에 대한 유교의 설명 역시 '자연 상태의 혼란'이라는 맥락에서 시작된다. 일반 백성은 욕망에 지배당하거니와, 그런 까닭에 자연 상태에서는 혼란을 면치 못하기 때문에, 하늘이 총명한 사람을 군주와 스승으로 삼아 백성을 올바로 가르치고 사랑으로 다스리게 하셨다는 것이다.

요컨대 선진유교先秦儒敎에서는 자연 상태의 혼란을 극복하는 방법을 천명론天命論에서 찾았다. 하늘이 총명한 사람을 통치자로 임명하고 각종 책임을 부여하여 질서를 확보하게 했다는 것이다. 위의 인용문에서 통치자를 '군주와 스승'이라고 표현한 것도 주목할 만하다. 통치자는 곧 스승으로서, 우리에게 올바른 삶의 표준을 제시해야 한다는 것이다.[4]

정치 영역에서 천명론은 일반적으로 두 가지 기능을 한다. 하나는 '특정한 인물이 천명을 받았다'는 관념으로 그의 통치권을 정당화하는 것이며, 다른 하나는 그 통치자에게 '천명의 위탁 사항을 올바로 실천하라'는 의무감을 부여하는 것이다. 주자朱子는 선진유학의 이러한 관념들을 계승하면서도 '계천입극繼天立極'이라는 새로운 관념을 제시했다. 주자는 「대학장구서大學章句序」에서 다음과 같이 말한다.

하늘이 백성을 내시면서 이미 인의예지仁義禮智의 본성을 부여했는데, 사람마다 타고난 기질이 제각각이기 때문에, 모두가 인의예지의 본성을 지니고 있음을 알고서 온전히 실현할 수는 없었다. 그리하여

국가와 윤리

백성 가운데 총명하여 능히 자신의 본성을 온전히 실현할 수 있는 사람이 있으면, 하늘은 반드시 그에게 명령하여 수많은 백성의 군사君師가 되어 백성을 다스리고 교육하게 함으로써 백성이 본성을 회복하게 하였다. 이것이 복희伏羲·신농神農·황제黃帝·요堯·순舜 등이 '하늘을 계승하여 인도人道의 표준을 세운繼天立極' 까닭이요, 사도司徒와 전악典樂의 관직을 설치하게 된 까닭이다.[5]

위의 인용문에서는 '천명'과 '계천입극'이라는 두 관념으로 국가의 기원을 설명했다. 그런데 유의할 것은 '천명론'에서 말하는 '하늘'과 '계천입극론'에서 말하는 '하늘'은 그 성격이 전혀 다르다는 점이다. '천명론'에서 말하는 '하늘'은 '이 세계의 인격적 주재자'를 뜻하는 반면, '계천입극론'에서 말하는 '하늘'은 '우주와 자연의 이법理法' 또는 '이 세계의 존재 원리'를 뜻한다. 주자는 위의 인용문에서 '천명'과 '계천입극'을 함께 언급했지만, 주자학의 전반적인 논조는 분명 계천입극론으로 옮겨간 것이다. 이는 주자의 다른 논설들을 살펴보면 쉽게 확인할 수 있는 내용이다. 한편, 율곡栗谷 역시 『성학집요聖學輯要』에서 다음과 같이 국가의 기원 문제를 설명한 바 있다.

태초에 백성을 낳음에 풍기風氣가 비로소 열렸으나, 둥지에서 살고 생으로 먹어서 생리生理가 갖추어지지 않았고, 머리를 풀어헤치고 벌거벗어 인문人文이 갖추어지지 않았으며, 떼를 지어 살면서 임금이 없어서 이로 깨물고 손톱으로 움켜쥠에, 크게 순박했던 것이 무너지고 장차 큰 혼란이 빚어지려 하였다. 이에 성인聖人이 만물 가운

유교 윤리와 국가: 유교의 국가론과 통치 윤리

데 우두머리로 나서서, 총명예지하여 자기의 본성을 능히 완전하게 할 수 있었음에, 수많은 사람이 저절로 그에게 모여들어, 다툼이 있으면 해결을 구하고, 의심나는 것이 있으면 가르침을 구하여, 받들어 임금으로 삼았다. 민심民心이 향하는 바가 바로 천명天命이 돌아보는 바이다. 성인聖人이 수많은 백성이 돌아오는 바가 됨을 스스로 알고 부득불 군사君師의 책무를 맡아, 천시天時와 지리地理를 따라 백성을 기르는 도구를 만듦에 궁실宮室과 의복 및 음식과 기용器用이 점차 갖추어져서 백성이 생업에 안락할 수 있었다.

또한 편안히 살되 가르침이 없으면 금수에 가까워질 것을 염려하여, 인심人心과 천리天理에 근본하여 교화教化의 도구를 갖춤에 부자父子, 군신君臣, 부부夫婦, 장유長幼, 붕우朋友가 각각 그 도道를 얻어 질서가 잡히게 되었다. 또한 시대가 다름에 제도의 마땅함이 있고, 어질고 어리석음이 한결같지 않아 다스리는 데 방법이 있기 때문에, 인정人情을 조절하고 시무時務를 헤아려 손익損益의 법규를 만드니, 이에 문질文質과 정령政令 및 상벌賞罰이 각각 그 마땅함을 얻었다. 지나친 것은 억누르고 모자라는 것을 끌어당기며, 착한 사람은 일으키고 악한 사람을 징계함에, 마침내 대동大同을 이루게 되었다. 성인聖人이 계천입극하여 한 세상을 다스림이 이에 불과하니, 이에 도통道統의 이름이 세워졌다.[6]

율곡 역시 정치체政治體가 등장한 것은 자연 상태의 여러 문제점을 극복하기 위해서라고 보았다. 자연 상태의 문제점은 크게 세 가지로 압축된다. '생리生理'가 갖추어지지 않은 것, '인문人文'이 갖추어지지 않은 것, '혼란'이 빚어진 것이 그것이다.[7] 이러한 혼란 상태에서 성인이 등장하니, 수많은 사람이 모여들어 그를 군주로 삼았다는 것이다. 요컨대 위의 인용문에서 천명론은 이미 민심론民心論으로 대체된 것이다.

율곡에게 있어 '정치의 과제'란 생리를 제시하고 인문을 확립하여 혼란을 극복하는 것이었다. 그렇다면 이러한 과제는 어떻게 달성하는 것이 바람직한가? 율곡은 이를 첫째, 천시天時를 따르고 지리地理를 말미암아 '양민養民의 도구'를 만들고, 둘째, 인심人心에 말미암고 천리天理에 근본하여 '교화教化의 도구'를 만들며, 셋째, 인정人情을 조절하고 시무時務를 헤아려 '손익損益의 법규'를 만드는 것으로 설명하고, 이 세 가지를 '계천입극'이라는 말로 요약했다. 요컨대 율곡은 '국가의 건립과 운영' 또는 '정치의 모든 것'을 '계천입극'으로 설명한 것이요, 그에 따라 천명론은 기억의 저편으로 자연스럽게 퇴장한 것이다.[8]

이제 이상의 내용을 정리해보자. 인간의 특징은 '욕망을 지니고 있다'는 것, 그리고 '혼란을 싫어한다'는 것이다. '욕망을 지니고 있음'은 인간의 이기적 본능에 해당하고, '혼란을 싫어함'은 인간의 도덕적 본성에 해당한다. 이러한 맥락에서, 유교에서는 국가를 '인간의 욕망을 채워주고 혼란을 억제하기 위한 기구'라고 인식했다. 그리하여 통치자들은 '욕망의 충족'을 위해 산업을 발전시켜 백성을 먹여 살려야 하고(양민養民), '혼란의 억제'를 위해 인륜을 교육하여 백성을 사람답게 만들어야 한다(교민教民). 유교에서는 양민과 교민을 '하늘이 명령한 과제'로 설명하기도 하고, '자연의 이법을 본받은 삶'으로 설명하기도 했다.

유교 윤리와 국가: 유교의 국가론과 통치 윤리

2__유교의 주권론: 천명과 민심

|1| 유교의 천명사상

국가가 자연 상태의 혼란을 극복하기 위해 성립된 것이라면, 그 국가의 주권主權은 누구에게 있는 것인가? 전통적으로 유가는 '국가의 주권은 하늘 또는 백성에 있는 것이요, 결코 군주에게 있지 않다'고 설명해왔다. 요컨대 전통 유교사상에서 군주는 통치권자에 불과했을 뿐, 결코 주권자는 못 되었던 것이다.[9] 이제 이 문제를 자세히 살펴보기로 하자.

유교의 천명사상은 '하늘이 국가의 주권자'라는 관념을 담고 있다. 앞에서 언급했듯이, 하늘이 특정한 사람을 군주로 세워 이런저런 일을 수행하도록 명령했다면, 그 국가의 '주권자'는 분명 '하늘'인 것이요, '군주'란 천명을 대행하여 백성을 통치하는 '통치권자'에 불과한 것이다.

유교 정치사상에서 국가의 주권자는 하늘이요, 군주는 통치권자에 불과하다는 점은 유교의 '혁명론革命論'을 통해 더욱 분명히 알 수 있다. 『서경』에서는 다음과 같이 말한다.

> 나는 감히 알지 못하겠습니다만, 하夏는 천명天命을 받아 오래 지속되었던가요? 나는 감히 알지 못하겠습니다만, 하는 더 오래갈 수 없었을까요? 오직 그 덕을 공경하지 않았기 때문에 일찍이 천명을 잃은 것입니다. 나는 감히 알지 못하겠습니다만, 은殷은 천명을 받아 오래 지속되었던가요? 나는 감히 알지 못하겠습니다만, 은은 더 오

래갈 수 없었을까요? 오직 그 덕을 공경하지 않았기 때문에 일찍이 천명을 잃은 것입니다.[10]

이제 상商의 주왕紂王은 위의 하늘을 공경하지 않고 아래 백성에게 재앙을 내렸다. 주색에 빠져 감히 포학을 자행했으며, 죄인은 그 가족까지 연루시켰고, 관리는 (현재賢才를 고르지 않고) 세습시켰다. 궁실과 누각, 연못 등을 사치스럽게 꾸며 백성에게 잔혹한 손해를 끼쳤으며, 충성스럽고 현명한 이들을 불살라 죽였고, 잉태한 부인의 배를 갈랐다. 황천皇天이 진노하시어 우리 문왕文王께 명령하기를, 공경하여 하늘의 위엄을 밝히도록 하였다.[11]

위의 두 인용문에 의하면, 군주가 하늘의 명령대로 선정善政을 베풀면 그 위임이 지속되나 폭정暴政을 행하면 하늘이 통치권을 회수하여 다른 이에게 위임한다는 것이다. 이처럼 군주의 치적을 평가하고 군주를 바꾸는 주체는 하늘이었으니, 군주는 통치권자에 불과하고, 하늘이 주권자였음이 분명하다.

|2| 천명에서 민심으로

하늘이 주권자라 할 때 문제는 '하늘의 명령' 혹은 '하늘의 뜻'을 정확히 알기 어렵다는 점이다. 그리하여 전통 유교에서는 '민심民心이 곧 천심天心'이라고 주장했는데, 이로부터 사실상 '백성이 곧 주권자'라는 관념이 성립하게 되었다. 먼저 『서경』을 보자.

유교 윤리와 국가: 유교의 국가론과 통치 윤리

하늘의 총명은 우리 백성의 총명으로 인한 것이며, 하늘의 밝은 위엄은 우리 백성의 밝은 위엄으로 인한 것이다. 위의 하늘과 아래의 백성이 서로 통달하는 것이니, 공경할지어다. 영토를 지닌 군왕이여![12]

하늘은 백성을 불쌍히 여겨, 백성이 원하는 바를 반드시 따른다.[13]

하늘이 보는 것은 우리 백성을 통해 보는 것이며, 하늘이 듣는 것은 우리 백성을 통해 듣는 것이다. 백성의 책망責望이 내 한 몸에 있으니, 이제 나는 반드시 [정벌하러] 갈 것이다.[14]

위의 세 인용문 모두 '민심이 곧 천심'이므로 민심을 천명처럼 존중해야 한다는 뜻을 담고 있다. 이 같은 생각이 심화되면서 마침내 '백성'은 '하늘'을 대신하는 권위체로 등장하게 되었다. 이제 백성은 어엿한 정치적 주권자로 승격된 것이다. 이는 다음과 같은 맹자의 말에서 다시 확인할 수 있다.

백성이 가장 귀중하며, 사직社稷이 그다음이고, 군주는 가볍다. 그러므로 백성에게 [신임을] 얻으면 천자天子가 되고, 천자에게 [신임을] 얻으면 제후가 되며, 제후에게 [신임을] 얻으면 대부大夫가 된다.[15]

맹자는 백성이 가장 귀중하며, 군주는 오히려 가벼운 존재라고 규정했다. 또한 민심의 지지를 얻어야만 군주가 될 수 있다고 했으니,

이는 바로 주권자는 군주가 아니라 백성이라는 주장일 것이다. 나아가 맹자는 민생을 위해서는 '사직도 다시 세울 수 있다'고 했다. 즉 민생을 위해서는 국가의 통치체제도 바꿀 수 있다는 뜻이다. 이 같은 맹자의 주장에 따르면 군주는 통치권자에 불과하다. 맹자는 민심의 지지를 얻어 통치권자가 되기 위해서는 백성의 소망을 실현시켜주어야 한다고 말한다. 백성이 곧 주권자이므로 '군주는 민심에 따라 통치해야 한다'는 당위론이 성립하는 것이다. 맹자는 다음과 같이 말한다.

> 걸주桀紂가 천하를 잃은 것은 그 백성을 잃었기 때문이요, 백성을 잃은 것은 백성의 마음을 잃었기 때문이다. 천하를 얻는 데는 방법이 있으니, 그 백성을 얻으면 천하를 얻을 것이다. 백성을 얻는 데는 방법이 있으니, 백성의 마음을 얻으면 백성을 얻을 것이다. 백성의 마음을 얻는 데는 방법이 있으니, 백성이 원하는 것을 베풀어 모이게 하고, 백성이 싫어하는 것을 베풀지 말아야 한다. 백성이 '인정仁政에 귀의하는 것'은 물이 아래로 흐르는 것과 같으며, 짐승들이 들판으로 달려가는 것과 같다.[16]

위의 인용문에서는 '통치자가 민심을 얻으면 천하를 얻고, 민심을 잃으면 천하를 잃는다'고 했다. 여기서 우리는 '백성이 주권자'라는 것, 그러므로 통치자는 '민심에 따라야 한다'는 것을 다시 확인할 수 있다. 또한 위의 인용문에 의하면 '인정仁政'이란 백성이 원하는 것을 베풀고 백성이 싫어하는 것을 베풀지 않는 것, 즉 '민심에 따른 통치'를 말한다. 유교는 입버릇처럼 늘 '인정'을 설파했는데, 백성을 주권자로 상정하고 백성을 위해 봉사하는 위민爲民과 민본民本의 정치가 바로 '인정'이었던 것이다.

이상에서 소개했듯이 유교에서 민심을 중시하는 전통은 실로 확고한 것이었다. 이와 관련하여 또 하나 주목할 것은 『주례周禮』의 '소사구小司寇'에 관한 내용이다. 『주례』에서는 "소사구의 직책은 외조外朝의 정무를 관장하여, 만민萬民을 모아 의견을 묻는 것이다. 첫째는 국가의 위급한 일에 대해 의견을 묻고, 둘째는 도읍을 옮기는 일에 관해 의견을 묻고, 셋째는 군왕을 세우는 일에 관해 의견을 묻는다"[17]고 했는데, 이에 대한 주석을 소개하면 다음과 같다.

> '외조外朝'는 치문雉門(궁궐의 남문) 밖에 있는 조정이다. '국가의 위급한 일'이란 외적의 침략으로 인한 국난을 말한다. '도읍을 옮김'이란 도읍을 옮기거나 고치는 것이다. '군왕을 세움'이란 적장자가 없을 경우 서자들 가운데 후계자를 고르는 것이다. (…) 『시경』에서는 '목동이나 나무꾼에게도 의견을 묻는다詢于芻蕘'고 했고, 『서경』에서는 '보통 사람들과 함께 모의한다謀及庶人'고 했다.[18]

위의 주석에서 우선 주목할 것은 '외조'다. 궁궐의 남문 밖에 백성의 의견을 수렴하는 기관을 설치하고 이를 외조라 했다. 외조에서 만민을 모아놓고 의견을 물은 사안은 외적의 침략에 대한 대응 방안, 도읍을 옮기거나 고치는 사안, 군왕의 적장자가 없을 경우 서자들 가운데 누구를 후계자로 세울 것인가 하는 사안 등 '국가의 중대사'였다. 이렇게 본다면 '외조'는 오늘날의 '국회(민회)'에 해당되고,[19] 외조의 정무를 관장하는 '소사구'는 오늘날의 '국회 사무총장'에 해당되는 것이다.

특히 주목할 것은 '외조를 궁궐의 남문 밖에 두었다'는 내용이다. 궁궐에서 군주는 남쪽을 바라보고 앉는데南面, 궁궐의 남문 밖에 바로 외조가 있었다면 군주는 민의民意를 정면으로 마주하고 있는 것이다. 이 주석에서는 또 『시경』의 '목동이나 나무꾼에게도 의견을 묻는다'는 구절이나 『서경』의 '보통 사람들과 함께 모의한다'는 구절을 소개함으로써 귀천을 막론하고 모든 백성의 의견을 수렴하는 것이 유교의 지론임을 확인시켜준다. 이처럼 유교에서는 민심을 국정에 적극 반영한다는 '대동大同 민주주의'[20]를 추구했던 것이다.

|3| 민심에서 공론으로

사상사적으로 보면, 고대의 천명사상이 후대로 내려오면서 점차 민심론으로 대체되었음이 분명하다. 그런데 또 하나 주목할 사실은, 민심이 천명을 대체하는 개념으로 등장함과 동시에 민심에 대한 회의도 싹텄다는 점이다. 요컨대 '민심은 종종 편파적이며, 오류를 범할 수 있다'는 점을 각성하게 된 것이다. 여러 경전에 보이는 다음의 내용이 그것이다.

백성의 마음은 중용中庸이 없으니, 오직 네가 중용으로 이끌어라.[21]

대중이 싫어하더라도 반드시 살펴야 하고, 대중이 좋아하더라도 반

유교 윤리와 국가: 유교의 국가론과 통치 윤리

드시 살펴야 한다.[22]

좌우의 신하들이 모두 어질다고 해도 믿지 말고, 여러 대부大夫가 모두 어질다고 해도 믿지 말며, 온 나라 사람들이 모두 어질다고 한 뒤에 살펴보아 어진 점을 발견한 다음에 등용하십시오. 좌우의 신하들이 모두 나쁘다고 말해도 듣지 말고, 여러 대부가 모두 나쁘다고 말해도 듣지 말며, 온 나라 사람들이 모두 나쁘다고 말한 뒤에 살펴보아 나쁜 점을 발견한 다음에 버리십시오.[23]

위의 세 인용문에 의하면, 민심은 편파적일 수 있으니 그대로 따라서는 안 되며, 반드시 통치자 스스로 주체적인 판단을 보태야 한다. 이처럼 민심에 대한 회의가 싹트면서 민심에 대한 논의가 보다 정밀해졌고, 송대宋代에는 마침내 '공론公論'이라는 개념이 등장했다. 공론이란 간단히 말해 '민심 가운데 그 정당성이 확인된 것'이다. 주자는 다음과 같이 말한다.

이른바 '국시國是'란 어찌 '천리天理에 따르고 인심人心에 부합하여 천하 사람들이 모두 함께 옳게 여기는 것'이 아니겠는가? (…) 자기의 편견偏見을 주장하고 자기의 사심私心을 채우려 하면서도 억지로 '국시'라 이름 붙이고, 군주의 권위를 빌려 '천하의 모든 사람이 한결같이 말하는 공론'과 싸우려 하니, 아마도 고인古人의 '오직 덕만이 [사람의 마음을] 통일시킨다'는 말과는 다른 것 같다.[24]

주자는 '천리에 따르고, 인심에 부합하여, 천하 사람들이 모두 함게 옳게 여기는 것'을 '국시國是'라 정의하고, 이를 '천하의 모든 사람이 한결같이 하는 말'인 '공론公論'과 동일한 것으로 간주했다. 요컨대 '민심 가운데 천리와 부합하는 것', 다시 말해 '민심 가운데 편파적인 부분을 제외한 것'이 바로 공론이다. 유교에서는 공론이 '자유롭고 공개적인 논의(언론의 자유)'를 통해 정립된다고 보았다.[25] 그리하여 정치적 사안에 대한 공개적인 논의를 강조하고, 이를 주관하는 관직을 설치하기도 했다. 예컨대 조선시대의 삼사三司(사헌부·사간원·홍문관)가 그것이다. 이처럼 유교의 공론론은 '자유롭고 공개적인 논의'를 통해 '공정한 결론'을 얻어 국정에 반영한다는 취지를 담고 있다. 그리하여 유교 정치를 다른 말로 '공론 정치'라고도 일컫게 된 것이다.

3__유교의 통치론: 왕도와 인정

|1| 통치자의 책무: 양민과 교민

이제 유교의 통치론을 살펴보자. 공자가 "먼저 백성을 부유하게 만들고, 그다음엔 백성을 올바른 도리로 교육하라"[26]고 말한 바 있듯이, 유교는 통치자의 책무를 양민과 교민으로 설정했다. '양민'이란 백성의 생업을 보장하여 백성을 먹여 살리는 것이며, '교민'이란 백성에게 인륜을 교육하여 백성을 사람다운 사람으로 만드는 것이다.

유교에서는 양민과 교민 중에서도 우선적으로 중요한 것은 양민이요, 궁극적으로 중요한 것은 교민이라 보았다. 양민을 교민보다 우선한 까닭은, 맹자의 말대로 항산恒産(살아갈 수 있는 일정한 재산이나 생

유교 윤리와 국가: 유교의 국가론과 통치 윤리

업)이 없으면 항심恒心을 지키기 어렵기 때문이다. 맹자는 다음과 같이 말한다.

> 백성은 항산이 없으면 따라서 항심도 잃게 된다. 진실로 항심이 없으면 제 마음대로 온갖 사악한 일과 사치를 일삼게 되니, 마침내 죄에 빠뜨린 다음에 형벌을 가한다면 이는 백성을 그물질하는 것이다. 어찌 어진 사람이 윗자리에 있으면서 백성을 그물질하겠는가? 그러므로 현명한 군주는 백성의 생업을 제정함에 반드시 위로는 부모를 섬기기에 충분하고 아래로는 처자를 기르기에 충분하게 하여, 풍년에는 종신토록 배부르고 흉년에는 굶어 죽음을 면하게 했다. 그런 다음에 백성을 이끌어 선善을 향하도록 했으니, 그러므로 백성이 따르기 쉬웠던 것이다. 지금은 백성의 생업을 제정함에 위로는 부모를 섬기기에도 부족하고 아래로는 처자를 기르기에도 부족하게 하여, 풍년에는 종신토록 고생하고 흉년에는 굶어 죽음을 면할 수 없게 한다. 이렇게 하면 오직 죽음을 면하고자 해도 부족할까 두려우니, 어느 겨를에 예의禮義를 다스릴 수 있겠는가?[27]

백성에게 먼저 생업을 보장한 다음에야 인륜적 삶을 요구할 수 있다는 유교의 지론은 현실에 대한 깊은 통찰로부터 나온 결과다. 모든 사람은 도덕적 본성과 함께 육체적 본능을 지니는데, 본능에서 우러나는 욕심은 강력하고 본성에서 우러나는 양심은 미약한 것이 사실이다. 그리하여 먼저 본능적 욕구를 해결하지 않으면 도덕적 본성을 발휘하기 어려운바, 따라서 본능적 욕구를 먼저 채울 수 있도록 항산을 보장하라고 주문한 것이다.

백성의 생업을 보장한 다음의 과제는 인륜을 교육하는 것이다. 맹자는 인륜의 교육이 필요한 까닭을 다음과 같이 설명한다.

후직后稷이 백성에게 농사를 가르쳐 오곡五穀을 심게 하니, 오곡이 익어 백성이 양육되었다. 사람에게는 도道가 있거니와, 배불리 먹고 따뜻하게 입으며 편안히 살되 가르침이 없다면 곧 금수에 가깝게 된다. 성인聖人이 이를 근심하시어 설契을 사도司徒로 삼아 인륜을 가르치게 하셨으니, 부자유친父子有親, 군신유의君臣有義, 부부유별夫婦有別, 장유유서長幼有序, 붕우유신朋友有信이 그것이다.[28]

위에서 보듯이 양민 다음에 교민이 필요한 까닭은 배불리 먹고 따뜻하게 입으며 편안히 살되 가르침이 없다면 곧 금수에 가깝게 되기 때문이다. 의식주의 충족만으로는 '사람의 사람다움'을 보장할 수 없다는 것, 사람다움의 근거는 인륜에 있다는 것이 유교의 지론이었다. 그러므로 양민 다음에는 반드시 교민에 힘써야 한다는 것이다. 이처럼 유교에서는 '경제적 복지'와 '도덕적 인륜'이 함께 실현되는 국가를 지향했다.

요즈음 특히 문제되고 있는 '복지'와 관련하여 유교의 입장을 살펴보자. 유교의 복지론은 두 가지로 요약된다.

첫째, 인간의 가장 자연스러운 생존 단위는 가족인바, 늙은 부모의 봉양이나 어린 자녀의 양육 등 기본적인 복지를 가족 차원에서 스스로 해결하도록 유도한다는 것이다. 맹자는 다음과 같이 말한다.

유교 윤리와 국가: 유교의 국가론과 통치 윤리

5묘의 택지 울타리 아래에 뽕나무를 심어 필부匹婦가 누에를 치면 노인들이 비단옷을 입기에 충분하고, 암탉 다섯 마리와 암퇘지 두 마리를 키우면서 번식시킬 때를 잃지 않으면 노인들이 고기를 먹기에 충분하며, 100묘의 밭을 필부匹夫가 경작하면 여덟 식구의 가족이 굶주리지 않는다. 이른바 '서백西伯(문왕文王)이 노인을 잘 봉양했다'는 것은 그 전리田里를 제정하여 뽕나무를 심고 가축을 기르도록 가르치고, 그 처자를 가르쳐서 그 노인들을 봉양하게 한 것이다. (…) '문왕의 백성은 춥고 배고픈 노인이 없었다'는 것은 이를 말한다.[29]

'5묘의 택지'나 '100묘의 밭' 등은 정전제井田制를 시행했을 때 한 가구에 제공된 기본적인 삶의 터전이었다. 요컨대 국가는 모든 가구에 기본적인 삶의 터전을 제공하고, 각 가구가 이를 바탕으로 노인을 봉양하고 아이를 양육하도록 유도했다는 것이다. 이렇게 하면 일부의 환과고독鰥寡孤獨(홀아비, 과부, 고아, 홀몸)을 제외하고 대부분의 사람들이 두루 복지를 누릴 수 있게 된다.

둘째, 장애인이나 병든 사람, 환과고독 등 가족적 차원에서 복지를 누릴 수 없는 '사회적 약자들'에 대해서만 국가에서 복지를 책임지자는 것이다. 맹자는 다음과 같이 말한다.

늙어서 아내가 없는 것을 '홀아비'라 하고, 늙어서 남편이 없는 것을 '과부'라 하며, 늙어서 자식이 없는 것을 '홀몸'이라 하고, 어려서 부모가 없는 것을 '고아'라 하는바, 이 네 부류는 천하의 궁민窮民으로서 호소할 곳이 없는 사람들이다. 문왕은 인정仁政을 베풀 때에 반드

시 이 네 부류의 사람들을 먼저 보살폈다.[30]

환과고독은 가족의 결손으로 인해 제대로 복지를 누리지 못하는 경우이며, 장애인이나 병든 사람은 한 가족이 그 복지를 책임지기에는 너무 버거운 경우인바, 이들에 대해서는 국가가 우선적으로 복지를 제공해야 한다는 것이었다.[31]

|2| 통치의 이상: 왕도와 인정

이제 유교에서 추구한 통치의 이상을 살펴보기로 하자. 유교에서는 이상적인 통치를 '왕도정치'라고도 했고 '인정仁政'이라고도 했다. 맹자는 '덕으로 인정을 행하는 것'을 '왕도'라 했는데, 이처럼 왕도와 인정은 같은 의미를 지니고 있었다. 맹자는 다음과 같이 말한다.

> 왕이 만약 백성에게 인정仁政을 베풀어 형벌을 줄이고 세금을 가볍게 해주면, 백성은 농사일에 열중할 것이다. 젊은이들은 한가한 틈을 타 효제충신孝悌忠信을 닦아 집에 들어가서는 부형父兄을 섬기고 밖에 나와서는 윗사람을 섬길 것이다.[32]

맹자는 인정의 핵심을 '형벌을 줄이고 세금을 가볍게 함'으로 설명했다. 즉 백성의 자유와 풍요를 뒷받침한다는 뜻이다. 인정을 베풀어 백성으로 하여금 자유와 풍요를 누리도록 하면 젊은이들은 여가 시간에 효제충신을 닦아 어른을 공경하게 된다는 것이다.

유교에서 말하는 인정은 한마디로 '통치자와 백성이 서로 감응^感
^應하는 정치'라 할 수 있다. 통치자와 백성 사이의 감응은 정서적 차원
에서 이루어질 수도 있고, 도덕적 차원에서 이루어질 수도 있다. 유교
에서는 통치자와 백성이 감응할 수 있는 방법, 즉 통치자가 백성의 호
응을 얻을 수 있는 방법을 다양하게 제시하는데, 그것은 다음 네 가지
로 정리할 수 있다.

첫째, 순^舜의 사기종인론^{舍己從人論}으로서, 순은 우^禹에게 다음과
같이 당부했다.

> 초야^{草野}에 버려진 현자^{賢者}가 없어서 만방^{萬邦}이 모두 편안하고, 대
> 중들에게 의견을 물어 자기를 버리고 사람들을 따르며, 의지할 데
> 없는 사람들을 학대하지 않고, 곤궁한 사람들을 버려두지 않음은 오
> 직 요^堯께서 그렇게 하셨습니다.[33]

'대중들에게 의견을 물어 자기를 버리고 사람들을 따르라'는 말
은 '사견^{私見}을 버리고 공론^{公論}을 따르라'는 것이다. 자신의 사견을 버
리고 널리 대중들의 의견을 수렴하면, 정치도 올바르게 되고 백성의
지지도 얻게 된다.

둘째, 기자^{箕子}의 무편무당론^{無偏無黨論}으로서, 기자는 무왕^{武王}에
게 다음과 같이 당부한 바 있다.

> 치우침이 없고 기울어짐이 없게 하여 왕의 의^義를 따르고, 사사롭게
> 좋아함이 없어서 왕의 도^道를 따르며, 사사롭게 미워함이 없어서 왕

국가와 윤리

의 길을 따르시오. 치우침이 없고 공평하지 않은 일이 없어야 왕도王道가 멀리 미치고, 공평하지 않은 일과 치우침이 없어야 왕도가 고루 퍼져서, 떳떳함에 어긋남이 없고 기울어짐이 없어야 왕도가 바릅니다. 이렇게 되면〔백성이〕지극한 표준이 있는 데로 모여, 지극한 표준이 있는 데로 귀의합니다.[34]

'무편무당無偏無黨'이란 '편당을 짓지 말라'는 말로서, '모든 정사를 공정하게 처리하라'는 것이다. 기자는 '편당을 짓지 않으면 왕도가 멀리 미치고 왕도가 고루 퍼져서 백성이 귀의하게 된다'고 했거니와, 이는 백성이 통치자의 공정성에 호응하는 것이다.

셋째, 공자의 솔선수범론率先垂範論으로서, '통치자가 백성에게 모범을 보이라'는 것이다. 공자는 다음과 같이 말한 바 있다.

덕으로 정치를 하는 것은 비유컨대 북극성이 제자리에 머물러 있으면 뭇 별이 그를 향하는 것과 같다.[35]
'무위이치無爲而治'를 실천한 분은 순舜일 것이다. 무릇 무엇을 하셨겠는가? 자신을 공손하게 하여 바르게 남면南面하셨을 뿐이다.[36]

"덕으로 정치를 하는 것은 비유컨대 북극성이 제자리에 머물러 있으면 뭇 별이 그를 향하는 것과 같다"는 말은 통치자와 피치자 사이의 '도덕적 감응'을 뜻하는 말로, 이러한 감응의 결과 아무런 통치 행위(백성을 복종시키려는 행위)를 하지 않아도 저절로 나라가 다스려지는 것無爲而治이다.

유교 윤리와 국가: 유교의 국가론과 통치 윤리

넷째, 맹자의 여민동락론與民同樂論으로서, '통치자는 백성과 고락苦樂을 같이하라'는 것이다. 맹자는 다음과 같이 말한다.

임금이 백성의 즐거움을 즐거움으로 삼으면 백성 또한 임금의 즐거움을 즐거움으로 삼고, 임금이 백성의 근심을 근심으로 삼으면 백성 또한 임금의 근심을 근심으로 삼는다.[37]

통치자가 백성과 고락을 같이하면 백성은 통치자와 운명을 같이하게 된다. 요컨대 통치자와 백성 사이의 '정서적 감응'은 통치자와 백성을 일심동체로 만든다. 통치자와 백성이 일심동체가 되면, 유사시에 백성은 통치자를 위해 기꺼이 목숨을 바치게 된다. 이러한 맥락에서 맹자는 '어진 통치자에게는 대적할 수 있는 사람이 없다仁者無敵'고 설파했던 것이다.

이상에서 이상적 통치의 여러 측면을 살펴보았거니와, 이제 주자의 다음과 같은 말을 보기로 하자.

하늘은 사사로이 덮어주는 것이 없고, 땅은 사사로이 실어주는 것이 없으며, 해와 달은 사사로이 비추어주는 것이 없습니다. 그러므로 왕자王者가 이 세 가지 사사로움이 없음을 받들어 천하를 다스린다면, 모든 사람을 똑같이 대하고 널리 사랑하여 크게 공정하게 되니, 천하 사람들이 모두 마음으로 기뻐하고 진실로 복종할 것입니다. 만약 그 사이에 다시 신구新舊에 따라 친소親疎를 삼으면, 그 편당의 정과 편협한 도량이 진실로 사람들로 하여금 분노하여 복종하지 않으

국가와 윤리

려는 마음을 지니게 할 것입니다. 그 호오好惡와 취사取捨 또한 반드시 의리에 합당할 수 없을 것이며, 심하면 계책計策을 막고 국사國事를 망치며 덕을 방해하고 정사를 어지럽히는 데 이를 것이니, 그 해로움을 이루 말할 수 없습니다.[38]

위의 인용문에서는 이상적 통치의 여러 요소 가운데 특히 '공정성'을 강조했다. 공정성이 통치의 성패를 결정짓는 관건이라는 것이다. 그런데 이러한 결론은 유교만의 특수한 내용이 아니요, 동서고금의 철학자들이 모두 강조했던 내용이다. 문제는, 그럼에도 불구하고 통치자들이 여전히 '사견과 사익'에 매달리고 있다는 점이다. 그리하여 이를 치유하기 위한 '윤리적 처방'이 필요한 것이다.

4__유교의 통치 윤리: 정명과 덕치

|1| 『대학』의 수기치인론

이제 유가의 통치 윤리를 살펴보기로 하자. 유가의 통치 윤리는 『대학』의 수기치인론修己治人論, 즉 '삼강령三綱領과 팔조목八條目'으로 대변된다.

먼저 '삼강령'은 '명덕을 밝힘明明德, 백성을 새롭게 함新民/親民, 지극한 선善에 머묾止於至善'이다. 요컨대 통치자는 먼저 자신의 명덕을 밝히고, 백성을 새롭게 진작시키며, 마침내는 지극한 선의 경지에 머물러야 한다는 것이다.

유교 윤리와 국가: 유교의 국가론과 통치 윤리

『대학』에서는 지극한 선에 머문 예로 '문왕文王의 다섯 가지 머묾'을 소개했다. 문왕은 임금이 되어선 인仁에 머물고, 신하가 되어선 경敬에 머물고, 자식이 되어선 효孝에 머물고, 부모가 되어선 자慈에 머물고, 국민과 사귈 때엔 신信에 머물렀다. '문왕의 다섯 가지 머묾'을 달리 표현한 것이 '오륜五倫'과 '충서忠恕'다.

오륜은 '연고가 있는 사람들' 사이의 관계를 규율하는 원리로서, 가장 긴밀한 인간관계를 다섯 가지로 유형화하고, 각 관계 속에서 요청되는 각자의 도리(몫)를 제시한 것이다. 예컨대 부자관계에서 요청되는 도리는 친애요父子有親, 군신관계에서 요청되는 도리는 의리이며君臣有義, 부부관계에서 요청되는 도리는 분별이요夫婦有別, 장유관계에서 요청되는 도리는 차례이며長幼有序, 붕우관계에서 요청되는 도리는 신의라는 것이다朋友有信.

충서는 '연고가 없는 사람들' 사이의 관계를 규율하는 원리로서, 긴밀한 관계가 없는, 일반적 인간관계의 원칙을 제시한 것이다. '충忠'은 남을 위해 자신의 최선을 다하는 것으로서, 이는 '사랑'에 해당한다. '서恕'는 자신과 남을 동일한 원칙으로 대하는 것으로서, 이는 '정의'에 해당한다. 자공子貢이 "한마디 말로서 종신토록 실천할 만한 것이 있습니까?"라고 묻자, 공자는 "그것은 서恕다. 자기가 원치 않는 일을 남에게 베풀지 말라"[39]고 대답한 바 있다. 이처럼 유교에서는 '충과 서'를 함께 말하면서도 '서'를 더욱 핵심적인 덕목으로 삼았다.

'팔조목'은 삼강령을 실천하는 방법을 구체적으로 열거한 것으로서 '격물格物, 치지致知, 성의誠意, 정심正心, 수신修身, 제가齊家, 치국治國, 평천하平天下'가 그것이다. 이 가운데 '격물·치지'는 '이 세계의 객관적 이법理法을 탐구하자'는 것이며, '성의·정심'은 '자신의 주관적 의지意志를 순화하자'는 것이다. 이 세계의 이법을 알고 자신의 의지를 순화한다면, 그를 통해 계천입극繼天立極이 가능해진다. 격물·치지와 성의·정심을 합쳐서 '수신'이라 하며, '제가, 치국, 평천하'는 수신의 결과를 '가정, 국가, 천하'로 미루어나가는 것이다.

『대학』에서는 삼강령과 팔조목을 설명하고 나서 다음과 같이 '선후본말론先後本末論'을 전개했다.

> 물物에는 근본과 말단이 있고, 사事에는 시작과 끝이 있으니, 먼저 할 것과 뒤에 할 것을 알면 도道에 가깝게 될 것이다. (…) 천자天子로부터 서인庶人에 이르기까지 한결같이 모두 수신修身을 근본으로 삼는다. 그 근본이 어지러우면서 말단이 다스려진 경우는 없었다.[40]

'근본이 어지러우면서 말단이 다스려진 경우는 없다'는 것은 '수기修己가 결여된 채 치인治人에 성공한 경우는 없다'는 말이다. 이처럼 『대학』에서는 '수기와 치인'을 선·후와 본·말의 관계로 규정함으로써 치인을 위해서는 먼저 수기에 힘써야 한다는 점을 역설했다.

|2| **정명과 덕치**

수기치인론과 함께 유교의 통치 윤리로서 흔히 거론되는 것이 '정명正名과 덕치德治'다.

'정명'이란 '명분을 바로잡는다'는 말로서, 모든 사람은 각자의 이

유교 윤리와 국가: 유교의 국가론과 통치 윤리

름名(사회적 지위)[41]에 따르는 몫分을 제대로 발휘해야 한다는 것이다. 『논어』의 정명론은 "군왕은 군왕답고, 신하는 신하다우며, 아비는 아비답고, 자식은 자식다워야 한다君君 臣臣 父父 子子"는 말로 대변된다. 군왕에게 부여된 역할(몫)을 다하는 군왕이 '군왕다운 군왕'이며, 자식에게 부여된 역할을 다하는 자식이 '자식다운 자식'이다. 이렇게 본다면 『대학』의 지어지선止於至善이 곧 정명이며, 나아가 '오륜' 자체도 곧 '정명'과 궤를 같이하는 것이다. 요컨대 모든 사람은 자신에게 주어진 사회적 책임이나 역할을 다해야 한다는 것으로서, 유교에서는 '사회적 혼란을 예방하는 원리'로 정명론을 내세운 것이다.

'덕치'란 금령禁令과 형벌에 앞서 '덕으로 다스린다'는 말로서, 통치자는 솔선해서 백성에게 모범을 보여야 한다는 것이다. 공자는 "법제와 금령으로 인도하고 형벌로 질서를 잡으면 백성은 형벌을 면하려고만 할 뿐 부끄러움이 없게 된다. 덕으로 인도하고 예禮로 질서를 잡으면 백성은 부끄러워할 줄 알게 되고 또한 바르게 된다"[42]고 하여, 법치의 근원적 한계를 설파하며 덕치를 옹호했다. 공자는 또한 "'무위이치無爲而治'를 실천한 분은 순舜일 것이다. 무릇 무엇을 하셨겠는가? 자신을 공손하게 하여 바르게 남면南面하셨을 뿐이다"라고 하며 덕치를 무위이치로 설명했다. '무위이치'란 백성을 복종시키기 위해 특정한 통치 행위를 하지 않아도 백성이 자발적으로 복종하여 다스려진다는 말이다.[43] 『중용』에서는 "군자가 독실하고 공손함에 천하가 평안해진다"[44]고 했고, 맹자는 "대인大人이 있으니, 자신을 바르게 함에 사람들이 바르게 된다"[45]고 했는데, 이는 모두 무위이치의 사례라 할 수 있다. 요컨대 유교의 덕치론은 통치자가 덕을 쌓아 모범을 보이면 나라가 저절로 다스려진다는 것으로서, 『대학』의 수기치인론 자체가 곧 덕치론이었던 것이다.

5__유교적 국가론의 시사점

이제 결론적으로 유교적 국가론이 오늘날 한국의 정치 현실에 시사하는 바를 정리해보자. 논자는 유교의 국가론을 정리하면서 다음과 같은 점에 주목하고자 한다.

첫째, 정치인들이 솔선수범하는 정치다. 유교에서는 법치(금령과 형벌에 의한 통치)는 피상적인 효과만 있을 뿐이라 하여, 법치를 폄하하고 덕치를 옹호했다. 그런데 덕치란 수기修己를 바탕으로 솔선수범에 힘쓰는 것이다. 치인에 앞서 수기를 강조하는 것이 유교의 일관된 입장이다. 수기를 통해서만 덕치를 베풀 수 있고, 각종 통치제도도 본래의 취지대로 선용할 수 있다는 것이다.

오늘날 한국 사회에서 정치인에 대한 불신과 혐오는 극에 달해 있다. 이처럼 정치인들이 불신과 혐오의 대상으로 전락한 데는 여러 원인이 있겠지만, 그중 하나는 '도덕성 결여'일 것이다. 정치인들은 당리당략에 집착하여 국리민복을 외면하기 일쑤이며, 심지어는 사리사욕을 위해 부정부패를 일삼는다.[46] 이러한 현실에서 벗어나려면 무엇보다도 정치인들의 환골탈태換骨奪胎가 가장 중요한바, 이를 위해서는 전통적인 수기치인론으로부터 원동력을 찾는 수밖에 없다.

둘째, 백성을 위하고 백성을 근본으로 삼아 백성과 고락을 함께

유교 윤리와 국가: 유교의 국가론과 통치 윤리

하는 정치다. 유교에서는 정치의 일차적 과제를 '양민養民'으로 삼았으며, '민생民生을 돌보는 정치'를 '백성을 위하는 정치' 또는 '백성을 근본으로 삼는 정치'라 했다. 요컨대 정치가의 존재 이유 또는 정치가의 본분은 일차적으로 '위민爲民과 민본民本'에 있다는 것이다.

그런데 오늘날 우리 정치는 이와 반대되는 방향으로 치닫고 있다. 루소의 말처럼, 국민은 국회의원 선거가 있는 날 하루만 주인 대접을 받고 국회의원을 선출하자마자 노예로 전락한다. 선거가 끝나면 당선자들은 태도가 돌변하여 갖은 특권을 누리며 '갑질'을 서슴지 않는다. 국민은 노예처럼 신음하며 분노를 삼킬 뿐이다. 이는 양자 모두에게 해롭다. 국민은 올바른 정치의 혜택을 누릴 수 없기 때문이요, 정치인은 원성을 삼으로써 차기를 기약할 수 없기 때문이다. 이러한 불미스러운 상황을 타파할 일차적 책임은 정치인에게 있다. 정치인들이 자신의 본분을 각성하여 민생을 돌보고 고락을 같이할 때, 자연스럽게 국민의 신뢰도 회복하고 국민의 사랑과 존경을 받게 될 것이다.

셋째, 가족 주도의 복지제도다. 유교에서는 '항산의 보장'을 통해 모든 가족이 스스로의 복지를 책임지게 하고, 환과고독과 폐질자廢疾者 등에 대해서만 국가가 복지를 지원하라고 했다. 이러한 가족 주도 복지 모델은 오늘날의 개인 책임 모델이나 사회 책임 모델에 대한 하나의 대안이 될 수 있다.

자유주의자들은 각자의 복지가 자유경쟁의 공간(시장)에서 스스로 해결해야 할 문제라고 보는 반면, 사회주의자들은 누구나 평등하게 기본적 복지를 누릴 수 있도록 사회(국가)가 보장해야 한다고 주장한다. 자유주의의 개인 책임 모델은 복지를 각자의 '이기적 본능'에 맡기고 공정분배의 문제는 예정조화설이라는 허구적 이론으로 대체한 것으로, 그리하여 '빈익빈 부익부'라는 '시장의 실패'를 초래한 것이다. 사회주의의 사회 책임 모델은 '도덕적 본성'에 입각하여 형제애를 호소하면서 각자의 이기적 본능이 초래하는 폐단을 충분히 숙고하지 않은 것으로, 그리하여 '도덕적 해이'라는 '국가의 실패'를 초래한 것이다.

요컨대 자유주의와 사회주의는 각각 이기적 본능과 도덕적 본성에 일방적으로 의지하면서 양자를 동시에 고려하지 못한 것이다. 그런데 인간은 이기적 본능만을 지닌 존재가 아니요, 동시에 도덕적 본성을 지닌 존재이기도 하다. 따라서 우리는 양자를 동시에 고려하는 복지제도를 모색할 필요가 있다. 가족 주도 모델의 근본적 의의는, 가족은 이기적 본능과 도덕적 본성이 만나는 지점이라는 데서 찾을 수 있다.

넷째, 인륜을 통한 '사람다움'의 실현이다. 유교에서는 통치의 두 과제를 양민과 교민으로 규정했다. 우선은 경제를 발전시켜 백성의 넉넉한 생활을 보장하고, 그다음에 인륜을 교육해 백성을 사람다운 사람으로 만들라는 것이었다. 유교에서는 인륜을 '사람다움의 보루'요, '인간 존엄성의 근거'라고 본다. 인륜이란 부자·군신·부부·장유·붕우 등 여러 유형의 인간관계에서 요청되는 기본적 도리인바, 유교에서는 이러한 기본적 도리를 다해야만 '참다운 인간'이라고 보는 것이다.

그런데 오늘날의 정치에서는 경제 발전이나 인권만을 강조할 뿐, 인륜은 외면한다. 경제 발전을 통해 누구나 풍요를 누릴 수 있도

유교 윤리와 국가: 유교의 국가론과 통치 윤리

록, 또 인권 보장을 통해 누구나 자유를 만끽할 수 있도록 하자는 것이다. 그러나 맹자가 "배불리 먹고 따뜻하게 입으며 편안히 살되 가르침이 없다면 곧 금수에 가깝게 된다"고 했듯이, 자유와 풍요를 만끽하는 것만으로는 '사람다운 삶'이라고 말할 수 없다.

흔히 말하듯 '인권'이란 '인간이 존엄하기 때문에 누려야 하는 권리'요,[47] '인륜'이란 '인간이 존엄하기 위해 지켜야 하는 도리'다. 그렇다면 인륜적인 존재만이 인권을 누릴 자격이 있는 것이다. 그런데 오늘날에는 인권을 '무조건적 권리'로 절대화하고 숭배하는 경향이 있다. 이제 우리는 인권과 인륜의 상함성과 상보성을 분명히 인식하고, 양자를 함께 추구해나갈 필요가 있다.[48]

다섯째, 계천입극론繼天立極論과 '성숙한 자유'다. 계천입극이란 자연의 이법을 계승하여 인간의 규범체계를 정립한다는 뜻이다. 『주역』에서 '일음일양지위도一陰一陽之謂道'라 했듯이, 유교에서 말하는 자연의 이법이란 '일음일양', 즉 '음양의 대대對待와 순환循環'을 뜻한다. '음양의 대대'는 하나의 음과 하나의 양이 짝을 이루어 서로 교감하는 것인바, 음양이 짝을 이루어 교감하기 위해서는 음양의 조화와 균형이 필요하다. '음양의 순환'은 한 번은 음이 되고 한 번은 양이 되는 것인바, 상승 국면에서는 흥진비래興盡悲來를 예감하며 절제를 요구하고, 하강 국면에서는 고진감래苦盡甘來를 예감하며 희망을 요구한다. 이러한 맥락에서, 자연의 이법은 우리에게 조화와 균형, 절제와 희망이라는 삶의 자세를 권한다.

'멋대로 자유exousia'나 '추잡한 삶obscene life'이라는 말이 상징하듯이, 오늘날 자유주의 사회에서 자유는 종종 남용되고 있다.[49] 물론 자유주의가 무제한적인 자유를 표방하는 것은 아니다. 자유주의자들은 '나의 자유가 남에게 해를 끼쳐서는 안 된다'는 무해원칙과 '나는 남들과 공평하게 자유를 누려야 하며, 남들보다 더 많은 자유를 요구해서는 안 된다'는 공평원칙으로 자유를 제한한다. 그러나 이 두 원칙만으로는 '멋대로 자유'나 '추잡한 삶'의 여지를 남기게 된다. 이러한 현실에서, 자유주의자들이 설파한 '무해원칙과 공평원칙'에 자연의 이법으로부터 도출된 '조화와 균형, 절제와 희망'이라는 원칙을 가미한다면, 우리는 '보다 성숙한 자유'를 누릴 수 있을 것이다.

유교 윤리와 국가: 유교의 국가론과 통치 윤리

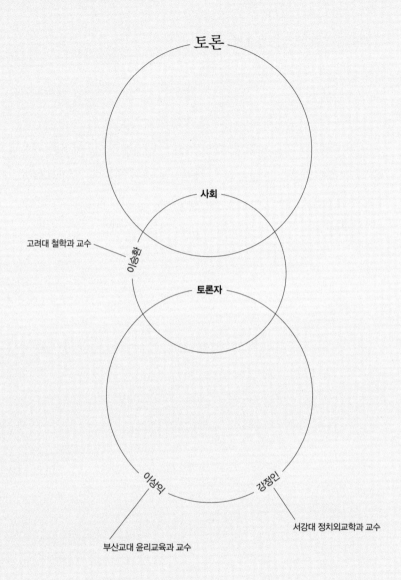

토론

사회

고려대 철학과 교수 ── 이승환

토론자

이상익 강정인

부산교대 윤리교육과 교수

서강대 정치외교학과 교수

강정인

서울대 법대 졸업 후 미국 캘리포니아주립대(UC 버클리)에서 정치학 박사학위를 받았다. 현재 서강대 정치외교학과 교수로 재직 중이다. 서강대 사회과학부 학장과 한국정치사상학회 회장을 역임했다. 지은 책으로는 『한국 현대 정치사상과 박정희』 『자유민주주의의 이념적 초상』 『민주주의의 이해』 『서구중심주의를 넘어서』 『넘나듦의 정치사상』 등이 있고, 옮긴 책으로는 마키아벨리의 『군주론』(공역) 『로마사 논고』(공역)와 셸던 월린의 『정치와 비전』 등이 있다.

이승환　'유교의 국가론과 통치 윤리'에 대한 이상익 교수님의 강의 재미있게 잘 들었습니다. 그러면 토론을 듣도록 하겠습니다. 오늘 토론자로 나온 분은 서강대학교 강정인 교수님입니다. 교수님 모시겠습니다.

강정인　시민을 대상으로 한 강연에 토론자로 참여하게 되었으니, 성격에 맞게 간략히 일반적인 질문도 드리고 학술적인 질문도 드리도록 하겠습니다. 개인적으로 이상익 교수님은 제가 동양 사상, 특히 유학儒學을 공부할 때 많은 도움을 준 분입니다. 유학과 관련된 글을 쓰거나 모르는 것이 있을 때 항상 자문을 구하는 분이기도 하고요. 나이가 들어서인지 어떤 때는 물어본 것을 또 물어보기도 하는데, 언제나 싫증 내지 않고 가르쳐주는 분이라 늘 고마움을 느끼고 있습니다. 그래서 이상익 교수님이 '당신 나한테 많이 배웠으니까 오늘은 보답을 좀 해봐라' 하는 뜻에서 저를 토론자로 부르신 것 같아요.

　저는 이상익 교수님의 글을 많이 읽었기 때문에 상당히 친숙한 편입니다만, 강연문 마지막 부분에서 이야기한 내용에 관해 먼저 질문을 하려고 합니다. 자유주의 정치의 실패를 이야기하면서 유교적인 위정자의 덕을 되살려야 한다고 했고, 자유주의 사회의 문제점으로 '멋대로 자유'와 '추잡한 삶'을 지적하면서 이것을 유교적 덕성으로 보완해야 한다고 했는데요. 저는 거꾸로 봤을 때—유학자들은 부정하겠지만—혈연, 지연, 학연, 심지어 종교연 같은 수없이 많은 연고로 인해 우리 사회가 부패와 타락의 길을 걷게 되었다고 봐도 무방하다고 생각합니다. 이에 대해 유학자들은 유학과의 직접적인 연관성을 부정하겠지만, 제가 보기에는 아직도 유학에 강하게 남아 있는 친친親親 개념이라든가 관존민비와 유사하다고 할 수 있는 존존尊尊 개념처럼 과거 유교의 남용에 해당하는 악습들이 아직도 사회 곳곳에 남아서 한국사회를 괴롭히고 있거든요. 이상익 교수님은 주로 자유주의의 현실적 폐해를 지적하면서 유교로 보완하라고 했지만, 유교적 폐해에 대해서는 어떤 식의 자유주의적인 시정이 필요한지 이야기하지 않았는데요. 이에 대해서 어떻게 생각하시는지 의견을 한번 들어보고 싶습니다.

저는 밖에서나 특히 선거 기간에는 직업을 숨기는 편입니다. '뭐 가르칩니까' 물으면 그냥 '서강대학교에 있습니다' 하고 확답을 피합니다. 그 이유는 정치학과에 있다고 하면 한국 정치의 온갖 폐해와 악습에 대해서, 그리고 선거를 둘러싼 수많은 혼란과 부조리에 대해서 끝도 없이 이야기가 나오기 때문이에요. 또 학생들에게 정치학을 가르친다고 하면 '도대체 한국 정치가 어떻게 된 거요, 당신이 제대로 가르치기는 한 거요?' 같은 대꾸가 나오니까 할 수 없이 '글쎄요, 가르치는 대로 잘 안 합니다' 하고 소극적으로 답변을 하게 됩니다. 하지만 한국 정치의 난맥상을 볼 때 정치학자로서 책임감을 느끼지 않는다고 하면 거짓말일 겁니다. 저 또한 분노와 냉소, 무력감을 상당히 많이 느끼는데요. 이상익 교수님도 유교적인 치자治者의 미덕이라든가 솔선수범론, 무편무당론無偏無黨論, 감응感應하는 정치에 대해서 자주 이야기를 하는데, 물론 요즘 세상이 거꾸로 됐으니까 그 말씀에 유효한 부분이 있습니다. 세상을 비판하는 잣대가 되고 또 우리가 추구해야 할 모델이 된다는 의미에서는 유교적 정치가 상당히 그럴듯하지

국가와 윤리

만, 조선시대 500년 동안 유교적 정치가 과연 잘 실현됐느냐 하는 부분은 생각해봐야겠죠.

어쨌든 수많은 사회 병폐의 근저에는 종교의 실패, 인문학의 실패, 사회과학의 실패가 자리하고 있다고 봅니다. 신문 지상에 올라오는 수많은 뉴스를 보면 가장 위험한 사회가 친친사회예요. 부자지간의 문제가 요즘 자주 나오고 있는데, 물론 내연관계까지 합치면 부부관계가 가장 큰 문제죠. 어쨌든 부자지간이나 부부간에 서로를 죽이거나 위해를 가하는 사건이 요즘 상당히 많이 일어나고 있는데요. 이런 걸 보면 인간 사고의 근간을 이루는 종교나 인문, 사회과학이 뭘하고 있나 하는 생각이 저절로 듭니다. 가령 해방 후에 기독교 인구가 급증해서 천당에 가시는 분이 많아졌는지는 몰라도 도덕적으로는 전혀 개선된 바가 없는 것 같고, 유교 실험 500년도 큰 실효를 못 거둔 것 같아요. 마찬가지로 어떤 사회과학적 처방에 의해 질서 정연하고 살 만한 사회가 구현되지도 못했죠. 이에 대해 저도 책임감을 느낍니다. 그래서 냉소적인 시민은 과거의 사상을 통해서 뭔가를 개선하자고 하면 '옛날에 들었던 이야기 아니냐, 공자 왈 맹자 왈 이랬을 때' 하면서 외면하는데요. 윤리학 강의를 하면서 어떤 느낌이 드는지요? 그럼에도 불구하고 유교의 이상적인 모습에 대해서 이야기하는 게 어떤 의미를 갖는지도 듣고 싶습니다. 유교를 단순히 옛것으로 취급하면서 큰 의미를 두지 않는 사람들에게 유교에서 그리는 이상이 어떤 면에서 도움이 될 수 있는지를 알려주시면 좋겠습니다.

다음으로 학술적인 측면에서 질문을 드리고 싶습니다. 이건 저와 이상익 교수님이 여러 차례 이야기를 나눴던 부분이기도 한데, 새로운 각도에서 질문을 해보겠습니다. 처음에 대동大同을 이야기하다가 「성현도통聖賢道統」에 나오는 율곡의 대동사회에 대해서 길게 묘사를 했는데요. 제가 전에 「성현도통」의 대동이 『예기禮記』「예운禮運」에 나온 대동과 같지 않다고 지적한 적이 있습니다. 제 생각에 「예운」에 나온 대동은 문명이 발전하기 전 내 것과 남의 것의 구분이 없는 상태를 가리키니까 원시적 대동이고, 「성현도통」에 나오는 대동은 시무時務 촌탁村度도 하고 개혁도 하고 오륜도 생기고 하니까 문명적 대동이 아닌가 싶거든요. 그래서 대동을 원시적 대동과 문명적 대동으로 구분하고 싶습니다. 그리고 원시적 대동에는 성리학적 색채가 없는데 율곡은 「성현도통」에서 천리天理라든가 인심人心이라든가 시무, 계천입극繼天立極 같은 성리학적인 용어들을 사용해가며 「예운」에 나오는 대동사회론을 각색했거든요. 율곡이 대동을 성리학적으로 각색한 것에 대해 조선시대 성리학자들이 인지하고 있었는지, 인지했다면 어떤 반응을 보였는지 궁금합니다. 또한 저도 오랫동안 이 문제에 대해 고민하고 있는데, 최근 새로운 생각에는 어떤 것이 있는지도 알고 싶습니다. 강연문을 보면 이 교수님이 이에 관한 내용을 번역하다가 '마침내 대동이 이루어졌다'라는 표현을 사용했는데, 제가 한자는 잘 모르지만 한문 원문에 종終 다음에 귀어대동歸於大同이라고 쓰여 있거든요. 여기서 귀歸를 어떻게 해석하느냐 하는 문제가 있긴 하지만, 율곡이 '대동으로 돌아갔다'라는 말을 쓴다는 것은—현대 철학처럼 명시적으로 논한 건 아니지만—원시적 대동과 성리학적 대동, 즉 문명적 대동을 구분했다는 뜻이 아닌가 싶습니다. 그럼에도 불구하고 생기는 모순은 「예운」에 나오는 원시적 대동이나 율곡이 묘사하는 성리학적 대동이 요순堯舜을 공유하고 있는데, 「예운」에 나오는 요순은 조금 원시적으로 보이고 『서경書經』에 묘사되는 요순은 문명사회다운 모습을 갖춘 것으로 보인다는 겁니다. 그래서 저한테는 이것이 참 고민스러운 부분인데, 이상익 교수님은 어떻게 생각하시는지 들어보고 싶어요.

그다음 공론에 대해서도 천명에서 혹은 민심에서의 공론을 이야기하는데요. 공론은 천리에 따르고 인심과 합하고 천하가 다 옳다고 여기는 이 세 가지 요소로 구성돼 있죠. 이게 철학자와 정치학자의 구분선이기도 하고요. 이 점에 대해서는 이상익 교수님처럼 철학을 하는 분한테만 책임을 묻기는 좀 그렇다고 생각합니다. 잘 알다시피 서양의 정치학 용어인 'public opinion'을 우리가 흔히 공론 또는 여론이라고 번역하는데, 개인적으로 이 번역이 적절한 건 아니라고 생각해요. 어쨌든 유학에서 나오는 공론과 서양에서 나오는 공론이 그 기원origin은 다르지만 기능적으로는 유사한, 그래서 상사기관相似器官에 해당하는 것 같아요. 따라서 공론에 대한 고민이 조금 더 필요한 것 아닌가 하는 생각이 듭니다. 공론을 천리, 인심 또는 천하지소동시자天下之所同是者(천하 사람들이 모두 옳게 여기는 것) 같은 것으로만 이해하기보다, 사회과학자와 같이 고민하면서 이해해야 되지 않나 싶습니다. '천리'가 조금 더 실질적인 이성이라면, '인심'은 사람의 마음이죠. 저는 이때의 인심은 '우리가 인심이 후하다, 인심이 메말랐다, 인심이 각박하다, 저쪽 동네는 인심이 각박하다, 이 동네는 인심이 후하다'와 같이 표현할 때 쓰이는 것이라고 생각합니다. 따라서 인심은 시대혹은 장소에 따라 바뀌는 것이기 때문에 문화적 요소라고 할 수 있습니다. 그리고 '천하지소동시자'는 다수결 또는 합의라고 보면 적절하

유교 윤리와 국가: 유교의 국가론과 통치 윤리

겠죠. 천리는 공론이 맞는가 틀린가를 판단하는 실질적 근거가 되고, 인심은 문화에 따라서 달라지는 거대한 흐름이며, 천하지소동시자는 당시의 어떤 합의라고 본다면, 우리가 이러한 세 가지 노력을 함께 기울여야 한다는 생각이 드는데요. 사실 서양의 사회과학 이론이라고 하는 것도 고전에서 어떤 개념을 끌어와서 그것을 작동시키기 위해서 만들어진 것들이 많은데, 그런 것에 대한 정치학자라든가 정치철학적인 노력이 필요하지 않은가 싶습니다.

그런데 이상익 교수님하고 저하고 약간 의견이 엇갈리는 것 중 하나가—밝혀도 되는지 모르겠지만—동성애에 관한 것입니다. 저는 유학이 동성애를 긍정해야 된다는 입장이고, 이상익 교수님은 조금 더 원리주의적인 입장에서 긍정하기 곤란하다는 입장인 것으로 압니다. 만약 이 문제를 공론 개념으로 풀어본다면 인심, 다수결, 천리의 측면에서 봐야 하는데요. 여기서 이상익 교수님에게 묻고 싶은 건 이 세 가지가 반드시 같이 가야 되는 것인지, 만약 같지 않다면 어떻게 해야 되느냐 하는 것입니다. 아까 대동 이야기를 했는데, 『서경』에서는 점괘와 왕의 뜻, 백성의 뜻, 관리의 뜻이 항상 일치하면 대동이라고 했습니다. 그리고 이것이 어긋나는 경우에 대한 처방이 나오죠. 저는 만약 백성이 합의하고 관리가 합의하면 왕의 뜻이 다르더라도 백성의 뜻으로 가는 것이 맞다고 봅니다. 그래서 상당히 흥미롭게 봤는데요. 천리와 인심 및 백성의 의견이 다를 경우, 가령 동성애에 대해서도 시대가 변해 인심이 변하고 다수의 백성이 동성애를 긍정해야 한다고 여긴다면 천리가 어떻게 할 수 있느냐 하는 문제를 생각해봐야 합니다. 이런 측면에서 천리라는 게 불변의 진리인 건지 아니면 어

국가와 윤리

떤 실질적 이성으로서 시대와 맥락에 따라서 달라져야 하는 것인지, 유학에서도 이를 깊이 생각해봐야 할 것 같습니다. 다시 말해 인심이 원하고 다수가 그걸 긍정해야 된다고 할 때, 그리고 그것이 사회에 특별한 악을 가져오지 않는다면 어떻게 할 것인가에 대한 고민을 해야 하는 것 아닌가 싶습니다. 순천이합인심順天理合人心, 천하지소동시자라는 식으로 고착된 생각을 반복하는 것보다는 이런 개념을 현대세계에 적용해가면서 민주화시키는 노력이 필요해 보입니다.

그다음에 솔선수범에 대해서 이야기하면서 『논어』의 '북극성'과 '남면南面하고 바르게 계셨다'는 표현을 통해 솔선수범을 주로 무위이치無爲而治로 연결시켰는데요. 마지막에 한국 정치인에게 요구하는 솔선수범을 언급할 때는 무위이치라는 표현이 적절하지 않은 것 같아요. 물론 몸을 바르게 하고 남면하고 북극성처럼 있는 것도 중요하죠. 하지만 솔선수범이라고 할 때 우리가 일반적으로 떠올리는 것은 무위보다는—무위이무불위無爲而無不爲란 말도 있어서 무위의 뜻이 굉장히 다의적이긴 합니다만—적극적으로 어떤 것을 행하는 작위, 즉 어떤 덕스러운 행동을 스스로 모범적으로 보여주는 것이죠. 이런 측면에서 이상익 교수님이 솔선수범을 거의 부작위에 가까운 '무언가를 하지 않고 얌전히 있는 것'이라고 해석한 것은 유교의 솔선수범을 너무 소극적으로 보는 게 아닌가 싶습니다. 잘 아시다시피, 다산茶山 같은 사람은 무위이치를 승인하기보다 우禹가 치수를 위해서 천하를 돌아다닌 일을 예로 들면서 왕이 자리를 지키는 것도 중요하지만 스스로 솔선수범을 하는 게 중요하다는 말을 했죠. 그래서 솔선수범이 무위이치로 흐른 것에 대해서는 제가 조금 아쉽게 생각합니다. 이 정도

유교 윤리와 국가: 유교의 국가론과 통치 윤리

로 질문을 마치고요, 나중에 기회가 있으면 또 다른 질문을 해보겠습니다.

이상익   유교가 자유주의, 자유민주주의의 폐단을 보완할 수 있다는 말은 많이 하면서 왜 전통 유교의 폐단을 자유민주주의가 보완할 수 있다고는 말하지 않느냐 이런 질문을 하셨어요. 제가 왜 그런 말을 하지 않았느냐 하면 지금 우리 사회의 정치라고 하는 건 기본적으로 자유민주주의 정치입니다. 그런데 우리가 말하는 유교는 과거의 제도예요. 제가 오늘날 한국 정치를 성찰하면서 유교의 폐단에 대해 언급하지 않은 건, 지금은 유교사회가 아니라고 보기 때문입니다. 강 교수님이 오늘날 우리가 유교 유산을 많이 갖고 있는데 그게 부정적인 유산인 듯하다, 이에 대해서 어떤 생각을 갖고 있느냐고 질문했습니다. 또 이런 말도 하셨죠. 지금 한국사회가 직면하고 있는 여러 폐해가 직접적으로 유교 이념의 소산이라고 할 수는 없지만 친친親親과 존존尊尊이 남용된 결과 엄청난 폐해가 범람하고 있다고요. 그리고 가장 큰 문제로 연고주의를 지적했습니다. 저는 유교의 폐해를 이야기할 때 연고주의를 예로 드는 것에는 큰 이론異論이 없다고 봅니다. 충분히 거론할 수 있고, 유교의 폐해라고 확실하게 말할 수 있는 부분이기도 하고요. 그런데 강 교수님이 '친친과 존존이 남용된 결과'라는 표현을 썼는데, 저는 이에 대해서는 약간 생각이 다릅니다. 유교에서 말하는 '친친'이라는 건 '친한 사람을 친하게 여긴다'는 겁니다. 이게 무슨 뜻이냐 하면 가족을 소중하게 여기라는 거예요. 요즘 부모와 자식 사이에 별의별 나쁜 일이 다 생기고 있죠. 부부간에도 마찬가지고요.

국가와 윤리

친친이라는 건 그런 나쁜 일이 벌어져서는 안 된다는 뜻입니다. 그다음 '존존'은 다른 말로 하면 존현尊賢이라고 해요. '현자賢者를 우대하라'는 뜻입니다. 저는 개인적으로 현자를 우대하는 건 좋은 일이라고 봅니다. 물론 연고주의의 관점에서 보면 친친의 폐단이 연고주의라는 생각이 틀린 건 아닙니다만, 다른 면에서 본다면 우리 사회는 친친도 안 되고 존존도 안 되고 있는 것 같아요. 요즘 출세한 사람들을 보면 현자나 능자能者가 아니라 연고주의랄까 패거리랄까 이런 데 능한 사람들이 출세하는 것 같아요. 그래서 많은 학자가 연고주의를 유교와 연관시킵니다. 그런데 저는 아니라고 봐요. 그건 유교 정신이 결코 아니라고 보는 거예요. 유교에서 인재를 등용할 때 늘 하는 말이 존현사능尊賢使能입니다. 이 말은 현자를 우대하고 실무 능력이 있는 사람을 등용해야 된다는 뜻입니다. 나하고 가까운 사람이니까 그한테 한 자리를 줘야 된다고 생각하면 망한다는 겁니다. 아까 주자의 글을 인용했는데 주자가 한결같이 하는 말이 세 가지입니다. 첫째는 사견私見, 사사로운 견해에 입각한 정치는 안 된다. 둘째는 사익을 추구하는 정치도 안 된다. 셋째는 사사로운 연고에 집착하는 정치도 안 된다. 이 세 가지를 모두 타파해야 공정한 정치를 실현할 수 있고 그래야만 백성이 복종한다고 합니다. 제가 눈이 조금 나쁘지만, 경전을 읽을 때는 늘 그런 글자만 보여요. 저는 경전에서 연고주의를 탈피하라는 말밖에 찾지 못했는데, 사람들은 연고주의가 유교의 폐단이라고 합니다. 그래서 그 부분에 대해서는 누구의 판단이 옳은지, 저도 이야기하기가 어렵습니다.

그리고 강정인 교수님이 이런 말을 하셨어요. '조선사와 유교에

유교 윤리와 국가: 유교의 국가론과 통치 윤리

비판적인 일반인들은 이미 500년 동안 충분히 실험했어도 조선 말에는 삼정의 문란, 세도 정치, 외척의 정치 개입 등 유교 정치의 폐해가 극에 달하지 않았느냐고 반문할 것이다.' 사실 그래요. 삼정의 문란, 세도 정치, 외척의 정치 개입이 조선시대 말기의 대표적인 병폐였는데, 그게 유교 정치의 폐해라고 말할 수 있지 않겠느냐는 거죠. 이에 대해서 저는 그 병폐는 당시 유교 지식인들이 저지른 과오라고 생각합니다. 그러니까 선비 혹은 유자儒者라며 유자 행색을 하는 사람들이 실제로는 사리사욕에 의한 정치를 한 것이거든요. 이에 대해서는 유교 정치의 폐해라고 말할 수 있다고 봅니다. 유교인 행세를 하는 사람이 그런 정치를 했으니까요. 그런데 제가 말씀드리고 싶은 건 그런 폐해는 유교인들만이 일으키는 게 아니란 사실이에요. 모든 국가가 망할 때는 꼭 그런 일이 벌어집니다. 따라서 폐해는 인간의 탐욕에서 빚어지는 것이지 유교 자체가 그런 탐욕을 조장하는 거라고는 생각하지 않습니다. 오히려 유교에서는 탐욕에서 벗어나라고 하는데 그렇지 못하는 사람이 많아요. 그러니까 유교의 탈을 쓰고 그런 정치를 하는 거다, 이렇게 봅니다.

아까 강정인 교수님이 조금 재미있는 말을 해주셨어요. 해방 이후 우리 사회에 기독교 인구가 엄청나게 늘어났는데 이 때문에 천당에 가는 사람들은 훨씬 많아졌을지 모르지만, 한국 정치가 나아진 게 뭐가 있느냐는 말이요. 언론에 따르면 한국에서 제일 큰 교회의 목사님들, 그 일가족 대부분이 형벌을 받고 있다고 하더군요. 그래서 이런 일이 벌어진 이유가 예수님의 가르침 탓이다 또는 기독교 교회의 탓이다 하고 말하고 싶다면, 할 수도 있다고 봐요. 그런데 저는 그들이 말로는 종교인이고 성직자이지만, 실제로는 예수님의 가르침이나 기독교의 취지를 배신한 사람들이라고 생각합니다. 그리고 유교도 같은 맥락이라고 봅니다. 이 사회에서 벌어지는 문제점이 유교의 폐해다, 기독교의 폐해다 그렇게 말하자면 할 수도 있겠죠. 하지만 조금 더 원리적인 관점에서 본다면 그건 유교의 가르침을 배반한 것이고 기독교의 가르침을 배반한 것이라고 생각합니다.

그다음 유교와 자유주의의 관계에 대해서 이야기하겠습니다. 저는 유교와 자유주의의 서로 다른 점들을 말하기도 하고, 상호 비판적인 관점을 견지하기도 하고, 다른 한편으로는 상호 보완적인 관점을 견지하기도 합니다. 물론 비판적인 관점을 바탕으로 해서 보완성을 추구해나가는 것이 바람직하지 않겠나 생각합니다. 그런데 아까도 말했듯이 현재 우리 사회는 자유민주주의를 근간으로 하고 있어요. 그래서 자유민주주의 정치의 실상을 우리가 나날이 경험하고 있는 겁니다. 좋게 보면, 통치 제도가 정비되고 민의가 반영될 수 있는 제도들이 갖춰져서 '한국이 민주국가다, 민주주의가 잘 정착되었다'고 말할 수 있겠습니다. 그런데 요즘에 '좋은 민주주의'와 '나쁜 민주주의'를 구분하는 글들이 자꾸 나오더라고요. 깜짝 놀랐어요. 민주주의라고 하면 무조건 좋은 건데 '나쁜 민주주의'라는 말도 나오는구나 하고요. 또 최장집 교수님이 잘 쓰시는 말인데, '민주화 이후의 민주주의' 같은 말도 등장했습니다. 이 말은 아마도 한국이 민주화됐는데 민주주의가 제대로 작동하지 않는다는 취지에서 나왔을 거예요. 외형상·제도상으로는 민주주의를 표방하고 있지만 우리가 기대했던 민주주의의 이점들이 제대로 실현되지 않고 있다는 비판적인 성찰들이 요즘

유교 윤리와 국가: 유교의 국가론과 통치 윤리

자꾸 눈에 띕니다. 저는 사실 이런 민주주의의 문제점을 유교가 보완할 수 있다는 말은 안 해도 된다고 봐요. 제가 조금 전에 주자의 공정성에 대한 인용문을 소개하면서 이런 말을 했어요. 문제점에 대한 지적, 즉 사견이라든지 사익이라든지 그런 걸 다 탈피하고 공정한 마음으로 정치를 운영해야만 제대로 된 정치를 할 수 있다는 주장은 꼭 유교만의 주장이 아니라 동서고금 모든 철학자의 한결같은 주장이라고요. 사실 모든 철학자가 다 그런 주장을 하거든요. 그런데 현실 정치에서는 그게 제대로 실현이 안 돼요. 저는 인간의 탐욕, 조금 더 구체적으로 말해서 정치인들의 탐욕이 야기하는 문제를 해결하는 열쇠는 결국 윤리의 차원에 있다고 봅니다. 그래서 개개의 국민, 개개의 정치인이 어떤 도덕적인 결단을 내려야 할 필요가 있다고 생각합니다. 의원 전원이 내가 국회의원이 돼서 대한민국의 국리민복을 위해 헌신하겠다는 자세를 가질 때 국회가 정상화되고 정치가 제대로 되는 것인데, 속으로는 다 엉뚱한 계산을 하고 있어요. 아까 말씀드린 대로 당리당략黨利黨略이라는 것에 집착하고 있죠. 또한 통계상으로 지난(2015년) 연말에 제19대 국회의원 가운데 자신의 사리사욕 때문에 형사 처분을 받아서 의원직을 상실한 사람이 22명이나 되더군요. 저는 이런 문제들은 민주주의 제도를 잘 정비하는 차원에서 해결될 문제가 아니라 개개 정치인이 내려야 할 윤리적 결단에 달린 문제라고 보고, 그래서 수기修己의 문제라고 생각합니다. 그런데 '이상익 교수님, 당신이 수기라는 얘기를 아무리 자주 해도 아무도 수기를 안 하지 않습니까?'라고 반문한다면 저도 할 말이 없어요. 하지만 역시 해결책은 그것밖에 없다는 생각입니다. 그러면 어떻게 그들이 윤리적인 결단을 내리도록 조금이라도 더 촉진할 수 있겠는가 하는 질문이 생깁니다. 이에 대해서 저는 이렇게 생각합니다. 아마 강 교수님은 '역시 철학자다운 얘기를 하는구나, 정치학자다운 얘기는 아니다' 하면서 실망할 것 같습니다만, 그 결단을 촉진하는 계기는 결국 깨달음입니다. 그래서 이러한 깨달음, 예컨대 유교에서 말하는 천리天理에 대한 깨달음이 필요합니다. 즉, 세상사는 개인의 욕심대로 되는 게 아니고 음과 양의 조화를 이뤄야만 되는 것이며, 그 조화를 통해서 감응이 이루어지고 만사가 형통하게 되는 것이라는 사실을 깨달아야 합니다. 혼자 욕심을 부린다고 되는 것이 아니라는 걸 진정으로 깨닫는다면 당리당략이나 파리파략派利派略이나 사리사욕 같은 데서 벗어날 수 있다고 봐요. 이런 맥락에서 저는 어쨌든 깨달음이 중요하다고 보고요.

또 유교와 자유주의에 관련해서 말씀드리고 싶은 것은, 아까 제가 '엑소우시아exousia', 그러니까 '멋대로 자유'와 '추잡한 삶' 이런 말들을 했는데요. 이게 오늘날의 자유주의 자체를 부정하는 건 아닙니다. 모두가 자유롭게 살 수 있다는 건 정말로 좋은 일이죠. 그런데 그 자유에 대해 자유주의자들이 설정한 제한선인 무해원칙과 공정원칙에 몇 개의 원칙을 조금 더 추가하자는 겁니다. 이를테면 '조화와 균형'이라는 원칙과 '절제와 희망'이라는 원칙 말이죠. 그러면 '멋대로 자유'나 '추잡한 삶'에 관한 문제가 훨씬 더 개선되지 않겠느냐, 저는 이런 생각을 하고 있습니다.

이승환   철학자라 해도 서로 다른 생각을 가질 수 있습니다. 기게스Gyges의 반지 이야기가 있는데요. 리디아라는 왕국에서 양 치던 목

유교 윤리와 국가: 유교의 국가론과 통치 윤리

동이 동굴에 들어가 거인의 시신에서 마법의 반지를 얻고는 그걸 껴서 투명인간이 되죠. 그러고는 왕이 사는 침실로 가서 왕비와 간통을 하고 결국 왕을 죽이고 왕국을 찬탈한다는 내용입니다. 이런 사리사욕과 부정부패로 가득 차 있는 사람에게 수기가 중요하다, 수신修身이 중요하다, 깨달음이 중요하다는 말을 한들 과연 그걸 실천할 수 있을지 궁금해집니다. 강정인 교수님, 사회과학자로서 이런 해법에 대해서 재차 반론할 것이 있으면 해주세요.

강정인　　제가 이야기했던 것은 단순히 유교만 비판한 게 아니고요. 기독교를 예로 들어서 종교도 실효성 있게 사회를 순화시키지 못하고, 유교도 500년 동안 순화시키지 못하고, 사회과학적 처방도 잘 듣지 않는 이런 상황에서 공부하는 사람으로서 냉소를 넘어 무력감을 느끼는데, 그런 무력감에 대한 이상익 교수님의 생각은 무엇인지가 제가 드린 더 일반적인 질문이었어요. 싸잡아서 유교를 치려는 게 아니고요. 종교도 안 듣고, 인문학을 많이 한다지만 유학이 인문학의 일종이라면 그것도 안 듣고, 사회과학도 안 듣는 이런 총체적 난맥상에 대해서 어떻게 생각하시느냐 하는 거였는데, 유교 책임론으로 받아들이신 것 같습니다. 그래서 역시 필요한 건 깨달음이다 이렇게 말씀하신 것 같네요. 그래서 저는 더 드릴 말씀이 없군요.

이승환　　아까 이상익 교수님이 강연에서 결국 정치인들은 주권자가 아니라 통치권에 대한 위탁 업무를 수행하는 사람들이라 했으니, 그 사람들한테 깨달음을 요구할 것도 없이 고용하는 고용주들이 깨달는 게 더 낫지 않을까 하는 생각이 개인적으로 들었습니다. 강정인 교수님 이야기에 대해서 혹시 부언할 것이 있습니까?

이상익　강 교수님이 방금 이런 말을 하셨어요. 철학으로도 안 되고, 종교로도 안 되고, 사회과학으로도 안 된다고요. 만약 무엇인가로 인해서 변화가 가능했다면 우리는 훨씬 더 좋은 세상에 살고 있겠죠. 사담입니다만, 제가 어릴 때는 얼른 어른이 되고 싶었어요. 어른이 되고 싶었던 데는 세 가지 이유가 있는데 하나만 말씀드릴게요. 저는 세월이 흐르면 이 사회가 굉장히 안정되고 평화로운 사회가 될 거고, 혼돈에서 벗어날 거라는 막연한 희망이 있었습니다. 그런데 그렇게 생각했던 때로부터 약 40~45년이 지났는데 하나도―하나도라고 하면 조금 어폐가 있겠습니다만―변한 게 없어요. 여전히 세상은 혼란하고 나아진 것도 그다지 없는 것 같습니다. 갈등도 여전하고요. 어쩌면 인류사회는 끊임없이 이런 혼란과 갈등을 겪어나가야 하는 것 같아요. 제가 어제 이런 책을 읽었습니다. 앨버트 놀런의 『그리스도교 이전의 예수』라는 책인데, 거기에 이런 이야기가 나옵니다. 이 세상을 근본적으로 변화시킬 수 있는 것은 '믿음'이라고요. 이 믿음이라는 게 뭐냐 하면 새로운 세계에 대한 비전을 가지고 그걸 이룰 수 있다고 하는 믿음뿐만 아니라, 나부터 변화하겠다고 하는 각오입니다. 저는 이것을 '수기에 대한 각오'라고 해석하고 있습니다. 그런데 애석하게도 철학, 종교, 사회과학을 막론하고 그 무엇으로도 세상의 문제가 깔끔하게 해결이 되지 않고 있죠. 그래서 저는 이 문제에 접근하기 위해서는 제도적인 접근법과 인격적인 접근법 양자가 병행되어야 한다고 생각합니다. 법가法家의 경우에는 제도적인 접근법에 치중했고, 오늘날 민주주의도 사실상 제도적인 접근에 치중해서 자꾸 법을 제정하고 개정하고 합니다. 그런데 별로 효과가 없지요. 그래서 제도에만 매달릴 수는 없다, 우리 스스로의 변화도 중요하다는 걸 강조하고 싶습니다.

그러고 보니, 아까 강 교수님이 질문한 것 중에 제가 답변을 못한 게 있네요. 공론公論에 대한 이야기인데요. 보통 공론을 정의할 때 천리天理에 따르고 또 인심人心에 부합하며 천하의 모든 사람이 다 함께 옳게 여기는 것이라고 하는데요. 강 교수님은 천리와 민심이 어긋날 때는 어디에 더 초점을 맞춰야 하는지 알려달라는 질문을 했습니다. 그런데 저는 애초에 이런 질문이 불필요하다고 봅니다. 왜냐하면 순천이합인심順天理合人心에서 인심이라는 건 우리 마음을 뜻합니다. 그다음 순천이에서 천리가 제시하는 내용은 조화와 균형, 절제와 희망이라고 생각합니다. 우리 마음속에는 여러 희망 사항도 있고, 바람도 있고, 욕심도 있습니다. 참 많은 것이 담겨 있죠. 그리고 그 마음 자체를 인심, 즉 사람의 마음이라고 할 수 있고, 따라서 민심이라고도 할 수 있습니다. 조금 전에 제가 천명天命론에서 민심民心론으로 전환이 되고 나서 민심에 대한 회의가 싹텄는데, 그 이유가 민심이 때때로 편파적이라는 걸 알게 된 탓이라고 했습니다. 이런 이유로 공론이라는 개념이 등장하게 됐다는 이야기를 했는데요. 여기서의 공론이라는 건 무엇인가 하면 인심, 즉 사람의 마음 가운데에서 천리와 부합하는 것을 가리킵니다. 따라서 저는 이 문제가 민심과 천리가 대립할 때 무엇에 초점을 맞출 것인가 하는 선택적 방식으로 접근할 사항이 전혀 아니라고 봅니다. 가령 수학에 벤다이어그램이라는 개념이 있잖아요. 저는 공론도 이것으로 설명할 수 있다고 보는데요. 천리에 포함되는 내용이 A 집합이고, 인심에 포함되는 내용이 B 집합이라면, A와 B 사이에 겹치는 부분이 있겠죠. 그걸 공론이라고 말할 수 있는 겁니다. 아까 우리 마음에 대해서 이야기하면서, 마음에는 양심도 있고 욕심도 있다고 했어요. 단순하게 말하면 양심은 인간의 도덕적 본성으로부터 우러난 마음이라고 할 수 있어요. 또 이기적 본능으로부터 우러난 마음을 욕심이라고 말할 수 있죠. 그러면 공론이라는 건 이렇게 설명할 수 있습니다. 내 마음이 양심의 상태일 수도 있고 욕심의 상태일 수도 있는데, 욕심이 발發한 상태는 천리에 어긋나는 겁니다. 그렇겠죠? 그런데 양심이 발한 건 천리와 부합하게 될 거예요. 바로 그 부분을 공론이라고 말하는 겁니다. 그러니까 인심과 천리가 어긋난다고 하는 건 기본 전제예요. 하지만 인심 가운데 천리와 부합되는 부분, 그 부분에서 공론이 형성되는 거다, 이런 이야기입니다. 그러니까 어디에 초점을 두느냐 하는 것은 문제로 다룰 만하지 않은 것 같습니다.

강 교수님은 또 천리는 시대 상황에 따라서 변하는 거냐 아니면 변하지 않는 고정불변의 것이냐, 그리고 시대 상황에 따라 천리에 대한 이해도 변해야 되는 것이 아니냐 질문하셨는데요. 천리는 변함없는 이치를 말합니다. 그러니까 조화와 균형이라든지 또 절제와 희망 같은 것은 변함없는 이치를 말하는 겁니다. 그다음에 동성애와 관련된 질문을 했는데요. 동성애 허용 문제와 관련해서 제 개인적인 의견은 이렇습니다. 우리 사회에서 이미 동성애는 관용의 대상이 됐어

유교 윤리와 국가: 유교의 국가론과 통치 윤리

요. 그래서 많은 동성애자가 커밍아웃을 하고 있습니다. 이에 대해 누구도 뭐라고 하지 않아요. 관용이 되었다는 증거죠. 그냥 그건 하나의 삶의 양식이라고 봅니다. 제가 21세기를 살아서 그런지는 모르겠지만요. 그런데 동성애의 발전, 즉 동성혼同性婚을 인정하는 문제는 또 약간 다른 차원이라고 생각합니다.

어느 국가에서든 남녀가 결합해서 가정을 이루고 아이를 낳아 기르는 것을 지원해줍니다. 모두가 알다시피, 그 이유는 혼인, 즉 결혼이 한 사회의 다음 세대를 낳아 길러 사회의 연속성을 지켜주는 아주 중요한 일을 수행하기 때문이에요. 그래서 가족 제도를 권장하고 뒷받침해주는 거죠. 그런데 동성혼은 다음 세대를 낳아서 기르는 일을 하지 못하죠. 그래서 저는 동성혼에 대해서는 수긍하기가 힘듭니다.

이승환　제가 딴지 거는 것 같아서 죄송한데요. 동성혼은 혼인이 아니라고 단언하는 게 혹시 논점 선취의 오류는 아닌지 궁금합니다. 동성혼을 주장하는 사람들은 동성혼을 법적인 결혼으로 인정해달라고 주장하는 것인데요. 그런데 이상익 교수님은 동성혼은 결혼이 아니라고 말씀하셨는데, 이에 대한 합당한 이유를 제시해주셔야 할 것 같습니다.

이상익　이미 제시했습니다. 이제까지 결혼이라고 하는 건 남녀의 결합을 의미했던 것이지 동성의 결합을 결혼이라고 하지 않았다고요.

이승환　그건 옛날 의미의 결혼이고요. 강정인 교수님의 이야기는 시대가 변했으니 천리도 변하고, 공론도 인심도 다수결도 변한다, 그러니 유교도 변해라 이런 말씀인데요. 이상익 교수님은 옛날에 이랬으니까 계속 옛날대로 가겠다, 이건 관성의 법칙이니까, 이렇게 대답한 것 같습니다.

이상익   옛날에 이랬으니까 지금도 그렇게 가야 된다는 뜻이 아닙니다. 저는 이렇게 생각합니다. 유교라고 하는 것은 크게 두 측면 또는 세 측면으로 말할 수 있는데요. 우리 사회에서 예컨대 관혼상제의 예법, 즉 의례로서의 유교는 이미 거의 생명력을 상실했어요. 그리고 저 또한 그걸 되살려야 한다고는 생각하지 않습니다. 제가 유교에 대해서 조금 애정이 있다고 한다면 그런 의례 부분이 아니라, 유교에서 말하는 세상의 이치라고 하는 부분에 있는 것입니다. 아까 언급했던 음양의 대대對待와 순환이라고 하는 것에 제가 충분히 공감하고 있고, 그런 설명이 타당하다고 받아들이고 있는 겁니다. 그러면 그런 것에 입각했을 때, 즉 천리라고 하는 걸 받아들였을 때 우리 삶의 모습이 어떠해야 되느냐에 대해서는 이렇게 말씀드릴 수 있습니다. 가령 옛날 책인『소학小學』에 나오는 것이 답이라고 말하는 게 아닙니다.『소학』을 읽어보면 때때로 저도 숨이 막혀요. '어떻게 이렇게 살 수가 있나, 이건 아니다' 하는 생각을 저도 합니다. 따라서 제가 말하고자 하는 것은 음양 대대론과 순환론이 제시하는 조화와 균형, 절제와 희망이라고 하는 것을 우리 윤리의 기본적인 주춧돌로 삼고, 그것에 어긋나지 않는 범위에서 오늘날 자유민주주의 시스템을 구축하고 또 자유와 풍요의 삶을 누리자는 겁니다. 이것이 제가 바라는 유교적 삶이에요.

    유교 윤리와 국가: 유교의 국가론과 통치 윤리

질문 1-1 한국사회의 윤리적 혼란의 원인을 무엇으로 보는지. 이 같은 현대사회에서 개인은 어떻게 삶의 방향을 잡을 수 있을지.

청중   오늘 강의 정말 잘 들었습니다. 저는 두 가지를 질문하고 싶습니다. 첫째로 다음 문제에 대한 원인을 좀 알고 싶은데요. 우리 사회에 '개판주의'와 '멋대로 자유주의'가 횡행하게 된 까닭은 무엇일까요? 그 원인이 과거 유교의 지배 이념을 포함해서 전쟁과 식민지 등을 겪은 역사적인 문제에 있는 걸까요, 아니면 불행하게도 우리가 잘못된 정치 지도자를 선출했거나 구태의연한 관료주의에 매몰된 탓일까요? 그것도 아니라면 우리 민족 자체에 그 원인이 있는 걸까요? 이에 대해 여쭤보고 싶습니다.

둘째는 저 개인을 위한 질문입니다. 굴원屈原이 한 말을 인용하겠습니다. '세상이 탁해 있고 제가 깨어 있는 건지, 제가 깨어 있고 세상이 탁한 건지.' 이걸 알면 앞으로 남은 시간 동안 잘못 사는 경우를 피해갈 수 있을 것 같습니다. 그래서 지극히 개인적인 질문을 드려보고 싶습니다. 학술적 해석보다는 조금 더 삶에 가까운 답변을 부탁드립니다.

이상익   첫째 질문은 우리 사회에서 '멋대로 자유'나 '추잡한 삶'이 횡행하는 원인이 무엇인지, 우리가 식민지라든지 전란 같은 걸 겪었기 때문인지 아니면 정치인들이 솔선수범을 못해서 그런 건지, 그 원인을 알고 싶다는 건데요. 저는 그 원인을 어느 하나로 특정하기는 어렵다고 봅니다. 그보다는 상호 영향을 받으면서 복합적으로 작용했다고 보는 게 맞겠죠. 말씀하신 대로 식민 통치의 유산이라든지 전쟁의 후유증 같은 측면도 있을 수 있고요. 또한 유교에서는 정치인을 군사君師라고 하는데, 통치자이면서 동시에 스승이 되어야 한다는 거죠. 우리나라 정치인들이 모범을 보여서 해방 후 70년을 이끌어왔더라면 문제가 이렇게 심각해지지는 않았을 텐데, 그렇지가 않죠. 그런데 이건 꼭 정치인들 탓만은 아니라고 봐요. 이 자리에 있는 선생님들이 다 교육계에 몸담은 분들인데, 학교 교육에 대해서도 얼마든지 비판의 포문을 열 수 있을 겁니다. 오늘날 학교 교육은 어떤가요? 작년인가 인성교육법 같은 걸 제정하자는 목소리가 교육계에서 흘러나왔죠. 저는 인성교육은 법으로 어떻게 할 수 있는 게 아니라고 봅니다만, 어쨌든 지금까지의 교육 현실을 생각해보면 지나치게 입시에 매달려 있어요. 그런데 입시에 매달린다는 건 다른 말로 대한민국의 삶이 치열한 경쟁에서 벗어나지 못하고 있다는 뜻이거든요. 그런데도 우리의 사고방식은 경쟁론에 고착되어 있어서 쉽게 바뀌지 않고 있습니다. 그래서 저는 이런 문제점에 대한 교육이 이루어져야 한다고 생각합니다. 그래서 정말로 글자 그대로의 참교육이 필요하다고 봅니다. 입시 합격률을 높이는 게 아니라, 먼저 사람을 사람답게 만드는 그런 진짜 교육에 우리가 힘을 써야 되는데 그렇지 못한 현실이 참 안쓰럽습니다. 어쨌든 또 한 가지 말씀드릴 수 있는 건 현재 사회문제의 책임은 우리 개개인에게도 있어요. 그래서 저는 이 세 가지 측면에 다 주목해야 된다고 보고요.

유교 윤리와 국가: 유교의 국가론과 통치 윤리

그다음에 굴원을 언급하시면서 이 세상이 탁한 것인지 아니면 나 자신이 혼탁한 것인지 모르겠다고 했는데, 이것도 판가름하기가 어렵습니다. 사실 이 세상이 참 혼탁합니다. 하지만 그럼에도 불구하고 때때로 맑은 정신을 가지고 자기를 성찰하면서 세상의 혼탁함에 휩쓸리지 않고, 기독교의 표현을 빌리자면 세상의 빛과 소금이 되는 삶을 사는 분들도 있어요. 그러니 이런 분들을 찾아서 서로 마음으로 교류하면서 살면 조금 덜 외롭지 않을까 그런 생각이 듭니다.

질문 1-2 한국사회 병폐의 원인은 역사적 유산의 문제인지, 현대 리더십의 문제인지.

청중　　위의 첫 번째 질문과 이어지는 것인데요. 우리가 지금의 병폐를 교육으로 극복한다거나, 마음을 조금 더 맑게 가져 해결한다는 게 하나의 대안이 될 수도 있겠지만, 제가 지금 혼란을 느끼고 있는 건, 이 문제의 원인이 역사적인 유산에 있느냐, 역대 지도자나 관료들의 리더십 부족에 있는 것이냐 하는 부분이거든요. 이에 대해 설명을 듣고 싶습니다.

이상익　　저는 근대화의 문제라고 봅니다. 그러니까 근대에 일어난 어떤 특정한 역사적 사건이나 몇몇 인물들, 즉 정치인들의 문제가 아니고 근대성 자체의 문제라고 봅니다. 여기서 잠깐 플라톤의 인성론을 말씀드리자면, 플라톤은 인간의 영혼이 세 가지 요소로 구성돼 있다고 했어요. 제일 밑에 가장 큰 영역을 차지하는 것이 욕구라 했습니다. 그다음에 중간 영역을 차지하는 것을 기개라 했고, 제일 상층부에 위치하고 크기가 가장 작은 것이 이성이라고 했습니다. 플라톤은 제일 위에 있는 이성이 중간층에 있는 기개의 도움을 받아 욕구를 통제해야 되고, 그래야만 올바른 사람이 될 수 있다고 했어요. 정리하자면, 이성이 주인이고 욕구는 이성의 통제에 따라야 된다는 게 플라톤의 주장이었습니다. 그리고 이런 주장은 아리스토텔레스나 아우구스티누스 등으로 이어지면서 중세 1000년 동안 견지된 가치관이었습니다. 그런데 르네상스 이후 근대가 등장하면서 이성과 욕구의 관계가 뒤집힙니다. 그래서 근대 철학자들, 가령 흄은 이런 말을 했습니다. '이성은 정념의 노예다.' 더 길게 인용하면 '이성은 정념의 노예요, 오직 노예여야만 한다. 이성은 정념을 위해 시중들며 복종하는 것 외에는 다른 어떠한 직분도 절대로 가질 수 없다.' 유명한 말이죠. 여기서 정념은 욕구를 다른 말로 표현한 것이라고 볼 수 있어요. 고전 철학자들은 이성과 욕구의 관계에 있어서 이성이 주인이고 욕구는 이성의 통제에 따라야 된다고 봤습니다. 하지만 근대 철학자들은 욕구가 주인이라고 말했습니다. 그리고 이성은 정념을 위해서 복무하는 노예라고 했습니다. 흄이 그렇게 말했어요. 그런데 이건 흄이 처음 말한 게 아니에요. 홉스가 먼저 그런 취지로 이야기했습니다. 그런데 이건 또 홉스가 처음 그렇게 말한 게 아닙니다. 르네상스 시대부터 그런 가치관의 역전, 가치관의 변화가 시작되었던 겁니다. 가령 에라스뮈스가 쓴 『우신예찬』이라는 책을 보면 이런 내용이 나와요. 음부를 가리키는 샅이나 사타구니가 '성지聖地'라고 합니다. 다시 말해 신성한 곳이라는 뜻입니다. 그리고 거기에서 기인하는 쾌락이 없다면 우리가 무슨 재미로 사느냐, 이런 말도 합니다. 그런데 그 이전에는—물론 성욕을 금하라고 했던 것은 아닙니다만—그런 쾌락을 절제하라고 했는데, 근대에 와서 에라스뮈스는 성적 쾌락을 예찬하고 있죠. 이는 가치관의 변화를 방증합니다.

그래서 저는 이것이 다 같은 맥락이라고 봅니다. 사회철학 분야에서 '이성의 도구화'나 '도구적 이성' 같은 표현을 많이 쓰잖아요. 근대에 들어서 정말로 이성은 도구의 지위로 전락하고 정념 또는 욕구가 주인의 자리에 앉았죠. 그러니까 이런 맥락에서는 우리가 무언가를 원하는 것은 원한다는 그 자체로 정당한 것입니다. 따라서 이성이 해야 할 일은 이런 욕구에 대해 시비 판단을 하는 것이 아니라, 어떻게 하면 우리가 원하는 걸 이룰 수 있는지 그 방법을 알려주는 것이 되겠죠. 저는 이러한 사고방식의 전환 자체가 근대사회를 혼탁하게 만드는 것이라고 생각합니다. 우리가 근대성이니 전근대성이니 이런 말을 많이 하는데, 근대성에 있어서 이런 점들이 참으로 문제라고 생각하고 또 안타깝습니다.

박명림　　　오늘 이상익 교수님과 강정인 선생님의 말씀을 들으면서 많이 배웠습니다. 그런데 좀 당혹스러운 부분이 있었어요. 유교의 가르침은 이러이러했고, 이것은 옳은 것이다, 문제는 정치인들이 이것을 제대로 따르지 않는 것이다, 그리고 현실이 문제다 이런 맥락으로 이 교수님이 이야기해주셨는데요. 이에 대해서 약간 다른 질문을 해볼 수 있을 것 같습니다. 경전이나 문면文面 속의 유교보다는 역사 속

　　　　　　　　　　　　　　　　　　국가와 윤리

의 유교, 관념이나 사유 체계 속의 유교보다는 현실 속의 유교, 즉 유교의 실제 역할과 기능에 대해 논의해봐야 하지 않을까 싶은데요. 그래서 첫 번째로 비교 윤리학이나 비교 종교학과 관련된 질문하고 싶습니다. 하나는 막스 베버가 많이 이야기하는 것입니다만, 프로테스탄티즘은 세속주의와의 아주 강한 긴장관계에 있기 때문에—우리로 치면 대대관계와 같은 건데 이따가 대대관계를 여쭤보겠습니다만—양쪽이 서로 긴장된 발전을 할 수 있었는데, 유교는 이미 그것이 세속 통치 이념 중 하나이고 강한 권력관계에 들어가 있으므로 정치와의 긴장관계가 부재하고 공자의 말씀이나 유교 경전을 놓고 해석 경쟁이 정치적 권력 투쟁으로 같이 맞물려 돌아가는 데서 오는 문제가 있다고 보이는데, 이것을 어떻게 봐야 되는 것인지 여쭙고요. 그런데 교수님은 이것을 분리하시지만, 현실적으로는 분리가 잘 안 되는 것 같거든요. 전 개인적으로 루쉰魯迅을 되게 좋아하는데요. 루쉰은 유교에서 자주 인의도덕과 인의예지를 이야기하는데 그 글자 글자 사이에 빠진 글자가 있다고 했습니다. 바로 흘인吃人이라는 것인데요. 사람을 잡아먹다는 뜻입니다. 루쉰은 이게 빠져 있지만, 사실 '유교 4000년 역사는 식인의 역사다'라고 언급하면서 『광인일기』 같은 책에서 굉장히 강하게 유교를 비판하고 있습니다. 그다음에 이 교수님이 '요순堯舜시대로 다 돌아가자'고 하시면서 그때가 좋았다, 오히려 동물과 인간이 같이 살던 때가 좋았다고 하시는데요. 이와 비슷하게 지금은 나쁘고 요순시대가 좋았다고 말하는 유교학자가 많습니다. 그런데 이게 과연 옳은 태도인가 하는 비판이 수천 년 역사의 중국 철학을 이야기하면서 자주 등장합니다. 유교에서 근대성 자체에 대한 비판이나 인간을 분리해낸다면, 유교는 과연 무엇이었느냐 하는 문제가 남는데, 이건 상당히 심각한 문제거든요. 올바로 가르쳤는데 군왕들이 잘못했다, 인간들이 잘못했다 그러면 중국 동양사 전체에서 유교를 배제해야 하는데, 이것이 과연 제대로 설명 가능한 일인지 모르겠습니다.

그다음 두 번째 질문은 공론과 관계된 것인데요. 저는 공론과 관계된 책도 굉장히 열심히 읽었는데, 읽으면서 들었던 의문이 중국에 과연 공론이 있었는가 하는 것입니다. 유교에 공평할 공公과 관공官公의 공公 자는 있었지만 함께 공共 자가 없어서 공공公共성, 즉 publicus, publicness는 없고 officialness, 즉 관공官公성만 있지 않았는가 하는 게 제가 경전을 볼 때마다 실제 드는 생각입니다. 저는 이것이 상당히 심각한 문제로 보이는데요. 그래서 동양사회를 설명할 때 가산국가론家産國家論이 나온 배경에, 국가건 공공재건 공공 재물이건 관공이건 다 그냥 군왕 개인 것이라든가 가산으로 생각해서 공공과 사사가 분리되지 않은 가산주의의 전통이 있는데, 이것도 마찬가지 문제로 보입니다. 그러면서 실제로 가업, 가내 공업 같은 건 없단 말이에요. 그래서 아까 이 교수님이 친친도 언급했지만, 저는 공공과 사사를 분리하지 못해서 많은 문제가 발생하지 않았나 싶고요. 이건 우리가 깊이 논의해봐야 할 문제인 것 같습니다.

주희朱熹를 보면서, 저는 주희가 허론虛論이라고 생각하게 되었는데요. 이 교수님께서 삼사三司를 말씀하셨는데, 이때의 경제사를 공부해보면 이미 송宋대에는 정치와 경제가 분리되어 있었고 국가와 상업이 분리돼서 충성만 바치면 부패해도 그냥 두고 그랬습니다. 그런데 주희는 여전히 삼사를 얘기하고 있어요. 송대에는 상업이 폭발적으

국가와 윤리

로 발전해서 유럽을 뛰어넘었다는 연구 결과까지 나오고 있는데요. 문제는 겉으로 군신관계나 충성에 대한 성의를 보이고 반란만 일으키지 않으면, 아무리 마음대로 세금을 징수하더라도 조금만 떼서 위에 바치면 모든 것이 용인됐다는 거죠. 그래서 심도 깊은 연구들을 살펴보면 주희 철학은 이미 송대의 현실과는 너무나 동떨어져 있었고, 이미 공사公私 및 정치와 경제, 국가와 상업이 분리된 상태였는데 주희는 계속 삼사 이야기만 하고 있다는 거죠. 실제로 당시 지방 공리들이 하는 일을 보면 국가와 상업을 분리해서, 상업은 상업대로 쭉 발전시키고 이랬는데 말이죠. 그래서 주희가 실론實論이었느냐, 즉 실제 현실을 반영한 이론이었는지에 대해서 한번 여쭤보고 싶고요.

마지막으로 이상익 교수님에게 드리고 싶은 질문은 오늘날의 문제와 관련된 것입니다. 저는 매 학기 중국에 가서 푸단復旦 대학이나 지린吉林 대학에서 강의를 합니다. 그래서 중국의 큰 대학들이 한국에 공자학원을 하나 세울 테니 맡아달라는 부탁을 자주 받는데, 이런 부탁을 받을 때마다 이런 생각이 듭니다. 루쉰도 그렇고 마오쩌둥도 '공자가 다시 살아나면 중국은 망한다'고 한두 번 말한 게 아니거든요. 타도공가점打倒孔家店부터 해서, 마오쩌둥은 '공자가 살아나면 중국이 망하니까 반드시 명심해라'라는 말을 여러 차례 했는데요. 그런데 지금 중국이 공자의 부활을 노리는 것 같습니다. 건국 이래 처음으로 시진핑이 공자 탄신일에 열린 대규모 기념행사에 직접 참석하기도 했죠. 그리고 공자학원 등을 건립하면서 유교 부흥을 꾀하는 것 같습니다. 이게 지금 중국의 가장 중요한 산업이 되다시피 했고요. 중국이 공자의 부활, 유교 부흥, 유교 드라이브 등을 통해 민족주의화 혹은

유교 윤리와 국가: 유교의 국가론과 통치 윤리

국수주의화를 꾀하는 것 같은데, 앞으로 중국의 공사公私관계에 대해서 어떻게 생각하시는지 여쭤보고 싶습니다. 질문이 허황되고 길어서 죄송합니다.

이상익　질문이 긴 것보다도 굉장히 심오한 질문이라 제가 제대로 답변을 할 수 있으려나 모르겠어요. 첫째는 저는 유교 경전에만 천착하고 있는데, 역사 속의 유교 그리고 현실 속의 유교를 봐야 한다는 말씀을 해주셨죠. 그게 제 한계인 것 같아요. 박 교수님은 현실적인 정치학을 하시니까 그 부분에 더 많은 관심을 갖는 것 같고, 그 점은 저하고 교수님하고 협업하면 될 것 같아요. 저는 주로 경전을 보지 역사를 보는 입장이 아니고, 유교가 뭘 가르쳤나 하는 걸 보지 실제로 역사 속에서 유교가 어떻게 작동했나 하는 데는 그저 부차적인 관심을 둘 뿐이거든요. 그래서 거기에 대해서는 제가 유익한 말을 할 수가 없을 것 같아요. 다만 아까 청중이 발표자가 유교 책임론을 부정하는 것 아니냐 하는 취지의 말을 하셨죠. 저는 부정한 건 아니라고 생각하는데, 그렇게 말하는 것을 보니 제 이야기의 뜻을 조금 오해하지 않으셨나 싶습니다. 그래서 다시 이야기하자면, 유교사회에서 발생했던 병폐는 유교 지식인들이 범한 과오이기 때문에 유교의 책임이라면 책임입니다. 하지만 유교 지식인들의 그런 행태는 분명히 유교의 가르침과 어긋나는 것입니다. 저는 이걸 이야기하고자 했습니다.

　그다음에 박 교수님이 공론公論이 허구 같다는 말씀을 하시면서 가산국가론을 언급하셨는데요. 더불어 유교에 함께 공共 자가 없었기 때문에 유교 국가가 가산국가로 기울지 않았느냐는 말도 하셨습니다. 그다음에 정치와 경제가 분리돼서 송대에 상업이 굉장히 발달했다는 이야기도 하셨어요. 송대에 정치와 경제가 분리돼서 상업이 발달했다면, 교수님이 말씀하시는 가산국가론에 그 내용이 포함되는 것인가요? 제 생각에는 만약에 가산국가였다면 정치와 분리돼서 경제 영역에서 상업이 발달했다는 건 오히려 안 맞는 이야기가 아닌가 하는 생각이 듭니다. 어쨌든 이에 대해서는 학자마다 시각이 달라서 뭐라 말씀드리기가 어려워요. 다만 저는 이런 말을 하고 싶어요. 제가 볼 때 주자의 초점은 여기에 있었습니다. 주자는 당대의 문제와 씨름했는데, 그가 인식한 당대의 문제는 또 역사 문제이기도 했습니다. 이걸 두 가지로 정리할 수 있겠는데요. 첫째는 당시에 남송南宋이 금金나라의 압박을 받고 있었다는 것입니다. 이미 북쪽 영토는 빼앗긴 상태였죠. 그래서 어떻게 빼앗긴 북쪽 영토를 되찾고 복수설치復讎雪恥, 즉 복수하고 치욕을 갚을 것인가에 대한 고민이 있었고요. 둘째는 아까 선진先秦 유학이라 그랬는데, 하夏·은殷·주周 3대의 이상 정치가 실현된 시대로부터 주자가 사는 12세기까지 약 1500년 동안 제대로 된 정치가 없었다는 문제를 고민했습니다. 그래서 그 세월이 암흑이라고 말하는 겁니다. 그러면 왜 그 세월이 암흑이었느냐 하는 의문이 생기겠죠. 그 기간은 예컨대 한나라가 있었고 당나라가 있었습니다. 한漢무제武帝 시대라든지 당唐 태종太宗 시대처럼 매우 부국강병해서 중국이 아주 잘나가던 시대였는데, 주자는 한 무제나 당 태종 같은 사람을 아주 하찮은 군주로 봤습니다. 저는 이념적인 관점에서 이것이 우리에게 굉장히 중요한 시사점을 던져준다고 봅니다. 그러니까 주자가 부국강병을 이룬 군주들, 패자霸者가 된 군주들을 아주 하찮게 본 이

유교 윤리와 국가: 유교의 국가론과 통치 윤리

유는, 그들의 패권 실현이라는 게 국민의 삶에 과연 얼마나 도움이 됐느냐, 개인적인 야욕을 실현한 것에 불과하지 않느냐 하는 관점을 갖고 있었기 때문입니다. 어쨌든 정치가 그런 패권 추구에서 벗어나서 맹자의 말처럼 왕도王道와 인정仁政이 되게 하는 길은 무엇인가, 주자는 이 점을 고민한 거고요. 주자 당대로 돌아와서는 어떻게 하면 치욕을 갚고 북방의 영토를 되찾을 수 있을까를 고민한 건데요. 저는 주자의 해결책이 당대에 대한 반성에서 나온 것이기도 하지만, 조금 더 근원적으로는 역사에 대한 반성에서 나온 것이 아닌가 하는 생각을 하고 있습니다. 시간 관계상 자세한 이야기를 하기는 어렵겠네요.

세 번째로는 공자학원을 필두로, 요즘 중국에서 일어나고 있는 공자의 부활 움직임과 관련된 문제를 언급했는데요. 저도 유교인이지만 오늘날 중국에서 공자가 부활하는 것이 조금도 반갑지가 않아요. 왜냐하면 공자라고 하는 인물을 오로지 정치적인 맥락에서 이용하려는 게 보이거든요. 그러니 어떤 때는 타도하다가 어떤 때는 또 부활시켰다가 하는 거겠죠. 중국 지도부는 오로지 자기들의 정치적인 목적에 따라서 공자를 이용할 뿐, 정말로 공자의 가르침이 무엇인지를 탐구하고 실천하려는 뜻은 요만큼도 없어 보입니다. 중국이 덩샤오핑 이후로 약 30년 동안 경제적으로 굉장히 부흥했는데, 부흥하자마자 자기들 말로 대국으로 굴기해서—흔히 중국몽中國夢이라고 합니다—꿈을 실현하겠다고 하는 것, 이것은 제가 볼 때 패권의 실현에 목적을 둔 것일 뿐입니다. 그다음 몇 년 전에 동북공정東北工程이라고 해서—이것은 사실 지금까지도 문제가 되고 있습니다만—주변국에 대한 역사 침탈 같은 일을 벌이려는 뜻을 드러낸 적도 있죠. 또 지

국가와 윤리

금 남중국해를 놓고도 다툼을 계속하고 있는데요. 이런 중국의 행태들을 보면 한편으로는 걱정되기도 하고 한편으로는 가소롭기도 합니다. 힘이 조금 생겼다고 대뜸 하는 짓이 이렇게 천박한데, 저는 그게 참 걱정되기도 하고 안타깝기도 합니다.

제가 예전에 이런 내용의 칼럼을 쓴 적이 있어요. '저 이상익은 친중파'라고요. 한 5~6년 전에 쓴 칼럼입니다. 그런데 제가 친중파라고 한 건 다른 의미가 아니고 유학을 공부하는 사람으로서 공자와 맹자의 나라에 대해 기본적인 친근감 내지 선호가 있다는 뜻입니다. 그런데 중국이 근래에 하는 짓을 보면, '짓'이라는 다소 저속한 표현을 써서 죄송합니다만 지금은 적합한 말이 떠오르지 않네요. 아무튼 요즘 중국이 하는 짓을 보면 우리를 너무 실망시켜요. 실망시킨다고 하는 건 패권이라는 차원에서 요만큼도 벗어나지 못하고 있다는 겁니다. 중국이 경제적으로 성장하면서 도덕적인 모범이랄까, 아니 조금 더 신사적이고 합리적인 방법으로 자기주장을 한다면 주변 국가들도 '저건 합리적인 자기주장이니 충분히 할 만한 말이다' 생각하고 수긍할 것입니다. 거기에 덧붙여서 모범적인 리더십을 보여주기까지 한다면 주변 국가들은 저절로 중국을 좋아하게 될 거고, 중국의 리더십에 편입하게 될 겁니다. 그런데 그걸 하지 못하고 있어요. 저는 그게 참 안타깝고, 현재 중국 지도자들의 한계라고 봅니다.

김우창　아까 박명림 선생님이 공공公共이라는 말을 하셨는데, 제가 이와 관련해서 농담 하나 하겠습니다. 언젠가 일본 사람, 중국 사람, 서양 사람이 중국에 대해서 발표하는 회의에 참석한 일이 있는데

유교 윤리와 국가: 유교의 국가론과 통치 윤리

요. 거기서 그 공공이라는 '공公' 자를 놓고 말이 오갔어요. 먼저 일본 사람의 주장은, 일본에서는 '공公'이라 하면 천황을 가리킨대요. 천황가는 공가公家인 거죠. 그리고 중국에서는 '공公'이라 하면 그야말로 공공성을 이야기한다고 해요. 일본에서는 천황가가 공이라고 붙은 것을 다 차지하고 있기 때문에 천황가 또는 공적인 재산에 대한 침탈이 없었는데, 중국에서는 이게 다 공공 재산이라고 해놓으니까 거기서 서로 싸움이 붙어서 부패가 많았다, 이런 발표가 있었어요. 이것도 꽤 맞는 이야기 같아요. 그래서 저는 전후관계에 따라서 공공성도 여러 가지로 바뀔 수 있다, 이런 생각이 듭니다. 그래서 '공공' 하면 모든 사람이 같이하는 것이라고 보통 생각하는데, 일본에서는 천황이 가지고 있는 게 공公이기 때문에 오히려 공공성이 지켜졌다, 이런 이상한 이야기가 되는 거죠.

그다음에 한두 가지 이야기만 더 보태겠습니다. 먼저 조선조가 부패했고 오늘날 우리 사회도 혼란스럽고 살기 어려운 사회다, 이런 이야기가 계속 나왔는데, 이것은 맞는 말이긴 하지만 기준을 어디에 두느냐에 따라 달리 볼 수도 있는 문제인 것 같아요. 다소 높은 기준으로 보면 우리나라가 지금 서민이 살기 어려운 나쁜 사회이지만, 낮은 기준으로 보면 그래도 살 만한 나라라고 생각하는 사람도 꽤 있는 것 같거든요. 그러니까 저는 이것이 기준의 문제이고 높은 기준의 이상향만 생각하면 사회 평가를 객관적으로 하기 어렵다, 이런 생각이 듭니다.

그다음에 이런 사회에서 학자들이 무엇을 해야 되느냐 하는 문제를 이야기해보겠습니다. 철학자는 강연 등을 자주 열어서 대중을 깨

국가와 윤리

우쳐야 할 것입니다. 하지만 지금 우리한테 필요한 건 사실 법가만으로도 안 되고 유가만으로도 안 되는 세상이기 때문에 법을 조금 더 엄격히 해서 투명도를 높여야 된다고 생각합니다. 아까 계몽주의 이후에 모든 게 잘못됐다고 말했는데 그것도 사실이죠. 이성의 도구화 같은 말도 그런 데서 나온 것이고요. 여러 이론이 있지만 지금 제일 잘사는 선진국이라는 곳은 부패가 많은 곳이 아니거든요. 스칸디나비아라든지 영국이라든지 미국도 부패한 나라라고 하기는 어려워요. 물론 다른 면에서는 부패가 있겠지만, 관리가 부패했다고 하기는 어렵습니다. 그러니까 지금 필요한 것은 유학적인 배경이든 법가적인 배경이든 간에, 우리 사회의 투명도를 높이고 부패를 없애는 일일 거예요. 그게 철학자, 정치학자, 정치가 모두가 노력해서 풀어야 하는 문제 중 하나인 것 같습니다.

또 교육도 좋아져야 하는데요. 아까 경쟁 이야기를 많이 했는데, 경쟁해서 출세하고 돈 벌고 하는 것만이 아니라―물론 그것도 사람 욕망의 일부니까 억제하는 것도 문제가 있겠지만―사람이 사람답게 살기 위해서는 도덕이나 윤리를 존중하면서 살아야 된다고 교육할 필요가 있을 것 같아요. 저는 유학에 대해서 잘 모르지만, 유학을 보면서 느끼는 건 윤리나 도덕을 지키는 것이 자기 삶을 행복하게 하는 일이라는 가르침은 좀 적은 것 같아요. 이건 좋은 일이다 혹은 이게 의로운 일이다 같은 이야기가 주를 이루죠. 그래서 의로운 이야기뿐만 아니라 개인이 인간으로서 행복하게 살기 위해서는 이런 도덕률을 지켜야 한다와 같은 가르침을 유교에서도 좀 보탰으면 좋겠다는 생각이 듭니다. 자기를 실현하는 삶이 무엇인지를 가르치면서, 자기실현의 가장 중요한 부분이 도덕적·윤리적 규범에 따라 사는 것이라는 걸 가르쳤으면 좋겠다는 생각이 듭니다.

이승환　　김우창 교수님 말씀은 지금 당장 답을 해주길 원하는 건 아닌 것 같습니다. 김 교수님께서 공公 개념과 관련해 일본과 중국의 차이를 말씀해주셨는데요. 여기에 제가 사족을 조금 보태겠습니다. 아마 박명림 교수님 질문과도 관련되는 이야기일 것 같은데요. 우리가 사용하는 공公 자는 단순 개념simple idea이 아니라 복합 개념complex idea입니다. 그래서 제가 파악하기로는 공公 자에 최소한 세 가지 의미의 층차가 있습니다. 첫 번째는 아까 김우창 교수님이 일본 사람의 해석을 예로 든 것처럼 정치적 지배 영역을 의미하는 공의 개념입니다. 그러니까 우리가 공실公室할 때 공公 자를 쓰고, 천황가는 공가公家, 군주의 아들은 공자公子, 나라의 일은 공사公事로 쓰는 것처럼 정치적 지배 영역을 뜻하는 공이 있습니다. 두 번째는 공평성 및 공정성처럼 보편적 윤리 원칙을 의미하는 공의 개념입니다. 세 번째로는 다수, 더불어, 함께를 의미하는 공이 있습니다. 박명림 교수님이 지적하신 것처럼 다수가 함께 어떤 일을 하는 의미에서의 공은 동양에서는 비교적 늦게 나타났습니다. 민주주의가 늦게 발달했으니까요. 우리가 일상 언어를 사용할 때 이 세 가지를 섞어서 사용하기 때문에 교통정리가 잘 안 돼 혼란스러울 때가 많습니다.

　　공선사후公先私後, 즉 공을 앞세우고 사를 뒤로한다는 말은 첫 번째 개념에 가까운 말입니다. 정치적 지배 영역으로서 공을 존중하고 복종하라는 뜻이니까요. 공선사후라는 네 글자는 일제 강점기부터 군사독재 시절까지 모든 파출소에 액자로 걸려 있었습니다. 따라서 이 개념은 국가 중심주의와 밀접한 관련이 있다고 볼 수 있습니다. 한편 두 번째 의미에 해당하는 대공무사大公無私라는 사자성어는 공정무사하게, 공평하게 마음을 쓰라는 뜻으로서 보편적 윤리 원칙과 관련이 있습니다. 세 번째로 청淸 말 민국民國 초에 캉유웨이가 천하위공天下爲公을 내세웠는데요. 이 말은 천하는 모두의 것으로서 한 사인의 것이 아니라는 뜻입니다. 그래서 더불어, 함께, 모두의, 나아가서는 다수를 의미한다는 측면에서 세 번째에 해당됩니다. 현대어에서 공원公園, 공립학교公立學校, 공설운동장公設運動場 같은 것들이 세 번째 의미의 '공'에 해당하는 것 같습니다. 그래서 이 '공'이 갖는 세 가지 의미 층차를 서로 혼동하면 대화에 혼선이 생깁니다. 아까 박명림 교수님이 주자에게 공 개념이 있었느냐, 공사를 구분했는가 하고 물었을 때는 세 번째 의미, 즉 더불어, 함께의 의미로 말씀하신 건데요. 주자가 가장 강하게 뜻한 것은 두 번째 의미입니다. 그러니까 공직자로서, 정치가로서, 행정가로서 공정무사하게, 공평하게 일 처리를 해야 된다는 측면에서 공과 사의 엄격한 분리를 주장했기 때문에, 세 번째 층차를 가지고 두 번째를 비난하거나 하면 혼선이 생길 수 있다는 점을 이야기하고 싶었습니다.

유교 윤리와 국가: 유교의 국가론과 통치 윤리

질문 2   유교 윤리가 현실에서 제대로 구현되지 않은 것은 그릇된 인간 관에 기반한 탓이 아닌지.

청중　　　이상익 교수님의 말씀 잘 들었습니다. 오늘 토론에서 처음에 이야기한 게 법가와 유가에 대한 것이었는데요. 법가와 유가는 문제의식이 같았는데, 문제의식에 대한 처방이 각각 달랐던 것은 법가가 생각하는 인간상과 유가가 생각하는 인간상이 달랐기 때문이라는 말을 하셨습니다. 그다음에 다른 질문에 답변하면서 유가가 잘못한 것이라기보다는 유학을 배운 사람들의 개인적인 문제 때문에, 그리고 그들이 유학의 가르침을 배신했기 때문에 문제가 발생한 거라는 말을 하셨는데요. 제 생각에는 유학의 인간에 대한 인식이 옳았다면 유학인들은 유학을 배신하지 않고 따랐어야 합니다. 그런데 그들이 유학을 배신했다는 것은 유학이 인간상에 대해 잘못된 인식을 갖고 있었기 때문이 아닌가 하는 생각이 들었습니다. 이 문제에 대해서 답변을 부탁드립니다.

이상익　　　제 주장은 유교는 옳은데 유교인들이 잘못했다는 겁니다. 질문자분은 아마도 유교인들이 유교의 가르침을 배신한 이유가 인간을 너무 순진하게 이해했기 때문이고, 따라서 유교의 인간관이 잘못된 것 아니냐 하는 취지의 질문을 한 것 같습니다. 이에 대해서 간단히 말씀드리자면 유교의 인간관은 성선설입니다. 그러니까 유교에서는 인간의 본성을 선하다고 봅니다. 그런데 성선설이라고 하면 많은 사람이 일정한 오해를 하는 게, 인간의 본성이 선하니까 인간은 선하게 행동할 수밖에 없다고 보는 게 유교 인간관이라고 생각하는 것 같아요. 그런데 전혀 그렇지 않습니다. 유교의 인간관은 인간에게는 선한 본성이 있지만, 한편으로는 이기적인 본능이 있다는 겁니다. 그걸 표현해주는 것이 인심도심설人心道心說인데요. 유교에서 아주 중요한 논의 주제입니다. 여기서의 인심에 대해 말씀드리겠습니다. 단, 지금부터 말하는 인심은 아까 공론론에서의 인심과는 전혀 다릅니다.

인심도심설에서의 인심人心은 인간의 육체적인 욕망으로부터 우러나는 마음이고, 도심道心은 도덕적인 본성으로부터 우러나는 마음입니다. 유교에서는 인심에 대해 매우 위태롭다고 말합니다. 그러니까 세력이 크고 통제하기 어렵다는 뜻입니다. 그다음에 도심에 대해서는 매우 은미隱微하다고 하는데, 잘 드러나지 않고 세력이 미약하다는 뜻입니다. 또 맹자도 천성에서의 착한 본성과 이기적인 본능과의 관계를 말하면서, 착한 본성은 아주 작다고 했습니다. 그래서 사람이 금수와 다른 부분도 아주 적다고 했죠. 말하자면 인간성의 99퍼센트는 짐승과 다르지 않다, 이런 이야기입니다. 그러니 우리가 정말로 사람다우려면 그 1퍼센트의 다른 부분을 잘 지켜나가야겠죠. 저는 그걸 인간의 본성이라고 보는 거고요. 또 맹자가 말한 인간의 본성이라는 것, 성선性善이라고 하는 본성도 바로 그것을 가리킵니다. 이처럼 유교에서는 인간 본성의 두 가지 갈래를 모두 말하고 있습니다. 그런데 유교의 설명대로 욕심은 지나치게 강대하고 도심은 지나치게 미약하기 때문에, 우리가 아무리 공부를 해도 자꾸 유혹에 넘어가는 게 아닌가 싶습니다. 물론 이러한 관점에 반론이 제기되기도 합니다. 가령 유교적 인간관을 인간에 대한 신비주의적인 주체 철학이라 비판하면서, 인간 내부에 어떤 윤리 코드가 내재되어 있는 게 아니라 오로지 교육을 통해서 그런 코드가 심어지는 것이라고 주장하는 사람도 있습니다. 하지만 제가 볼 때는 조금 다릅니다. 오늘날은 유전자를 판독할 수 있지 않습니까? 인간이 특정한 유전자를 갖고 태어난다는 건, 옛날식으로 말하면 특정한 본성을 지니고 태어나는 것이 아닌가 생각합니다. 그리고 거기에 일정한 내용이 있다면 그게 선의 코드든 악의 코드든 분명히 코드가 있을 거라고 생각합니다.

그다음에 어느 분이, 제가 어떤 깨달음을 인격의 문제로 말하는 걸 허황된 이야기라고 하셨는데요. 그게 허황된 이야기라면 허황된 이야기지만 어쨌든 제가 볼 때 뾰족한 해법이 없어요. 아까 김우창 교수님이 좋은 말씀해주셨는데요. 지금 혼탁하다고 하는 건 우리가 기준을 너무 높이 잡아서 그런 것 아니냐, 실제로 많이 개선되지 않았느냐 하는 의견을 주셨습니다. 그렇게 개선됐다고 하면 두 측면을 다 말할 수 있을 것 같아요. 첫째는 어쨌든 우리가 근대적인 통치 시스템에서 형사 제도라든지 정치 운영 시스템을 통해 투명성을 높이는 방향으로 제도적인 발전을 계속해왔고, 또 실제로 시민 교육이라는 차원에서도 많은 발전이 있었죠. 예전, 그러니까 근대화 이전에는 시민 교육이라 할 만한 것이 없었기 때문에 많은 시민이 교육의 혜택을 받지 못했죠. 하지만 오늘날에는 세계 각국에서 이런 교육이 의무교육이라는 이름으로 행해지고 있습니다. 이런 여러 변화의 결과로 인류 역사가 진보한 게 아닐까 이런 생각을 해봅니다. 우리가 궁극적으로 플라톤식의 이상사회를 전망해볼 때, 인격과 제도라는 두 가지 측면이 병행되어야 합니다. 이런 말을 하는 이유는 제가 굳이 인격의 측면만,

그러니까 제도의 측면을 배제하고 인격의 측면만을 말씀드리려 하는 건 아니기 때문입니다. 그럼에도 제가 인격을 강조하는 이유는 아무리 좋은 제도를 갖추었어도 그 제도를 운영하는 건 결국 사람이기 때문에, 제도가 본래의 취지대로 선용되려면 인격의 측면이 역시 중요하다는 걸 말씀드리기 위함입니다.

이승환 굉장히 일상적이고 알아듣기 쉬운 질문들에서 시작해서 굉장히 어렵고 깊이 있는 질문까지 나온 것 같습니다. 우리 안에는 긍정적이든 부정적이든 유교가 남긴 기억들과 문화적 유산들이 깊이 각인돼 있습니다. 그래서 앞으로 우리 사회를 조금 더 나은 사회로 발돋움시키기 위해서는 때로 비판도 필요하고 때로는 자양분을 뽑아내서 활용할 수 있도록 가다듬는 시간도 필요할 것입니다. 봄은 됐는데 봄 같지 않은 날씨입니다. 춘래불사춘春來不似春이죠. 마찬가지로 우리 사회는 민주화가 됐지만 그렇게 민주사회 같지는 않은, 그런 시기를 보내고 있습니다. 그래서 강연자 및 청중 모두 조금 더 성숙한 자유를 이야기했고, 그러기 위해서는 우리 자신이 가지고 있는 문화적 유산들을 철저하게 점검하는 시간이 필요한데 오늘이 그 시간의 일부가 될 수 있을 것 같습니다.

유교 윤리와 국가: 유교의 국가론과 통치 윤리

국가의 현실, 개인의 현실

한국사회와 민주주의의 관점에서

최장집 고려대 명예교수

1__들어가는 말

|1| 네이버 열린연단이 주관하는 강연에서 오늘 나의 주제는 '윤리와 인간의 삶'이라는 대주제 가운데 '국가의 현실, 개인의 현실'이다. 주어진 것이 아니라 내 스스로 정하고자 했다면 이런 주제를 택하지는 않았을 것이다. 개인의 문제와 국가의 문제를 통합적으로 다루는 것은 엄청나게 큰 문제인지라 내가 다룰 수 있는 범위를 훨씬 넘어선 것이기 때문이다. 그러나 이 문제를 말하기로 결정된 이상 내가 다룰 수 있는 범위에서나마 말하지 않으면 안 될 것이다. 그러므로 출발점은 내가 다룰 수 있는 문제의 범위와 시야를 좁히는 일이다. 따라서 이 강연에서는 일반적인 이론과 서구사회의 경험에 토대를 두고 말하겠지만 초점은 한국사회와 민주주의에 맞추고자 한다. 즉 정치(학)적 측면에 한정해서 말하려는 것이다. 그러니까 '한국사회와 민주주의의

관점에서'가 '국가의 현실, 개인의 현실'이라는 주제의 부제가 될 수 있을 것이다.

|2| 첫 번째, 두 번째 장에서는 개인의 현실과 국가의 현실을 다루고, 세 번째 장에서는 시민사회의 문제를 다루고자 한다. 그리고 마지막 장은 결론 부분이라 하겠는데, 본론에서 한국사회와 민주주의에 많은 문제점이 있다고 한다면, 그것을 어떻게 개선할 수 있을지에 대해 강연자의 아이디어를 제시하고자 한다.

|3| 방대한 주제를 다루는 만큼 길잡이가 될 수 있는 이론적 가이드가 필요하다. 이를 위해 이 강연에서는 주로 아리스토텔레스와 헤겔에 크게 의존하고자 한다. 또한 홉스와 베버도 많이 참조할 것이다.

2___개인의 현실

|1| 현대 실존주의나 독일 낭만주의 전통의 철학, 문학 또는 문예운동은 개인이 살아가는 사회나 상황에서 힘을 갖는 권위나 권력, 제도의 힘, 정의의 관념, 지배적인 도덕과 규범, 이데올로기 등을 억압적 기제로 규정하고 이를 부정적으로 보면서 스스로의 내면에 절대적 자아와 실존적 자유를 중심으로 한 세계를 구축하고자 한다. 자신의 운명을 어떤 진정성 있고, 모방할 수 없는 유형 속에 투영시키면서 운명을 만들어간다고 생각하는 개인의 내면적 생활을 동경한다. 어

찌 보면 실존주의는 한편으로 형이상학적 자유를 향유하지만 스스로를 사회적 억압의 희생물로 생각하면서 그로부터 도피하고자 하는 반작용으로 보이기도 한다. 사르트르는 자유의 실존적 윤리를 결정의 물질적 윤리에 대립시키고, 또 그의 책 제목처럼 존재를 무의 원천으로 바라본다. 여기서 실존주의에 대해 말하는 것은, 인간 개인은 그 자체의 가치, 그것의 진정성과 순수함에 가장 밀착된 철학이고, 그러므로 그 어떤 사회적·정치적 제도와 권위가 가져오는 제약에도 불구하고 또는 그와는 무관하게 인간은 그 존재 자체로서 자유와 자율성을 갖는다고 생각하는 대표적인 철학이기 때문이다. 여기서 내가 말하려는 것은 한 개인이 주관적·내면적으로 스스로의 자유에 대해 어떻게 생각하든 간에 인간은 사회적 존재로서 사회가 정치를 통하여 만들어내는 집합적 결정의 결과들, 즉 특정 형태의 법, 정책 또는 제도에 의해 그 자신의 삶의 조건을 규정받으며, 그로 인해 그것은 한정되고 제약된다는 것이다. 즉 인간 생존의 객관적 조건을 말한다. 정치철학에서 인간에 대한 묘사로서 가장 강력한 명언으로 자주 인용되지만, 토머스 홉스는 『리바이어던』에서 "인간의 삶은 외롭고, 가난하고, 역겹고, 야만적이고 짧다"고 말한다.[1] 이 말은 "만인 대 만인의 투쟁"이 지배하는 "자연 상태"에 대한 가장 강력하고도 간결한 표현이라 하겠는데, 이러한 상황을 극복하기 위해 구약성경의 욥기에 나오는 리바이어던의 이름을 따 절대적 권력을 행사할 수 있는 국가라는 인위적 권력 기구를 이론적으로 구상하게 된 것이다. 정치학의 패러다임을 놓은 아리스토텔레스는 저서 『정치학』 앞부분의 한 단락에서 "국가는 자연의 한 창조물이고, 인간은 본성적으로 정치적인 동물"

국가의 현실, 개인의 현실: 한국사회와 민주주의의 관점에서

(zoion 또는 zoon politikon)(1253a3–5)이라고 말한다.[2] 이 말은 대중적으로 널리 알려진 유명한 말이지만, 또 그만큼 잘못 이해되고 있는 말이기도 하다. 오해는 "정치적"이라는 말에서 비롯되었는데, 현대사회에서 '정치'가 들어가는 모든 단어는 그리스어 'polis'에 어원을 둔다. 이 말의 형용사형은 현대 영어에서 'political'이라는 말로 번역됨에 따라 '정치적'이라고 일컬어지게 되었고, 현대사회에서 '정치적'이라는 말 속에 포함된 부정적 의미와 더불어 이해되기에 이르렀다. 고대 그리스에서 "자연적으로 정치적인 동물"이라는 말은 인간이 만든 모든 결사체 또는 공동체의 최상위에 존재하는 인간 공동체에서 인간의 선과 행복을 증진시킬 수 있는 과업을 수행하는 사람을 지칭한다. 인간은 필연적으로 시민으로서 이러한 과업을 수행하는 역할을 떠맡게 되고, 그럼으로써 국가의 부분이 된다. 이러한 관점에서 볼 때 도시국가가 자연적이라는 것은 명백한 사실인데, 왜냐하면 "개인은 고립될 때 자족적이지 못하고 그러므로 전체와의 관계에서 부분과 같은 존재이기 때문이다. 사회에서 살 수 없거나 그럴 필요가 없는 개인은 그 자체가 자족적이기 때문에 짐승이거나 신이거나 둘 중 하나임이 분명하다. 그 사람은 국가의 부분이 아니다."(1253a26–9) 즉 인간은 정치적 공동체로서 국가의 유기적 구성 부분이기 때문에, 행복 또는 선한 삶을 영위할 수 있고, 그 점에서 본성적으로 정치적 동물인 것이다. 이 말은 현대에 와서도 유효한 정치의 본질을 담고 있다. 한 개인이 정치를 부정하든 부정하지 않든, 정치를 부정하는 어떠한 자기 철학을 가졌든, 인간과 국가가 사회를 유기적으로 구성하면서 상호 관계하는 패턴은 고대에나 현대에나 본질적으로 같다. 아리스토텔레스

의 『정치학』 첫 부분에 담겨 있는 뜻이다.

|2| 정치가 인간사회의 집합적 결정을 둘러싼 것이고, 그 결정이 사회 전체에 걸쳐 권위적으로 집행된다고 한다면, 전쟁 또는 평화를 포함하는 국제관계와 같은 직접적인 정치 영역과 인간이 사회경제적 삶을 영위할 수 있는 경제 운용 및 제도는 물론 종교, 문화, 교육, 예술 등 우리가 가장 중요하게 생각하는 대부분의 영역에서 인간 행위를 규율하고 조건 짓는 권력이 작용하게 된다. 정치는 모든 사회 영역과 수준에 편재하면서, 긍정적이든 부정적이든 사회 전체와 인간 개개인의 삶의 조건과 내용에 영향을 미친다. 또는 그런 삶의 조건을 형성하고 해체하며 변화시킨다. 말하자면 정치는 사회를 평화 또는 전쟁 상태로 몰아갈 수 있고, 풍요롭게 또는 빈궁하게, 행복하게 또는 불행하게, 고상하게 또는 비속하게, 살맛 나게 또는 고통스럽게 만들 수 있다. 인간 삶의 내용과 조건에 정치만큼 강력하고 포괄적인 영향력을 미치는 것은 없다고 할 수 있다. 최근 국제연합[UN] 자문기구가 '세계행복보고서 2016'을 발표했다. 비록 그들의 기준이기는 하지만 우리는 세계에서 어느 나라가 가장 행복하고 가장 불행한지를 볼 수 있었다(*International New York Times*, 2016년 3월 18일자). 덴마크가 1위를 차지했고, 시리아, 부룬디 등이 꼴찌를 했다. 현재 세계의 최대 이슈라 할 수 있는, 내전 중인 시리아와 복지국가의 모범 사례인 덴마크를 비교해보자. 주지하다시피 시리아는 지난 5년간의 내전을 겪으면서 25만 명 가까이가 사망한 것으로 추정되며, 내전을 피해 유럽으로 향하는 이민자 문제는 세계 최대의 정치적 이슈로 부상해 유럽 전

국가의 현실, 개인의 현실: 한국사회와 민주주의의 관점에서

역에 엄청난 충격을 안겨주고 있다. 경제는 실업률이 60퍼센트를 넘길 만큼 피폐해졌고 모든 사람의 삶의 질과 안정성은 파괴되었다. 이 시점에서 시리아는 거의 사람이 살 수 없는 땅이 되어가고 있다. 그에 비해 오늘날의 덴마크는 역사적 기준에서 보더라도 지상의 천국이라 할 만하다. 그들의 삶은 안락하고 영화로우며 지속적이다. 전 세계가 덴마크의 훌륭한 레스토랑, 수준 높은 텔레비전 프로그램, 품격 있는 디자인 문화, 관대한 사회보장 혜택, 환경친화적 생활 방식을 향유하고 있으며 국제적인 비교통계지표는 삶의 질, 생활 만족도 등 여러 항목에서 덴마크를 언제나 세계 최상위에 올려놓는다. 이는 덴마크인이 시리아인에 비해 더 우수해서인가? 물론 아니다. 똑똑한 것으로 말하자면 어느 나라든 대개 비슷하다고 할 수 있다. 자연 자원으로 말하자면 오히려 덴마크가 시리아에 비해 더 풍족하지 못하다. 시리아는 인류 문명의 태생지인 풍요로운 땅의 한 부분이고, 덴마크는 아무런 자연 자원도 없는 북해의 황량한 땅에 자리 잡고 있다. 차이는 오직 정치에 있다.

|3| 또 다른 예로 독일을 들어보자. 독일의 정치사는 시리아 못지않은 정치적 실패 사례로 제시될 수 있을 것이다. 제1차 세계대전을 일으켰을 때만 해도 독일은 경제 발전에서 영국을 앞지르기 시작했고, 문화적·학문적 발전에 있어 세계 문화의 중심으로 떠올랐다. 그러나 제1차 세계대전에서의 패배는 바이마르공화국의 붕괴와 나치 정권의 등장을 야기했고, 결국 제2차 세계대전의 발발 요인이 되었다. 당시 문화적으로 가장 높은 수준에 도달했던 독일이 왜 휴머니티

에 반하는 홀로코스트를 자행하게 되었는가 하는 문제는 여러 측면에서 설명할 수 있겠지만, 넓게 말해 그것은 정치의 실패가 아닐 수 없다. 그렇다면 이 실패는 어디에서 연유했는가? 역설적으로 그것은 독일 문화의 내용과 전혀 무관하지 않다. 토마스 만의 「한 비정치적 인간의 성찰」은 바로 이 문제를 제기하고 있다. 만은 후에 바이마르공화국의 적극적인 지지자가 되지만, 문제적인 일기를 썼던 1918년만 하더라도 상류 중산층의 보수적 가치관과 편견을 그대로 지닌 40대 초반의 사내이자 제1차 세계대전을 지지했던 열렬한 애국자였으며, 비스마르크의 독일제국에 대해 무한한 민족적 긍지를 지녔던 독일의 대표적인 작가였다. 그는 20세기의 괴테라 칭송받던 대작가다. 일기의 많은 부분이 폐기됐지만 1918년에 썼던 문제의 부분이 살아남아 그의 사후에 출판되었고, 많은 사람을 놀라게 했다. 만은 정치에 대해 말할 것이 아무것도 없고, 독일인들은 정치가 필요하다고 생각하지도 않음을 밝히면서 이렇게 쓴다. "독일적 휴머니티는 기본적으로 정치화에 저항한다. 그리고 정치적 요소는 독일적 교육, 개인적 발전 또는 문화^{Bildung} 개념에서 사실상 빠져 있는 부분이다." 그러면서 그는 정치라는 것이 반란, 무질서를 동반하며 전통적인 가치를 파괴하고, 프랑스와 서구에서처럼 "완전한 평준화, 저널리스트의 수사적 어리석음이나 비속화"의 위험을 포함하고 있어 (정치화에 저항하는 것이) 차라리 잘된 일이라고 생각함을 표현했다. 그는 이어서 이렇게 말한다. "나는 국민 생활 전체에 해독을 끼치는 의회와 정당의 정치적 흥정을 원치 않는다. (…) 나는 정치를 원치 않는다. 나는 객관성을 원하고, 질서와 예의를 원한다. 만약 그것이 속물이라면 속물이 되길 원한

국가의 현실, 개인의 현실: 한국사회와 민주주의의 관점에서

다. 만약 그것을 독일인이라고 부른다면, 신의 이름을 걸고 한 사람의 독일인으로 불리길 원한다."[3] 정치에 대한 만의 관점이 갖는 의미는 크다. 무엇보다도 제1차 세계대전으로 인한 독일제국과 바이마르공화국의 붕괴는 그 성격과 원인이 다르지만 넓은 의미에서 볼 때 민주주의의 실패가 야기한 결과라는 점에서 동일하다. 시민사회의 문화적 내용이 권력을 둘러싼 경쟁과 갈등을 필연적으로 동반하는 정치를 적대하는 것이 되고 또 민주주의에 부정적으로 작용할 때, 민주주의의 존립은 위협받는다는 것이다. 그것은 19세기 중엽 이후 프로이센의 자유주의적 개혁의 실패가 누적한 결과물이기도 하다. 자유주의가 없거나 허약한 바탕에서 독일의 빠른 산업 성장과 더불어 낭만주의와 민족주의가 주류를 이루는 문화가 만들어낸 조건은 정치적 권위주의, 군국주의, 관료주의와 잘 조응하게 된 것이다. 정치학자들은 바이마르공화국의 붕괴를 "민주주의자 없는 민주주의의 실패"라고 말하기도 한다. 민주주의자 없이 민주주의가 존속되기란 어렵다. 정치가 조롱과 폄하의 대상이 되고, 한 사회의 지배적 가치와 문화에 의해 배척당해 설 자리를 갖지 못한다면, 정치는 머지않아 네메시스 여신이 되어 그 사회를 공격하게 된다. 물론 그 반대 방향에서 정치의 중요성을 보았던 이들도 있다. 대표적으로 막스 베버를 들 수 있을 것이다. 만의 일기가 쓰인 시기에 활동했던 베버는 『소명으로서의 정치』에서 당시 관료에 의해 지배되던 독일 정치를 비판적으로 바라보면서, 훈련받은 정치인들이 주도하는 영국의 의회정치를 독일이 따라야 할 모델로서 제시하고 있다.

국가와 윤리

|4| 정치와 개인의 관계에서 안전과 평화가 모든 사람에게 예외 없이 가장 중요한 문제임을 부정할 이는 별로 없을 것이다. 이런 맥락에서 본다면 정치가 수행해야 할 역할에서 가장 중요한 것은 전쟁이나 내전 같은 폭력을 제어하고 평화를 유지하는 일이다. 앞에서 나는 시리아 내전과 독일의 제1·2차 세계대전에 대해 언급한 바 있지만, 전쟁으로 고통받은 이는 그들만이 아니다. 한국도 해방 후 냉전 시기 좌우 이데올로기 투쟁에 의한 내전적 상황과 분단, 그리고 전쟁을 경험했으니 그들보다 덜하지 않았던 셈이다. 이 문제와 관련하여 개인의 현실이라는 관점에서 홉스의 『리바이어던』을 볼 수 있다. 이 고전의 배경은 르네상스 말기에 시작된 종교개혁이 유발했던 유럽 전역에서의 종교 전쟁과 영국 내전이었다. 전시에 모든 개인의 일차적인 요구는 안전과 평화를 어떻게 확보할 것인가였고, 이러한 요구를 실현시켜줄 수 있는 정당성을 가진 정치제도를 어떻게 만들 것인가였다. 내전은 종교전쟁의 외형을 지녔지만 실은 세속 권력을 둘러싼 것이었다. 그런데 인간은 생명의 유지, 재산권을 포함한 권리를 가지며, 이를 행사할 수 있는 자유와 평등을 누릴 수 있는 자연권을 갖는다. 모든 인간은 자유롭고 자연적으로 평등하다고 전제되고, 또한 어떤 수단이 가장 적합하고 최선인지를 판별할 수 있는 이성이라는 합리적 판단 능력을 갖는다. 인간은 권력과 희소한 재화를 획득하고자 하는 욕망을 불태우면서 만인 대 만인의 투쟁 상태에 놓인다. 그것은 인간에게 최고의 선이라 할 수 있는 생명을 유지하는 데 있어 항시적으로 위험에 노출됨을 뜻한다. 인간은 항시적인 죽음의 두려움으로 고통받기 때문에, 내전 상태는 모든 악 가운데서도 최악이다. 홉스는 이러

한 환경을 '자연 상태'라고 부른다. 인간이 모두 평등하고 자유로워질 때 항시적인 죽음의 두려움으로 고통받는다는 것은 인간 운명의 커다란 역설이 아닐 수 없다. 이러한 상황을 벗어나기 위해 인간은 이성의 힘에 의존하고, 이성은 사람들로 하여금 평화를 추구하도록 처방한다. 그런데 자연 상태에는 한 가지 근본적인 문제가 있다. 누군가가 평화를 위한 규칙을 위반할 때 그 규칙을 따르도록 강제할 수 있는 충분히 강한 사람이 존재하지 않는다는 점이다. 인간이 그들의 욕망이 아닌 이성을 따르도록 만드는 유일한 방법은 권력을 제도화하는 것이고, 이를 통해서만 자연법이 효력을 갖는다. 즉 규칙을 거역하기 어렵게 하는 국가를 만드는 것이다. 그리하여 인간은 최고의 선인 평화를 얻기 위해 '합일의 계약the covenant of union'이라 불리는 사회계약을 체결한다. 그것은 개인이 소유한 물리적인 힘, 경제적 재화를 포함한 그들의 모든 권리를 국가에 양도하고, 주권을 가진 사람의 명령에 복종할 의무를 맹세하는 복종의 협약이다. 전통적인 협약에서는 협약의 당사자가 전체 인구를 한편으로 하고 주권자를 다른 한편으로 하지만, 홉스의 협약에서는 개인이 당사자다. 그들 스스로가 그 협약에 참여하지 않은 제삼자에게 복종하는 데 동의하는 것이다. 이 사회계약을 통해 만들어진 것이 리바이어던으로 상징되는 "인공으로 만들어진 가공물artifice", 즉 국가다. 혹자는 홉스를 전체주의 이론의 선구자로 보기도 하지만, 이는 완전히 틀린 생각이다. 거꾸로 그는 사람들이 자유롭게 그 자신의 과업에 매진할 수 있는 공간, 사적 생활이 가능한 영역을 만들어낸 이론을 창안했다. 또한 홉스의 이론은 정치에 대한 근본적인 주장을 정리했다고 말할 수 있다. 왜냐하면 법을 통해 평화와 질서를 유지하는 주권자로서의 국가가 존재하기 때문에 사람들이 끊임없는 정치적 견해차나 분쟁, 갈등에 방해받지 않고 그들의 삶을 영위하는 것이 가능해지기 때문이다. 또 사람들이 원하는 서로 다른 모든 일, 각자 주장하고 싸우고 경쟁하고 위로 올라가려는 시도를 할 수 있는 시공간을 부여하는 안정적인 시민적 환경을 조성해줄 수 있다는 사실 때문이다.

|5| 앞에서 말했지만, 한국의 역사적 경험으로 다시 돌아가보자. 홉스의 이론을 살펴본 뒤 한국사회의 변화를 되돌아보면 흥미로운 사실들을 발견할 수 있다. 주지하다시피 한반도는 제2차 세계대전 이후 세계 냉전의 최전방으로 변했다. 한국전쟁이 발발하기 전 한반도 남북 각각에 분단국가가 형성되는 과정에서 한국은 이미 내전에 가까운 광범위한 폭력이 지배하는 사회를 경험했다. 오늘날의 시리아에 비교될 수 있을 만큼, 냉전 시기 세계에서 한국만큼 폭력으로 고통받은 나라는 없다. 많은 사람이 1950년대를 자유당 독재 시기라고 말한다. 민주주의의 기준에서 볼 때 그것은 사실에 가깝다고 생각한다. 세계 냉전의 절정기였던 1950~1960년대 전후에 진영 간 대립의 최전방에 위치한 한국사회에서 북한에 친화적인 공산주의 이데올로기가 허용될 수 없었던 것 또한 당연해 보인다. 그러나 한국사회는 한국전쟁 이후 냉전 시기를 통해 세계에서 가장 평화로운 나라가 된 것이다. 분단국가 건설과 한국전쟁 중에 많은 희생이 있었다 하더라도 전후 한국사회가 오늘날의 시리아 같은 상황에 처하지 않을 수 있었던 것은 리바이어던적 국가에 의해 평화가 확립된 결과이리라. 한편

국가의 현실, 개인의 현실: 한국사회와 민주주의의 관점에서

으로는 경제적 궁핍, 다른 한편으로는 한국문화가 닫힌 한 요인이라고도 할 수 있는 이데올로기적 통제에도 불구하고, 안전과 평화라는 점에서 살기 좋은 사회적 환경이 조성되었다는 점은 커다란 아이러니가 아닐 수 없다. 그러나 여기서 한국이 리바이어던적인 조건을 완전히 갖추지 못했다는 점에 대해 지적할 필요가 있다. 그것은 국가를 이해하는 방법이기 때문이다. 리바이어던은 자연권을 갖는 시민 개개인이 이성의 힘을 빌려 사회계약을 맺는 방법을 통해 인위적으로 만든 국가라는 가공물이다. 인간이 국가라는 권위체를 필요에 의해 인위적으로 만들었다는 관념은, 아리스토텔레스에서 보았듯이 (도시)국가를 자연적으로 성장한 공동체로서 이해하고 국가를 하나의 유기체로서 이해하면서 인간은 유기체의 부분이 됨으로써만 궁극적 선을 실현할 수 있다는 기존의 사상과는 혁명적으로 다른 것이기 때문이다. 국가에 대한 인간의 우선이라는 혁명적 사상이 탄생한 것이다. 홉스의 생각으로는 인간이 정치사회로부터 자립적인 개인으로 고려될 때만이 완벽한 이성 작용을 통해 최고의 선을 구현할 수 있다. 그리하여 인간적 가치와 존엄성은 그 자체로서 이해될 수 있다. 따라서 인간적 가치는 어떤 국가나 정치조직이 특정한 형태로 나름의 가치를 추구하는 것과는 별개의 문제가 된다. 인간이 정부로부터 독립하여 자율적인 가치를 갖는다고 말할 때 문제가 되는 것은, 국가를 만들고 정치사회로 들어갈 때 이 자유를 얼마나 유지할 수 있느냐 하는 점이다. 이사야 벌린의 개념으로 말한다면 그것은 "소극적 자유"인데 이는 정부 또는 다른 개인에 의한 간섭이나 자유를 의미한다.[4] 그것이 새로운 사회 구성 원리인 것이다. 한국사회에서 리바이어던은, 서구사회에서는 민주주의의 전단계가 되는 자유주의 철학이나 이념의 기반을 갖지 않은 채 건설되었다. 풀어 말하자면 전후 한국사회에서 건설된 국가와 그로 인해 한국인들이 향유할 수 있었던 평화와 안전은, 서양의 정신사와 문화를 통해 서구 사람들이 가질 수 있었던 정신적 전환의 계기를 갖지 못한 채 구현되었다는 것이다. 이 문제는 한국인들의 정신 내지 의식세계에 있어 커다란 긴장과 갈등을 유발하는 원천이 되었다고 말할 수 있다. 민주화 이후 한국사회에서 이 긴장이 더 첨예해질 때, 한국의 닫힌 문화와 충돌하면서 더 큰 파열음을 내는 상황을 경험하게 된 것이다. 뒤에 다시 말하겠거니와 헤겔 철학과 변증법에 있어 중심 주제 중 하나는 대립 또는 갈등을 넘어설 수 있는 "화해 또는 조화Versöhnung/reconciliation"의 개념이다.[5] 한국의 국가 건설이 안고 있는 모순과 그것을 둘러싼 채 형성되고 지속되는 힘이 조화되지 않고서는, 한국사회가 항구적인 갈등과 대립으로 고통받을 가능성이 크다. 이 갈등을 조화시키려는 노력이 필요하기 때문에, 헤겔의 개념은 우리에게 다른 무엇보다 중요하다고 생각한다.

3__국가의 현실

|1| 인간이 만든 가장 큰 정치조직으로서 국가는 기능적으로 전 사회와 연결되어 있고, 정치적·경제적인 것뿐만 아니라 문화적·정신적으로 사회를 이끌어가는 역할을 한다. 그것은 곧 정치 전체를 말하는 것이나 마찬가지다. 국가가 기능적으로 한정된 역할을 갖는 통

국가의 현실, 개인의 현실: 한국사회와 민주주의의 관점에서

치기구임은 말할 것도 없지만, 아리스토텔레스나 헤겔이 말하듯 인간의 보다 높은 차원의 선 또는 자유로운 정신적 삶을 실현할 수 있도록 사회 구성원들을 이끌어가는 도덕적·문화적·정신적 역할을 떠맡는다. 그런데 국가는 고대로부터 현대에 이르기까지 긴 역사를 통하여 역할과 기능, 구조가 변해왔다. 아리스토텔레스가 말했던 (도시)국가가 국가와 사회 간의 경계가 없는 "일종의 공동체"였다면, 막스 베버가 생각한 현대국가는 사회와 분명한 경계를 가지면서 특유의 정치적 기능을 지닌 잘 발달된 대규모 행정관료체제였다. 또한 국가는, 베버가 정의한 것처럼 정당한 폭력을 행사하고 세금을 부과할 권력을 성공적으로 독점한 주권적 국가 권력을 제도화한 정치조직체다. 우리는 정치를 국가 권력의 획득, 배분, 행사에 초점을 두어 기능적 차원의 좁은 의미에서 볼 수도 있고, 명령이나 강제력을 포함하는 통치기구로서 국가와 피통치자인 사회구성원 간의 통치와 복종의 관계라는 넓은 의미에서 볼 수도 있다. 어떻게 보든 현대국가는 현대사회에서 발생한 정치라는 공간에서 가장 중요한 특징 중 하나다. 나는 이 국가의 문제를 현대 민주주의, 즉 자본주의 시장경제에 기초한 대의제 민주주의의 맥락에서 보겠지만, 특히 국가와 민주주의 간의 관계에 초점을 맞춰보고자 한다. 여기서 나타나는 국가의 현실, 민주주의의 현실이야말로 한국사회는 말할 것도 없고 다른 모든 사회에서 개인의 삶에 결정적인 영향을 미치는 힘이라 할 수 있다.

|2| 국가와 관련하여 가장 중요한 문제는, 정당한 폭력 행사를 독점한 국가가 팽창한다는 사실이다. 앞서 우리는 폭력이 편재하는

무법 상태를 통제하기 위해 리바이어던이 인위적으로 만들어지는 과정을 보았다. 홉스의 저작은 16세기 후반부터 17세기 중반에 이르는 시기 근대국가가 형성된 역사적 현상을 배경으로 한다. 그렇지만 우리는 그러한 국가를 (반드시 민주주의와 병행했던 것은 아니지만) 자유주의국가로 이해하고, 또 그것을 뒷받침하는 이론적 논거로서 제시한다. 자연법이론은 인간의 본성에 대한 가설을 기초로 통치 권력을 제한하는 논거를 만들어낼 수 있었기 때문에, 자유주의의 철학적 전제를 담고 있다고 이해한 것이다. 개인주의적 사회관은 바로 인간 권리에 대한 교리와 계약이론을 연결시켜주는 고리 역할을 했다. 어쨌든 자유주의국가의 출현은 기존 주권자의 절대적 권력이 침식되어왔던 긴 역사적 과정의 결과물이었다. 국가 권력의 제한이라는 점에서 볼 때 자유주의국가는 인간 권리에 기초를 둔 국가를 의미하는 것이다. 국가 권력을 제한한다는 점에서 볼 때는 최소국가^{minimal state}의 출현을 설명하는 것이며, 또 그것을 이론적으로 뒷받침하는 것이다. 권리에 기초한 국가는 "통치자는 법 위에 있다^{legibus solutus}"는 의미로 이해되는 절대주의국가에 대응하는 개념이다. 그러나 권리에 기초한 모든 국가가 최소국가는 아닐 수 있는데, 왜냐하면 경제 영역에서 국가가 행하는 방식이 절대국가적일 때 그것은 최대국가^{maximal state}가 될 수 있기 때문이다.[6] 어쨌든 서구 역사에서 자유주의국가를 훗날 발전하는 민주주의국가의 전단계로서 민주주의의 기초를 이루는 것이라고 본다면, 한국과 같이 동아시아 또는 유교 문화권 사회에서 민주주의의 등장은, 서구와는 가장 중요한 점에서 상이하다. 바로 자유주의 기초를 갖지 않았다는 사실이다. 이런 점에서 한국 민주주의는 자유주의의 기초를 가진 서구 민주주의에 대해 좋은 비교 사례를 제시할 수 있다고 생각한다.

　그러나 최소국가를 본질로 하는 자유주의의 기초를 놓았던 홉스의 리바이어던 이래 250여 년이 흐른 20세기 초, 베버가 국가를 이해하는 방식은 격세지감이 느껴질 정도로 달랐다. 자유주의에서 자유의 이념, 사회계약, 인위적으로 만들어진 국가는 기본적으로 민주주의 원리의 연속선상에 있다. 그러나 베버가 말하는 민주주의와 관료체제의 관계는 현대적 사회질서에 있어 깊은 긴장의 원천을 창출해낸다. 민주주의와 관료체제 사이에는 기본적으로 이율배반적인 논리가 성립한다. 민주적인 절차를 만들고 시행하는 데는 추상화된 법적 장치들이 필요한데, 그 때문에 관료체제로 조직화된 공직의 통제력은 팽창하게 마련이고 새로운 형태의 기능적 독점이 창출되기 때문이다. 민주적 권리의 확장은 관료적 중앙집중화의 성장을 가져오지만, 그 반대로 팽창하는 관료조직이 반드시 민주적 권리의 확장을 가져오는 것은 아니다.[7] 베버는 고대 이집트에서 전체 인구가 관료적 국가 아파라투스에 종속된 예를 제시한다. 물론 반드시 관료의 지배하에 놓이는 것은 아니다. 경우에 따라서는 관료체제를 유용하게 활용하여 민주주의를 발전시킬 수도 있다. 사실상 관료적 "기계"라 할 수 있는 대규모 정당은 현대 민주주의의 불가피한 특징이라 할 수 있다. 그렇지만 이러한 정당이 정치적 전문성과 주도권을 갖는 지도자들에 의해 운영된다면 전적으로 관료 지배적인 현상을 피할 수 있을 것이기 때문이다.

국가와 윤리

|3| 현대사회에서 법적·합리적 정당성을 구현하는 관료체제의 발전, 또한 그러한 조직체계가 선거를 통해 선출된 공직자, 대표 내지 통치자의 통치로부터 벗어나 여러 형태의 정치적 압력이나 요구로부터 크든 적든 상대적 자율성을 갖는다면, 그것은 민주주의 정치과정에 있어 심대한 함의를 갖는다. 현대의 대의제 민주주의는 말할 것도 없이 대표와 책임의 연계를 통해 작동한다. 선거를 통해 법을 만들고, 통치할 수 있는 대표를 선출하고, 또 그 대표로 하여금 그들을 선출한 투표자들에게 책임지도록 하는 것을 말한다. 그것은 하나의 정치체제를 민주주의라고 말할 수 있게 하는 핵심 요건이다. 만약 선거를 통해 한 공동체의 구성원을 통치할 대표를 선출만 하고, 선출된 대표가 그 구성원들에 대해 책임지지 않는다면, 그것은 선출된 통치자로 하여금 자의적 권력 행사를 가능하게 하고, 법 위에 군림^{de legibus solutus}하는 것을 허용하게 될 터이다. 만약 민주주의가 그런 상황을 허용한다면 그 체제는 더 이상 민주주의가 아닌 군주정이나 귀족정, 또는 어떤 다른 형태의 전제정일 것이다. 20세기 전반 바이마르공화국 헌법에 이론적 기초를 제공한 법철학자 한스 켈젠은 법을 만드는 법 제정자와 법을 지키는 사람 간의 관계를 통해 민주주의와 전제정을 구분했다. 권력이 아래에서 위로 움직이는 것과 반대로 위에서 아래로 움직이는 것을 기준으로 체제를 구분하는 것인데, 그 핵심은 자율성^{autonomy}과 타율성^{heteronomy}의 구분이다. 민주주의 체제가 법을 만드는 사람과 지키는 사람이 동일한 정부 형태를 지칭한다고 할 때, 이와는 대조적으로 전제정은 법 제정자와 법이 대상으로 하는 사람이 동일하지 않은 정부 형태를 말한다.[8] 이러한 상황은 법의 지배가 아닌,

법에 의한 지배라고 할 수 있다. 이 점을 고려한다면, 대의제 민주주의를 실천하는 데 있어 난제는 대표 선출보다 책임을 어떻게 부과하느냐 하는 문제일 것이다. 미국 헌법의 아버지로 불리는 미국의 네 번째 대통령 제임스 매디슨은 『연방주의자 논설문』 제57번에서 이렇게 말한다. "모든 정치적 헌법의 목적은 첫 번째로 통치자들을 위해 사회의 공동선을 추구할 수 있는, 뚜렷이 구분되는 뛰어난 지혜와 지고의 덕을 가진 사람을 얻는 일이고, 그다음으로는 그들의 공적 신뢰를 꾸준히 보여주는 한편 그들이 계속해서 덕을 유지하기 위해 효과적으로 주의를 기울이게 하는 데 있다." 그리고 제51번에서는 "한 정부가 인간이 인간을 다스리는 정부의 틀을 만드는 데 있어 최대의 난점은 이런 것인데, 무엇보다 정부가 피통치자를 통제할 수 있어야 하고, 그다음으로는 그 스스로가 통제될 수 있도록 강제하는 일이다." 두 인용문에서 앞부분이 대표의 문제를 말하고 있다면 뒷부분은 책임을 말하고 있다.

책임의 문제를 단순화하기 위해 우리는 이를 주식시장에서의 투자자principal와 대리인agent의 관계에 비유해볼 수 있다. 민주주의의 주체는 어디까지나 주권자인 공동체의 시민 구성원이다. 그들을 투자자에 비유한다면, 대리인은 펀드매니저다. 이 양자의 관계에서 펀드매니저는 자신의 업무 목적인 투자자의 이익 실현보다 자신의 돈벌이에 더 관심을 갖는 도덕적 해이moral hazard에 빠질 수 있기 때문에 문제가 생긴다. 마찬가지로 민주주의에서 주인은 시민이고, 통치를 위임받은 대표는 대리인 또는 대행자다. 이들은 동일하지 않기 때문에 거기에는 크든 작든 도덕적 해이가 필연적으로 발생한다. 대표의 문제가 정직하고 성실하고 유능한 대리인을 찾는 것이라면, 책임의 문제는 대행자의 도덕적 해이를 감시·감독할 수 있는 방법이나 장치를 찾는 일이다.

|4| 앞에서 나는 국가의 팽창에 대해 말했다. 국가 팽창과 아울러 국가로의 권력 집중이 한국만큼 빠른 속도로 이루어진 나라는 많지 않을 것이다. 이 점에서 본다면 베버의 이론을 한국만큼 잘 적용할수 있는 나라도 없으리라. 그러나 한국의 사례는 자본주의적 경제 발전과 민주화가 결합되면서 만들어낸 민주주의가 가져온 사회적 요구와 강력한 합리화의 추동력이 가져온 결과만은 아니다. 종전 이후 냉전의 혼란 속에서 이루어진 분단국가 건설과 1960~1970년대 국가중심의 빠른 산업화는 이미 민주화와 산업화 이전에 잘 발달된 행정관료체제에 기반을 둔 강력한 국가와 국가주의를 발전시킨 바 있었다. 권위주의로부터 이어진 강력한 국가 중심적 정치 환경은 한국 민주주의를 조건 지은 중요한 힘이 될 수밖에 없었다고 할 수 있다. 지난 1990년대 말 외환 위기와 함께 한국이 신자유주의적 경제 원리를경제 영역뿐만 아니라 사회 운영 원리에서도 과격하게 추진해온 결과, 빠른 경제 성장과 더불어 빈부격차의 급속한 증대, 사회적 양극화가 동시에 나타나기에 이르렀다. 우리는 이 시기의 국가를 권위주의시기 산업화를 주도했던 "발전주의 국가"를 계승한 "신자유주의적 발전 국가"라고 말할 수 있을 것이다. 이러한 국가가 함의하는 바는 크다. 행정관료 공직자들의 수는 국가의 역할이 증대됨에 따라 그에 비

례해서 증가해왔다. 현재 중앙정부 기구의 팽창만 보더라도, 국가 행위의 기능적 범주에 따라 290여 개에 이르는 공사, 공기업 산하기관이 존재한다. 나아가 이들 공적기구의 산하에 그 기능을 정확히 정의하기도 어려운 '준(準)공적' 또는 '준사적' 기구가 무수히 설치되어 있다. 예컨대 박근혜 정부에 들어와 신설된 미래창조부 산하에는 40개가 넘는 공적 기구가 배치되어 있다. 중앙부서, 지방자치정부에서는 여러 기능적 업무를 수행하는 개발원 혹은 연구원 같은 기관을 수없이 설치해왔다. 이 기관들이 얼마나 많은 정부 예산을 쓰고 그것이 얼마나 적절한지에 대해서는 언급하지 않더라도, 이들 공적 기관이 사용하는 재정 규모 자체가 크게 팽창했다는 사실은 지적할 수 있다.

정치학자 욘 엘스터는 민주주의하에서 정부기구의 공적 책임에 대해 이렇게 말한다. 공직자에 대한 책임은 3단계로 부과된다고 할 수 있는데, 책임 부과가 여러 단계로 확대되는 만큼 실효를 거두기 어려워진다. 주인—대행자 관계에서 주인은 첫 번째로 의회의 의원들을 선출해 내각을 구성하도록 한다. 두 번째 단계로, 선출된 대표들이 그들의 대리인으로서 국가의 행정관료기구를 관장할 수 있는 기관의 장을 임명함으로써 집행부를 구성한다. 세 번째 단계로는 이 집행부의 장들이 그들이 관장하는 기능적 범주에서 그들의 권한을 집행할 수 있는 산하 부서의 장들을 임명한다.[9] 대통령제의 경우, 대통령을 선출하여 내각을 구성하도록 하고 중앙정부 산하 공공기관들의 장을 임명한다. 그러나 이 문제를 한국의 정치 상황에 견주어본다면, 중앙정부의 각료들과 중앙정부 산하 공공기관의 장들은 사실상 대통령이 자신의 선거 캠프 인사나 선거에 기여한 이들 중에서 임명하는 경우가 대부분이다. 어쨌든 국가 권력이 확대되고 중앙정부와 그 산하 공공 기관들의 무슨 청, 무슨 공사 등 여러 형태의 명칭을 갖는 공적 기구들을 설치하게 됨에 따라, 선출된 공직자들이 그들 공적기구의 공직자들에게 책임을 물을 수 있는 능력은 그 위계적 단계가 늘어나면서 기하급수적으로 약화된다.

추첨을 통한 순환제 통치를 특징으로 했던 고대 그리스에서 시민이 1년 임기(장군이나 선박 건조 기술자, 선거를 통한 선출직을 제외하고는)의 공직을 맡는 것은, 시민으로서의 의무이기도 했지만 수월한 일이기도 했다. 그러나 공직 임명이 쉬웠던 만큼 공직이 끝난 후ex post 공직 수행에 대한 책임을 묻는 제도는 가히 징벌적이었다.[10] 책임 문제와 관련하여 현대 대의제 민주주의와 고대 민주주의를 비교할 때 두 가지 점을 느끼게 되는데, 첫째는 현대 대의제 민주주의에서는 선출된 공직자에게 책임을 묻는 제도가 터무니없이 허술하다는 점이다. 둘째는 공직에 대한 책임을 묻는 것이 얼마나 지난한가 하는 점이다. 그러나 현대 대의제 민주주의는 고대 그리스 민주주의에 비해 대규모적이다. 현대사회는 그리스의 도시국가에 비해 인구나 사회의 규모 면에서 수십 배나 더 클 뿐만 아니라, 산업 발전으로 인해 고도로 정교해진 분업 구조, 직업 직능적 구조를 갖는 발전된 사회다. 과학기술의 진보로 인해 전문적인 지식 없이는 공적 이슈와 정책 사안들을 다룰 수 없는 대규모적이고 발전된 사회로 변화한 것이다. 이러한 사회 변화에 대응하면서 발전한 사회적 조직체계가 바로 베버가 말하는 체

국가의 현실, 개인의 현실: 한국사회와 민주주의의 관점에서

계, 즉 합리화를 핵심 동력으로 삼는 관료체계인 것이다. 이토록 대규모적이고 발전된 복합적 사회 구조에서 직접민주주의를 행하기란 불가능하다. 삼권분립이니 선거에 의한 심판이니 하는 말도 그러하고, 수평적 책임이니 수직적 책임이니 하는 말도 모두 이 책임을 물을 수 있는 제도나 기제를 두고 하는 말이다. 여기서 말하고자 하는 것은 고대 그리스에서 직접민주주의가 작동했던 기본 구조는 어떤 방식으로 선출되든 통치의 역할을 수행하는 통치자와 그렇지 않은 피통치자 간의 2자 관계가 중심이었다는 점이다. 그러나 대의제 민주주의는 통치자와 피통치자 사이에 (사회에 대해 상대적 자율성을 갖는) 관료적 형태로 제도화된 국가가 존재하는 3자 관계, 즉 통치자−국가−피통치자 간의 복합적인 관계를 특징으로 한다는 것이다. 이 복합적인 구조에서는 선출된 공직자와, 그들이 운영하는 조직화된 행정관료기구를 운영·관리하는 비선출직 공직자들에 대해 동시에 책임을 묻는 일이 얼마나 지난한가를 알게 된다. 이 문제는 현대사회에서 대의제 민주주의를 작동시킨다는 것이 얼마나 어려운가를 말해준다.

|5| 선출된 공직자가 법과 정책을 만들고 이를 집행하기 위해서는 선출되지 않은 관료공직자들에게서 전문적 지식과 행정 업무를 지원받지 않으면 안 된다. 선출되지 않은 관료공직자들은 통치를 효과적, 효율적으로 수행하는 도구라고 할 수 있다. 그러나 선출된 공직자들은 통치 업무를 위해 이들과 협력하고, 이들을 지휘·통솔해야 한다. 그러나 이 과정에서 선출된 공직자와 선출되지 않은 공직자들이 서로 담합하거나, 공익보다 사익을 추구하는 일에 몰두할 때가 많다.

그 결과는 광범한 비리, 부정부패, 지대 추구 등으로 나타나는 부정적 행위다. 이들에게 책임을 묻는 데는 지난한 어려움이 있다. 제도가 없어서가 아니라 제도가 제대로 작동하지 못하기 때문에, 법이 없어서가 아니라 법의 지배가 관철되지 못하기 때문이다. 정책의 결정 및 수행이 잘못되어 국가 재정 손실을 가져온 사례는 헤아릴 수 없이 많다. 특정 정권에 한정된 것도 아니다. 민주화 이후 정권이 교체될 때마다 신임 대통령은 예외 없이 자신의 업적을 위해 메가프로젝트를 기획하고 집행해왔고, 천문학적인 액수의 공적 자금을 필요로 하는 프로젝트는 많은 경우 그 규모가 큰 만큼이나 쉽게 부정부패를 동반해왔다. 그러나 임기 중이든 임기가 끝난 후든 제대로 된 평가가 있었는지는 의문이다. 법의 지배가 작동한다면, 검찰의 고발을 비롯하여 법적 판결 대상이 됐어야 했을 것이다. 정부 내에는 엄연히 감사원이나 검찰 같은 사법적 행정기구들이 존재한다. 하지만 이 기구들은 정치권력 앞에서 효과적으로 작동하지 못한다. 생각해보면 민주주의는 이루 말할 수 없이 조야한 제도다. 대의제 민주주의의 핵심 원리로서 선거라는 수단을 통해 정당과 정당이 제시하는 후보를 선택하는 것 이외에는 자신의 의사, 요구, 이익, 가치를 실현할 수 있는 다른 수단이 없기 때문이다. 그나마 그 선택의 기회도 4년 또는 5년에 한 번씩 주어지는 것이 고작이다. 정치에서의 선택은 엄청나게 중요한 선택이다. 한국의 경우, 총 국내총생산GDP의 약 30퍼센트 정도가 정부의 직접 통제하에 있다. 총 GDP의 45~55퍼센트에 이르는 유럽 복지국가들의 공공 부문에 비해 적은 비율일지 몰라도 그 재정 규모는 양적으로 매우 크다. 선거에서 승리한 정당과 그 후보가 정부를 구성하고 통치 역할을 수임받고, 일반 투표자들의 세금, 물가, 취업과 실업, 고용 조건을 포함하는 경제생활 일반이 이 정부의 경제 정책과 국가 운영 방식에 의해 직접적으로 영향받지만, 투표자 개개인이 그에 영향을 미칠 수 있는 여지는 투표라는 수단 외에 다른 것이 없고, 그것도 1/n만큼 작을 뿐이다. 일찍이 윈스턴 처칠은 "민주주의는 지금까지 경험하고 시행해본 여러 정치체제를 제외하고는 최악의 정치체제"라고 말했다. 그저 날카로운 위트로 보아 넘기기에는 본질을 꿰뚫는 일면의 진실이 담겨 있다.

|6| 여기서 국가의 윤리적 문제에 대해 보도록 하자. 앞서 나는 "신자유주의적 발전 국가"라는 말을 했다. 여기에 한국의 국가가 강한 만큼 "강력한"이라는 접두사를 붙여도 될 것이다. 국가의 경제 및 사회 운영 원리로서 신자유주의를 여러 특징적 요소로 정의할 수 있겠지만, 우리의 주제인 국가의 성격 변화와 관련하여 그 핵심 요소 중 하나는 민영화다. 과거의 기준으로 볼 때, 신자유주의적 국가 정책의 결과로 공적 영역과 사적 영역 사이에는 공적 기능을 수행하되 공적 기구인지 사적 기구인지 애매한 기구들이 우후죽순처럼 나타났다. 또는 공적 기구이지만 사적 영역에서의 경제 행위처럼 시장에서 이익을 추구하는 공기업이 수없이 늘어났다. 그리하여 이 영역에서의 재정 규모는 천문학적인 것이 되었다. 예컨대 어느 신문보도에 의하면, 국토교통부와 코레일이 연내 계획으로 서울역−인천공항 철도 지분 매각에 나서는데 그 매매가는 1조8000억 원 대가 될 것으로 예상된다고 했다(『머니투데이』, 2014년 6월 13일자). 그리고 2015년 베를린을 방

국가와 윤리

문했을 땐 도심 한가운데 위치한 베를린의 상징물 소니센터를 국민연금공단이 사들여 한국 소유가 되었다는 소식을 들었다. 그리고 2015년 10월, 국민연금공단 이사장이 삼성물산–제일모직 합병과정에 영향력을 행사했다는 문제를 둘러싸고 복지부와 충돌한 뒤 결국 사임한 사건이 있었다. 여기에서 몇 가지 사례를 들어 말하려는 것은, 공기업이 시장에서 마치 사기업처럼 결정하고 행위한다는 점이다. 그리고 그들의 결정이 재벌 대기업의 내부 상속 문제에 큰 영향력을 미친다는 것이다. 그 규모가 얼마나 큰지, 그것이 어떤 과정을 거쳐 결정되었는지는 외부에서 알기 어렵다. 공기업이 사기업처럼 시장에서 재정 손실을 볼 리스크를 안고 투자할 때, 만약 그것이 손실을 가져올 경우 그 책임은 누가 지느냐 하는 숱한 문제가 제기된다. 말할 것도 없이 그들의 결정이 손실을 가져올 경우, 그것은 고스란히 일반 납세자들의 손실로 돌아갈 수밖에 없다. 하지만 그 결정에 대해 책임을 물을 수 있는 방법은 별로 없다.

신자유주의적 환경에서 정부기관 및 공기업과 사기업 간의 하청 계약관계를 통해 많은 공적 임무, 역할, 기능이 민간기업에게로 이양되었다. 이러한 배경에서 우리는 국가의 역할 변화와 아울러 관료행정공직자들의 에토스에 있어 몇 가지 중요한 변화를 발견하게 된다.

첫째, 민영화는 공공기관 및 공기업의 기능 중 많은 부분을 사적 영역에 속한 민간기업에게로 이양함과 더불어 그 직접적인 결과의 하나로서, 관료행정 공직자들의 (전문지식을 필요로 하는) 공적 역할에 대한 자긍심, 공익에 대한 봉사, 공적 업무를 수행하는 데 대한 책임의

국가의 현실, 개인의 현실: 한국사회와 민주주의의 관점에서

식과 의무감을 포함한 공적 직업윤리 내지 공익 정신의 상실/약화라는 변화다. 그들이 공적 영역과 사적 영역이 중첩된 공간에서 역할을 수행하는 만큼 그들의 정신, 그들의 윤리의식이 과거와 달리 시장경쟁과 효율성, 사적 이익 추구와 같은 기업인들의 그것과 차이가 없어졌다는 것이다.

둘째, 관료행정 공직자들은 관료 기구의 공직자들에 대한 민주적 통제 내지 책임으로부터 일정하게 자유로울 수 있는 제도적 '자율성autonomy'을 향유하면서 '지대rent'를 추구할 기회가 많아졌다. 재임 중 공적 행위를 통한 사익 추구는 물론, 퇴임 이후의 '전관예우'도 그러한 사익 추구 행위의 하나로 이해될 수 있을 것이다.

셋째, 강력한 신자유주의국가의 발전과 병행하여, 공적 영역과 사적 영역이 접맥된 넓은 영역이 창출되었고 그 영역은 부패와 비리, 편법과 탈법, 무능과 무책임의 온상이 될 소지가 커졌다.

다시 말해서 신자유주의와 더불어 그동안 우리가 경험하지 못했던 새로운 영역이 등장한 것이다. 이 새로운 영역의 등장은 공직자의 내적 정신과 규범의 상실, 사익 추구 행위의 범위와 기회를 넓히는 결과를 가져왔고, 새로운 환경에 대응하는 윤리적 기제는 강화되기보다 약화되는 현상을 보여주었다. 그리하여 중앙정부는 물론 수많은 공기업, 공사를 포함하여 공적 영역과 사적 영역이 접합된 광범한 영역에서 발생하는 공적 업무를 어떻게 민주적으로 통제하고 관리하느냐 하는 문제는 한국 민주주의의 최대 과제로 떠올랐다. 그러나 한국 사회에서 국가 권력과 그 영향력이 큰 만큼, 그에 따라 시민사회의 자율적 영역이 취약한 만큼, 공적 영역과 관련된 부문에서뿐 아니라 전 사회적으로 도덕적·윤리적 생활의 파탄 내지 약화를 불러오게 되었다. 설사 책임을 물을 수 있는 정치적·법적 제도가 존재한다 하더라도 공적·사적 윤리의식이 약화되거나 부재하는 환경에서 공직자들의 업무 수행에 대해 책임을 묻기란 지난한 일이 되어버렸다. 이런 점에서 볼 때 진정으로 필요한 것은 제도가 아닌 내적 책임 윤리인지도 모른다. 그럼에도 불구하고 공직자가 지녀야 할 내적 책임 윤리를 개인의 윤리의식이나 덕성에만 맡기는 것은 그 효과가 미약한 정도를 넘어 거의 무용한 일처럼 보인다. 왜냐하면 공적 윤리의 부재는 국가기구로서 행정관료체제 전체의 문제, 즉 그것의 가치, 구조, 이념, 이상 모두에 있어 시장 효율성, 사적 이익 추구의 가치를 전면적으로 수용한 결과라고 할 수 있기 때문이다. 이런 상황에서 어떻게 공직자의 윤리의식을 불러올 수 있을 것인가는 지난한 문제가 아닐 수 없다. 강력한 신자유주의국가는 실제로 관료기구의 확대 없이도 국가권력과 행정권력을 유지하고 확대하는 방법이었다. 그렇지만 국가권력이 아무리 강력해지고 제도적으로 팽창한다 하더라도, 그것은 국가 능력을 강화하는 것으로 이어지기보다 더 많은 '위험risk'을 불러오고 확대하는 결과를 가져올 수밖에 없다. 나는 '세월호 사건'이 위에서 말한 강력한 신자유주의국가의 발전과 국가 능력이 반드시 비례하지 않는다는 사실을 잘 보여주는 예라고 생각한다.

국가의 현실, 개인의 현실: 한국사회와 민주주의의 관점에서

4___시민사회

|1| 헤겔은 국가와 시민사회를 구분하고, 시민사회를 독자적인 사회 영역으로 탐구한 최초의 철학자이자 정치이론가다. 물론 17세기에 홉스나 로크 같은 자연법이론가들도 국가와 시민사회를 구분한 바 있었다. 그러나 앞선 시기 철학자들이 말했던 시민사회는 사회계약을 통해 국가가 형성되는 과정에서 그들이 이론적으로 상정한 어떤 추상적인 사회 영역이었다. 그리고 홉스가 자연 상태와 시민사회를, 로크가 시민사회와 국가를 구분한 데서 볼 수 있듯이, 그것은 2자 구분으로 제시된다. 그러나 헤겔의 사회구조에 대한 구분은 앞선 시기의 철학자들과 달리 실제의 사회성, 사회적 관계를 중심으로 하는 가족, 시민사회, 국가라는 3자 구조를 통해 제시된다. 그러한 외양적인 것을 떠나서 국가와 시민사회라는 2자 구분에 또 다른 대립 구조, 즉 공적 영역과 사적 영역 간의 구분을 첨가함으로써 훨씬 복합적인 구조로 전환시켰다.[11] 헤겔이 제시하는 3자 구분은 상업적 자본주의 시장과 생산체제가 만들어낸 실제의 사회 영역을 맥락으로 한다. 이 구분에서 가족은 사적생활의 영역이다. 그렇지만 시민사회와 국가는 공히 공적 또는 보편적 아이디어를 대표하며, 시장은 사적·부문적 이익을 무제한으로 추구하는 영역이다. 시장이나 국가는 모두 공적 영역에 속하지만 매우 다른 방식으로 그러하다. 헤겔이 말하는 시민사회는 두 가지 다른 차원에서의 주장이 서로 접맥되면서 현대적 조건에서 사회성/사회관계의 형태에 관해 내적으로 일관된 원리가 가능해질 수 있도록 한다. 이를 사회관계의 형태에 있어 '조화/화해'의 이

론이라고 말할 수 있다. 헤겔이 말하는 '윤리적 생활' 이론에서 가족은 문화적·사회적 풍습을 담지하고 있는데, 이는 현대적 인간이 사회적 관계를 형성하고 성장해나가는 전제조건이 된다. 그렇지만 가족과 윤리관계는 대규모 현대사회가 비사인적·비개인적 사회관계에서 요구하는 '정신'에서 근본적인 한계를 갖는다. 그에 대해 시민사회 영역은 제한 없는 분화, 그로 말미암은 개혁, 에너지, 새로운 계획initiative이 창출되고 유효한 영역이며, 근대 자본주의 물질문명을 가능하게 하는 영역이다. 그럼에도 불구하고 시민사회는 가족과는 다른 차원에서 신뢰를 발전시킬 수 있는 기술을 필요로 한다. 그것은 "이방인들 사이에서의 신뢰"를 뜻하는 것으로, 특별한 현대적 형태의 신뢰를 말한다.[12] 이러한 신뢰의 형성에 기초한 사회관계와 태도가 현대적 기업이나 비사인적·비개인적 관료 정치제도를 운영하는 데 효과적인 것이라고 할 수 있다. 그럼에도 불구하고 이러한 방식과 내용의 사회관계는 사적 이익 추구를 향한 경쟁에 의해 근본적으로 제약된다는 한계가 있다. 헤겔은 '보이지 않는 손'에 의존해 문제를 해결할 수 있다는 애덤 스미스의 이론을 수용하지 않는다. 즉 사적 이익의 추구가 사회 전체의 부를 증대하는 결과를 가져오리라는 시장 원리를 신뢰하지 않는다. 보편적 이성과 자유를 구현하는 국가의 역할은 여기서 필요한 것이다.

어쨌든 시민사회는 그것이 동반하는 분절화 및 갈등적 경향을 충분히 극복할 수 없고, 이러한 시민사회의 분절된 합리성은 현대사회를 해체의 위험으로 몰아넣을 수 있다는 것이다. 우리는 이러한 헤겔의 논리로부터 현대 자본주의 상업사회가 창출해낸 부르주아지의 모순적 측면이 만들어내는 딜레마를 발견하게 된다. 현대 자본주의사회의 주역으로 나타난 부르주아지는 한편으로 시장 경쟁에서 사적 이익을 추구하는 상업사회의 주역으로서의 부르주아지bourgeois/Bürger이면서 다른 한편으로는 보편적 자유의 실천과 실현이라는 역할을 떠맡는 시민citoyen/citizen이기도 하다. 이러한 부르주아지의 개인적 모순은 스코틀랜드, 영국, 프랑스보다 후진적 자본주의 사회이고, 부르주아지 그들 스스로가 보편적 자유의 이념을 충분히 담지할 수 없었던 환경에서 헤겔을 통해 발전될 수 있었던 이론인 것으로 보인다. 그럼으로써 이 양자의 갈등 내지 딜레마를 풀어낼 수 있는 조화/화해의 개념이 헤겔 철학의 중심으로 자리 잡을 수 있었을 것이다. 헤겔의 사회이론에서 국가와 시민사회의 분리 못지않게 중요한 것은 계급 및 계층의 기능적 범주에서 이해관계를 공유하는 시민이 스스로 조직한 이익결사체를 시민생활의 중심으로 놓았다는 점이다. 그것은 경제적 이해관계를 공유하는 데서 끝나지 않고 이익, 의사, 가치, 열정을 고유하는 공동체적 사회생활을 가능케 하는 제도로서 깊은 함의를 갖는다. 결사체의 활동을 매개로 하여 자신의 이익을 추구할 때, 개인은 사회 내부에서 그것을 객관화하여 이해하고 그것이 실현되는 과정을 구체적으로 경험하게 되며, 이 과정에서 자유의 의미를 보다 세밀하게 이해하고 그 실현을 의식하게 된다. 시민사회의 기본적인 구성 요소이자 제도라고 할 수 있는 결사체는 시민이 개인으로서 지녀야 할 의무, 규범, 시민성과 같은 "윤리적 생활"을 체험하고 요구받도록 한다. 즉 윤리적 생활이라는 말은 선험적이고 추상화된 일반적 도덕 명

령으로서 수용되고 실천될 수 있는 것이 아니라, 구체적인 사회제도
내에서 실제의 경제생활을 통하여 터득되고 학습되는 것이다. 그러
므로 시민사회는 가족과 국가 사이에서 그 자체의 논리와 역학을 가
진 것으로서 나타난다.

대표적인 민주주의 이론가 중 한 사람인 정치학자 필립 슈미터는
헤겔 이론을 바탕으로 시민사회가 "자율적으로 조직된 중간 집단의
일련 체계"라고 정의한다(*Consolidating the Third Wave Democracies*,
p. 240). 이어서 그는 시민사회의 요건으로서 네 가지를 제시한다. 첫
째, 공적 권위, 그리고 경제적 생산과 재생산의 사적 단위, 즉 기업과
가족으로부터 상대적으로 독립적이다. 둘째, 자신들의 이익 또는 열
정을 방어하거나 증진하기 위해 그에 대해 심의할 수 있고 집단행동
을 할 수 있다. 셋째, 국가 공직자들이나 사적 생산자 집단을 대체하
려 하거나 전체 정치체제를 통치할 책임을 받아들이는 일 따위를 추
구하지 않는다. 넷째, 시민성을 증진하려는 목적으로 사전에 정한 규
칙 내에서 행위하는 데 동의한다.[13] 특히 철학자이자 사회학자인 어
네스트 겔너는 시민사회가 하나의 "무도덕한 질서an amoral order"라는
점을 강조한다.[14] 겔너가 강조하는 것은 김우창 교수가 문화를 "열림"
과 "닫힘"으로 구분하면서 다면적이고 다층적인 가치들을 이성적으
로 성찰하고 유연하게 수용함으로써 닫힘에 대응하는 열림의 가치와
정신을 강조하는 것과 일맥상통한다.[15] 즉 문화의 열림을 허용하고
가능하게 만드는 사회가 곧 시민사회라고 할 수 있다. 그러므로 다섯
가지 요건—이중의 자율성, 집단행동, 권력을 쟁취하지 않는 것, 예

국가의 현실, 개인의 현실: 한국사회와 민주주의의 관점에서

절, 이념이나 가치의 다원성—이 갖추어진 사회를 '시민사회'라고 부를 수 있을 것이다.

|2| 한국에서의 시민사회는 그 자체로 역사성과 특수성을 갖는다. 무엇보다 한국사회에서 시민사회라는 말은 지난 1980년대 민주화의 산물이다. 설사 그 이전에 그런 말이 있었다 하더라도 큰 정치적 의미를 가졌다고 할 수는 없다. 때문에 이 말이 권위주의 국가에 대응하는 민주주의의 보루로 받아들여졌던 것은 자연스러운 일이다. 이 점에서 볼 때 시민사회는 서구사회에서의 의미와 같이 국가 권력으로부터 자율성을 갖는, 사회구조에서 최상층에 위치한 국가와 가장 기본적인 단위인 개인/가족 사이에 놓인 사회적 공간을 뜻한다. 그러나 헤겔을 언급하면서 말했던 것과 달리, 한국사회에서는 시민사회의 구성원들이 서구사회에서처럼 시민이자 동시에 부르주아지라는 모순적 자아와 씨름해야 할 이유가 없다. 한국 시민사회의 주역은 근대 서구적 의미에서의 중산층이라기보다는 기업인, 기업 엘리트에 가까운 사회집단이라고 할 수 있기 때문이다. 그들은 서구적 부르주아지와 달리 민주주의적 가치와 이념의 준봉이 아닌 권위주의적인 산업화 과정을 통해 탄생했고, 그렇기에 권위주의와 민주주의의 차이에 대해 민감하지 않은 집단이라고 할 수 있을 것 같다. 이와는 대조적으로 한국사회의 시민은 사회의 계급·계층적 요소보다 민주주의라는 가치를 갖는지 여부가 더 중요한 잣대가 된다. 물론 그들은 도시의 교육받은 중산층 가정을 배경으로 갖는 젊은 세대이거나 스스로가 중산층의 성원이다. 그러나 민주주의를 적극적으로 주창하는 시민은 이들만이

국가와 윤리

아니다. 여기에는 노동자, 농민과 같은 경제적 생산자 집단이 포함되어야 할 것이다. 한국 시민사회에 민주주의를 둘러싼 갈등이 있다면, 보다 더 일반화되고 보편화된 가치로서의 민주주의를 지향하는 것이거나, 계급·계층의 소외와 사회적 양극화를 해소하려는 사회경제적 민주주의를 추구하는 것, 둘 중 하나이거나 둘 다일 가능성이 크다. 한국 민주화운동의 중심 세력이 교육받은 도시 중산층에 속한 젊은 세대인 한, 시민사회의 주역은 직접적인 경제생활의 주체라기보다는 민주적 가치를 추구하는 민주화 세력이라고 할 수 있을 것이다. 그러나 오늘날의 시점에서 시민사회의 변화를 되돌아볼 때, 한국 시민사회가 민주화운동에 기반을 두고 탄생했다는 사실은, 그것이 짧은 시간 내에 한국사회의 중심 세력 중 하나로 폭발적인 성장을 했다 하더라도, 아니 바로 그 때문에 커다란 약점을 내장하게 되었다고 할 수 있다. 헤겔이 보았듯이 시민사회는 자본주의 시장경제체제가 만들어낸 실제의 생활 영역이며, 그것을 기반으로 한 자율적 결사체가 중심 구성 요소다. 사회경제적 기반을 갖지 않고 운동을 중심으로 그 영역을 확인하는 시민사회는 허약할 수밖에 없고, 그것은 지속적인 권력의 자원으로 역할하기도 어렵기 때문이다.

|3| 한국 시민사회의 또 다른 특징은 결사의 자유가 제한된다는 점이다. 세계의 정치학자들은 일반적으로 이상적인 민주주의가 아니라 현실적으로 존재하고 실천되는 민주주의, 즉 대의제 민주주의에 합의한다. 민주주의의 최소 요건은 결사의 자유, 결사체가 정치과정에서 인정되고 공적 결정과정에 접근하는 것의 허용, 주기적이고 공

국가의 현실, 개인의 현실: 한국사회와 민주주의의 관점에서

정한 비밀선거, 성인의 보통선거권, 정당 간의 경쟁, 집행부의 책임 (성)이라고 말한다. 그런데 한국사회에서 결사의 자유가 제한된다고 할 때는 정확하게 말할 필요가 있다. 결사의 자유가 없는 것은 아니기 때문이다. 헌법을 비롯해 결사의 자유를 규정하는 여러 법이 있고, 이익결사체 및 이익집단들이 도처에 존재하고 활동한다. 이러한 환경에서 결사체의 자유가 제한된다고 말하는 것은 노동자, 농민과 같은 생산자 집단들 또는 기업의 거의 모든 피고용자들, 화이트칼라 노조를 포함해 갑을 계약관계에 있는 이들이 일하는 현장에서 실제로 벌어지고 있는 일에 대해 말하는 것이다. 법이 있다 하더라도, 법이 보통 적용되고 집행되는 방식, 법의 불공정성이라고 통칭해서 부를 수 있는 조건 아래서는 결사체를 통한 이익 실현, 요구와 의사의 표출, 열정의 분출 따위가 제약된다는 것이다. 즉 법에 의한de jure 제약이라 기보다 사실상de facto의 제약을 말하는 것이다. 그러므로 한국사회에서 노동자들은 노사관계와 단체협약을 비롯해 노동조합이라는 집단적 수단을 통해 자신들의 요구와 이익을 대표할 수 있는 "산업적 시민권industrial citizenship"을 갖지 못한다고 말할 수 있다. 제2차 세계대전 이후 사회복지이론의 개척자 중 한 사람이었던 영국의 사회학자 T. H. 마셜은 17~18세기의 자유주의 시기 이래 19세기의 정치적 개혁법안을 계기로 표현되는 정치 참여의 권리, 20세기에 들어와서는 복지권을 의미하는 사회경제적 권리라는 말을 창안해낸 것으로 유명하다. 그러나 마셜을 포함하여 기든스, 터너 등 여러 다른 사회학자는 모두 "산업적 권리industrial rights"를 정치 참여 권리 또는 경제적 권력의 부분으로 보거나, 그러한 권리와는 별도의 개념으로 언급한 바 있다.[16] 한

국가와 윤리

국 노동운동의 현실과 관련해 볼 때, 노동조합을 조직한 노동자들이 집단적 행위자로서 노사관계와 노동시장에 참여할 수 있는 "산업적 참여권 또는 산업적 시민권"은 다른 여러 시민권과 별도로 그 중요성이 인정되어야 한다. 헤겔이 말하는 "윤리적 생활"이 시민사회 영역에서 가능해지려면 노사관계 및 노동시장에서의 산업적 참여권이 실효성을 가져야 한다. 노동자 개인이 노동 현장에서 일하는 것은 생계나 이익 추구를 위함일 뿐만 아니라 그것을 통해 도덕적 자율성을 얻는 주체로서 자기의식을 갖기 때문이다. 문제를 또 다른 차원에서 말할 수 있다. 노동자들이 노조에 가입하는 것은 충분히 가능한 일이고, 그 기회는 널리 열려 있다. 그러나 이러한 조건 아래서도 일반 조합원들이 그 노조로부터 실제로 얼마나 보호받을 수 있는가는 또 다른 문제다. 예컨대 세월호 사건을 보자. 세월호의 선장과 항해사들은 승객을 구조하지 못한 죄로 모두 중형을 면치 못했지만, 그들 역시 해운노조의 조합원이었다. 그러나 그들이 고용자인 해운회사와 고용 조건, 업무 규정을 협약하는 데 있어서나 실제로 그것이 시행되는 과정에 있어서나 해운노조로부터 얼마나 보호받을 수 있었는지에 대해서는 지극히 의문이 든다. 몇몇 간부야 노조로부터 혜택을 볼 수 있을지 모르나, 일반 조합원들이 문서상으로만 존재하는 형식적 조합원의 수준을 넘어 실제로 노조 조합원이라는 사실로 혜택을 받고 보호받는 일은 어려울 것이다.

| 4 | 자율적 결사체를 중심으로 하는 시민사회와 국가와의 관계를 보도록 하자. 한국의 국가는 팽창해왔을 뿐만 아니라 대기업과

국가의 현실, 개인의 현실: 한국사회와 민주주의의 관점에서

의 결속·유대 또한 강화돼왔다. 정치권력의 집중화와 시민사회의 허약함 또는 퇴행이 필연적으로 짝을 이루는 현상이라고 말할 수는 없다. 국가권력이 집중되고 팽창한다 하더라도 시민사회는 그와 병행하여 건강하게 발전할 수 있기 때문이다. 그러나 현실에서 국가의 팽창과 시민사회의 발전이 병행하기는 어렵다. 한국에서는 그러한 결합이 발생하지 않았다. 국가와 대기업의 결속이 지속되고 강화된다는 말은, 정부가 정책을 결정하는 과정에서 대기업의 영향력이 강해짐을 뜻한다. 한국에서 대통령의 권력은 강하다. 그것은 분명 사실이다. 그러나 실제로 정책 결정과정에서 대통령의 권력이 얼마나 강할 수 있는지는 의문이다. 경제 정책을 결정하는 것은 대통령이라기보다 경제 행정관료들이라 해도 과언이 아니다. 관료들이 제시하는 몇 가지 정책 속에서 대통령이 선택하는 것 이상을 할 수 있는지 여부는 지극히 의문이다. 박근혜 정부가 경제 정책의 모토가 되는 창조경제를 이끌어가기 위해 신설한 미래창조부를 보자. 이 급조된 부서는 경제행정부서를 중심으로 여러 주요 행정부서로부터 차출된 행정관료들이 주축을 이룬다. 그리고 신설 부서의 정책과 운영은 전경련, 대한상의를 비롯한 경제 5단체를 중심으로, 여러 경제단체의 대표들이 참여하는 '창조경제민관협의회'에 의해 이루어진다. 정부 관료와 경제단체의 공동 운영이 특징이라 할 수 있다. 나아가 공동 운영의 주도권은 관료들보다 전경련을 중심으로 한 사용자 단체들이 행사한다고 해도 과언이 아니다. 관련 정책 분야의 전문가로서 대학교수들이 참여하지만, 그들은 어디까지나 보조적인 역할을 할 뿐이다. 이 신설 부서를 지원하기 위해 41개에 이르는 공기업과 공사가 배치되었다. 이 부서의 구조와 활동에서 보게 되는 것은 정부의 경제 정책 결정과 운영에 있어 경제 행정관료기구와 경제단체들의 공동 운영이라는 특징뿐, 시민사회의 목소리를 대표할 수 있는 그 어떤 것도 발견할 수 없다.

이 문제에 대해 일본의 경우와 비교해 볼 수 있다. 동경대 정치경제학 교수 게이치 츠네카와는 국가와 기업의 관계에 관한 연구에서 일본의 사례를 "노동 없는 코퍼러티즘corporatism"(노사정 협력주의)이라고 특징지었다.[17] 일본의 경제 정책과 경제 운영과정은 정부와 기업 간의 연대를 중심으로 하며, 노동자 대표는 결정과정에 참여하지 못해 노동이익이 배제되어 있다는 점에서 그렇게 말한 것이다.

그러나 한국에서는 노동자 대표가 결정과정에서 배제되어 있는 것은 물론이거니와 그 배제의 범위가 훨씬 더 넓다. 배제된 것은 노동만이 아니라 시민사회 전체라고 말할 수 있기 때문에 "시민사회 없는 코퍼러티즘"이라고 불러도 될 것 같다. 일본의 사례에서 흥미로운 사실은, 관련 당사자인 이익집단들을 결정과정에 참여시켜 그들의 요구를 듣고 그들과 협의하여 정책을 결정한다는 점이다. 통산성(현재 산업성)이 대형마트 허가를 완화하기 위해 규제법을 개정할 때 소상인, 소자영업자들의 요구는 큰 영향력을 가졌다. 행정관료체제 내에서의 결정에 이해 당사자들이 직접 참여하고 영향을 미치는 것이다. 이것이 의미하는 바는 이해 당사자들의 요구가 자민당과 같은 정당 채널을 통해 대표될 뿐만 아니라, 정책의 입안자이자 집행자인 행정관료기구 내에서도 대표된다는 것이다. 즉 이중으로 대표된다고 하겠다. 국가 행정관료체제와 시민사회 사이의 연계가 그만큼 잘 제도

국가의 현실, 개인의 현실: 한국사회와 민주주의의 관점에서

화되어 있음을 뜻한다.

　최근 손낙구 박사의 일제하 세무행정 연구에 의하면, 19세기 말 명치 시기 일본은 소득세제도를 도입하면서 세금 산정을 공정하게 할 목적으로 프러시아 세무행정체제를 모델로 해서 선거를 통해 위원을 선출하는 소득조사위원회 제도를 설치했다. 그리고 그들이 세무행정체제 내에서 납세자들의 이익과 의사를 대표했다. "대표 없이 세금 없다"는 마그나카르타의 원칙을 제도화한 것이다. 이 제도의 연장선상에서 일제하 조선총독부는 1934년 소득세를 새로 도입했을 때 세무서를 별도의 기관으로 설립했다. 당시 총독부는 본국 제도의 연장선상에서 소득조사위원회를 설치하고, 그 위원회 가운데 한 명은 지방자치단체 선거(식민지하에서도 지방자치단체 선거가 있었다)에서 선출된 지방의원 가운데 한 사람을 임명하도록 했다. 그로 하여금 납세자들의 의사를 대표하는 역할을 하도록 한 것이다. 이 제도는 해방 후에도 운영된 바 있지만, 50년대 들어 폐지됐다. 유권자들의 권익은 의회에서만 정당을 매개로 법 제정과정에 반영될 수 있는 게 아니었다. 행정관료기구 내에도 이러한 제도를 둔 것이다.[18] 정부의 정책이 결정될 때 그 정책과 관련된 시민사회의 특정 기능적 분야에서 이해 당사자들의 대표가 결정과정에 참여할 수 있는 제도는 중요한 사례가 아닐 수 없다. 그러나 국가와 시민사회 간의 관계는, 국가가 위로부터 시민사회의 특정 기능적 분야를 통제·관리하기 위해 조직을 결성하도록 하는 "국가 코퍼러티즘"의 형태로 나타나기도 한다. 최근 교육부는 국립대끼리 권역별로 연합체를 조직하도록 하여 이를 통해 정부

정책을 집행하고 관리할 수 있도록 하는 제도 "개혁"을 구상하고 있다.[19] 국가가 정책 집행을 위해 결사체를 형성하도록 하는 방식은, 권위주의나 전체주의하에서 일반적으로 일어나는 일이다. 그것은 결코 민주주의하에서 일반적인 자율적 결사체라고 할 수 없다. 왜냐하면 특정 부분에서 이해관계를 공유하는 개인, 기구 또는 제도가 그들의 권익을 정책과정에 투입하기 위해 스스로 형성한 결사체가 아니라, 정부가 위로부터 정책 집행을 위해 이들을 관리하려는 목적에서 결사체를 형성하도록 한 것이기 때문이다.

|5| 결사체의 허약함은 한국 정당체제를 약화시키는 결정적인 원인이다. 정당은 자율적 결사체의 최종적 결사체이기 때문이다. 정당은 시민사회에 기반을 두고 출발점을 갖지만, 정당의 정책 인풋 기능은 정치적 역할을 수행하는 정치 영역에 속한다. 즉 국가와 (시민)사회를 매개하는 역할이 그것이다. 정당은 사회 속에서 유권자들을 대표하고 조직할 뿐만 아니라, 선거 경쟁에서 승리할 경우 정부가 될 수 있는 대안 정부의 역할을 수행한다. 그리고 패배할 경우 야당으로서 정부 여당을 감시·감독하는 역할을 통해 정부의 공적 행위에 대해 항시적으로 책임을 물을 수 있어야 한다. 이를 위해서는 대안 정부로서의 능력 내지 실력을 갖추지 않으면 안 된다. 낮은 수준의 제도화로는 애당초 이러한 역할을 감당할 수 있는 능력을 갖지 못한다. 정당이 활동하는 환경으로서 강력한 국가라는 조건은 행정관료체제를 통해 작동하는 것이기 때문에 그들에 비견될 수 있는 제도와 실력을 갖출 필요가 있다. 그러나 한국의 현실에서 정당이 거대한 행정관료체

국가의 현실, 개인의 현실: 한국사회와 민주주의의 관점에서

제를 다루기에는 정당의 제도화 수준, 정치인들의 능력이 턱없이 부족하다. 한국의 정당은 거꾸로 선 정당 구조를 특징으로 한다. 사회에 지지 기반을 갖지 못한 정당은 대통령 중심제라는 정부 형태와 총선 모두에서 단순다수제 선거제도(물론 총선의 경우 정당비례대표를 다소간 가미하고 있지만)라는 제도적 틀이 만들어낸 결과물이라는 특징이 더 강하게 드러나기 때문이다. 따라서 한국의 대통령 후보는 사회적 지지 기반과는 무관하게 정당 밖에서 초빙되는 것이 얼마든지 가능하고, 실제로도 그러하다. 사회에 기반을 갖지 못해도 선거제도로 인해 정당의 역할과 존재 이유를 갖기 때문이다. 한국의 양대 정당은 이러한 제도의 결과물이라 해도 과언이 아니다. 국가 권력이 엄청나게 강한 나머지 한번 집권한 정치 세력은 정부를 운영하는 기회를 통해 많은 권력에 접근할 수 있고, 따라서 정당으로 조직될 수 있다. 한국의 정당들은 사실상 사회가 권력을 창출하고 정당을 매개로 집권하는 것이 아니라, 집권한 또는 집권한 바 있는 세력이 정당을 매개로 사회를 지배하는 식이다. 다시 말해 정당은 사회가 만들었다기보다, 강력한 국가로부터 부수적으로 파생된 것과 비슷하다.

|6| 1970년대 초 민주화 이론의 개척자 중 한 사람인 정치학자 당크바르트 루스토브는 민주화를 위한 으뜸가는 배경으로 민족적 통일성을 제시하면서, 민주화의 모든 단계를 선행하지 않으면 안 된다고 말한다.[20] 민족 문제를 둘러싼 갈등은 정치체제의 한 형태로서 민주주의를 둘러싼 갈등보다 훨씬 더 격렬하며, 정치적 투쟁과 폭력을 불러오기 때문이다. 그의 이러한 견해는 한국 민주화에 있어 큰 함의

국가와 윤리

를 갖는다. 한반도 남북한 각각에 분단국가가 만들어졌다는 것, 그에 그치지 않고 이데올로기적 적대관계, 군사적 대치 상황에 의한 적대관계가 지속되는 상황은 한국전쟁 이후의 냉전 시기에 비해 결코 약화되지 않았다. 지금은 오히려 무력 충돌을 걱정할 정도로 악화됐다. 어쨌든 이러한 악조건에도 불구하고 1980년대 한국 민주화는 가능했다. 어떻게 가능할 수 있었는가 하는 문제는 또 다른 설명을 필요로 하는데, 여기서 다룰 주제는 아니다. 그러나 민주화는 되었지만 한국 민주주의의 건강한 발전에 부정적인 영향을 적잖게 미치고 있는 것은 사실이다. 민주화 이후 보수파와 진보파 또는 개혁파 간 이념 대립의 격렬함은 상당 부분 민족 문제와 연결되어 있다. 또한 남북 관계의 악화는 정당 간 정치적 갈등에 큰 영향을 미친다. 민족 문제를 둘러싼 적대적 언어, 감정적 격렬함은 정치 영역으로 직간접적으로 흘러들어 정치 언어와 담론에 부정적 영향을 미친다. 상대를 멸하겠다는 절멸의 언어와 감정 상태는 일반 정치의 언어와 감정을 오염시키면서 정치 영역으로 그 격렬함을 끌어들인다. 사회경제적 갈등에서 발생하는 정치적 차이는 쉽게 극단적 언어로 표현되면서 변질되기에 이른다. 그러나 정치 언어와 이데올로기적 양극화가 반드시 민족 문제의 대결 구조에 영향을 받는 것은 아니다. 부분적으로는 한국 시민사회의 특징과도 깊은 상관관계를 갖는다. 한국의 시민사회는 이념과 가치가 극히 협소한 지적·정신적·문화적 공간에서 생성되고 발전했다. 상당 부분 그것은 권위주의적 정치체제와 냉전 시기가 야기한 부정적 결과의 하나로 이해될 수 있다. 그러나 그것만이 아니다. 그것은 빈약한 문화적·지적 전통 및 자유주의적 전통과 밀접한 상관관계를 갖는다. 그리고 이 문제는 한국의 정신적 전통과 문화에 있어 유교적 문화와 가치가 해체되는 동안, 서구적일 수밖에 없는 새로운 가치와 이념, 그리고 윤리가 이를 대체하지 못하고 있는 공백이 가져온 결과이기도 하다. 1950년대는 물론 1960~1970년대까지만 하더라도 가족이 해체되지 않았기 때문에 전통적인 공동체적 가치가 여전히 사회적 유대를 유지하는 것이 가능했고, 그러한 효능을 지닐 수 있었다. 이 시기 우리는 경제적으로 궁핍했다 하더라도 사회적 평화, 정신적 안정을 가지면서 공동체에 의해 보호되고 그 관계를 통해 안락할 수 있는 삶의 공간을 가진 바 있었다. 그러나 그 이후 급속한 경제 발전과 그에 따른 발전주의적이고 물질주의적인 가치 및 이념은 이를 과격하게 해체해버렸다. 이러한 배경에서 정신적 가치는 고갈되기에 이르렀다. 헤겔이 말하는 가족, 시민사회, 국가사회를 구성하는 제도적 영역에서 "윤리적 생활"의 중요성을 깨닫게 되는 것은 이러한 환경에서다. 한국의 시민사회는 민주화운동과 더불어 탄생했지만, 민주화 이후 사회적 계층, 계급, 기능적 집단들의 생활 영역으로서의 시민사회를 발전시키지 못했다는 사실과 직접적인 연관관계를 갖는다. 운동이 제도를 변화시키고, 제도로 정착되어 그 에너지가 다른 형태로 변화되지 못한다면, 민주화과정에서 "변혁"을 추구했던 운동이 동반하는 격렬한 정서는 순화되지 않은 상태로 사회에서 지속될 것이다. 이러한 격렬한 감정은 쉽게 울분, 분노의 감정과 접맥되면서 "급진적 정서주의radical emotivism"를 불러오게 마련이다. 그러한 정신적·심리적 자세가 사회화하고 지속되기 쉽다. 앞에서 말했듯이 시민사회는 그 정의에 있어 권력을 쟁취하기를 도모하지 않는 사회적

국가와 윤리

공동체다. 권력을 추구하는 것은 정당의 역할이다. 시민사회가 권력을 쟁취하고자 할 때 감정의 상태는 격렬해진다. 민주화운동의 분위기가 여전히 유지되었던 1990년대 말 사학자 임지현 교수는 "우리 안의 파시즘"이라는 말로 이러한 정신적 분위기의 핵심을 포착했다.[21] 이 말은 오늘날의 시점에서도 여전히 유효하다. 나는 이러한 정신적 상태를 넘어설 수 있는 대안으로서 한국의 정치적 공동체를 어떻게 재구성할 것인가 하는 문제를 결론 부분인 다음 장에서 생각해보고자 한다.

5__한 '혼합정체'의 비전

|1| 이제 강연은 결론에 이르렀다. 앞 장들에서 나는 헤겔이 '윤리적 생활'을 말하기 위해 사회를 가족, 시민사회, 국가로 위계에 따라 구분했던 방법을 따라, 그러나 변형된 형태로, 개인, 국가, 시민사회에 대해 살펴보았다. 그리고 우리 삶의 환경인 한국사회가 일상 속에서 드러내 보이는 문제들은 비단 정치적이고 사회경제적일 뿐만 아니라 정신적·도덕적·문화적인 것이라는 점에 대해 말했다. 다양한 형태로 표출되는 사회 해체 현상과 그와 관련된 여러 부정적이고 위기적인 징후들을 살펴보았다. 이러한 문제들은 한국 민주주의가 질서 있는 하나의 사회를 만드는 데 이렇다 할 역할을 하지 못한 것과 일정한 상관관계를 갖는다고 할 수 있다. 이러한 사회 해체 현상이 직접적으로 동반하는 것은, 하나의 공동체로서 우리 사회를 유지시켜

왔던 윤리적·도덕적 가치와 실천들이 동시에 붕괴되고 있는 것이라 하겠다. 이 강연에서 헤겔의 '윤리적 생활/윤리성'을 중심 주제의 하나로 설정하게 된 것도 한국사회의 윤리적 현 상황을 배경으로 한 것이며 그것을 개선해보려는 희망 때문이다. 그러나 헤겔이 의미하는 윤리적 생활이란 가족, 시민사회, 국가라는 사회를 구성하는 가장 중심적인 제도들에서 실천되는 각각의 구체적인 윤리적 생활을 실천하는 것을 말하며, 그 에토스는 그 제도의 성원으로서 개개인의 마음속에 각인된 의무와 덕으로 구성된 것이라 할 수 있다. 그러나 오늘의 한국사회에서는 국가, 시민사회, 가족 모두가 제 영역에서 이러한 윤리성을 담을 수 있는 제도로서 제구실을 하고 있지 못하다. 윤리적 생활을 담을 수 있는 사회제도의 붕괴 내지 위기는 윤리적 생활 자체를 불가능하게 만든다. 헤겔이나 다른 독일의 사회학자들로부터 영향을 받은 게 크기도 하지만, 정치학자나 사회학자들은 문화라는 말 자체보다도 문화의 학습 또는 습득^{enculturation/Vergesellschaftung}이라는 말로 표현되는 문화의 습득과정에 더 관심을 갖는다. 이 점에서 볼 때 한 사회에서 윤리적 생활을 바로 세우는 문제는 윤리 그 자체로부터 해결책을 발견하려 하기보다, 그러한 윤리적 생활이 가능하도록 하는 제도 혹은 사회적 환경을 바로 세우는 것이 더 중요하다는 생각을 갖게 만든다.

|2| 앞 장에서 모든 사회적 힘과 자원, 잠재력이 국가로 흡수되고 집중되는 현상과 아울러 그것이 대통령 권력으로 현현되는 것에 대해 말했다. 그러나 한국사회에서 국가 권력의 확대는 대기업의 팽

창과 궤를 같이했고, 국가와 대기업의 결속 내지 연대는 한국사회 전체, 시민의 사회경제적 생활의 모든 영역, 모든 수준에서 절대적인 영향력을 미치게 되었다. 그리고 이러한 상황은 시민사회의 피폐화나 허약함과 맞물리게 되었음을 보았다. 시민사회는 말할 것도 없이 다수의 보통 시민이 각자의 영역에서 사회경제적 생활을 영위하는 생활 공간이고, 또한 그들 공동의 이익, 의사, 가치, 열정을 결사체나 또는 다른 집합적 형태로 표출하고, 대변하며, 조직하는 것을 통해 집합적으로 행위하는 사회생활의 공간이다. 즉 사적·공적 생활이 접맥되는 영역으로, 그들의 요구와 의사를 법과 정책을 결정하고 집행하는 국가 및 사적 개인들의 관심사 및 생활 문제와 중간 층위에서 매개한다. 그럼으로써 시민사회가 축소되고 피폐화되었다는 말은, 개인들이 국가에 그들의 요구와 의사를 투입할 수 있는 채널들이 단절되었음을 뜻하는 것이다. 또 그로 인해 보통 시민의 힘이 개별적인 것으로 원자화되면서 허약해졌음을 말한다. 따라서 이는 강력한 국가권력을 배경으로 한 국가주의, 권위주의를 강화하게 되거나 또는 민주주의의 효능을 약화시킴으로써 결국은 민주주의를 퇴행시키는 결과를 가져올 것이다. 이러한 징후들은 무엇보다 정치 언어를 통해 표출된다. 정치 영역에서 또는 선거 경쟁에서 개인과 그 집합을 호명하는 말들, 예컨대 시민 또는 국민, 시민 정치, 시민 참여, 국민과 함께하는 정당 등은 사회를 구성하는 부분 이익들이 표출되지 못함으로써 그들 각자의 사회경제적 내용이 지워진 채, 어떤 동질적이고 추상화된 집단으로 표현되는 것 이상의 의미를 갖지 못한다. 정당 간 경쟁이 이러한 호명에 기초한다고 할 때, 한국 민주주의의 성격은 추상적 다수의 지배로 특징지어질 수 있을 것이다. 인터넷, SNS 같은 의사소통 매체의 기술 발전은 이러한 현상을 가능케 하는 효과적인 수단으로서 역할하고 있다. 정당들은 사회적 기반을 별로 갖지 않고도 이러한 추상적 다수에 호소하는 것이 가능해졌고, 또 그것을 통해 선거에서 승리할 수 있었다. 이러한 조건에서도 정당들은 사회에서 발생하는 문제로부터 이슈를 발견하고 그들을 대표한다고 생각한다. 그러나 그것은 착각일 뿐이며, 또한 정당을 사회적 현실로부터 분리시키는 요인이다. 사회적 기반을 갖는다는 말은 이슈의 발견을 뜻하며, 기존 정부 정책에 대한 대안의 발견이란 일반 시민의 사회경제적 요구 및 의사와 직접적으로 연계되는 것을 뜻한다. 특정 정당의 정책 대안이나 이슈 제기는 그것과 특정 부류의 사람 혹은 결사체들과 직접적으로 연결된다. 그리고 사회로부터 형성되는 힘이 정당을 매개로 국가 영역으로 침투되는 것을 의미한다. 그러나 현재의 한국 정당들은 사회로부터의 인풋, 또 그것을 위한 노력보다는 기술 전문성을 드러내는 정책 대안과 그 패키지를 통해 경쟁하는 것에 더 초점을 둔다. 그것은 사회적 힘의 인풋 행위가 아니라, 정부 행정관료들이 하는 것과 다를 바 없는 정책 아웃풋에 훨씬 더 무게중심을 두는 것을 뜻한다. 그리하여 급기야 정당정치는 민주주의의 행정화에 기여하는 결과를 낳을 것이다. 특정 정책이 필요한 사람 또는 사회 집단과 직접적으로 연계되지 않고도 그 사람들을 대표하는 것으로 상정한다면, 정당은 사회적 기반으로부터 자유로워질 수 있다. 이것은 오늘날 선거 경쟁을 위한 정당 후보들이 특정 정책 분야에서의 전문가 엘리트, 대중매체의 스타, 유명 인사들로 채워질 수 있는 이유이기도 하다. 즉 한국의 정당정치는 한국

사회의 상위 엘리트들의 게임이라는 한계를 넘지 못한다. 이 점은 헤겔이 자유를 정의할 때 자유주의 전통에서 상식적으로 널리 수용되는 자유의 개념, 즉 "원하는 대로 할 수 있는 것"이 아니라 칸트를 따르면서 진정한 자유를 "합리적 자기 결정"과 동일한 것으로 생각했던 것과 관련되는 문제다.[22] 정당 전문가들에 의해 만들어진 특정 정책은 그 정책으로 혜택을 받는 사람들의 자유를 증진시키는 데 기여할 수 있을지 모른다. 그러나 그 정책을 필요로 하는 사람들이 직접 그 정책 결정에 어떤 형태로든 간여하지 않는 한, 그 사람이 합리적인 자기 결정을 할 자유의지를 자각할 기회는 사라질 것이다.

| 3 | 이 결론 부분에서 나는 아리스토텔레스의 '혼합정체mixed regime/mixed government'이론이 오늘의 한국 정치, 나아가서는 한국사회 개선의 문제를 생각하는 데 좋은 길잡이가 되리라 여긴다. 아리스토텔레스는 『정치학』에서 무엇이 현실적으로 실현할 수 있는 최선의 정치체제인가에 대해 탐구하는 것을 중심 주제로 삼았다. 이 문제를 살펴보기 위해서는 우선 정치체제의 분류부터 언급해야 한다. 그는 정치체제를 모두 여섯 가지로 분류하는데, 좋은 것 세 가지―왕정, 귀족정, 입헌정politeia―와 타락한 것 세 가지―민주정, 과두정, 전제정―이다. 올바른 것은 헌법이 하려는 대로 이뤄지는 체제, 타락한 것은 그로부터 벗어난 체제다. 정치 공동체는 '부분들parts'로 구성되어 있는데, 그중 하나는 가족·친족·마을을 포함하는 친족 집단들이고, 다른 하나는 개인 시민이며, 세 번째 범주는 물질적 이익의 기준에서 정의되는 부자와 빈자 같은 집단 또는 계급이라 할 수 있다. 예컨대 통

국가의 현실, 개인의 현실: 한국사회와 민주주의의 관점에서

치자 수를 기준 삼아 분류하자면, 귀족정 또는 과두정은 부자인 소수가 통치하는 체제인 반면 민주주의는 빈자인 다수가 통치하는 체제다. 아리스토텔레스의 혼합정체 아이디어에서 가장 중요한 원칙은 하나의 부분이 전체 공동체를 지배하는 것을 허용치 않는다는 점이다. 아리스토텔레스가 말하는 최상의 정체는 『정치학』 4권에 등장하는 과두정체와 민주정체의 '혼합michis'으로 알려져 있다. 종종 영어로 '정체polity'라고 번역되기도 하는데, 이는 아리스토텔레스가 혼합정체를 '정체politeia'라고 불렀기 때문이기도 하지만, 그 자체의 특성이 뚜렷하게 규정되지 못했기 때문이기도 하다(『정치학』, 1279a32-1279b3). 말하자면 그것은 다수가 공동의 이익을 위해 통치하는 정체로 정의될 수 있다. 그런가 하면 때로는 인민이 군사적 덕성을 가진 정체, 때로는 법으로 규제되는 민주정체, 때로는 중산층이 주도하는 계급적 혼합 등 여러 형태의 혼합이 가능하다고 할 수 있다.

사실 아리스토텔레스는 혼합의 원칙들만 제시하는데, 한마디로 과두정체와 민주정체의 중간to meson을 취하는 것으로 이해하는 것이 적절해 보인다(1295b1-1295b12). 그가 분명한 정의 없이 남겨둔 것은 그의 정치적 미덕이 중용을 중시하는 실천이성이고, 방법론이 건축학적architectonic이라는 점과 관련이 깊다고 하겠다. 그가 결코 민주주의에 대해 호의적이었다고 볼 수는 없다 해도 "여러 사람이 부조한 잔치가 한 사람의 잔치보다 나은 것과 같다"(3권 11장, 1281a39~1281b10)고 말했던 것과 같이, 또 "다수의 전횡과 소수의 독단" 모두를 '불의'(3권 10장)라고 했던 것과 같이 다양성이 집단지성의 조건이 된다는 점을 믿었다. 혼합정체 이론은 현실에서는 어떤 정치체제든 완전한 것이 있을 수 없기 때문에, 각 정치체제가 갖는 장점들을 취합해서 좋은 정치체제를 만든다는 아이디어다. 아리스토텔레스가 발전시켰던 혼합정체의 이론은 로마 공화정을 경험적 사례로 폴리비우스나 마키아벨리는 상이한 목표와 해석으로 각기 다른 방향으로 발전시켰다. 그리고 18세기 몽테스키외는 영국의 정치체제를 모델로 하여 삼권분립 이론을 발전시켰고, 그것은 매디슨을 통해 미국 헌법으로 제도화되기에 이르렀다. 중요한 점은 혼합정체이론이 현대 대의제 민주주의로 발전하는 과정에서 그 기초가 되었다는 것이다. 가히 그것은 현대 민주주의의 고고학이라 할 만하다. 영국 헌정체제의 발전에서 볼 수 있듯이, 한 정치체제를 구성하는 세 종류의 대표적인 권력, 즉 왕의 권력, 귀족의 권력, 그리고 일반 시민이 각기 국왕, 귀족원, 하원이라는 제도적 형태로 발전했다. 그리고 그것은 세 가지 각기 다른 정치권력 간 힘의 공존과 균형을 통해 가능했고, 왕정, 귀족정, 민주정이라는 각각의 제도적 표현을 갖기에 이르렀다. 급기야 그런 힘의 균형은 민주주의로 통합될 수 있었다.

|4| 우리는 앞 장에서 오늘날 한국 정치가 서 있는 사회 구성의 특징을 힘의 관계를 중심으로 살펴보았다. 국가가 압도적 힘의 중심으로서 사회 전체를 일원주의적 권력 구조를 통해 이끌어가는 점에 대해서도 말했다. 그러한 일원주의가 가능했던 것은 강력한 국가와 국가 주도의 산업화를 통해 창출되고 급성장한 재벌을 중심으로 한 대기업 집단이 국가권력과 결합하게 되었기 때문이다. 즉 이러한 연

대가 한국사회 지배 권력의 일괴암적 권력 구조를 형성하게 된 것이다. 그러나 그들이 현실에서 한국사회의 절대적인 지배 권력이라 해도 민주주의 가치를 적극적으로 수용한다고 말할 수 있을지는 의문이다. 그리는 동안 시민사회는 민주화와 더불어 민주주의 가치의 진원지이자 기반으로 형성되면서 새로운 사회 영역으로 등장했다. 그러나 그들의 민주주의 기질은 강했을지 몰라도, 그들은 열정과 에너지를 자율적 결사체와 정당의 방식으로 제도화하는 데는 성공하지 못했다. 물론 그것은 민주화에도 불구하고 상당 정도로 온존하고 있는 권위주의적 정치 행태나 법적·제도적 제약과 무관하지 않을 것이다. 그러나 그보다 집단적 열정, 이데올로기적 갈등, 파벌이나 집단들 사이에서의 갈등 및 라이벌 관계 등이 정치적·이념적·정신적인 측면에서 새로운 시대를 여는 가치와 비전, 시민성, 문화를 만들어내는 데 별로 긍정적으로 기여하지 못한 점에서 기인한다. 이러한 상황에서 아리스토텔레스의 '혼합정체' 아이디어로부터 영감을 받을 수 있는 것은 앞서 말한 세 가지 힘의 원천을 중심으로 하여 한국의 사회 구성과 그것을 기반으로 하는 정치체제를 다원적 구조로 발전시킬 수 있는 어떤 비전이다. 세 종류의 힘은 이런 것이다. 행정 권력을 힘의 원천으로 하는 국가는 한국사회를 통치하는 데 오랫동안 힘의 중심에 위치해왔고, 한국 사람들은 그런 상황에 익숙해져 있다. 국가중심성은 또한 역사적으로 이어져온 강력한 국가를 지향하는 국가주의라는 가치 또는 이념에 의해 뒷받침되고 있다.

재벌 대기업으로 대표되는 경제 권력은 한국사회와 국민의 사회경제적 생활에 거의 절대적인 영향력을 행사하는 힘의 중심으로 급성장했다. 이제 한국 사람들은 재벌 대기업이 주도하는 시장경제와 생산체제를 떠나서는 경제생활을 할 수 없을 정도로 그것의 지배력은 절대적이다. 그뿐만 아니라 대학, 언론, 문화 영역을 비롯한 경제 영역 바깥의 사회, 문화, 교육 부문에 있어서나 여론 형성 및 사회적 의제를 주도하는 언론 분야에서도 이들은 중심 역할을 하면서 시민사회에 압도적인 영향력을 행사한다. 이러한 영향력에 비해 대기업이 주도하는 경제 권력은 서구사회의 '패권적 부르주아지'와는 달리 민주주의와 자유주의적 이념을 선도하는 힘이라고 보긴 어렵다. 한국사회에서도 재벌 대기업의 사회적 역할과 관련하여 '지위가 높으면 덕도 높아야 한다'는 뜻으로 '노블레스 오블리주'라는 말이 심심찮게 들려온다. 기업의 소유 구조, 거버넌스, 노사관계와 같은 여러 주요 측면에 있어 세계적 수준에서의 규범에 상응하는 기업의 보편적 에토스는 제쳐두더라도, 기업이 지켜야 할 법의 지배에 순응한다고 말하기도 어렵다. 그렇기 때문에 한국사회에서 재벌 대기업의 역할을 적극적으로 긍정하는 사람들 사이에서조차 기업이 사회적 책임과 도덕적 지도력을 갖는다고 보는 사람은 많지 않다. 시민사회는 민주적 정치권력이 형성되는 사회적 기반이다. 여기서 정치권력은 두 힘의 자원으로부터 발생한다. 하나는 자율적 결사체의 형성과 강화, 노동자들의 결사체, 즉 노동조합의 형성과 발전이고, 다른 하나는 민주적 정당제도의 발전이다. 앞에서도 언급했지만 이 힘이 제대로 제도화되지 못하는 것은 시민사회에 기초한 정치권력이 성장하지 못하도록 제약하는 근본적인 요인인 것이다.

국가의 현실, 개인의 현실: 한국사회와 민주주의의 관점에서

|5| 이 강연에서처럼 '혼합정체'의 관점에서 현재 한국사회를 지배하는 일괴암적 힘의 구조가 3자 구조로 변해야 한다고 주장할 때, 이는 무엇을 의미하는가? 그리고 그것이 어떤 변화를 가져온다고 한다면 그로부터 우리는 무엇을 기대할 수 있는가? 그것은 각기 힘의 중심이 지니는 특징적 장점, 즉 각각의 책무와 덕성virtue을 살릴 수 있는 방향으로 변화를 추동하는 것을 뜻한다. 한국사회의 조건에서 국가가 변화의 중심이 될 수 있을까? 나는 이 문제에 대해 부정적인 입장이다. 국가는 사회경제적 성장의 총량 지표를 중심으로 한 양적 성장지상주의와 이를 효율적·효과적으로 성취할 수 있는 기술합리성의 가치를 최우선으로 삼는 데서 벗어나기 어렵다. 그것은 민주주의라는 조건하에서도 별로 달라진 점이 없다. 이러한 국가의 성격은 권위주의와의 친화성을 마다하지 않으면서 민주주의를 행정화하는 경향을 불러올 수밖에 없다. 민주적으로 선출된 대표, 즉 대통령이 정부를 구성하고 국가를 운영할 책임을 떠맡는다 해도 정당으로 제도화된 사회적 힘의 인풋 기능이 약한 조건에서 행정관료기구로 제도화된 국가권력을 충분히 민주주의의 통제하에 두긴 어렵다. 앞 장에서 헤겔의 이론을 빌려 한국사회에서의 '윤리적 생활'을 살펴봤을 때, 나는 헤겔이 윤리적 생활이 실천되는 제도적 영역을 가족, 시민사회, 국가의 세 영역으로 나누면서 보편적 자유를 실현하는 과정에서 최종적으로 이를 완성하는 역할을 국가에 부여한 것에 대해 비판적으로 언급한 바 있다. 무엇보다 한국사회에서의 국가는 민주주의 가치, 시민 개개인의 인권과 자유의 실현이라는 가치보다, 물질적 성장의 이념을 배타

적으로 주도하고 몰입한다는 점 때문이다. 그것은 헤겔이 국가의 역할을 이론적으로 발전시켰던, 1820년대 슈타인-하르덴베르크가 주도했던 프러시아의 위로부터의 개혁이라는 조건에서 발전한 환경과 그로부터 나온 국가의 역할과는 무척 상이하다. 왜냐하면 당시의 프러시아 부르주아지는 자본주의 성장을 선도하고 보편적인 자유주의 이념을 정치적으로나 사회적으로 선도하는 데 취약했을 뿐 아니라, 무엇보다 정치의 현 단계가 계몽군주체제로 입헌군주제를 지향하는 것이 이상이었던 정치 환경 아래에 있었기 때문이다. 국가와 국가의 개혁자만이 위로부터 보편적 자유에 다가갈 수 있는 지도력을 가질 수 있었던 것이다. 그러나 한국사회는 그것이 여전히 취약하다 해도 전면적으로 민주주의로 이행한 체제하에 있었다. 이로써 한국은 민주적으로 선출된 정부에 의해 관리될 수 있었는데, 다만 국가는 힘의 세 중심축 가운데 하나일 뿐이다. 이 말은 국가의 역할을 폄하하거나 부정적으로만 말하려는 것이 결코 아니다. 그것은 사회가 과도한 다원화의 방향으로 나아갈 때 그것을 제어할 수 있는 균형적 힘의 원천이 될 것이기 때문이다. 또한 국가는 남북한 간의 군사적 긴장과 적대관계를 풀어나갈 수 있는 힘의 중심이다. 나아가 재벌 중심적 경제구조를 민주적 통제와 법의 지배하에 묶어둘 수 있는 중요한 정치적 힘의 원천이다.

경제 권력을 현현하는 대기업 경제 엘리트들은 한국적 환경에서 '노블레스 오블리주'로 표현되듯이, 경제적 시장 지배력에 상응하는 사회적 책임과 '윤리적 생활'에 구속받을 수 있다. 또한 시장 지배력

국가의 현실, 개인의 현실: 한국사회와 민주주의의 관점에서

이라는 그 자체의 강점을 더 강화할 수 있다. 특히 몽테스키외에 의해 강조되었듯이, 시장경제는 부드러움, 온화함^{doux commerce}을 창출하는 힘의 원천이다. 기업이 구현할 수 있는 이 덕은 남북한 간의 정치적·군사적 이데올로기의 대립을, 나아가 그로부터 발생하는 증오와 분노를 온화함으로 변화시킬 수 있다. 그럼으로써 그것은 한국사회 내부에서의 정치적 갈등뿐만 아니라, 남북한 평화의 이념과 가치를 불러오면서 극한적 대립을 부드러운 경제관계로 바꿀 수 있다. 또한 이들은 고대로부터 현대에 이르기까지 공익을 우선시하는 덕, 품격, 지혜, 지식을 겸비한 엘리트 집단들이기도 했다. 17~18세기 이래 초기 상업사회의 발전에서 부르주아지들의 역할이 그러했듯이 현대의 세계화된 자본주의적 조건에서도 보편적 가치와 이념인 인간의 자유와 권리, 특히 노사관계에서 노동자들의 산업적 시민권을 수용하는 데 선도적인 역할을 할 수 있다. 생각의 방향만 바꾼다면, 사실 그들에게 노사관계의 민주화를 수용하고, 그것을 자본-노동 간 공존의 틀로 바꾸는 문제는 가장 쉬운 일이다. 왜냐하면 서구 선진자본주의 사회에서 기업들은 사회적 시민권과 산업적 시민권을 이미 오래전에 노동자들에게 허용했던 까닭에 그것은 이미 세계의 보편적인 규범이 되었기 때문이다. 그러나 한국적 조건에서 그들에게 부여된 이러한 윤리적 생활, 미덕을 강조하는 것만으로는 충분치 못한다. 외부적으로 그들의 역할과 재벌중심적 경제구조를 민주적 원칙 및 법의 지배하에 묶이도록 정치적으로 강제하는 일이 필요하다.

|6| 현재의 일괴암적 권력 중심이라는 조건에서 어디로부터 변

화가 시작될 수 있을까. 그것은 필연적으로 시민사회로부터, 특히 정치적으로 조직화된 시민사회 영역인 정치 영역에서 정당의 변화로부터 비롯되지 않으면 안 될 것이다. 그러나 두루 알다시피 민주화 이후 현재에 이르기까지 정당의 제도적 실천과 행태, 그들이 보여주는 역할로는 그러한 과업을 달성하기가 불가능하다. 현실에서 나타나는 정당의 실제는 정당에 기대할 수 있는 전체의 모습이 아니다. 현존하는 정당들과 정당체제는 그들이 대표하기로 되어 있는 사회적 힘이 아주 들어오지 못한 것이 아니라면, 충분히 들어오지 못한 상태에서 그 틀이 만들어진 결과라고 할 수 있다. 시민사회의 정치 영역에 기대할 수 있는 것은 바로 그 때문이다. 서구 선진민주주의 국가들의 사례를 보더라도 어느 나라의 민주화과정이든, 그 이전에 대표되지 못했던 사회적 힘이 처음부터 정치 제도권 안으로 들어온 사례는 없다. 신생 민주주의 국가로서 한국이 민주주의를 경험하고 있는 것도 마찬가지의 역사적 궤적을 보여준다고 여겨진다. 또한 그것은 민주주의라는 의미 자체를 변화시키거나 형성하면서 진행되어왔다. 최초의 민주주의를 발전시켰던 고대 그리스에서 플라톤, 아리스토텔레스가 "인민 스스로의 통치체제"를 의미했던 민주주의가 많은 결함을 안고 있었기 때문에 '혼합정체'의 이론을 발전시켰다는 것은 앞에서도 말했다. 민주주의의 고고학으로 표현될 수 있는 민주주의의 발전과정을 볼 때, 대중 정당에 기초한 대의제 민주주의의 전 단계는 귀족 중심적, 엘리트 중심적 명사 중심 의회 중심의 대의제 민주주의였다는 사실이다. 미국, 프랑스, 영국, 독일 모두 정도와 형태의 차이는 있을지언정 그 특징은 공통적이다. 이 과정에서 커다란 전환점은 보통선

국가의 현실, 개인의 현실: 한국사회와 민주주의의 관점에서

거권을 갖게 된 개인 투표자들이 이익과 의견, 가치와 열정을 공유하는 사람들끼리 결사체를 형성하여 정당과 매개되거나 정당을 조직함으로써 투표한다는 것이다. 그것은 서구사회에서 대중 정당의 기원이다. 대중 정당이 출현하는 훨씬 앞선 시점이었던 1800년대 초 헤겔의 말을 들어보자.

> 하나의 살아 있는 상호관계는 부분들 스스로가 전체를 구성하는 특수한 종속적 영역들을 형성함으로써 표출된 (부분들의 합으로서의) 전체로만 존재한다. 만약 이런 것이 성취될 수 있다면 단순한 수와 재산권의 양을 기준으로 하는 프랑스식으로 추상화된 계산 방식은 끝내 폐기될 수밖에 없거나 또는 더 이상 지배적인 자격 요건으로 인정될 수 없으며, 가장 중요한 정치적 기능의 하나를 행사하는 유일한 조건으로서 그것을 폐기하지 않으면 안 될 것이다. 그러한 종류의 원자적 원칙들은 정치에 있어서와 마찬가지로 과학에 있어서도 모든 합리적 개념, 조직, 생명을 죽음으로 몰아가게 될 것이다.[23]

프랑스식 재산 투표권 자격체제régime censitaire를 비판적으로 논하면서 전체는 기계적이고 동질적인 총합이 아니라, 이를 구성하는 영역들이 부분 이익으로 표출되고 대표될 수 있는 방식으로 구성되어야 한다는 점을 강조하는 대목이다. 헤겔은 투표가 그러한 방식으로 행사될 것을 요구한다. 여기서 다수는 부분들의 이익과 요구가 표출되는 총합으로서의 다수이지 불특정 다수의 시민의 총합이 아니다. 이것은 현대 민주주의에 있어 부분 이익들로 구성된 대중 정당정치의

국가와 윤리

원리가 아닐 수 없다. 그러나 오늘날 한국의 정당정치는 여전히 불특정 다수에 호소하고, 그 다수가 집권하며, 그 소수가 야당이 되는 구조를 특징으로 삼고 있고, 정당 간의 선거 경쟁은 그런 방식으로 이루어지고 있다. 그와 더불어 중요한 것은, 사회적 힘이 조직화된 형태로 정치 영역의 제도권 안으로 들어올 수 있는 '문턱'이 낮아야 한다는 점이다. 현재의 제도로는 기존의 정당체제 안으로 진입할 수 없었던 사회적 약자나 소외자들, 사회적 계층 구조의 하층에 위치하는 사람들, 여러 형태의 정치적·이념적 억압으로 표출되지 못하고 있는 사회 집단들, 그리하여 잠재적 이익, 잠재적 이슈로 남아 있었던 것들이 제도화된 정치 영역 안으로 들어옴으로써 그들의 이익과 이슈를 현재화하여 정당 간 정치 경쟁의 중심이 되도록 하는 것이 무엇보다 필요하다. 그것은 곧 정치 영역을 확장하는 효과를 동반하게 된다.[24] 앞 장에서 우리는 문화의 닫힘과 열림, 사회적 가치의 다원화와 같은 말을 했지만, 정치 경쟁의 영역에서도 다원적 정치의 힘들이 제도 안으로 들어올 수 있는 제도적 변화를 필요로 한다. 이 점에서 민주화 이후 여러 정치적 계기를 통해 만들어지고 개정되었던 선거법, 정치자금법, 정당법을 포함하는 정치 관계법들이 반부패, 고비용 정치 구조 개선이라는 가치에 집중한 개혁 방향의 오류를 지적할 수 있다. 지금까지 일련의 정치제도 개혁들은 원래 개혁자들이 의도했던 목표라 할 정치 부패를 줄이지도 못했다. 나아가 이들 개혁은 기존 정당 조직의 축소와 정당활동의 제한을 강화하는 효과와 아울러 정당 발전을 저해하고, 새로운 힘들이 3당적 형태로 정치 영역으로 진입하는 것을 차단하는 부정적인 결과들을 만들어내기에 이르렀다.[25] 이러한 결과를 가

국가의 현실, 개인의 현실: 한국사회와 민주주의의 관점에서

져온 제도 변화가 민주화 이후 개혁의 이름으로 취해졌다는 것은 커다란 아이러니다. 시민사회의 정치 영역에서 새로운 사회적 힘들의 진입은 앞서 말한 혼합정치체제를 발전시키는 것과 아울러 한국사회가 변화할 수 있는 극히 중요한 시작이라고 생각한다. 정치의 올바른 제도 변화는 또한 이러한 시작이 실제로 일어날 수 있도록 하는 출발점이라고 할 수 있다. 그것은 헌법 개정이나, 어떤 근본적 개혁을 표방하는 큰 개혁을 필요로 하지 않는다. 법과 제도를 만드는 데 영향력을 갖는 사람들이 합의할 수 있다면, 큰 어려움 없이도 할 수 있는 일이다. 이러한 변화는 극적이지는 않지만, 전환적 변화를 가져올 수 있는 큰 변화의 시작일 수 있다.

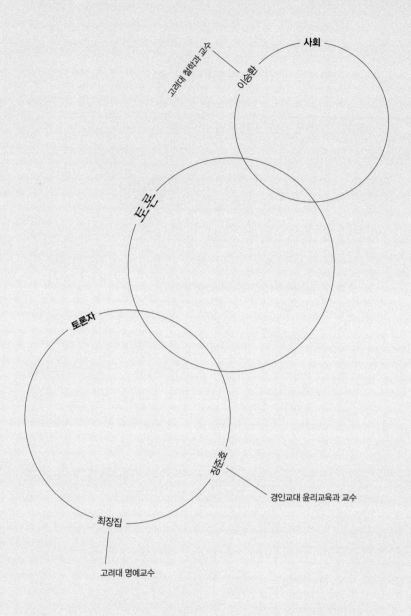

사회

이승환

고려대 철학과 교수

토론

토론자

정준호

경인교대 윤리교육과 교수

최장집

고려대 명예교수

장준호

한국외국어대 독일어과 졸업 후 독일 뮌헨대에서 정치학 학사, 석사, 박사학위를 받았다. 이후 뮌헨대 정치학과에서 정치사상을 강의했고, 경희대 인류사회재건연구소 연구교수를 거쳐 현대 경인교대 윤리교육과 교수로 재직 중이다. 지은 책으로 『국제정치의 패러다임: 전쟁과 평화』 『개념 있는 정치 vs 개념 없는 정치』 등이 있고, 공저로 『국제질서의 패러독스』 『지구촌의 선거와 정당』 『아직도 민족주의인가』 등이 있다.

이승환   최장집 교수님의 강의 잘 들었습니다. 민주주의의 이론에 대해 서구 이론을 바탕으로 설명하고, 한국의 민주주의 정치 현실과 관련해서 강연을 해주셨습니다. 오늘 토론자로는 장준호 교수님을 모셨습니다. 장 교수님 토론 부탁드립니다.

장준호   안녕하십니까, 장준호입니다. 오늘 최장집 교수님과 토론자로서 이야기를 나눌 수 있어 영광입니다. 또한 제 나름대로 평소에 생각하던 문제들을 다시 한번 성찰할 수 있는 기회를 얻게 되어 참 좋은 시간이었습니다. 오늘 강연 주제가 '개인의 현실, 국가의 현실'로서 굉장히 큰 주제이다 보니, 토론을 맡아달라는 제안을 받았을 때 조금 고민이 되기도 했습니다. 이 주제는 현실을 어떻게 보느냐에 따라 굉장히 철학적인 주제가 될 수도 있고, 또 현재 우리 사회가 처한 상황을 사실적으로 인식하면서 어떤 문제점을 발견하고 해결 방안을 찾는, 어떻게 보면 우리가 살고 있는 대한민국이라는 공간뿐만 아니라 국제관계에 있어서 한반도가 처해 있는 복잡한 상황까지도 고려할 수밖에 없는 주제라는 생각이 들었기 때문입니다. '현실'이라는 단어가 이미 강연 주제에 포함되어 있기도 하지만, 굉장히 피부에 와 닿는 주제이면서 깊은 성찰을 요구하는 철학적 주제여서, 과연 교수님은 이걸 어떻게 풀어나가실지 매우 궁금했습니다. 그리고 만약 제가 이런 주제로 강연을 하게 된다면, 저는 어떻게 풀어나갈 수 있을까 하는 고민도 해보았습니다.

강연을 들으면서 제가 맨 처음 한 생각은 우리가 현실을 인식할 때 인식의 프레임으로 과연 무엇이 있을까, 우리는 어떠한 방식으로 인식할 수 있을까 하는 것입니다. 저는 세 가지 정도를 들 수 있을 것 같은데요. 첫째는 시간의 프레임, 둘째는 비교의 프레임, 셋째는 본질의 프레임입니다. 먼저 시간의 프레임으로 현실을 이해한다고 하면, 현실이라는 것은 과거와 현재, 그리고 미래의 어떤 시간 속에서 내가 지금 처해 있는 것이 됩니다. 이때 개인의 역사 속에서 내가 살아온 과거와 내가 바라는 미래, 그사이에 나 자신이 존재하는 지금의 상황이 개인의 현실이라고 생각됩니다. 그다음 비교의 프레임으로 나의 현실을 볼 때는 자연적으로 남이 처한 현실과 비교하면서 나를 인식합니다. 그러니까 타자를 통해서 나를 인식하는 거죠. 자연적인 인간의 성향을 고려해봤을 때 이런 비교의 프레임도 가능하리라고 생각합니다. 세 번째는 본질의 프레임인데요. 철학적인 관점에서 봤을 때 본질의 프레임에는 존재론적인 측면도 있고 형이상학적인 측면도 있습니다. 다시 말하면, 현실이라는 게 결국 현실 뒤에 있는 뭔가 굉장히 이상적이고 본질적인 측면들이 반영된 결과가 아닌가 하는 것입니다. 플라톤도 그런 생각을 했었고, 오늘 강연에서 최장집 교수님이 언급한 주요 이론가인 아리스토텔레스나 헤겔도 현실 속에서 이상적이고 이성적인 부분들을 찾아나가면서 현실의 본질을 보려고 했던 점을 생각하면 현실과 현실 뒤에서 현실을 규정하는 본질적인 부분들도 생각해봐야 현실이 좀더 투명하고 명확하게 우리에게 인식될 수 있다는 생각을 해봤습니다.

　　이런 세 가지 프레임의 관점에서 현실을 본다고 했을 때 '개인의 현실, 국가의 현실'을 어떻게 풀어나갈까 하는 문제는 굉장히 큰 주제라는 생각이 듭니다. 오늘 강연을 들어보니까 기본적으로 교수님도

　　국가의 현실, 개인의 현실: 한국사회와 민주주의의 관점에서

이런 본질의 프레임과 시간의 프레임, 비교의 프레임을 사용하면서 개인의 현실과 국가의 현실을 이야기한 것 같습니다.

예컨대 아리스토텔레스가 얘기했던 인간의 본질—그러니까 정치적 동물이라는 인간의 본질—도 어떻게 보면 우리의 현실을 규정하는 하나의 큰 부분이라고 생각됩니다. 그다음에 헤겔이 얘기했던 가족과 시민사회와 국가에서 우리가 살아가는 윤리적 생활이라는 것도 어찌 보면 이론적으로 세 가지 윤리적 삶의 모범적인 부분, 본질을 보여주는 측면이 있고요. 또 막스 베버가 얘기했던 국가를 이해하는 방식, 리더십의 형태들도 어떤 면에서 모범적·본질적으로 우리가 추구해야 할 점이 아니었나 하는 생각이 듭니다. 그다음에 시간적인 관점에서 우리나라가 지금까지 가져왔던 민주주의의 역사, 지금 현재의 모습 그리고 앞으로 바꿔나가야 할 모습을 보여주시기도 했습니다. 그리고 또 하나 비교의 프레임으로 봤을 때 일본, 독일, 덴마크의 상황을 비교하면서 우리의 현실을 점검해보았습니다. 이에 관해 먼저 제 나름대로 강연 내용을 5분 정도 재구성해보고, 제가 생각했던 점에 대해 이야기하겠습니다.

먼저 교수님은 네 가지를 말씀하셨는데, 첫 번째는 '개인의 현실'입니다. 개인의 현실은 특히 다섯 가지 내용으로 구성되는데요. 첫 번째로 실존주의를 언급하며 실존주의가 기본적으로는 개인의 절대적 자아와 자유라는 측면을 강조하고 있다고 하셨습니다. 이때 절대적 자아와 개인의 선택 그리고 공동체를 하나의 억압 기제로 이해하고, 그것으로부터 벗어나려고 하는 순수한 개인의 자유의지에 입각한 선택을 강조하는 실존주의도 어떻게 보면 인간이 추구하고자 하는 하나

국가와 윤리

의 모습일 수 있다고 했습니다. 그것은 어떻게 보면 아리스토텔레스가 얘기했던 '정치적 동물'이라는 우리의 본질, 우리의 현실인 거죠. 인간으로서 우리는 공동체에서 살아갈 수밖에 없고, 그러니까 정치적 동물의 의미는 기본적으로 폴리스, 공동체라는 게 인간의 본성과 일치한다는 것입니다. 두 번째는 공동체란 폴리스라는 계약처럼 어떤 인위적인 결과가 아니라는 것이고요. 세 번째는 폴리스에서만 인간은 인간답게 살 수 있다는 뜻이 됩니다. 이건 무슨 말이냐 하면 '인간은 언어적 동물'(희랍어로 zoon logon echon)이라는 성격을 가지고 있는 존재라는 겁니다. 우리는 'logon'을 합리성, 논리라고 해석하기도 하지만 기본적으로는 언어라고 얘기합니다. 그래서 'zoon logon echon'이라는 말은 정치적 동물이라는 표현을 사용할 때 항상 연관지어서 얘기하는데, 우리가 언어적 동물이라는 얘기는 인간이 말로써 의사소통하면서 무엇이 옳고 그른지, 무엇이 선이고 악인지에 대하여 의미를 찾고, 그 의미를 공유하며, 그 의미에 입각해서 좋은 게 무엇인지, 좋은 삶이 무엇인지를 공유하고 추구할 수 있는 동물이라는 의미로 이해할 수 있습니다.

그리고 또 정치의 차이가 개개인의 삶의 차이를 만든다, 즉 공동체에서 이루어지는 정치의 모습이 개인의 삶을 결정한다는 것을 덴마크와 시리아의 예를 들어 이야기했습니다. 여기서 홉스의 리바이어던을 들어 우리가 처한 개인의 현실을 말씀하셨는데요. 그러니까 마치 아리스토텔레스가 우리는 공동체 안에서 살아갈 수밖에 없는 인간이라고 얘기했듯이, '우리는 국가 속에서 살 수밖에 없다, 국가가 개인의 안전을 보장해주는 시스템 내에서 살 수밖에 없다'는 점을 언급

국가의 현실, 개인의 현실: 한국사회와 민주주의의 관점에서

했습니다. 이건 근대적인 의미에서 봤을 때, 그리고 현재에도 여전히 의미가 있는 부분입니다.

그리고 두 번째로 '국가의 현실'을 언급했는데요. 여기서는 주로 막스 베버를 들어 사회와 경계를 가지면서 조직화된 행정관료체제, 또 정당한 폭력을 행사하는 조직, 그리고 행정 및 세금을 부과할 수 있는 조직으로서, 그래서 어떻게 보면 권력을 독점하는 정치 조직체로서 국가를 이해했습니다. 베버의 입장에서요. 이 강연 중에는 말씀하지 않으셨지만 정치의 의미도 두 가지 정도로 본 바 있는데, 첫 번째는 정치를 국가 권력의 획득과 배분, 행사의 과정이라고 협소하게 이해하는 것, 둘째로 넓은 의미로는 통치와 복종의 관계로 보는 것입니다. 여기서 개인의 현실과 국가의 현실을 언급할 때 매우 암묵적으로 제기되는 주장이 있는데, 이때 그것을 하나의 암묵적 테제라고 하면 이런 겁니다. '국가의 현실이 개인의 삶의 현실에 결정적으로 영향을 미친다'—물론 역으로 개인의 현실이 국가에 영향을 미치고, 개개인의 현실이 모여 국가의 현실을 규정할 수도 있겠지만—'국가의 현실이 개인의 현실을 규정하는 좀더 우선적인 힘이다'라는 입장인데요. 그래서 결국에는 큰 프레임이 작은 프레임을 규정한다는 기본적인 입장인 듯합니다.

어쨌든 국가의 현실을 언급할 때는 '국가가 팽창하고 있다, 그렇다면 팽창의 주체는 무엇인가, 결국에는 관료체제, 관료 조직이 한국에서 팽창하고 있는데 그것이 신자유주의와 결합하면서 그들에게 책임을 물을 수 없게 되고, 선출된 대표자와 관료가 서로 담합하면서 대단히 부정적인 것들이 양산되는 국가의 현실 속에서 우리는 살아간

국가와 윤리

다'고 주장했습니다. 특히 민영화 문제도 지적했고요. 그다음에 세 번째로는 '시민사회'를 이야기했습니다. 시민사회는 기본적으로 헤겔의 이론에 입각해서 이해한 뒤, 그것을 한국사회에 적용시켜 설명했는데요. 여기에서 핵심적으로 주장하는 바는 '헤겔식의 시민사회가 한국에서는 제대로 작동하고 있지 않다, 특히 결사체나 조합처럼 시민사회가 담당할 수 있는 매우 중요한 기능이 한국사회에서는 굉장히 미비하다, 따라서 그런 부분들을 좀더 강화해야 하지 않겠는가' 하는 점입니다.

그리고 마지막으로 '혼합정체'에 입각한 비전으로서는 '한국사회를 규정하는 힘이 세 가지 있다. 그것은 국가 권력, 대기업의 경제 권력 그리고 매우 미미하지만 우리가 희망할 수 있는 시민사회의 권력이다. 마치 아리스토텔레스가 다양한 정체政體 가운데 훌륭한 것들의 장점을 뽑아서 잘 조화시키고 균형을 이루면서 좋은 정체를 만들어내듯 우리도 현실에 입각해—현실에서 이러한 세 가지 힘이 우리의 삶을 개인의 현실과 국가의 현실을 규정하고 있다면—이런 세 가지 힘의 추동을 올바른 방향으로 유도하는 것이 문제를 해결할 수 있는 하나의 방법이 되지 않겠는가'라며 국가의 올바른 역할, 대기업의 책임 윤리, 그리고 마지막으로 시민사회의 역할을 얘기했습니다. 시민사회가 제대로 작동하기 위한 조건으로 여기서는 두 가지를 들었습니다. 첫째, 정당이 제 기능을 해야 한다. 둘째, 다양한 결사체가 만들어지면서 그 결사체가 국가와 연결될 수 있는—정당을 통해 연결되든, 노사정의 거버넌스governance 체제 안에서 국가와 여러 문제를 협의하면서 그 결사체의 직접적인 집단 이익이 반영될 수 있도록 하든

—시스템을 만드는 게 굉장히 중요하지 않겠는가. 이러한 문제 해결의 방법으로서 이 세 가지 힘이 잘 조화될 수 있도록 해야 한다는 희망의 메시지를 제시하고 있습니다.

여기서 두 가지 이슈를 이야기해보겠습니다. 첫 번째는 이론적인 측면에서의 이해와 관련된 부분인데요. '홉스의 리바이어던은 자유주의에 기초한 하나의 국가 모델로서 국가에 정당성을 부여한다.' 결국 교수님은 한국사회를 설명하는 '국가는 왜 만들어지는가, 그리고 우리는 왜 국가에서 살아갈 수밖에 없는가'라는 문제를 설명하기 위해 이 리바이어던을 말씀하셨는데, 자유주의에 기초한 리바이어던의 이론적 디자인은 충분히 납득할 수 있을 것 같습니다.

한편 홉스의 리바이어던이 최소 국가를 본질로 하는 이론이라고 하셨는데, 그 부분은 제가 보기에 조금 동의하기 어려운 지점인 것 같습니다. 왜냐하면 토머스 홉스가 『리바이어던』을 저술하게 된 데는 여러 배경이 있습니다. 그 당시 영국은 내전이라는 전쟁 상황이었고, 따라서 홉스가 얘기하는 자연 상태라는 것은 사실 전쟁 상태이기도 합니다. 그래서 자연 상태를 전쟁 상태와 동일시되는 상황으로 가정했고요. 우리는 전쟁과 굉장히 유사한 상태에서 살고 있기에 인간의 삶은 더없이 추악하기도 하고, 외롭기도 하며, 경쟁을 통해 스스로 살아남을 수밖에 없는 굉장히 이기적인selfish 상태라는 거죠. 토머스 홉스는 인간을 두 가지로 봤는데요. 하나는 '호모 호미니 데우스 homo homini deus'라는 측면입니다. 그러니까 인간은 신적 존재인 거죠. 이성을 사용할 수 있고 합리성을 기초로 해서 좋은 판단을 내릴 수 있

국가와 윤리

는 존재. 반면 인간의 또 다른 측면은 '호모 호미니 루푸스^{homo homini} lupus'입니다. 이건 늑대적 인간, 굉장히 동물적이며, 욕구에 입각해 이기적으로 뭔가를 쟁취하는 그런 인간입니다. 이 두 가지 야누스적인 인간의 모습을 우리는 본질로서 내재하고 있습니다. 그런데 자연 상태에서는 늑대적 인간의 모습이 지배적입니다. 전쟁 상태이기 때문에 누가 나를 죽일지 모르고 내 목숨이 위태로우니까요. 그렇지만 인간은 자연권을 가지고 있습니다. 자기가 모든 것을 선택할 수 있고 자기의 의지대로 할 수 있는 자연권을 부여받았다는 말입니다. 분명히 홉스는 자유주의에 입각해 인간의 자연권을 인정한 사상가입니다. 따라서 인간의 근본적인 자유를 인정하기는 했습니다. 그래서 자유주의에 기초한 사상가라고 얘기할 수는 있습니다. 그러나 최소 국가를 염두에 두고 리바이어던을 이론화시켰다는 점을 납득할 수 없는 이유는 그런 자연 상태에 놓인 인간이 기본적으로 그의 자연권 일체를 국가에 이양하기 때문입니다. 그러니까 자연권, 개개인이 개개인의 자유를 추구할 수 있는 권리를 모아서 국가는 절대적인 국가가 됩니다. 그래서 『리바이어던』의 겉표지를 보면 '리바이어던'이라는 그 거대한 거물이 왕관을 쓰고 한쪽에 교황 홀^{Pope stick}을 들고 한쪽에는 칼을 든 채 속세의 권력과 종교에 대한 지배권까지 지녔음을 보여줍니다. 그다음에 주변에 자기가 지배하는 영토^{territory}가 있고, 한쪽에는 중세의 질서가 있으며, 한쪽에는 근대의 질서가 그려져 있습니다. 이렇게 인간의 생명을 보호하기 위해 절대적인 힘을 구사하는 절대 국가의 모습으로서 형상화되는 게 '리바이어던'입니다. 이걸 최소 국가의 형태로서 보는 것은 납득하기 어렵습니다. 물론 이를 막스 베버와

국가의 현실, 개인의 현실: 한국사회와 민주주의의 관점에서

비교하면서, 베버가 근대 국가를 설명할 때 언급한 현대적이고 거대한 관료체계, 매우 강력한 국가 형태를 염두하며 비교 차원에서 홉스의 최소 국가를 본질로 한 게 아니냐고 했지만, 그 점이 저에게는 설명되지 않는 부분인데요. 만약에 그것이 설명되지 않는다면 '리바이어던'의 어떤 이미지를 한국이라는 국가를 이해하는 데 적용했을 때 교수님이 주장하는 바에 있어 방향성 자체가 약간 달라질 것 같기도 합니다. 그래서 이론적인 관점에서 이견이 좀 있고요.

두 번째로, 헤겔의 시민사회에 대한 이해 부분인데요. 여기서 말씀하신 윤리적 생활^{ethical life}—독일어로는 'Sittlichkeit'인데 우리나라 말로는 인륜성이라고도 번역이 됩니다. 이 독일어 'Sittlichkeit'가 영어로 옮겨지면서 'ethical life'로 번역되어 결국 우리말로는 '윤리적 생활'이라는 굉장히 부드러운 표현으로 옮겨졌는데요—이 사실은 시민사회 하나만 놓고 봤을 때 교수님이 언급한 대로 시민이 가지고 있는 두 가지 속성, 첫째 부르주아적인, 사적 이익을 추구하는 존재로서 묘사되고 또 둘째로는 도덕적 시민성을 가진 존재로서 표현되며, 특히 이게 결사체의 구성과 연결되면서 참여할 수 있는 시민성으로 구체화되기도 합니다. 그런데 전반적으로 우리가 헤겔의 시민사회를 얘기할 때 헤겔 법철학의 커다란 덩어리를 전체적인 맥락에서 한번 살펴볼 필요가 있을 것 같아요. 예를 들자면, 헤겔 법철학의 구조를 보면 기본적으로 세 가지의 구조로 구성돼 있습니다. 첫 번째는 법의 영역, 그다음 두 번째는 도덕성의 영역, 세 번째는 인륜인데 여기에 말씀하신 윤리적 생활의 영역이 있습니다. 그런데 헤겔은 자유주의적 사상가입니다. 즉, 인간의 자유의지가 법의 영역과 도덕의 영역

국가와 윤리

과 윤리적 생활의 영역을 거치면서 어떻게 실현되는가, 어떻게 구체화되는가, 어떻게 현실에서 구체성을 띠며 실현되는가를 보여주고 있는 것입니다. 그래서 예를 들어 법적인 영역에서만 우리의 자유의지가 실현된다고 할 때 사실 우리는 형식적인 권리, 의무의 주체로서밖에 묘사되지 않습니다. 그런데 도덕적인 영역에서 우리 개인의 자유의지를 이해한다고 하면, 우리는 우리의 자유의지를 주관적인 판단에 입각해서 사용할 수밖에 없습니다. 이게 헤겔이 칸트를 비판한 측면이기도 한데요. '우리가 도덕의 영역에만 머물 때에는 주관적인 판단을 할 수밖에 없다. 그 주관성이라는 게 사실 객관성과 서로 합치되면서 보편성을 띠어야 하는데 주관성으로 남을 수밖에 없는 영역이 도덕성의 영역이다'라는 거니까요. 그래서 사실 우리의 자유의지는 법의 영역에서는 굉장히 추상적으로 규정되는데, 도덕의 영역으로 왔을 때는 주관적인 측면에서 얼마간 구체화됩니다. 그렇지만 여전히 객관성을 띠기에는 한계가 있고, 윤리적 생활의 영역, 인륜의 영역에 왔을 때 비로소 대단히 구체성을 띠면서 실현된다고 합니다. 주관과 객관이 서로 통일되면서—어떻게 보면 이게 철학적인 의미에서는 조화이자 사실은 화해인 거죠. 주관과 객관의 화해—가족의 영역에서 자유의지가 실현될 때 거기서 윤리적 생활이란 사랑에 기초한 윤리적 생활이 됩니다. 헤겔은 사랑을 이렇게 얘기했습니다. '사랑은 타자 안에서 나를 발견하는 과정이다. 타자의 개체성을 인정하고 발견하면서 서로 하나가 되는 과정이 사랑이다'라고요. 즉 '나'의 개체성과 나랑 같이 살고 있는 파트너의 개체성을 인정하면서 그 안에서 인간이 가지고 있는 보편성을 이해하는 과정을 사랑이라고 얘기한 것입

국가의 현실, 개인의 현실: 한국사회와 민주주의의 관점에서

니다. 그 사랑의 윤리가 있기 때문에 가령 밖에 나가서 돈을 벌어 가정의 일원들에게 쓸 수 있는 책임의 윤리, 사랑의 윤리가 이 안에서 실현되는 거죠.

사실, 시민사회는 두 가지의 보편성으로 움직이는데 개인의 보편성과 욕구체계의 보편성이 그것입니다. 개인의 보편성이라는 건, 시민사회에서는 누구나 다 한 사람의 분절된 개인으로서 자기 이익을 추구하고, 그 이익 추구는 하나의 공유된 상식으로서 누구에게나 인정받습니다. 그 개인이라는 보편성을. 두 번째로 욕구체계는 일견 시장의 메커니즘인데 노동 분업을 통해서, 자기의 노동을 통해서 자기의 욕구를 실현하는 체계가 작동합니다. 그래서 개인의 보편성과 욕구체계의 보편성이 작동하는데 중요한 것은 개인이 시민사회에서 세 가지 정도의 윤리적인 덕성을 갖는다는 점입니다. 첫째, 개인은 노동 윤리를 갖습니다. 노동 윤리라는 것은 다른 누군가가 아닌 내가 내 육체와 정신을 사용해서 노동을 통해 임금을 받고 나의 욕구를 충족시킨다는 것입니다. 그러니까 '내 욕구 충족의 정당성은 나의 노동이다' 라는 측면에서 노동 윤리란 개인이 지닌 하나의 시민성이기도 하고요. 두 번째로 개인은 타자를 인간으로 인정하는 세계 시민성까지도 가지고 있습니다. 헤겔이 이런 말을 하는데요. 그 사람이 이탈리아 사람, 독일 사람, 프랑스 사람이어서가 아니라 단지 인간이기 때문에 인간으로서 가치가 있다고. 보편적인 인권이라는 측면을 인식하고 있는 세계 시민성을 개인은 시민으로서 가지고 있는 거죠. 세 번째는 참여의 덕성, 참여성인데요. 여기서 중요한 게 교수님이 언급한 자기 계층에 맞는 결사체에 참여함으로써 그 결사체를 통해 국가와 연결되는, 참여성을 지닌 시민으로서의 덕성입니다. 그래서 개인은 욕구 충족의 존재이면서, 노동 윤리와 세계 시민성과 참여성이라는 세 가지의 시민성을 가지고 있습니다.

헤겔의 시민사회를 이야기하면서는 개인이 가진 시민성의 한 덕목으로, 결사체를 만들고 그 결사체를 통해 공적 영역에 참여하는 시민의 모습이 우리에게는 부족하지 않냐고 지적했는데 저는 그 부분에 대해 조금 생각해볼 필요가 있는 것 같습니다. 교수님은 정당의 개혁, 정당의 변화를 중심으로 논의를 전개했는데 좀더 근본적으로 생각해보면 과연 정당이라는 건 어떻게 해서 변화할 수 있을까요. 시민사회에 기반을 둔다? 시민사회에 기반을 둔다는 건 결사체의 집단적 이익을 수렴한다는 얘기인데, 헤겔이 말한 시민의 세 가지 덕성이 없다면 과연 시민에게 정당 내지는 결사체에 접속할 수 있는 역량이 있는가하는 의문이 듭니다. 그러니까 단순히 정당이 노력해야 된다는 게 아니라 좀더 근본적인 차원에서 헤겔이 얘기했던 세계 시민성이나 참여의 윤리 같은 부분을 길러줄 수 있는 교육 영역이 선행되어야 하지 않나 하는 생각을 한번 해봤습니다.

지금 학교 교육을 보면 초등학교에서는 선생님이 다양한 것을 자율적으로 재구성해가면서 재미있게 배우기도 합니다. 그런데 중고등학교에 가면 교육 자체가 입시 위주로 흘러갈 수밖에 없는 상황이어서, 우리나라에서는 사실상 정치 시민 교육이라는 게 상실되어 있습니다. 그래서 초등학교 때부터 '시민이 무엇인가, 그리고 참여의 의미가 무엇인가, 투표 행위가 무엇인가'라는 부분이 교육적으로 좀더 다양하게 다루어지면서 아이들이 그 실제적 의미를 구체적으로 느낄 수

국가의 현실, 개인의 현실: 한국사회와 민주주의의 관점에서

있는 수업을 제공해준다고 하면, 사실은 정당 개혁도 굉장히 필요하지만 교육에서 빠진, 우리가 갖고 있지 않은 어떤 부분들을 제도적으로 제공해주는 게 국가의 현실, 개인의 현실을 개선할 수 있는 좀더 근본적인 처방이지 않나 생각해봅니다.

마지막으로 독일의 예를 하나 들었습니다. 정치의 차이가 개개인의 삶의 차이를 결정짓는다는 좋은 예시—하나의 실패 사례—로서 독일이 제시됐는데, 여기서 또 하나 말씀드리자면 제2차 세계대전 이후 독일은 굉장히 힘써서 제도적으로 정치 교육을 활성화시켰습니다. 그래서 학교에서뿐 아니라 일반 시민에게도 정보나 참여 기회를 주州 차원에서는 물론 중앙 정부 차원에서도 체계적으로 제공해왔고, 이것이 사실 독일의 현재 정당 민주주의의 밑거름이 되기도 했습니다. 지금 우리나라의 정당에서 볼 수 있는 다양한 문제점이 있습니다. 공천도 있고, 또 정당이 시민사회에 기초를 두지 않는다는 측면에서도 문제가 있습니다. 교수님은 우리나라 정당이 거꾸로 선 정당이라고 말씀하셨습니다. 그러니까 국가로부터, 국가의 역할에 의해 조종되는, 국가를 위해 존재하는 정당이라는 거죠. 시민사회를 위해 존재하는, 시민사회에 기초한 정당이 아닌 국가에 기초한 정당 말입니다. 독일에서는 정치 시민 교육을 통해서 시민이 자발적으로 정치의식에 입각해 결사체, 조합을 결성하기도 하고 그게 정당에 반영되면서 공천과정도 진성 당원 중심으로 자연스러운 상향식 공천이 이루어지는 시스템이 갖추어져 있고, 일반 시민이 선거를 통해 이를 평가하는 구조입니다. 그런 점에서 보면 정당의 근본적인 문제를 해결하는 데 있어서 정당의 체질을 개선하는 것도 굉장히 중요한 문제지만 더 근본

국가와 윤리

적인 문제는 '정치가 우리에게 굉장히 필요한데 어떻게 거기에 참여할 수 있고 또 그것은 어떤 의미를 갖는지'에 대해 어릴 때부터 체계적으로 교육하는 것이 좀더 본질적인 대안이지 않나 생각해봅니다.

최장집　논평한 데 대해 특별히 반론할 점은 없으며, 제가 말씀드린 내용을 잘못 이해했다거나 하는 점도 전혀 없고 매우 정확하게 문제를 잘 짚어주셨다고 봅니다. 질문도 다 동의할 수 있는 질문인데요. 홉스의 리바이어던에 관한 질문은 홉스가 자유주의 철학의 모든 것을 함축하고 있는 이론가라는 측면에서 최소 국가는 자유주의 국가의 핵심적인 특성이자 특징이라고 저는 봅니다. 그러나 홉스를 따로 떼어서 보면 지금 얘기하신 문제가 한국의 문제와 연결될 때 상당한 공백 내지 비약이 있다는 지적은 옳은 지적이고, 그에 동의해요. 제가 이 강연 문안을 만들 때는 자유주의의 대표 이론을 총괄하고, 내장하는 홉스 철학의 구성과 내용 속에 최소 국가의 얘기를 했는데 이 점에서는, 그 문제를 로크나 이후 자유주의 철학의 기본 내용을 설명하는 부분이 좀 들어가면 좋겠다는 생각이 듭니다. 그런데 홉스의 리바이어던이 아무리 강력한 인공으로 만들어진 가공물이라 해도, 베버 등의 이미지와는 근본적으로 다른 차원의 문제라고 봅니다. 그러니까 그건 자유주의 철학에서 보는 국가에 대한 이해, 또 국가를 구성하는 이론이라고 여기는 것이죠. 따라서 홉스 이론에서 문제는 영국이나 미국이나 현대의 발전된 자본주의 국가를 운영하는 국가로서의 '리바이어던'이 아닌 일종의 법체계라는 생각이 들어요. 그러니까 자유주의 국가의 이미지나 개념이 굉장히 기술적으로 분화된 산업화를 이루고

　국가의 현실, 개인의 현실: 한국사회와 민주주의의 관점에서

대기업 집단에 의해 주도되는 현대 자본주의 경제를 움직이는 그런 국가는 아니라는 것이죠. 경험적으로 볼 때도 미국이나 영국이 자유주의 국가라고 하면 전반기에는 그런 성격을 상당히 많이 띠었고 이후 복지국가가 만들어지면서 영국도 관료체제의 중요성이 생겨나고 미국도 제2차 세계대전 후에 제국이 되면서 국가의 기능이 확대된 거지, 그 헌정체제나 법체계는 전적으로 작은 국가를 기초로 한 것이라고 생각합니다. 그러니까 토크빌이 『미국의 민주주의』에서 말하듯이, 미국을 움직이는 것은 행정체계가 아닌 법체계라는 것이죠. 미국이 그렇게 거대한 민주주의를 운영하면서 국가가, 중앙집중화된 관료체제가 발전하지 않고도 통치가 가능했던 건 법의 기능이 그것을 대행했기 때문이라는 거예요. 저는 그게 홉스로 시작되는 자유주의국가, 최소 국가의 원리라는 생각이 듭니다.

지금 미국은 공화당이 아직도 전통적인 국가론을 대표하고 있죠. 복지국가가 확대되면서 최소 국가에 대응하는 '최대 국가maximal state'로서 자유주의국가도 변형되고 발전하지만, 어쨌든 근본 이론의 체계는 '최소 국가'라는 생각이 들고 이것이 한국에 왔을 때는 의미나 내용이 달라집니다. 저는 한국을 얘기하면서 이런 점들을 쓴 거죠. 그러니까 홉스적인 평화와 질서를 유지하는 기능은 국가가 하는데 처음부터 관료적으로 제도화된 여러 가지 요소와 또 이데올로기적인 국가의 기능이 발전할 수밖에 없는 상황이 고려되면서 이것이 홉스적인 의미의 국가와 접맥되는 부분을 보완 설명할 수 있지 않을까 합니다.

두 번째 문제는 매우 정확하고 옳은 지적이며, 반대할 이유가 없는 교육의 중요성, '민주주의가 발전하는 데 정당으로 되겠느냐' 하는 교육의 문제인데요. 정당으로부터 출발하는 것, 결사체로부터 시작해서 정당이 개혁되는 방향으로 대안을 생각했던 것과는 다른 경로를 제시하셨습니다. 대단히 설득력 있는 주제이긴 한데, 문제는 제가 국가와 대기업 집단의 결합 구조를 일괴암적 권력 중심이라고한 지점입니다. 그러니까 국가 하나만 해도 거대한데 대기업 집단이 결합함으로 인해서 누구도 도전할 수 없는 절대 권력에 가까운 권력 중심이 만들어졌다는 얘기죠. 한국 권력 구조의 특성이에요. 이것은 좀 분리될 필요가 있습니다. 대기업 집단도 언제나 국가가 주도한 이른바 관치경제에 종속적 파트너로서의 역할이 아닌 경제 크기나 세계적 수준의 위상으로 볼 때 꼭 국가와 지금 같은 형식으로 결속해나가야 할 필요는 없다는 거죠. 한편 '교육의 실상이 뭐냐, 한국사회에 그게 현실적인 대안이 될 수 있느냐' 하는 데 대해 저로서는 부정적인 생각이 듭니다. 현재 한국의 중요한 문제 가운데 하나는 교육의 문제, 특히 대학 교육의 문제라고 봅니다. 그런데 그건 둘째 치고, 지금 대학 교육을 특정 방향으로 주도하고 있는 국가와 대기업 집단들의 이해관계가 결합되면서 대학이 완전히 시장 효율성이나 경제 발전 같은 도구적인 역할을 수행하는 방향으로 가고 있습니다. 저는 지난―길지도 않은데―얼마간 빠른 속도로 대학이 변형됐다고 봅니다. 대학이 문화와 새로운 가치를 창출하고, 한국사회의 이상을 학문적으로 심화시킬 수 있는 터전이 더 이상 아니라는 생각이 들어요. 여기서 뭐가 나올 수 있느냐 하는 문제에 대해 회의적입니다. 이미 대학 교육이 기존의 국가와 대기업 집단에 의해 거의 완벽한 통제하에 들어가 있는 상태에서 새로운 대안이 어디서부터 가능한지에 대해 회의적이기 때문

국가의 현실, 개인의 현실: 한국사회와 민주주의의 관점에서

에 새로운 힘에 대해―지금 현재 그 수준과는 멀리 떨어져 있지만 그
나마―시민사회로부터 나와서 정치적인 힘으로 정책 전환이 이뤄지
고, 사회적 힘에 의해서 변화가 만들어지는 방법을 생각한 것이거든
요. 그렇다고 해도 교육이 중요하다는 걸 부정할 수는 전혀 없습니다.
그것은 절대로 옳은 말씀인데, 이게 현실적으로 어떻게 가능하냐는
문제에서 저로서는 아이디어가 떠오르지 않아 일단 정치적인 경로를
생각한 겁니다.

그다음에 세 번째로 독일 문제에 대해서 언급을 하자면 나쁜 사
례로 독일을 예로 들었지만, 독일의 사례는 두 가지라고 봐요. 그러
니까 제2차 세계대전 전까지의 독일이 왜 그런 식으로 됐는지요. 저
는 제1차 세계대전부터 잘못되기 시작했다고 보고, 빌헬름 2세의 이
상한, 허황된 제국의 꿈이 민주적으로 통제되지 않고 개인의 허영심
으로 치닫게 되면서 걷잡을 수 없는, 누구도 통제할 수 없는 상황이
되었다고 봅니다. 당시는 민주주의가 아니었으니까. 카이저의 힘이
지나치게 절대적으로 강했다는 것이죠. 아시겠지만, 잘못된 경로에
서 독일이 너무 많은 희생을 치렀잖아요. 그런데 제2차 세계대전 후
에 독일이 건설하는 것을 보면, 이건 사람을 또 한 번 놀라게 만드는
성공이고 배워야 할 점이 대단히 많은 체제입니다. 독일 사람들은 이
해가 잘 안 되는 점이 뭐냐 하면 망해도 아주 세계 최대로 드라마틱하
게 망하고, 완전히 폐허에서 건설을 하는데도 지금 독일만한 나라가
없어요. 제가 덴마크를 인용했지만 덴마크는 인구가 500만도 안 되는
자그마한 나라고 독일은 8000만이 넘는 대국이잖아요. 8000만이 넘
는 유럽 최대의 국가를 저렇게 대단히 살기 좋은 나라로 만들어놨다

는 것은 엄청난 사건이라고 봅니다. 그러니까 지금 중국, 미국이 워낙 국가의 규모가 크기 때문에 세계를 주도하고 있지만 사실상 독일이 유럽연합EU을 주도하고 있는 나라이고, 독일의 시스템에서 배울 점이 무척 많기 때문에 독일의 좋은 사회, 민주주의 교육에서부터 보이는 문제는 더 말할 여지가 없는 모델이 될 수 있다고 생각합니다.

이승환　　장준호 교수님이 세 가지 정도 질문을 했고, 거기에 대한 답변을 들었습니다. 교육이 정말 중요하다는 토론자의 의견에 대해 '좀 어렵지 않냐'는 답변을 한 것 같아요. 최장집 교수님은 주로 자본에 교육이 종속당하는 현실에서 과연 교육이 제 기능을 할 수 있느냐고 하셨는데 그 점도 있지만 역사만 해도, 교과서조차 제대로 택할 수 없는 현실, 교사의 정치적 중립을 과도하게 요구받는 이런 현실에서 시민 정치 교육을 한다는 게 과연 가능한가 하는 의문이 듭니다. 이왕 이렇게 회의를 던졌으니, 장준호 교수님이 더 짤막하게 어떤 실천적 방안이 있는지 좀 말씀해주시면 좋겠습니다.

장준호　　제가 말한 정치 교육, 시민 교육이라는 측면이 사실 정치적 편향성을 가지고 해야 되는 그런 교육은 아닌 것 같습니다. 그러니까 예를 들자면 우리나라는 좌우의 이념적 대립이 굉장히 격화된 시기를 거치면서 그리고 이것이 분단 현실과 연결되면서 정치적 발언을 할 때 공직에 있는 공무원들이 정치적으로 편향된 발언을 하는 것이 공직윤리에 입각해서는 불가능합니다. 학교에서 가르치는 교사나 교수나, 학생들에게 어떤 객관적인 현실을 알려줄 수는 있습니다. 팩트

　　　　　　　국가의 현실, 개인의 현실: 한국사회와 민주주의의 관점에서

라는 측면에 있어서요. 진보에서 보면 이런 관점에서 볼 수 있고, 보수에서 보면 이런 관점에서 볼 수도 있다는 양쪽의 의견을 객관적으로 제시하면서 팩트를 알려주고 참여할 수 있는 방법을 알려주는 차원에서는 가능할 것입니다. 그런데 선생님들이 교과과정 속에서, 정치 시민 교육이라는 교과목을 만들어서 수행하는 건 참으로 어렵겠죠. 이승환 교수님도 말했듯이 우리가 역사 교과서 하나도 국정으로 가서 사회적인 측면에 있어 우려되는 부분이 굉장히 많은데 교과를 만들어 정치 시민 교육을 한다고 그러면 교육부나 국가에서 허가하기도 매우 어려울 것 같습니다. 하지만 저는 '열린연단' 같은 프로그램도 하나의 시민 교육, 정치 교육의 일환이라는 생각이 듭니다. 이런 과정을 통해서 중고등학교나 초등학교 선생님들이 좀더 깨어 있다고 하면, 국어 시간이나 윤리 시간에 얼마든지 시민성이나 참여의 방법 같은 내용을 교육할 수 있을 것 같습니다. 요즘에는 융합 교육을 하는 추세입니다. 그러니까 여러 교과를 섞어서 아이들이 그 안에서 프로젝트 기반으로 스토리텔링을 스스로 최대한 발견해낼 수 있는 수업을 많이 하고 있거든요. 그래서 선생님들의 교육과정 재구성 능력이 굉장히 중요합니다. 요즘에는 그렇게 융합적인 교육을 하기 때문에 선생님의 시민 의식이 깨어 있다면 얼마든지 가능할 것 같습니다. 예컨대 교수님이 얘기했던 시민사회의 의미, 결사체가 어떻게 해서 정당으로 연결될 수 있는가, 국가의 현실이 왜 개인의 현실에 그만큼 영향을 미치는가, 왜 정치의 차이가 개인의 삶에 이렇게 큰 영향을 줄 수 있는가 같은 문제는 교육을 통해 정치의 큰 의미를 느낄 수 있다고 하면 얼마든지 가능하고, 요즘의 추세 자체가 그러니까요. 특히 중고등학교 때는 어렵더라도 초등학교 교육에서는 얼마든지 선생님이 재구성의 과정을 통해서 정치 교육이나 시민 교육을 할 수 있는 여지가 있거든요. 그런 것부터 시작됐으면 하는 게 제 바람입니다.

김우창　자꾸 끼어들어서 미안합니다. 두 가지만 얘기하겠습니다. 하나는 얼마 전 영국 BBC의「라디오 4」라는 프로그램을 보니까 우리나라에서 매우 유명한 마이클 샌델이 나와서 여러 보통 사람들을 상대로 얘기하는 게 있었어요. 그때 샌델이 주재한 제목이—충분히 토의는 안 됐지만—'국경이라는 게 필요한가Are borders necessary?'라는 제목이었어요. 거기 나온 시민이 여러 국적을 가진 사람들이었는데, 영국이나 북유럽의 선진국 사람들은 "필요 없다"고 답을 하고 "필요하다"고 하는 사람은 후진국 사람들이었어요. 제가 유독 뚜렷하게 기억하고 있는 게 이스라엘과 루마니아의 보통 사람들이 국경이 필요하다고 얘기한 점입니다. 두 분 다 국가를 상당히 지속될 수 있는 체제로 생각하며 그 전제하에서 이야기를 전개하고, 또 그게 현실이겠지만 샌델의 토론회에서 보니 국가가 오래 안 갈 것 같다는 인상을 받았어요. 전부 국경은 필요 없다는 이야기를 상당히 많이 했습니다. 그러니까 국가가 정말 오래 지속될 수 있느냐, 무정부주의라는 것도 있는데 국가의 실체가 정말 오래갈 수 있느냐, 필요한 거냐 하는 질문에 대해 어떻게 생각하는지 의견을 한번 들어봤으면 좋겠고요.
　또 하나는 시민 교육 얘기를 하셨는데 우리나라에서 국사 문제라든지 시민 교육 문제가 상당히 논란의 대상이 될 수 있는 건 정의감에 기초해서 가르치기 때문입니다. '내가 가르치는 건 무엇이든지 간

국가의 현실, 개인의 현실: 한국사회와 민주주의의 관점에서

에, 그것의 출처가 어디든지 간에 사회 정의를 위해서 하는 거다'라는 느낌을 좌파든 우파든 다 강하게 가지고 있어요. 그래서 우리 교육의 방향을 정의로부터 진리로 옮겨야 된다고 생각합니다. 진리가 무엇인가에 대해서도 사람에 따라 의견이 다 다르기 때문에 그것도 위에 연결은 되지만 적어도 진리가 무엇인가를 객관적으로 밝히는 방향으로 교육을 추진해야 한다는 것입니다. 정의감에 기초해서 교육을 하게 되면 결국 그건 이데올로기 싸움에 불과하게 되고 다시 똑같은 혼란 상태에 떨어지게 된다고 봅니다. 그래서 저는 교육자들이 정의감으로써 자기를 정당화하려는 것—정의는 물론 굉장히 중요하지만—그걸 자기 정당성으로 내세우는 것, 이게 큰 문제라고 생각합니다. 거기에 대해서 한 가지만 더 보태서 얘기하겠습니다. 얼마 전에 외국 신문에 나온 건데 이슬람 테러리스트들이 어떤 동기에서 테러를 자행하는가에 대해 여러 가지 분석이 있었어요. 그런데 그중 하나가 자기의 초라했던 인생을 정당화하기 위해서 거대한 정의에 목숨을 바친다는 게 그 사람들의 중요한 동기라는 것이었습니다. 이건 범죄적인 것에 관계되는 거지만, 범죄가 아닌 경우라도 정의를 위해 노력하는 것 자체는 좋지만 정의감을 자기 정당화에 연결하려는 것은 또다시 문제를 야기합니다. 이건 교육에 있어서나 다른 정치 토론에 있어 별로 중요한 일이 아니라고 봅니다. 물론 정치가들만이 하는 건 괜찮아요. 그러나 특히 엄정성을 지켜야 하는 학계에서 이렇게 되면 문제가 생길 수 있다고 보는데 여기에 대해 어떻게 생각하는가 궁금합니다.

최장집　　첫 번째 질문에 대해서, 질문은 큰데 대답할 시간은 짧아서 좋은 대답을 하기는 어려운데요. 제가 직관적으로 말씀드릴 수 있는 건 길게 볼 때 현존하는 영토 국가라는 것이 확실히 큰 단위의 정치 공동체로 변하지 않을까 하는 생각은 듭니다. 그러나 일정한 영토를 단위로 해서 존재하는 국가가 완전히 해체되느냐 하는 문제는 적어도 가까운 장래에는 어렵지 않을까 합니다. 다만 변한다면 규모가 상당히 거대해질 수 있지 않을까 하는데요. 그 대표적인 사례는 EU가 아닐까 싶고요. 국가가 앞으로 상당 기간 동안 존재하게 된다고 생각하는 이유는 민족적이고 종교적인 차원에서의 분열 상황은 아직도 국가 같은 정치적 경계를 만들게 하는 중요한 요소라는 생각이 들고, 거기에 또 경제적인 격차가 민족적·종교적 문제와 결합되면서 복잡해져서 지금 현재는 두 요소가 합쳐져 중동 문제로 나타나게 된다고 봅니다. 하나의 국민이 한 국가를 만드는 건 일정한 영토 국가 내에서 이뤄지는 건데 유럽 통합이 가능할 수 있는 건 빈부 격차 문제가 사회복지 등을 통해 상당히 평준화되었고, 국가 간의 관계도 상당히 가까워졌기 때문이었습니다. 그러나 그 격차가 굉장히 클 때는 힘들지 않을까 합니다. 그러면 이 격차가 가까워질 때까지 기다렸다가 영토끼리 통합을 하든 국가들끼리 통합을 하든, 아니면 다른 좀더 커진 연합체와 통합을 하든 어떤 단계를 거쳐야겠죠. 그러지 않고 과연 기존의 국가가 다른 형태로, 더 큰 공동체나 혹은 매우 글로벌한 수준의 다른 정치 공동체로 나타날 수 있느냐 하는 문제에 대해서는 좀 회의적인 생각이 많이 들어요. 일정하게 영토 국가가 전환되는 과정에서는 영토 국가가 아닌 방식으로 제도화되는 실험 내지는 단계가 여러 형태로 나타나지 않을까 합니다. 지금 EU가 연방 국가도 아니고 뭐라고

국가의 현실, 개인의 현실: 한국사회와 민주주의의 관점에서

정리하기 쉽지 않은 정치 공동체라면, 초국적인 몇 개의 국가가 국가의 연방confederation 형태로 나타나는 것을 상상해볼 수 있지 않을까 하는 생각이 듭니다. 왜냐면 이 차이가 지나치게 커지면 한 사회에 문화적으로나 경제적으로 부담이 너무 크고, 문화적으로 동질화되어 공존하기가 상당히 어렵기 때문입니다. 그 점에서 현재 유럽에서 일어나고 있는 시리아 난민을 포함하는 중동 인민들 문제를 어떻게 해결하느냐 하는 게 대단히 중요하다고 봅니다. 셍겐Schengen 협정을 예로 들면, 얼마 전까지만 해도 무비자로 우리나라 도道 경계 넘듯이 자유롭게 다녔는데 이제는 국경마다 검문 검색을 해서 단속하고 있습니다. 이건 굉장한 후퇴라고 볼 수 있는데 이 문제를 EU가 공동으로 해결해야 합니다. 하지만 여기에는 굉장히 복잡한 문제가 산재해 있어요. 첫째는 경제적인 격차를 해소하는 문제, 그다음으로 인구 구성이 바뀔 때의 문제가 있어요. 독일은 출산율이 굉장히 낮고 현재 인구가 8200만 정도인데, 매년 100만 명씩 수백만 명의 시리아 난민이 중동에서 들어온다면 젊은 세대는 아이를 낳지 않기 때문에 이 인구 구성비가 앞으로 10년 내지 20년 사이에 갑자기 굉장히 큰 규모로 변하게 됩니다. 지금 현재 메르켈 독일 총리의 이민 수용 정책이 상당히 도전을 받고 있는데, 이는 이성적으로도 수용하기 힘들 것 같습니다. 그건 이성에 맞지 않는다는 의미가 아니라, 반대로 이성적으로 생각해도 굉장히 큰 문제라는 뜻입니다. 독일 사람들에게 인종을 뛰어넘어서 이걸 수용하라고 절대로 요구할 수 없는 사안이라고 보거든요. 그래서 이것은 10~20년 사이에 해결될 수 있는 문제같이 보이지는 않고 상당히 장기간에 걸쳐 해결될 수 있는 문제이고요. EU가 이 문제를 어떻게 공동으로 다룰 수 있느냐 하는 데서 대체로 윤곽이 보이고 앞으로 우리가 유럽을 상상해볼 수 있는 전망이 나타나지 않을까 하는 생각이 듭니다.

두 번째는 시민 교육에 대한 선생님 지적에 전적으로 동감입니다. 그러니까 정의, 옳은가 그른가를 가지고 얘기하기 시작하면 격렬한 이념적 가치관의 갈등이 나타날 수밖에 없는 거고요. 진실, 사실에 근거해 교육해야 할 텐데 우리가 훈련이나 습관이 안 돼 있어서 토론이 안 되는 문화가 상당히 널리 퍼져 있어서요. 역시 이것을 어떻게 해야 할지 선생님 의견을 좀 듣고 싶습니다. 문화적으로 접근한다면 어떤 방식으로 이런 변화가 가능할 수 있을지요.

김우창　저도 답변은 없고 그냥 문제만 제기한 건데 과학적인 훈련을 학문의 기초로 삼아야 될 것 같아요. 대학에서도 그렇고, 과학적으로, 사실적으로, 논리적으로 검토하는 것. 개인적으로는 정치적인 정의감이 있어야 되지만, 그걸 과도하게 집단화해서 집단 동원의 힘으로 활용하려는 것은 좀 억제하고 과학적인 중립성을 지키는 훈련을 많이 해야 될 것 같습니다. 그래서 저는 사실 인문학도 인문학이라고 안 하고 인문과학이라고 해야 한다고 늘 주장하는데 안 받아들여지는 것 같아요.

이승환　알래스데어 매킨타이어Alasdair MacIntyre가『누구의 정의관, 어떤 합리성이란 말인가?Whose Justice? Which Rationality?』라는 책을 썼다시피 정의관이 사람마다 계급마다 다를 수 있는 건 확실한 것 같고요.

반면 진리도 다양하다고 하는데 그건 참 어려운 문제인 듯합니다.

김우창　　진리가 하나는 아니지만 조금 더 이성적으로 진리에 접근하려는 노력을 강조하는 것이 학문의 사명을 지키는 것이라는 생각은 할 수 있을 것 같습니다. 그러니까 거기에 접근하기 위해서 노력하는 거죠.

최장집　　선생님 얘기를 들으면서 느끼는 것은 집단적 정서의 민족주의가 굉장히 강해서, 아까 제가 강연에서 일본 메이지 말기 세금 제도를 얘기하며 총독부 시절에 변화가 있었다고 했지요. 그런데 우리나라는 반일 감정이나 민족주의가 하도 강해서 이렇게 일본 좋다고 했다간 또 뭐라고 비판받는 게 아닌가 하는 생각이 들 정도거든요. 저는 이런 게 사실에 기초한 문제라는 생각이 듭니다. 일제라는 게 이념적으로 딱 규정돼버려서 일본은 나쁜 것 이렇게 시작하면 끝나니까요. 한국만큼 일본을 모르는 나라가 없다는 생각이 들거든요. 객관적으로는 도대체 생각을 안 하니 좋은 것을 얘기했다가는 친일파 아니냐 이렇게 될 수 있고 해서요. 그렇게 되면서 상당히 문화적으로, 지적으로 발전할 수 없는 폐쇄적 구조를 만들게 되고 열린, 개방적 지식을 추구하기가 불가능해지는 듯합니다.

이승환　　아마도 하버마스가 합리적 의사소통을 위해 조건으로 제시한 사실성에 기초한 말하기, 타당성에 기초한 말하기 같은 식으로 접근하면 좀더 객관적일 수 있을 것 같습니다.

국가와 윤리

질문 1 시민사회가 권력 쟁취를 목표로 하지 않는다는 것은 어떤 의미인지.

청중 정당은 자율적 결사체의 최종적 결사체라고 했고, 또 앞에서는 시민사회가 자율적 결사체를 중심으로 한다고 했습니다. 시민사회의 요건 중 하나가 어떻게 권력을 쟁취하지 않는 것이 되는지 궁금합니다.

최장집 헤겔을 비롯해 여러 정치학자와 사회학자가 정의한 바에 따르면 시민사회란 특정 가치가 지배하지 않는 가치의 다원성, 다원주의적인 사회 구조 등으로 표현됩니다. 시민사회는 기본적으로 정치적인 영역이라기보다 경제생활을 중심으로 해서 이해관계가 결사체 형식으로 결집되는, 공적 영역과 사적 영역이 중첩되는 영역이죠. 그렇기 때문에 정치적인 토대이거나 특정 정당의 기초는 아니라고 보는 겁니다. 시민사회를 정치적으로 조직하는 결사체라고 표현했지만 자연스러운 이해관계의 공통을 공유하는 자연적 결사체들의 정치적 의사가 있을 것 아닙니까? 그것을 조직하고 대표하는 역할을 하는 것이 정당이고 정당의 역할은 국가의 정책 결정 기구와 시민사회를 매개하는 것이죠. 그래서 어떤 사람은 정당과 정치사회를 따로 구분하기도 합니다. 그런데 그렇게까지 복잡하게 구분할 건 없고 시민사회에 정치적으로 접맥되는 공적 역할의 하나라고 보면 되지, 시민사회가 특정한 정치 이념과 가치에 의해 지배당하고 영향을 받아서 움직인다는 건 아닙니다. 어네스트 겔너는 시민사회를 무도덕한 사회라고 정의했거든요. 시민사회는 민주주의에 선행하는 사회라는 걸 강조하기도 했고요. 실제로 서구 역사에서도 민주주의라고 하는 대의 민주제가 발전하기 이전에 시민사회라고 하는 건 존재했죠. 그러니까 시민사회는 정치, 경제, 문화를 다 포괄하는 광범위한 영역이지, 정치의 영역은 전혀 아니라고 봅니다. 시민사회가 정치적으로 조직돼야 한다는 건 특정 이념을 중심으로 세력화한다는 것이기 때문에, 이것은 시민사회의 정의에도 맞지 않는다고 할 수 있습니다.

장준호　　제가 보기에는 정치를 어떻게 이해하느냐에 따라 조금 관점이 달라질 것 같기도 해요. 그러니까 마키아벨리의 관점에서 정치를 일종의 권력 획득, 확장, 유지라고 권력 중심적으로 봤을 때는 시민사회를 비정치적 영역으로 볼 수 있겠죠. 물론 권력이라는 게 자원 배분도 하는 거지만요. 그런데 정치라는 것을 좀 다르게 본다면, 예를 들어 고대 그리스의 철학자들이 이해했던 정치의 의미, 즉 정치라는 것은 함께 이야기하고 함께 결정하고 함께 행동하는 것, 함께하는 의사소통 행위라는 원형적 측면에서 봤을 때 그 안에는 권력 외의 것들도 있는 거죠. 보통 우리는 현실에서 정치를 권력이라는 단어에 입각해서 이해하는데 본래는 소통하기 위한, 또 같이 가기 위한 윤리를 필요로 하는 게 정치입니다. 그래서 시민성 부분이 조건화되어야 정말 훌륭한 정치가 가능해지는 것인데요. 그러니까 방금 전에 시민사회를 규정할 때 권력을 쟁취하지 말아야 한다고 규정했지만 사실 헤겔적인 의미에서 봤을 때는 다릅니다. 헤겔이 『법철학』 마지막 부분에서 이런 얘기를 하거든요. '결사체들, 코퍼레이션corporation들, 조합들이 의회에 들어가서 자기의 어떤 이익을 얘기할 수 있는 제도들은 지극히 합당하다.' 그러니까 그 의미는 권력 쟁취의 행위가 아니라, 시민사회도 소통의 행위인 거죠. 국가와 접목되려고 하는, 국가에 다가서는 하나의 채널로서, 소통의 장으로서 굉장히 의미가 있는 겁니다. 우리가 시민사회를 규정할 때, 그것이 변질되고 또 권력 쟁취의 수단으로서 이해되면 안 되겠죠. 그런데 한편으로는 그것 말고 건전한 의미에서의 참여와 소통, 또 국가의 공적 영역에 접목되고자 하는 몸부림이라는 측면에서 봤을 때는 매우 바람직하지 않나 하는 생각을 해봅니다. 예컨대 하버마스도 국가를 얘기하지 않잖아요. 하버마스는 헤겔과는 다른 방식으로 이해하는데, 생활세계와 체계를 얘기하고 그다음에 그 둘이 합쳐진 걸 사회로 이해하고 이 생활세계가 체계에 의해서 식민지화되었을 때 그 식민지화를 건전한 상태의 생활세계로 되돌리기 위한 하나의 움직임으로서 시민사회를 얘기한단 말이에요. 그랬을 때 감시의 기능도 여기에 포함이 되는 것이고요. 사실 공적 영역에 관심을 갖고 참여하는 영역인 거죠.

이승환　　그런 것 같습니다. 시민사회가 건전하게 내는 목소리가 아무런 영향력이 없다면 무력한 거니까 의사소통 권력은 갖고 있되 행정권력이 되지 말라, 경제권력과 결탁하지 말라 정도로 받아들이면 될 것 같습니다. 최장집 교수님, 결론을 짧게 한마디 해주시면 좋겠습니다.

최장집　큰 주제를 받아서 오늘 강연을 했습니다. 제가 헤겔에게서 상당히 매력을 느꼈던 건 헤겔이 이 이론을 구성하고 발전시켰던 데 는 그가 있었던 독일 사회가 좀 후진국이었다는 것, 영국이나 스코틀 랜드, 프랑스에 비해 자본주의 발전에 있어서나 자유주의 계몽사상 에 있어서 뒤처진 배경이 있었습니다. 그렇기에 독일은 나름대로의 조건에서 법의 지배라든가 교육, 철학 등을 독일 환경과 역사에 걸맞 은 것으로 만들었습니다. 그렇기 때문에 헤겔은 역사를 상당히 중요 시하게 되지 않았을까 합니다. 우리도 후진국이죠. 독일이 '후발^{late}' 민주주의 및 자본주의 국가라면, 우리는 그게 하나 더 붙어서 '후후 발^{late late}' 국가로서 선진국과의 격차가 상당합니다. 헤겔이 살았던 시 대에 탄생한 이론은 시사하는 바가 상당하고, 뭔가 우리한테 좀더 가 까이 있는 느낌이 듭니다. 그런 점에서 우리가 자유주의의 이론을 생 각할 때 헤겔이 풍부한 점을 제공해줄 수 있다고 믿고요.

이승환　오늘 최장집 교수님이 서구의 정치이론 그리고 민주주의 경험에 기초해 우리의 현실을 재점검하고 앞으로 어떤 방향으로 가는 게 좋을지 청사진을 그려주었습니다. 한국사회의 현실을 구성하는 세 줄기의 커다란 힘, 즉 행정권력을 장악하고 있는 국가 또는 정부, 경제 권력을 가지고 있는 대기업 자본, 그리고 의사소통 권력을 지닌 시민사 회, 이 세 힘이 각자의 고유한 의무와 책무를 다하면서, 덕성을 잘 발휘 하면서 균형과 조화를 이루면 우리 한국사회의 앞날이 밝지 않겠느냐 는 것이지요. 그리고 이러한 세 힘의 균형에 있어 먼저 출발점이 돼야 할 것은 시민사회의 재조직화, 활성화, 재건이라고 말씀하셨습니다.

주

윤리와 인간의 삶

1___김기현 교수가 퇴계의 철학적 관심의 요점을 지적한 것을 인용한 것이다. 김기현, 「퇴계의 사단칠정론」, 민족사상연구회 엮음, 『사단칠정론』, 서광사, 1992, 66쪽.

2___여기서 논하는 흄의 생각은 거기서 발견할 수 있는 모순이나 애매성을 가리면서 설명한 알래스데어 매킨타이어 교수의 해설에 의지하여 살펴본 것이다. 매킨타이어 자신도 스코틀랜드 출신으로, 주로 미국에서 교수 생활을 했다. Alasdair MacIntyure, *A Short History of Ethics: A History of Moral Philosophy from the Homeric Age to the Twentieth Century*, 2nd Edition(University of Notre Dame Press, 1998), pp. 168~177.

3___위의 책, 176쪽.

4___이 부분의 설명은 매킨타이어의 저서에서 칸트 해설 부분을 따른 것이다. Cf. Chapter 14 Kant, MacIntrye, op. cit, p. 192.

5___Immanuel Kant, *Kritik der praktischen Vernunft*(Königlich Preussischen Akademie der Wissenschaften, Berlin, 1912), S. 42~45. *Critique of Practical Reason*, trans. by Lewis White Beck(Prentice Hall, Upper Saddle River, N. J., 1993).

6___Immanuel Kant, *Über den Gemeinspruch: Das mag in der Theorie richtig sein, taugt aber nicht für die Praxis/ Zum ewigen Frieden: Ein philosophischer Entwurf* (Felix Meiner Verlag, Hamburg,1992) S. 59. "Perpetual Peace," H. S. Reiss(ed.), *Political Writings*(University of Cambridge Press, 1991), pp. 99~100.

7___Cf. Martha C. Nussbaum, *Uphevals of Thought*(University of Cambridge, 2001). 이 부분의 논의는 주로 Part II: Compassion에 나와 있다.

8___Ibid., p. 399.

9___Ibid., p. 382.

10___Ibid., p. 404.

11___『맹자孟子』, 범선균 옮김, 혜원출판사, 1993, 35쪽.

12___같은 책, 59쪽.

13___Martha C. Nussbaum, p. 469.

14___Ibid., p. 453.

15___Ibid., pp. 457~526 et passim.

16___Ibid., p. 482.

17___Ibid., p. 502.

18___Ibid., p. 508. 스피노자 인용이다.

19___Ibid., pp. 509~510.

20___Ibid., p. 519.

21___Ibid., pp. 520~521.

22___Ibid., p. 324, 427, 527.

23___Ibid., p. 528.

24___Ibid., p. 541. 아우구스티누스의 신의 도시De Civitate Dei에서 인용.

25___Ibid., p. 541. 아우구스티누스 인용.

26___Ibid., p. 547. 아우구스티누스 인용.

27___Ibid., p. 553.

28___Cf. Ibid., p. 549.

29___Ibid., p. 644.

30___Ibid., p. 627.

31___Ibid., p. 628.

32___Ibid., p. 639.

33___Ibid., p. 640.

34___Ibid., p. 643.

35___Ibid., p. 630.

36___Ibid., p. 530. '고백록'으로부터 인용.

37___Immanuel Kant, *The Metaphysics of Morals*, ed. and trans. by Mary Gregor (University oc Cambridge Press, 1996), pp. 10~11.

38___Ibid., p. 20.

39___Ibid., pp. 145~152.

40___Ibid., pp. 204~205.

41___Ibid., p. 151.

42___Ibid., p. 161.

43___An Answer to the Question of 'What is Enlightenment?'[Beantwortung der Frage: Was ist Aufklaerung], *Kant: Political Writings*, ed. by H. S. Reiss (Cambridge, 1997), p.54.

희랍 고전시대의 국가 이념

1___아리스토텔레스의 분류법에 따르면 여섯 개의 정체가 존재하겠지만, 그것은 이념형에 해당되고 실제로 국가 이념으로 작동했던 것은 과두정과 민주정 그리고 그것의 변형들이라고 할 수 있다.

2___노예제가 존재했고, 여성과 비시민의 참정권을 거부했던 아테네 민주주의를 온전한 의미의 민주주의라고 할 수 없다는 지적이 있다. 또 아테네 민주주의가 침략적·팽창적 제국주의에 의존하고 있었음을 비판하는 이들도 있다(주 4 참조). 아테네 민주주의가 어떤 의미에서 현재적 교훈을 주는가에 대해서는 여전히 논란의 소지가 있다. 그러나 아테네 민주주의가 문화적·역사적 한계를 노정시켰다고 해도 그것이 개인의 자유와 평등을 전제로 다수의 지배를 국가 이념으로 삼은 정체였음은 부인할 수 없다. 예컨대, 제퍼슨의 민주주의론을 노예제의 존속과 여성의 참정권 거부를 이유로 처음부터 배제하지 않은 것

과 같이, 아테네의 민주주의에도 그런 정도의 관용을 베풀 필요가 있지 않은가.

3___전통적으로 지나친 사적 이익을 통제하고 공공선을 추구하기 위해 덕성과 전문적 지식을 갖춘 대표가 필요하다고 여기는 이들은 자연스럽게 대의제적 요소를 결여한 아테네 민주주의의 가치를 인정하지 않는다. 반면, 현대의 대의민주주의가 대중의 정치적 무관심을 양산하고 대중을 정책 결정과정에서 소외시키는 결과를 초래한다고 보는 이들은 아테네 민주주의를 참여 민주주의의 모델로 칭송한다. ex. Paine 2009; Tocqueville 2000; Mill 2010; Hamilton(Federalist #9), Madison(Federalist #63).

4___아테네 민주정의 '비민주적 요소'(예컨대 여성, 비시민, 노예의 참정권 거부)를 지적하며 아테네 민주주의를 부정적으로 평가하는 이들이 있다. 또 아테네 민주정에서는 상당 부분 노예 노동(Jameson 1977)을 통해서 마음 놓고 정치에 참여할 수 있는 데모스 집단이 출현했다는 견해가 있다(Jones 1986). 아테네 민주주의로부터 교훈을 얻고자 하는 연구자들이 이런 사실을 외면할 필요는 없다. 다만 이런 이유로 아테네 민주주의를 단박에 배제하기보다는 이를 타산지석으로 삼을 필요가 있다.

5___민회뿐 아니라 위원회와 배심원 재판에 참여해도 역시 일당이 지급됐다(Ober 1989, p. 98, 139, 143). 오버는 위원은 5오볼, 배심원은 2오볼을 받았다고 기록하고, 최저생계비가 2오볼 내외였을 것이라고 제시한다.

6___위원회는 508년 혁명이 성공한 직후 시작된 제도다. 당시 139개의 지역구deme로 나뉘어 있던 것을 다시 10개의 사실상 인위적인 부족 단위로 나누고, 이 10개의 부족 단위로부터 각각 50명씩이 파견되어 위원회를 구성한다. 이들은 각 부족에서 추첨으로 결정된다. 50명의 위원들은 1년 중 10분의 1에 해당되는 기간 동안 의장presidency 부족의 지위를 부여받으며, 회의가 열릴 때마다 의장 부족의 50인 중에서 의장이 될 사람을 추첨으로 결정한다. 소크라테스도 추첨에 의해 위원회의 의장이 된 적이 있다고 진술한 바 있다. 1년에 10개의 부족이 각각 약 25일씩 위원회의 의장 부족이 되고 50명이 돌아가면서 의장을 추첨으로 결정하므로 아테네 시민이 위원회의 의장으로서의 경험을 갖는 것은 그리 어려운 일이 아니다. 따라서 위원회에 출석하는 것이 가장 실질적인 정치 참여라고 해도 과언이 아니다.

7___학자들은 대체로 민회, 위원회, 법정이 열린 날의 숫자로 핸슨(Hansen 1991)의 계산을 받아들인다.

8___이런 맥락에서 오버는 기원전 5세기를 "급진적 민주주의"로 기원전 4세기를 "절제된 민주의tamed democracy"로 파악하는 것은 아테네 민주주의에 대한 왜곡이며, 기원전 4세기에 오히려 대중 지배가 강화됐다고 주장한다(Ober 1989, 96, fn. 100). 반면, 오

스트발트(Ostwald 1989)는 기원전 5세기가 과격한 민주주의, 즉 민회에서 모든 것을 통과시킬 수 있는 노모이와 칙령의 구분도 없는 민주주의였다면, 기원전 4세기의 민주주의는 적어도 노모이의 확립을 전제로 법의 지배가 설립되어 있는 민주주의라고 본다.

9___혹자는 도편추방제가 아테네 민주주의를 보존하는 데 있어 얼마나 실효성 있는 제도였는가에 의문을 제기한다. 이 제도는 대중이 엘리트를 견제하는 성격보다 민주정 아래에서 실질적으로 영향력을 행사하고 있던 엘리트들 간의 권력 투쟁이라는 것이다 (Forsdyke 2005). 그러나 도편추방제의 절차적 특성을 고려할 때, 이 제도는 적어도 아테네 엘리트들 간의 투쟁에 다수 대중이 개입할 수 있음을 의미한다. 또 엘리트로 하여금 최종적인 권력의 소지자가 다수 대중이라는 사실을 각인시키는 기능을 충분히 수행했다고 할 수 있다.

10___발롯(Balot 2009)은 이런 아테네 민주주의의 속성을 아테네 민주주의의 "덕성 정치 virtue politics"라고 표현한다.

11___국장연설문은 기원전 470년경부터 펠로폰네소스 전쟁 기간을 거쳐 약 4세기 말 정도까지 비교적 짧은 기간 동안 아테네에만 존재했던 특수한 관행으로서, 전쟁에서 희생된 아테네인들을 추모하는 국장國葬에서 행해졌던 장례 연설문이다. 이틀 동안 가족들에 의한 장례가 치러진 뒤부터 사자死者들은 완전히 공적 자산이 되어 국장이 치러진다. 장례 행렬은 열 개의 나무관을 따라 이어지는데, 각각은 아테네의 열 개 부족을 의미하고, 하나의 빈 상여가 실종된 전사자들을 상징한다. 국장은 대개 전쟁이 있던 해의 연말을 기하여, 혹은 새로운 전투를 앞두고 치러지는데 여기서 국장연설문을 읽는 것은 그야말로 국장의 하이라이트다(Loraux 1986: 123).

12___"소수자가 아닌 다수자의 이익을 위해 나라가 통치되기에 우리 정체를 민주정치라고 부릅니다. 시민 사이의 사적인 분쟁을 해결할 때는 법 앞에 만인이 평등합니다. 그러나 주요 공직 취임에는 개인의 탁월성이 우선시되며, 추첨이 아닌 개인적인 능력이 중요합니다. 마찬가지로 누가 가난이라는 불리한 조건에도 불구하고 도시를 위해 좋은 일을 할 능력이 있다면 가난 때문에 공직에서 배제되는 일도 없습니다(Thuc.2.37.1)." "사생활에서 우리는 자유롭고 참을성이 많지만, 공무에서는 법을 지킵니다. 그것은 법에 대한 경외심 때문입니다(Thuc.2.37.2)."

13___"우리는 일이 끝나고 나면, 우리 마음을 위해 온갖 휴식을 취할 수 있습니다. 사시 사철 여러 경연대축제가 정치적으로 열리고, 우리 가정은 아름답게 꾸며져 있어 날마다 우리를 즐겁게 하고 근심을 쫓아주기 때문입니다. (…) 우리에게는 외국 물건을 사용하는 것이 자국 물건을 사용하는 것만큼이나 자연스럽습니다(Thuc.2.38.1)." "우리 도시는 온 세계에 개방되어 있으며, 적에게 유리할 수 있는 군사기밀을 사람들이 훔쳐보거나 알아

내는 것을 방지하기 위해 외국인을 추방하곤 하지도 않습니다. (⋯) 교육 체계에 있어서도 차이가 납니다(Thuc.2.39.1)."

14___"내가 비난받고 있는 일들이 내 선조들과 나 자신에게는 명예를, 우리 도시에는 이익을 가져다줍니다(Thuc.6.16.1)."

15___"헬라스인들은 우리 도시가 전화를 입어 피폐한 줄 알았는데, 올림피아 축제에서 내가 사절로서 훌륭한 연출을 한 덕분에 우리 도시의 실력을 실제 이상으로 평가했습니다. 그때 나는 지금까지 어느 개인이 출전시킨 것보다 더 많은 전차 7대를 출전시켜 1, 2, 4등을 차지했습니다……. 그러한 성공은 통상적으로 명예를 안겨줄 뿐 아니라 그런 일을 해낼 수 있었다는 사실은 그럴 만한 실력이 있다는 인상을 주게 마련입니다(Thuc.6.16.2)."

16___"우리는 우리 제국이 얼마나 커지기를 원하는지 딱 잘라서 말할 수 없습니다. 현 단계에서 우리는 지금 우리에게 예속된 자들은 통제하고 다른 자들은 예속시킬 계획을 세울 수밖에 없습니다. 우리가 남을 지배하지 않으면 남이 우리를 지배할 위험이 있기 때문입니다. 잠자코 있는 것은 여러분이 선택할 수 있는 일이 아닙니다. 다른 사람들은 그렇게 해도 여러분은 그럴 수 없습니다. 여러분이 그에 맞춰 생활 방식을 완전히 바꾸기 전에는 말입니다(Thuc.6.18.3)."

17___"페리클레스는 명망과 판단력을 겸비한 실력자이자 청렴결백으로 유명했기에 (⋯) 대중이 그를 인도한 것이 아니라 그가 그들을 인도했다. 그는 또 부적절한 수단으로 권력을 손에 넣기 위해 아첨할 필요가 없었다. 실제로 그는 높은 명망을 누리고 있어 대중에게 화를 내며 그들이 한 말을 반박할 수 있었다. (⋯) 그리하여 이름은 민주주의이지만 실제 권력은 제일인자의 손에 있었다. 그러나 페리클레스의 후계자들은 수준이 그만그만했으며, 서로 일인자의 자리를 차지하려고 국가 정책조차 민중의 기분에 맡겼다. 그런 태도는 제국을 다스려야 하는 큰 도시에서는 여러 실수를 유발하게 마련인데 대표적인 예가 시켈리아 원정이다(Thuc.2.65.8~11)." "이 원정에 가장 열심이었던 이는 클레이니아스의 아들 알키비아데스였다. (⋯) 그는 그 일에 성공하면 자신의 사적 재산을 늘리고 명성을 높일 수 있을 것이라고 생각했다. (⋯) 그야말로 자신의 사적 이익 달성을 위해서 아테네를 운명에 내맡기는 전형적인 인물이었다. (⋯) 바로 이것이 후에 아테네 국가를 결정적으로 파멸시켰다. (⋯) 사람들은 그가 참주를 목표로 하고 있다는 이유로 그를 적대시하게 되었다. 그리고 비록 군사적인 면에서는 가장 우수하게 자기 역할을 수행했으나 사적인 삶에서는 그의 모든 활동이 모든 이의 마음을 불쾌하게 했다. 그래서 사람들은 국가의 주도권을 다른 사람들에게 넘겨주었고 오래지 않아 국가는 몰락했다(Thuc.6.15.2~4)."

국가와 윤리

18___『고르기아스』에 세 종류의 정치가 유형이 존재한다는 논지는 박성우(2014)가 전개한 바 있으며, 여기서는 그 내용을 그대로 따랐다.

19___"영리한 자들은 법률보다 더 현명해 보이기를 원하고, 또 누가 공적인 자리에서 발언하면 자신들의 재주를 보여줄 더없이 좋은 기회라고 여겨 언제나 그를 이기려 들며, 그 결과 나라에 재앙을 안겨주는 경우가 비일비재합니다. 그러나 자신의 재주에 자신이 없는 평범한 사람들은 자신들이 법률보다 더 현명하지 못하며, 남의 말을 비판하는 능력에서 훌륭한 연설가만 못하다는 것을 시인합니다. 하지만 경쟁자라기보다 공정한 심판관이기에 그들은 대개 올바른 결론에 도달합니다(Thuc.3.37.4)."

유교 윤리와 국가

1___요컨대 고대의 선진유학에서는 '하늘(天, 上帝)'을 '이 세계의 인격적 주재자(하느님)'로 이해하고, 그의 의지에 따라 세상사가 좌우되는 것으로 설명했다. 그러나 후대의 성리학(주자학)에서는 '이 세계의 인격적 주재자'라는 관념을 탈피하고, 옛 경전에서 말한 '하늘'을 '우주와 자연의 이법' 또는 '이 세계의 존재 원리'로 해석함으로써 세상사를 합리적으로 설명하고자 했다.

2___『書經』「商書」〈仲虺之誥〉: 惟天 生民有欲 無主 乃亂 惟天 生聰明 時乂.

3___『書經』「周書」〈泰誓〉: 天佑下民 作之君 作之師 惟其克相上帝 寵綏四方.

4___'자연 상태'를 '혼란'으로 인식한 것은 유교와 자유주의가 마찬가지인바, 자유주의는 사회계약론으로 문제를 해결하고자 했다. 요컨대 사람들(자연인)이 계약을 통해 자신들의 자연적 권리를 양도하여 통치자(공권력)를 추대하고, 각종 규범을 제정하여 질서를 확보하게 되었다는 것이다.

5___『大學章句大全』〈大學章句序〉: 蓋自天降生民 則旣莫不與之以仁義禮智之性矣 然其氣質之稟 或不能齊 是以 不能皆有以知其性之所有而全之也 一有聰明睿智能盡其性者 出於其間 則天必命之 以爲億兆之君師 使之治而敎之 以復其性 此伏羲神農黃帝堯舜所以繼天立極 而司徒之職 典樂之官 所由設也.

6___『栗谷全書』卷26 頁35~36: 厥初生民 風氣肇開 巢居血食 生理未具 被髮裸身 人文未備 群居無主 齒齧爪攫 大朴旣散 將生大亂 於是 有聖人者 首出庶物 聰明睿智 克全厥性 億兆之衆 自然歸向 有爭則求決 有疑則求敎 奉以爲主 民心所向 卽天命所眷也 是聖人者

自知爲億兆所歸 不得不以君師之責爲己任 故順天時 因地理 制爲生養之具 於是 宮室衣服
飮食器用 以次漸備 民得所需 樂生安業 而又慮逸居無敎 近於禽獸 故因人心 本天理 制爲
敎化之具 於是 父子君臣夫婦長幼朋友 各得其道 天叙天秩 旣明且行 而又慮時世不同 制度
有宜 賢愚不一 矯治有方 故節人情 度時務 制爲損益之規 於是 文質政令 爵賞刑罰 各得其
當 抑其過 引其不及 善者興起 惡者懲治 終歸於大同 聖人之繼天立極 陶甄一世 不過如此
而道統之名 於是乎立.

7＿＿'생리生理'란 '합리적이고 편리한 생활양식'을 말하고, '인문人文'이란 '인간다움을 보
장하는 인륜 질서'를 말하며, '혼란'이란 '통치 권력이 없어서 빚어진 무질서'를 말한다.

8＿＿'계천입극繼天立極'을 글자 그대로 풀이하면 '천리(자연의 이법)를 계승하여 인극(인
간의 표준)을 확립한다'는 말이다. 인간의 삶이 자연의 이법을 표준으로 삼아야 한다는 것
은 유학, 특히 주자학의 지론이었다. 위의 인용문에서 말한 '順天時 因地理' '因人心 本天
理' '節人情 度時務'는 계천입극의 세 측면에 해당하는 것이다. '계천입극'에 대한 자세한
논의는 졸저, 『주자학의 길』, 심산, 2007, 제6장 「계천입극론의 실천적 의미」 참조.

9＿＿이러한 사태를 정확히 이해하려면 주권과 통치권을 분명히 구분할 수 있어야 한다.
헌법학자 권영성은 "주권을 통치권과 동일한 권력으로 오해하는 견해도 없지 않으나, 주
권과 통치권은 다음의 점에서 구별된다. ㉠ 주권이 국가의사를 최종적 · 전반적으로 결정
하는 최고권력으로서 모든 권력에 상위하는 근원적인 힘을 의미하는 것이라면, 통치권은
주권에서 유래하고 주권에 의하여 조직된 권력이며 구체적인 국가목적을 수행하기 위하
여 주권이 위임한 권력이다. ㉡ 민주국가에서 주권은 국민에게 귀속되지만, 통치권은 헌
법에 의하여 구성된 국가기관인 입법부 · 집행부 · 사법부 등이 헌법에 규정된 절차와 한도
내에서만 행사할 수 있는 권력이다. ㉢ 주권은 단일불가분이며 불가양의 권력인 데 대하
여, 통치권은 분할과 양도가 가능하다"고 설명한 바 있다. 권영성, 『헌법학원론』, 법문사,
1998, 115쪽.

10＿＿『書經』「周書」〈召誥〉: 我不敢知 曰有夏服天命 惟有歷年 我不敢知 曰其不延 惟不敬
厥德 乃早墜厥命 我不敢知 曰有殷受天命 惟有歷年 我不敢知 曰其不延 惟不敬厥德 乃早
墜厥命.

11＿＿『書經』「周書」〈泰誓上〉: 今 商王受 弗敬上天 降災下民 沈湎冒色 敢行暴虐 罪人以
族 官人以世 惟宮室臺榭 陂池侈服 以殘害于爾萬姓 焚炙忠良 刳剔孕婦 皇天震怒 命我文
考 肅將天威.

12＿＿『書經』「虞書」〈皐陶謨〉: 天聰明 自我民聰明 天明畏 自我民明威 達于上下 敬哉 有土.

13＿＿『書經』「周書」〈泰誓上〉: 天矜于民 民之所欲 天必從之.

국가와 윤리

14___『書經』「周書」〈泰誓中〉: 天視自我民視 天聽自我民聽 百姓有過 在予一人 今朕 必往.

15___『孟子』「盡心下」14: 民爲貴 社稷次之 君爲輕 是故 得乎丘民而爲天子 得乎天子爲諸侯 得乎諸侯爲大夫.

16___『孟子』「離婁上」9: 桀紂之失天下也 失其民也 失其民者 失其心也 得天下有道 得其民 斯得天下矣 得其民有道 得其心 斯得民矣 得其心有道 所欲 與之聚之 所惡 勿施爾也 民之歸仁也 猶水之就下 獸之走壙也.

17___『周禮』「秋官司寇」〈小司寇〉: 小司寇之職 掌外朝之政 以致萬民而詢焉 一日詢國危 二日詢國遷 三日詢立君.

18___『纂圖互註周禮』卷9 頁13: 外朝 朝在雉門之外者也 國危 謂有兵寇之難 國遷 謂徙都改邑也 立君 謂無冢適 選於庶也 鄭司農云 致萬民 聚萬民也 詢 謀也 詩日 詢于芻蕘 書日 謀及庶人.

19___장승구 역시 여기서 말하는 '외조外朝'를 '일종의 민회民會'라고 해석한 바 있다. 장승구, 「유교의 민본주의 사상과 그 현대적 의미」, 『민본주의를 넘어서』, 청계, 203쪽 참조.

20___유교에서 말하는 '대동大同'에는 본래 두 맥락이 있다. 하나는 『예기』「예운」의 '대동'으로서, 이는 모든 사람이 서로 도와가면서 충분한 복지를 누리는 '이상사회로서의 대동'이다. 다른 하나는 『서경』「홍범」의 '대동'으로서, 이는 모든 사람의 의견이 완전히 합치된 '만장일치로서의 대동'이다. 강정인은 『예기』의 '대동'을 '위대한 조화great harmony'로, 『서경』의 '대동'을 '위대한 합의great consensus'로 해석하고, 유교 정치사상을 '위대한 합의를 추구한 대동 민주주의'라는 관점에서 논의한 바 있다. 강정인, 「원시 유가 사상에 명멸했던 대동 민주주의」, 『넘나듦의 정치사상』, 후마니타스, 2013, 194쪽 참조.

21___『書經』「周書」〈君牙〉: 民心罔中 惟爾之中.

22___『論語』「衛靈公」27: 子日 衆惡之 必察焉 衆好之 必察焉.

23___『孟子』「梁惠王 下」7: 左右皆日賢 未可也 諸大夫皆日賢 未可也 國人皆日賢 然後察之 見賢焉 然後用之 左右皆日不可 勿聽 諸大夫皆日不可 勿聽 國人皆日不可 然後察之 見不可焉 然後去之.

24___『朱子大全』卷24 頁16~17, 〈與陳侍郎書〉: 所謂國是者 豈不謂夫順天理合人心 而天下之所同是者耶 (…) 欲主其偏見 濟其私心 彊爲之名 號日國是 假人主之威 而戰天下萬口一辭之公論 吾恐古人所謂德惟一者 似不如是.

25___이에 대한 자세한 논의는 졸저, 『유교부통儒敎傳統과 자유민주주의』 제7장 〈유교의 공존론과 정치적 정당성의 문제〉 참조.

26___『論語』「子路」9: 子適衛 冉有僕 子曰 庶矣哉 冉有曰 旣庶矣 又何加焉 曰 富之 曰 旣富矣 又何加焉 曰 敎之.

27___『孟子』「梁惠王 上」7: 無恒産而有恒心者 惟士爲能 若民則無恒産 因無恒心 苟無恒心 放僻邪侈 無不爲已 及陷於罪 然後從而刑之 是罔民也 焉有仁人在位 罔民而可爲也 是故 明君制民之産 必使仰足以事父母 俯足以畜妻子 樂歲終身飽 凶年免於死亡 然後驅而之善 故民之從之也輕 今也制民之産 仰不足以事父母 俯不足以畜妻子 樂歲終身苦 凶年不免於死亡 此惟救死而恐不贍 奚暇治禮義哉.

28___『孟子』「滕文公 上」4: 后稷敎民稼穡 樹藝五穀 五穀熟而民人育 人之有道也 飽食煖衣 逸居而無敎 則近於禽獸 聖人有憂之 使契爲司徒 敎以人倫 父子有親 君臣有義 夫婦有別 長幼有序 朋友有信.

29___『孟子』「盡心 上」22: 五畝之宅 樹牆下以桑 匹婦蠶之 則老者足以衣帛矣 五母雞 二母彘 無失其時 老者足以無失肉矣 百畝之田 匹夫耕之 八口之家足以無飢矣 所謂西伯善養老者 制其田里 敎之樹畜 導其妻子 使養其老 (…) 文王之民無凍餒之老者 此之謂也.

30___『孟子』「梁惠王 下」5: 老而無妻曰鰥 老而無夫曰寡 老而無子曰獨 幼而無父曰孤 此四者 天下之窮民而無告者 文王發政施仁 必先斯四者.

31___『주례』에서는 대사도大司徒의 업무 가운데 하나로 '여섯 가지의 보식保息으로 만민을 양육함'을 들었는데, 첫째는 '자유慈幼'로서 '아동의 복지'를 말하고, 둘째는 '양로養老'로서 '노인의 복지'를 말하며, 셋째는 '진궁振窮'으로서 '환과고독을 돌봄'을 말하고, 넷째는 '휼빈恤貧'으로서 '가난한 사람을 돌봄'을 말하며, 다섯째는 '관질寬疾'로서 '아픈 사람을 돌봄'을 말하고, 여섯째는 '안부安富'로서 '요역徭役을 공평하게 하여 누구나 편안히 살도록 함'을 말한다(『周禮』「地官司徒」〈大司徒〉 참조). 이것으로 본다면, '여섯 가지의 보식'은 오늘날 시행되는 사회복지 행정의 대부분을 망라하는 것이다.

32___『孟子』「梁惠王 上」5: 王如施仁政於民 省刑罰 薄稅斂 深耕易耨 壯者以暇日 修其孝悌忠信 入以事其父兄 出以事其長上.

33___『書經』「虞書」〈大禹謨〉: 野無遺賢 萬邦咸寧 稽于衆 舍己從人 不虐無告 不廢困窮 惟帝時克.

34___『書經』「周書」〈洪範〉: 無偏無陂 遵王之義 無有作好 遵王之道 無有作惡 遵王之路 無

偏無黨 王道蕩蕩 無黨無偏 王道平平 無反無側 王道正直 會其有極 歸其有極.

35__『論語』「爲政」1: 子曰 爲政以德 譬如北辰居其所 而衆星共之.

36__『論語』「衛靈公」4: 子曰 無爲而治者 其舜也與 夫何爲哉 恭己正南面而已矣.

37__『孟子』「梁惠王 下」4: 樂民之樂者 民亦樂其樂 憂民之憂者 民亦憂其憂.

38__『朱子大全』卷12 頁5, 〈己酉擬上封事〉: 天無私覆 地無私載 日月無私照 故王者奉三無私 以勞於天下 則兼臨博愛 廓然大公 而天下之人 莫不心悅而誠服 儻於其間 復以新舊而爲親疎 則其偏黨之情 褊狹之度 固已使人憮然有不服之心 而其好惡取舍 又必不能中於義理 而甚則至於沮謀敗國 妨德亂政 而其害有不可勝言者.

39__『論語』「衛靈公」23: 子貢問曰 有一言而可以終身行之者乎 子曰 其恕乎 己所不欲 勿施於人.

40__『大學章句』經1章: 物有本末 事有終始 知所先後 則近道矣 (…) 自天子以至於庶人 壹是皆以修身爲本 其本亂而末治者 否矣.

41__정명론에서 말하는 이름이란 홍길동, 임꺽정과 같은 고유명사가 아니라 '군왕, 신하, 부모, 자식, 선생, 군인, 상인' 등과 같은 일반명사를 뜻한다.

42__『論語』「爲政」3: 子曰 道之以政 齊之以刑 民免而無恥 道之以德 齊之以禮 有恥且格.

43__'무위이치'에 대한 자세한 논의는 졸저, 「무위이치無爲而治: '좋은 정치'에 대한 유가·도가·법가의 인식」, 『현대정치연구』 제5권 제1호, 서강대학교 현대정치연구소, 2012 참조.

44__『中庸章句』33: 君子篤恭而天下平.

45__『孟子』「盡心 上」19: 有大人者 正己而物正者也.

46__제19대 국회의원 가운데 2015년 12월 말 현재 형사 처분으로 의원직을 상실한 이가 22명이나 된다.

47__1948년 UN이 선포한 〈세계인권선언〉의 전문에서는 "인류 모든 구성원이 타고난 존엄성과 평등하고도 양도할 수 없는 권리를 인정하는 것이 전 세계의 자유와 정의와 평화의 기초"라 했고, 1966년 UN에서 채택된 〈시민적·정치적 권리에 관한 국제협약〉(B협약)의 전문에서는 "인간의 여러 권리는 인간이 나면서부터 가지고 있는 존엄성에서 유래한다"고 했다. 이처럼 인권은 인간의 존엄성과 밀접한 관련 속에서 논의되는 것이다.

48___이에 대한 자세한 논의는 졸저, 『인권과 인륜』 제8장 「인간의 존엄성과 사람다운 삶」 참조.

49___이에 대한 자세한 논의는 서병훈, 『자유의 미학』 제10장 「플라톤과 존 스튜어트 밀: 다시 쓰는 자유론」, 나남, 2000 참조.

국가의 현실, 개인의 현실

1___Thomas Hobbes, *Leviathan*, Cambridge U. P., 1991, p. 89.

2___이 글에서 사용한 문헌은 Aristoteles, *The Politics and the Constitution of Athens*(Cambridge U. P., 1996)이다.

3___이 글에서 사용한 문헌은 Aristoteles, *The Politics and the Constitution of Athens*, Cambridge U. P., 1996; Gordon A. Craig, *Politics and Culture in Modern Germany: Essays from the New York Review of Books*(The Society for the Promotion of Science and Scholarship, Inc., 1981~1998), pp. 100~101. 만의 일기는 영어로도 번역되었다. Thomas Mann, *Reflections of a Nonpolitical Man*, Ungar, 1987.

4___Isaiah Berlin, "Two Concept of Liberty", *Liberty*, Oxford U. P., 1995, pp. 166~217.

5___이를 주제로 헤겔을 연구한 Michael Hardimon, *Hegel's Social Philosophy: the Project of Reconciliation*, Cambridge U. P., 1994을 참조하라. 또한 이 개념을 통해 헤겔을 보고 있는 John Rawls, *Lectures on the History of Moral Philosophy*, Harvard U. P., 2000, pp. 329~371.

6___Norberto Bobbio, *Liberalism and Democracy*, Verso, 1990, pp. 11~12.

7___H. H. Gerth and C. Wright Mills, *From Marx Weber: Essays in Sociology*, Oxford U. P., 1946, pp. 230~232.

8___Norberto Bobbio, *Democracy and Dictatorship*, Polity Press, 1989, p. 137.

9___Jon Elster, "Accountability in Athenian Politics", *Democracy, Accountability, and Representation*, Cambridge U. P., 1999, pp. 253~254.

10___모든 공직자는 공직 수행에 앞서 자격 요건을 심사받는 제도dokimasia가 있다. 이 제

도는 현대 민주주의에서처럼 능력을 심사하기 위한 목적은 아니었다. 그러나 공직이 끝난 뒤 사후 책임을 묻는 문제는 철저했고 공직을 수행하는 데 있어 위법이 드러날 경우 징벌의 정도는 가혹한 것이었다. 한 시민이 민회에서 법안을 제기한 것이 통과되어 시행됐을 때, 누군가 그것이 효력을 제대로 갖지 못했다고 고발한다면 재판 결과에 따라 심한 경우 사형과 같은 책임을 져야 했고(이를 'graphe paranomon'이라고 한다), 회계감사제도euthynai를 두어 공직 수행 연후에 공금을 유용하게 사용했는지 여부를 감시했다. 소크라테스가 청년들을 선동했다는 이유로 고발당했던 사례에서 볼 수 있듯이 시민 개인은 종교적·정치적으로 불미스런 행위를 했다는 이유를 들어 동료 시민을 고발하는 것eisangelia, 그리고 그와 유사한 것으로 민회에서 누군가가 특정 개인을 대상으로 고발하는 것apophasis도 가능했다. 이런 제도들은 공직이나 시민의 평소 행위와 관련하여 사후 책임ex post을 묻는 강력한 장치였다고 할 수 있다. 앞서 말한 엘스터의 논문 참조.

11＿여기서 헤겔의 텍스트는 물론 『법철학』이다. 여기서 참조한 텍스트는 G. W. F. Hegel, *Elements of the Philosophy of Right*(Cambridge U. P, 1991)이고, 한글 번역본은 임석진이 옮긴 『법철학』(한길사, 2008)이다.

12＿이 부분은 특히 다음 문헌을 참조하라. Sudipta Kaviraj, "In Search of Civil Society", *Civil Society: History and Possibilities*, Cambridge U. P., 2001, pp. 298~300.

13＿Philippe C. Schmitter, "Civil Society East and West" in Larry Diamond, et al. eds., *Consolidating the Third Wave Democracies*, The Johns Hopkins U. P., 1997, pp. 239~262.

14＿Ernest Gellner, *Conditions of Liberty*, Penguin Books, 1994, p.137.

15＿김우창, 「문화의 안과 밖: 객관성, 가치와 정신」, 『풍요한 빈곤의 시대』, 민음사, 2014, 특히 pp. 84~87.

16＿산업적 시민권에 대해서는 다음 문헌을 참조하라. Thomas Janoski, *Citizenship and Civil Society*, Cambridge U. P., 1998, 특히 2장, pp. 28~51.

17＿T. J. Pempel and Keiichi Tsunekawa, "Corporatism Without Labor?", *Trends Toward Corporatist Intermediation*, Sage Publications Ltd., 1979, pp. 231~270; 恒川惠市, 『企業と 國家』, 東京大學出版會, 1996.

18＿손낙구, 「일제하 세무관서의 설치와 운영」, 건국대학교 대학원 사학과 박사학위 논문, 2015.

19___『중앙일보』, 2016년 3월 22일 자.

20___Dankwart A. Rustow, "Transitions to Democracy: Toward Dynamic Model", *Comparative Politics*, vol. 2, no. 2, 1970.

21___임지현 외, 『우리 안의 파시즘』, 삼인, 2000.

22___Allan Patten, *Hegel's Idea of Freedom*, Oxford U. P., 1999, p. 4.

23___Shlomo Avineri, *Hegel's Theory of the Modern State*, Cambridge U. P., 1972, p. 78.

24___박상훈, 『정당의 발견』, 후마니타스, 2015, pp. 315~339.

25___박수형, 「반부패 정치 개혁의 가정과 결과: 2004년 개정 정치관계법 사례를 중심으로」, 『한국정치학회보』 50집 1호, 2016.

참고문헌

희랍 고전시대의 국가 이념

• 박성우, 『영혼 돌봄의 정치: 플라톤 정치철학의 기원과 전개』, 인간사랑, 2014.

• Aredt, Hannah, *The Human Condition*, Chicago: The University of Chicago Press, 1998.

• Dodd, E. R., *Gorgias*, a Revised Text with Introduction and Commentary, Oxford: Clarendon Paperbacks, 1990.

• Finley, M. I., "Athenian Demagogues", *Past & Present*, No. 21(Apr., 1962), pp. 3~24.

• Finley, M. I., "The Fifth-Century Athenian Empire: A Balance-Sheet", In *Imperialism in the Ancient World*, ed. P. D. A. Garnsey and C. R. Whittaker, Cambridge: Cambridge University Press, 1978.

• Hamilton, A., James Madison and John Jay, *Federalist Papers*, NY: Signet, 2003 [1987~1988].

• Hansen, Mogens Herman, *The Athenian Democracy in the Age of Demosthenes: Structure, Principles and Ideology*, Oxford: Blackwell, 1991.

• Holmes, Stephen. 1979. "Aristippus in and out of Athens", *American Political Science Review* 73, pp. 113~128.

• Jameson, M. H. "Agriculture and Slavery in Classical Athens[.]", *The Classical Journal*, 1977, 73(2).

• Jones, A. H. M., *Athenian Democracy*, Baltimore: Johns Hopkins University Press, 1986.

• Meiggs, Russell, *The Athenian Empire*, Oxford: Oxfourd University Press, 1972.

• Michels, Robert, *Political Parties: A Sociological Study of Oligarchical Tendencies of Modern Democracy*, New York: Free Press, 1966.

• Mill, J. S., *On Liberty and Other Writings*(Cambridge Text in the History of Political Thought), Cambridge: Cambridge University Press, 2010.

• Ober, Josiah & Charles Hedrick, *Demokratia: A Conversation on Democracies, Ancient and Modern*, Princeton: Princeton University Press, 1996.

• Ober, Josiah, *Mass and Elite in Democratic Athens: Rhetoric, Ideology, and the Power of the People*, Princeton: Princeton University Press, 1991.

• Ober, Josiah, *Political Dissent in Democratic Athens: Intellectual Critics of Popular Rule*, Princeton: Princeton University Press, 2001.

• Ostwald, Martin, *From Popular Sovereignty to the Sovereignty of Law: Law, Society, and Politics in Fifth-Century Athens*, Berkeley: University of California Press, 1989.

• Paine, Thomas, *Rights of Man, Common Sense and other Political Writings* (Oxford World's Classics), Ed. Mark Philp, Oxford: Oxford University Press, 2009.

• Plato, *Gorgias*, ed. E. R. Dodds, Oxford: Clarendon Press, 1959.

• Plato, *Complete Works*, Eds. John M. Cooper & D. S. Hutchinson, Indianapolis: Hackett, 1997.

• Sagan, Eli, *The Honey and the Hemlock: Democracy and Paranoia in Ancient Athens and Modern America*, Princeton: Princeton University Press, 1991.

• Sealey, Raphael, *The Athenian Republic: Democracy or the Rule of Law*, University Park: Pennsylvania State University Press, 1987.

• Strauss, Leo, *The City and Man*, Chicago: University of Chicago Press, 1978.

• Thucydides, *The Landmark Thucydides: A Comprehensive Guide to the Peloponnesian War*, ed. Robert B. Strassler, Trans. Richard Crawley, NY: Free Press, 1998.

• Tocqueville, Alexis de, *Democracy in America*, Harvey C. Mansfield & Della Winthrop eds., Chicago: The University of Chicago Press, 2000.

• Wolin, Sheldon, *Politics and Vision: Continuity and Innovation in Western*

Political Thought, Princeton: Princeton University Press, 2006.

유교 윤리와 국가

• 『논어論語』.

• 『대학大學』.

• 『맹자孟子』.

• 『서경書經』.

• 『시경詩經』.

• 『율곡전서栗谷全書』.

• 『주자대전朱子大全』.

• 『주례周禮』.

• 『주역周易』.

• 『중용中庸』.

• 강정인, 「원시 유가 사상에 명멸했던 대동 민주주의」, 『넘나듦의 정치사상』, 후마니타스, 2013.

• 권영성, 『헌법학원론憲法學原論』, 법문사, 1998.

• 서병훈, 『자유의 미학美學』, 나남, 2000.

• 이상익, 『유교전통儒敎傳統과 자유민주주의自由民主主義』, 심산, 2004.

• 이상익, 『주자학朱子學의 길』, 심산, 2007.

• 이상익, 「무위이치無爲而治: '좋은 정치'에 대한 유가儒家·도가道家·법가法家의 인식」, 『현대정치연구』 제5권 제1호, 서강대학교 현대정치연구소, 2012.

• 이상익, 『인권과 인륜』, 심산, 2015.

• 장승구, 「유교의 민본주의 사상과 그 현대적 의미」, 『민본주의를 넘어서』, 청계, 2000.

이승환

고려대 철학과를 졸업하고 국립 타이페이대 철학연구소에서 석사 학위를, 미국 하와이주 립대에서 박사학위를 받았다. 동아대를 거쳐 현재 고려대 철학과 교수로 재직 중이며, 한 국동양철학회 회장과 고려대 철학연구소 소장직을 맡고 있다. 지은 책으로 『횡설과 수설』 『유교 담론의 지형학』 『유가 사상의 사회철학적 재조명』 『서양과 동양이 127일간 e-mail 을 주고받다』(공저) 『중국 철학』(공저) 등이 있고 주요 논문으로 「주자 수양론에서 미발未 發의 의미」 「성리학 기호 배치 방식으로 보는 조선 유학의 분기」 등이 있다.

김상환

연세대 철학과를 졸업하고 프랑스 파리4대학(소르본)에서 철학 박사학위를 받았다. 한국 프랑스철학회 회장, 한국연구재단 책임자문위원, 고등과학원 펠로우 등을 역임했고, 현 재 서울대 철학과 교수로 재직 중이다. 주로 현대 프랑스 철학을 강의하고 있으며, 구조 주의 전후의 현대 철학 사조를 동아시아의 문맥에서 재해석하는 데 관심을 가지고 있다. 2012년부터 고등과학원 초학제연구 프로그램의 패러다임-독립연구단에서 과학과 인문 예술 융합의 기초가 될 새로운 지식 패러다임과 방법론을 모색하는 3간의 연구를 이끌 었다. 지은 책으로 『철학과 인문적 상상력』 『예술가를 위한 형이상학』 『니체, 프로이트, 맑스 이후』 등이 있고, 옮긴 책으로 들뢰즈의 『차이와 반복』 『헤겔의 정신현상학』(공역)이 있다.

김경희

서울대 정치학과 졸업 후 서울대 대학원에서 석사학위를 받고, 베를린 훔볼트대에서 마 키아벨리 연구로 박사학위를 받았다. 미국 시카고대 사회사상위원회에서 객원연구원을 지냈고, 현재는 성신여대 교양교육대학 교수로 재직 중이다. 지은 책으로는 『공화주의』 『공존의 정치: 마키아벨리 군주론의 새로운 이해』가 있다.

장대익

KAIST 기계공학과 졸업 후 서울대 대학원 과학사 및 과학철학 협동과정에서 석사와 박 사학위를 받고 현재 서울대 자유전공학부 교수로 재직 중이다. 인간 본성을 화두로 삼아 서울대 행동생태연구실에서 인간 팀을 이끌었고, 영국 런던정경대학 과학철학센터와 다 윈 세미나에서 생물철학과 진화심리학을 공부했다. 영장류학에도 푹 빠져 일본 교토대학 영장류연구소에서 침팬지의 인지와 행동을 공부하기도 했다. 또한 미국 터프츠대 인지연 구소에서 마음의 구조와 문화의 진화에 대해 공부했다. 지은 책으로 『인간에 대하여 과학이 말해준 것들』『다윈의 서재』『다윈의 식탁』『쿤 & 포퍼: 과학에는 뭔가 특별한 것이 있다』『다윈 & 페일리: 진화론도 진화한다』『생명은 왜 성을 진화시켰을까』 등이 있다.

강정인

서울대 법대 졸업 후 미국 캘리포니아주립대(UC 버클리)에서 정치학 박사학위를 받았다. 현재 서강대 정치외교학과 교수로 재직 중이다. 서강대 사회과학부 학장과 한국정치사상학회 회장을 역임했다. 지은 책으로는『한국 현대 정치사상과 박정희』『자유민주주의의 이념적 초상』『민주주의의 이해』『서구중심주의를 넘어서』『넘나듦의 정치사상』 등이 있고, 옮긴 책으로는 마키아벨리의『군주론』(공역)『로마사 논고』(공역) 셸던 월린의『정치와 비전』 등이 있다.

장준호

한국외국어대 독일어과 졸업 후 독일 뮌헨대에서 정치학 학사, 석사, 박사학위를 받았다. 이후 뮌헨대 정치학과에서 정치사상을 강의했고, 경희대 인류사회재건연구소 연구교수를 거쳐 현대 경인교대 윤리교육과 교수로 재직 중이다. 지은 책으로『국제정치의 패러다임: 전쟁과 평화』『개념 있는 정치 vs 개념 없는 정치』 등이 있고, 공저로『국제질서의 패러독스』『지구촌의 선거와 정당』『아직도 민족주의인가』 등이 있다.

국가와 윤리

© 김우창 박성우 주경철 이상익 최장집

초판인쇄 2017년 9월 8일
초판발행 2017년 9월 15일

지은이 김우창 박성우 주경철 이상익 최장집
펴낸이 강성민
편집장 이은혜
편집 박은아 곽우정 김지수 이은경
편집보조 임채원
마케팅 이연실 이숙재 정현민
홍보 김희숙 김상만 이천희

펴낸곳 (주)글항아리 | 출판등록 2009년 1월 19일 제406-2009-000002호

주소 10881 경기도 파주시 회동길 210
전자우편 bookpot@hanmail.net
전화번호 031-955-8891(마케팅) 031-955-2663(편집부)
팩스 031-955-2557

ISBN 978-89-6735-448-0 94100

이 책의 판권은 지은이와 글항아리에 있습니다.
이 책 내용의 전부 또는 일부를 재사용하려면 반드시 양측의 서면 동의를 받아야 합니다.

글항아리는 (주)문학동네의 계열사입니다.

이 도서의 국립중앙도서관 출판예정도서목록(CIP)은 서지정보유통지원시스템 홈페이지(http://seoji.nl.go.kr)와 국가자료공동목록시스템(http://www.nl.go.kr/kolisnet)에서 이용하실 수 있습니다. (CIP제어번호 : CIP2017022432)